近代の虚妄

現代文明論序説

佐伯啓思

東洋経済新報社

近代の虚妄◆目次

序論
新型コロナウイルスと現代文明

第1章
フェイクの時代の民主主義

第2章 「歴史の終わり」と「歴史の危機」

第3章 「西洋の没落」に始まる現代

第6章 科学技術に翻弄される現代文明

第7章

暴走する「グローバル資本主義」
──経済学の責任

第8章 「無の思想」と西田哲学

終章 日本思想の可能性

序論　新型コロナウイルスと現代文明

◆直撃されたグローバル資本主義

２０２０年が歴史に記憶される年になることは間違いないであろう。中国の武漢に端を発した新型コロナウイルス（COVID-19）の世界的なパンデミックである。感染症の流行はこれまで何度も繰り返されてきた。14世紀の中央アジアからヨーロッパにおけるペストの大流行はヨーロッパの人口の三分の一を犠牲にしたといわれている。16世紀にはヨーロッパから新大陸に持ち込まれた天然痘の大流行があった。第一次世界大戦末期の１９１８年から戦後の１９２０年にかけてのスペイン風邪は、ヨーロッパで５０００万人に及ぶ犠牲者を出したとされる。近いところでは、２００２年のＳＡＲＳや２０１３年のＭＥＲＳ、２００９年の新型インフルエンザの大流行などがある。そして今回、２０２０年の新型コロナウイルスである。

２０２０年の１月にはまだ中国の武漢を中心とした地域的な流行と思われていたこの感染症は、２月には世界全体へと拡散した。ヨーロッパの多くの国は都市封鎖（ロックダウン）という強硬手段を選択せざるをえなかった。アメリカのニューヨークも同じである。また、ほとんどの国が、入国制限によって海外からの人の移動をシャットアウトした。

このコロナ現象は、現代社会もしくは現代文明に対して、大きな意味を持っているように思われる。まず武漢に端を発したウイルスのこれほど急速な世界への伝染は、今日のグローバリズムを抜きにしては考えられないだろう。そしてそれに続いた世界経済への打撃も同じである。少し突き放してみた場合、このコロナウイルス騒動は、見事に現代文明の脆弱さをあらわにしてしまったように見える。

今日、われわれがその中を生きている現代文明は、少なくとも次の三つの柱を持っている。第一にグローバル資本主義とそのもとでの経済成長主義。第二にデモクラシーの政治制度。第三にデジタル情報技術の展開による情報社会化。この三本の柱は、今日、一部の国家を除けば、先進国にあっては広く受け入れられた価値観となっている。グローバル資本主義やデモクラシー、そして情報技術のイノベーションは、今日、無条件で人々の幸福を増進するものであり、人類の未来を約束するものとみなされている。だが、今回のコロナウイルス騒動は、この楽観的な将来像に冷水を浴びせかけ、さらには現代文明の限界さえ露呈させたように思われる。

グローバリズムとは、ただモノに限らず、カネや技術、さらには人の国境を越えた移動であり、この30年ほどの間にそれは急激に高まっていた。今回、われわれはそこにウイルスや細菌を付け加えなければならなくなった。ほんのわずか2か月ほどの間にウイルスのグローバル化が生じたのである。

もちろん、過去の感染症もある意味ではグローバリズムと無関係ではなかった。15世紀末から16世紀前半の新大陸発見に続く天然痘の大流行は、当時のグローバリズムのもとで生じたものだし、第一次世界大戦末期のスペイン風邪も世界大戦といういわば変則的なグローバリズムの中で生じたものであった。SARSやMERSも新型インフルエンザも世界へと飛び火した。だが、それにしても、今回のウイルスほどグローバリズムと密接に関わるパンデミックはなかったであろうし、それに続く世界的物流の停滞による経済的打撃もまたグローバリズムなしには考えられない。世界は凍り付いたかのようであった。

確かに、この数年、国境を越えた人の移動は飛躍的に増加していた。一方では、企業の海外進出による在外勤務者が急増し、他方では、世界的な観光ブームが起きていた。とりわけ日本の場合には、アベノミクスの一環であるインバウンド政策が大きい。そして、人の移動の中心には中国があった。先進国どこでもそうだが、日本の場合、とりわけインバウンド政策の結果として中国からの観光客が急増していた。そのことが、中国発のウイルスのグローバル化をもたらす一因となったのである。だから、経済のグローバル化がウイルスのパンデミックの原因といっても過言ではない。

そこで、各国政府は、入国制限によって事実上国境を封鎖した。空港からはほとんど人の姿は消えてしまい、航空機の離着陸はほとんど見られなくなった。さらには国境を越えた物流も途絶え、各国企業もグローバルなサプライチェーンを見直さざるをえなくなった。一時的ではあれ、各国とも、高い国境を作り上げたのである。こうしたことが例外的な現象かどうかはともかく、グローバリズムに対する強い警戒感を生み出したことは間違いない。多かれ少なかれ、一国中心主義への流れが生じたことは疑いえない。コロナはグローバル資本主義を直撃したのである。

◆停止した民主政治

ところでパンデミックとは、ギリシャ語の「パン(あまねく)」と「デミア」の合成語であり、「デミア」とはまた「デーモス」である。「デーモス」は大衆(人々)であるから、パンデミックとは、あまねく人々の上に関わってくる、というような意味であろう。そしてデーモス(大衆)は、デモクラシーの主体である。これらはただの言語的連想に過ぎないが、私には、このパンデミックの前段階というべき大衆的なパニックは、今日のデモクラシーとも密接に関係しているように思われる。

今回のコロナウイルスの感染率や致死率は、国や地域によってかなり差があり、その脅威の程度はわかりづらい。専門家によっても見方が分かれている。しかし、統計数字の示すところでは、たとえば日本の場合、致死率は通常のインフルエンザと比べても、さして深刻なレベルではない。もちろんスペイン風邪とは比較にはならない。感染力はわりと高いといわれるが、極端なものではなく、また、感染者の8割はほとんど無症状で治癒する。ただ、やっかいなのは、このウイルスは、多くの場合は風邪に似た症状で済むのだが、時には急激に重症化して重篤な肺炎を引き起こしたり、あるいは血液に入って血栓を作って急激に状態を悪化させたりする。血液中で免疫作用の暴走(サイトカインストーム)を引き起こすのである。つまり、どのような形で作用するかがまだ見通せないのである。

では、罹患率も致死率もさして高くはないからといって政府は特に何もする必要はないかといえばむろんそうではない。何もしなければ医療現場で大混乱が生じることは間違いない。医療崩壊である。国家には国民の生命を守る責務があり、政府が医療崩壊に至る前に可能な限りコロナを封じ込めようとするのは当然であった。そして政府は一種の緊急事態対応を迫られる。日常的な通常の秩序の停止である。

欧米の場合には、それは私権の制限をともなう外出禁止や都市のロックアウトであった。日本の場合には、私権の制限は法的に困難であるために強力な自粛要請が出された。

この事態は、民主的な政治の限界を示すものであった。国民の生命が危機にさらされた時、国家は、緊急事態における権力を発動する。ただし日本では憲法に緊急事態が明記されていないので、緊急事態の権力の発動と憲法の関係が整理されていない。これは日本の法制度上の欠陥であるが、法哲学者のカール・シュミットがいったように、本来、緊急事態とは憲法の枠組みを超えた例外状況なのである。場合によれば憲法も停止されるのだ。そこでは一時的に私権は制限され民主政治も部分的には停止されるのである。

そして興味深いことに、今回のコロナ騒動の場合、個人の自由や私的権利の侵害に対して敏感な日本において、世論も大方のメディアも、むしろ政府に対して緊急事態宣言の発動を強く求めたのであった。今回のコロナは憲法の枠組みを超えるようなものではなかったし、あくまで自粛であったものの、それが突きつけた問題は今日の民主政治をも直撃するものだったのである。

◆パニックを増幅する「専門家」とメディア

今日の社会は情報社会であり、情報の動きが政治や社会生活に大きな影響を及ぼす。そして今回のコロナ騒動においても「情報」が大きな役割を果たしたことは疑いない。日本の場合、政府による学校の休校要請、イベントの中止、渡航制限などは当然の措置ではあるものの、一種のパニックを引き起こした。街からも店からも人は姿を消し、トイレットペーパーまで姿を消し、株式市場は一時パニック売りとなった。自粛要請が出れば、蜘蛛の子を散らすかのように一瞬にして繁華街から人が消えた。

パニックは人々だけではない。テレビの報道番組も、その大半はしまりのないドタバタ劇の様相を呈していた。たとえば、ある報道番組では、政府は専門家の意見をもとに透明な手続きをもって緊急事態宣言を出すべきだと述べていたその少し後には、緊急事態宣言を出すのが遅すぎる、首相はもっと強力なリーダーシップを発揮すべきだ、などという有様であった。こうしたマスメディアの報道が人々の大衆心理（マス・センチメント）を動かし、またその大衆心理がマスメディアの報道や「識者」のコメントを動かすのである。そして政治もまたそれに左右される。

しかもここでもうひとつ重要なことがある。それは「識者」や「専門家」の役割である。社会学者のウルリッヒ・ベックは、『危険社会』という本の中で次のようなことを述べている。現代社会では、予測不能な出来事が生じた時に、各種の専門家がもっともらしく登場するのだが、その専門家が往々にして事態をさらに混乱させる、というのだ。なぜなら、多くの事柄において、専門家の意見はそれほど一致するわけではないからである。見解が一致すればよいが、そうでなければ、ますます事態は混沌としてくる。人々はどの見解を信じればよいかわからなくなるからである。さらに、今回の感染症のような未知の事態においては、専門家といえども明快な見解を打ち出すことは困難であろう。「よくわからない」というのが正直なところであろう。にもかかわらず、専門家が関与しなければ政策決定に正当性を与えるのは難しい。

しかも、本質的に専門家は事実だけを陳述して、決して主観的な価値判断をしない、という建前になっている。だが多くの場合、専門家は個人的には何らかの意見を持っているだろうし、事実の解釈においても価値は入り込むであろう。しかも、もしいっさいの価値判断を回避するとすれば、専門家が政府にアドヴァイスする意味もなくなるであろう。したがって、事実の解釈までくれば、どうしても専門家の間で見解は分かれるだろうし、そのことが世論に影響を与え、政策決定にも常にある不透明さを与えてしまう。東日本大震災後の原発についての世論と政策決定をめぐる混乱などまさにその典型であった。つまり、専門家のアドヴァイスはなければならないのだが、それが逆に民主的な政治に対して混乱をもたらしうるのである。

そして、大衆は「結果」だけを求める。結果が自分たちにとって都合のよいものであれば、途中の経過など忘れてしまう。ところが結果が自分たちにとって不都合なものであれば、こぞって政府を批判する。以前は自分たちが支持していた政策であっても、さかのぼって政府批判を行い、責任を問う。このような事態そのものが民主政治の動揺なのである。こうなると、情報化とデモクラシーが手を携えてパニックを増幅するという事態にもなるであろう。

◆「常識」はどこへ行った?

問題は、いうまでもなく新型コロナがまったくもって未知のウイルスだという点にある。どれだけの脅威かが誰にもわからないのである。これは、ある程度、経験的に確率的な予測ができる「リスク」ではなく、経験値がほとんどなく確率的予測も不可能な「不確実性(アンサーテンティ)」の状態である。リスクならまだしも政府による「リスク管理」の可能性もあるが、不確実性にあっては、誰もそれを予測も管理もできない。今回のような新手の病原体の出現やとてつもない自然災害などはリスクではなく不確実性なのである。

　そして、その時にかろうじて頼りになるのは、政府やメディアではなく、われわれの持つ一種の「常識」の感覚ではなかろうか。政府に依存し、報道やSNSに振り回されるよりも前に、自らこの事態をどのように捉え、どう行動するかという「常識」であり「良識」である。民主的な政治にせよ、情報化社会にせよ、それを支えるのは、一人一人の「常識」でしかない。とりわけ、このようなまったく未知の脅威にさらされた場合、政府も専門家も識者もメディアも確かな見解など持てるわけがないのである。だが「常識」が欠落して、政府やメディアに振り回される時、政治も社会も不安定に動揺し、人々はますます不安感を高める。こうして、ますます社会は動揺する。この動揺を多少なりとも緩和できるものがあるとすれば、それは人々の「常識」だけなのだ。ところが、「自粛警察」などと呼ばれた自粛違反者への強い批判や、あろうことか医療関係者への差別的な態度などを見ると、この「常識」はどこへ行ったのだという気にもなろうというものである。

　このコロナ現象を見ていると、これはいいかえれば、この10年、20年のわれわれの生活がいかに「異常」だったかということを示しているのではなかろうか。今日のグローバル資本主義や情報民主主義の政治の中で、われわれはすっかり余裕もゆとりも失っていたということであろう。市場主義や効率主義や過度な情報文化は、われわれから思考能力も「常識」も奪い取っていった。自分で多少はものを考え、判断力をやしなうにはある程度は時間の余裕と心理的なゆとりがなければならない。人々と顔を突き合わせて話をし、少しは家族や知人とゆっくりと時間をすごす日常的余裕がなければ「常識」など消えてしまう。それだけではなく、この間の市場主義は、医療関連の公共機関を効率性の原理にさらすことで、医療体制にもすでに大きなダメージを与えていたのである。

自粛の中で、多くの個人事業主や中小企業者、観光業者なども大きな打撃を受けた。このコロナ・パンデミックが深刻な経済的打撃を一国に与えるとすれば、それほど、われわれは、脆い、ギリギリの経済競争の中で生きていた、ということである。生産拠点を中国に移し、中国からのインバウンドで経済成長を達成するというやり方の危うさが明らかになったのだ。われわれは、自らの生存の条件を、海外の状況、とりわけ中国に委ねているということの危うさである。そこまでしてわれわれはもっと豊かになり富を生みたい、という。だが、この数年のインバウンド政策にもかかわらず、経済成長率はせいぜい1%程度なのだ。いったい、われわれは何をしているのだろうか。

◆「死」は常に待ち構えている

人類は、長い間、生存のために四つの課題と戦ってきた。飢餓、戦争、自然災害、病原体である。飢餓との闘いが経済成長を生み、戦争との闘いが自由民主主義の政治を生み、自然との闘いが科学技術を生み、病原体との闘いが医学や病理学を生んだ。すべて人間の生を盤石なものとするためである。そしてその高度化が文明を生み出した。

だが、この極北にある現代文明は、それを克服することができたのだろうか。決してそうとはいえない。飢餓はかつてに比すれば克服されつつあるといえるかもしれない。しかし、いまも述べたように、今回のような突然のコロナの出現によって、一気に生活の困窮を強いられる人々が出てくるのである。またこの20年ほどで先進国の所得および資産格差は拡大し、資産をほとんど持てない困窮世帯は先進国にあって相当な割合に上るのである。

戦争についていえば、世界大戦のような大規模戦争は容易には起きないにしても、テロとの戦いや局部的な戦争は決してなくならない。しかも、文明が高度化すればするほど、戦争に使用される兵器は高度化し、それによる犠牲者は大きくなる。現代文明にあっては戦争とは、核による大規模破滅を意味しかねないのである。

それでもまだ飢餓と戦争はもともとが人為的なものということもできる。しかし、自然災害となればそうはいかない。巨大地震や地球環境の異変は自然の脅威を改めて知らしめ、地球温暖化による異常気象など、地球環境の変化は間違いなく生じている。そして、感染症の危機についていえば、今回のパンデミックは病原体の脅威を改めて明るみに出した。医学や感染症学は常に病原体と闘ってきた。しかし、どうやら予防医学が発達すればそれにつれて病原体の方も変異を起こし、より強い病原体を生み出してしまうらしいのである。文明の名によって感染症を根絶することはまず不可能に近い。

かくて、今回、文明の皮膜がいかに薄弱なものかを改めて知ることになったのである。一見、自由や豊かさを見事なまでに実現したかに見える現代文明の中で、われわれの生がいかに死と隣り合わせであり、いかに脆いものかをわれわれは改めて知った。カミュの『ペスト』が描き出したように、われわれの生は、人間が決して管理できない不条理と隣り合わせなのである。文明のすぐ裏には、確かに常に「死」が待ち構えているのである。

＊＊＊

◆「現代社会」は「ヨーロッパ近代」の延長上にある

本書は、現代文明のあり方について論じたものである。だが現代文明とは何なのだろうか。それを、私は、ヨーロッパがその歴史の中で育て上げた「近代思想」によって作り出された社会と、まずは理解しておきたい。この思想を端的に「近代主義」といってもよい。17世紀のガリレオの天文学、デカルトの哲学、ホッブズの政治理論、そして18世紀の啓蒙主義などを基礎に作られたヨーロッパの近代主義が、そのすさまじい合理的精神の発揮によって生み出した絶え間なく変化する社会、それをまずは近代社会、もしくは近代文明と呼んでおきたい。19世紀から20世紀にかけて、「近代主義」の旗を高々とかかげたヨーロッパに「近代社会（近代文明）」が登場した。

だがそれでは、「現代文明」とは何か。

われわれは、しばしば「西洋近代」といったりするし「西洋の近代主義」とはいうものの、「西洋現代」とはいわないし「西洋の現代主義」とはいわない。

ここにはどういう違いがあるのだろうか。

一見してわかるように、「近代」においては「西洋」もしくは「ヨーロッパ」という概念が軸になっている。確かに「近代主義」という思想体系を生み出し、それを中心に「近代社会」を生み出したのはヨーロッパであった。そして、20世紀にはアメリカ（および社会主義のソ連）がそれを受け継ぐ。しかしそれはいずれにせよ、西洋的理念であり西洋型国家であった。

だが、20世紀も後半になり、文字通りの現代（contemporary age）ともなると、西洋型理念は世界中へ拡散してゆくだけではなく、世界中が相互に連動しあうようになる。つまり「グローバリズム」の時代となった。そして、資本が、知識が、情報が、技術が、合理的な思考が、世界中に拡散し、人々が相互に共振しあい、影響しあい、それぞれの国や地域の文化の意味が改めて問われるようになる。

その核心には、ヨーロッパが生み出した「近代主義」がある。そして、その近代主義がいっそう先鋭的に展開され、それがグローバルな世界を作り出したのが「現代社会」であり「現代文明」である。一方で「現代社会」は「近代社会」(「ヨーロッパ近代社会」)の延長上にある。確かにその延長上にある。と同時に、そのかなり大きな変質でもあり、また変貌でもあった。そしてそのことがきわめて大きな問題を生み出した。つまり、「ヨーロッパの近代主義」はうまくいかない、もっといえば失敗したのではないか、という強い否定的な気分を生み出したのである。

「近代社会」はまだ「ヨーロッパ中心」であった。しかし、「現代社会」はすでにグローバルなものである。そこでヨーロッパはひとつの地域になってしまっている。ユーラシア大陸のひとつの辺境になりつつある。にもかかわらず、思想的にいえば、このグローバルな球の中心には依然としてヨーロッパの刻印を押された近代主義が居座っている。われわれは、現代文明をこの二重の性格において理解しておかなければならない。

◆21世紀のタイタニック、現代文明の「問題」

さて、では、私はここでどうして「現代文明」を問題にするのだろうか。この「問題にする」というのはどういう意味なのだろうか。

もちろん、今日の社会に「問題」はいくらでもある。日本もアメリカもＥＵも問題だらけであろう。

経済はうまくいっていない。またどこにおいても政治は安定しない。経済成長はうまくいかない。国際政治も米中の確執で世界秩序が構築できない。所得の格差や経済低迷のおかげで社会的不安が広がっている。日本を先頭に人口減少と高齢化が進展し、社会構造と価値観が変化しつつある。高齢者は人生の最後の迎え方がわからず、若者は大人になるなり方がわからず、親は子供の育て方がわからない。これらはすべて「問題」であろう。われわれは、この世の中を少し歩けば、いくらでも「問題」にぶつかる。

しかし、私がここで「問題」としたいことは、これらの様々な領域で生じている困ったことではない。ここであげたような「問題」は確かに「問題」なのではあるが、いずれも、その解決方法がまったく見えないのである。答えのない「問題」だけが浮き上がってしまっている。誰もがその前に立ちすくんでいる。それは海の中に隠れた氷山に接触したタイタニックのようなものである。あちこちで浸水はしており、「問題」はいくらでもあるのだが、いったい何が生じているのかがわからないのである。もちろん、ひとつひとつの穴をとりあえず塞いで当座をしのぐことはできるのだが、それでは時間稼ぎにもならないであろう。ひとつひとつの浸水に対処するにも有効な対処の方法も見えない、という状態とでもいえばよいであろうか。

われわれのこの現代文明が巨大な21世紀のタイタニックかどうかはわからない。タイタニックだと決めつけるのは性急であろう。海中の氷山に接触したのかどうかもわからない。仮にそうだとしてもまだ脱出する見込みはあるかもしれない。

しかし、私は、上に述べた多種多様な「問題群」の根底にあるものを取り出してみたいと思うのである。部分的に「穴」があいていることが問題なのではなく、あちこちに「穴」をあけているその根底を探りたいのである。それを「現代文明論」と私は称している。そこに氷山が見つかるのか、ただの流氷なのか、あるいは、操縦ミスなのか、それとも船自体の金属疲労なのか。そのあたりを探りたいのである。

もしも、現代社会に、こうした根源的な問題など何もない、という人がいるとすれば、その人は「現代文明」などというものには無縁の人であろう。確かに表層的に見れば、「経済問題」「政治問題」「行政問題」「社会問題」「高齢化問題」「家族問題」「医療問題」「教育問題」等々がずらっと並ぶ。並び過ぎるぐらい並ぶ。そこで前向きな人はいうだろう。それらはそれぞれ、それぞれの分野の課題であり、諸分野の専門家が、それぞれの領域で制度の改革を提案すればよいのだ、と。ひとつずつ状況を改善し、制度を改革し、問題を解決に近づければそれでよいではないか、というだろう。改革をひとつずつ続ければわれわれの未来は悪くはないだろう、と。

私は、こうした地道で正道を行くような知的実践主義にまったく反対もしなければ批判もない。これは今日の通常科学の態度である。実際に、われわれができることはこの種の改良主義や改革であり、そのための専門知の利用であろう。

しかしまた、先にも述べた理由で、私には、これらの諸分野における諸問題への対応だけではもはやどうにもならないところまでわれわれの社会はきているように思われる。それどころか専門的知識の活用がかえって問題を複雑にしているようにさえ思える。わがタイタニックがあちこちで浸水を起こしているのは、たまたま各所に痛み傷ができているからではなく、何かもっと本質的で根底的な問題があるように思われるのだ。

そして、もし私の理解が正しければ、わがタイタニックの根本的な問題が、氷山への座礁なのか、流氷のせいなのか、操縦桿の握り方のせいなのか、その見当をつけなければ先にも進めないだろうと思う。もしも前に氷山があるなら、ともかくも操縦桿を目いっぱいに握って船を前に進めろ、という解決は恐ろしい結果をもたらすだろう。船を動かすことが場合によれば事態をもっと悪化させることもあるだろう。だからさらにいえば、この根底的な問題の見当をつけなければ、そもそも様々な諸分野の改良や改革の方法にも確信は持てず、その目指す方向も決してわからないであろう。

◆「コロナ」が象徴するもの

ではその根本的な問題へ向けた見当をどうつければよいのだろうか。ここにきわめて便利な事実がある。実はタイタニック号は、すでに1912年に沈没しているのだ。20世紀の初頭のことである。この時、タイタニックの操縦桿を握っていたものは、「ヨーロッパ近代主義」だったとしよう。いや、実際、タイタニックは、その造船技術、航海術、未知なるものへの強烈な意思、征服意欲、金銭主義、絢爛豪華なレジャー、グローバル化など、すべてにおいてヨーロッパ近代の産物でありその成果だともいえよう。そして、それが航海に出た1912年は、まだ第一次世界大戦の始まる前、ヨーロッパの近代がまだしも大きな希望にあふれていた時代であった。「近代主義」の操縦桿は万全だと思われていたのである。

そして、われわれの興味を惹くのは、まさしくこの少し後になると、ヨーロッパにおいて、自らの生み出した近代主義への批判や反省が、狼煙をあげるかのように次々と打ち上げられるのである。いわばタイタニックの出航に対する批判や懐疑を多くの思想家たちが口々に唱え出したのである。私が「前向き」ではなく、あえて「後ろ向き」になりたいと思うのは、この点においてである。個別分野の改革による未来よりも、その前に、百年ほど前の過去の知的試行を振りかえっておきたい。20世紀初頭の(具体的には戦間期の)ヨーロッパの思想的な営みを振りかえっておきたい。そこに、この現代文明と共振しあう何かが間違いなくあるからだ。

少しとってつけたような類比を続けさせていただけば、21世紀のタイタニックともいうべき豪華クルーズ船ダイヤモンド・プリンセス号は、コロナのために横浜港沖で停泊させられたままであった。象徴的にいえば、ダイヤモンド・プリンセス号は、大衆化されたタイタニックともいえる。だがそれはどこへ動くこともできず海上に閉じ込められたのである。コロナに座礁したようなものである。だが、その後の経緯を見れば、各国は国を閉ざし、都市を閉ざし、人々は家に閉じこもった。都市も国も、すべてダイヤモンド・プリンセス号と同じことである。すべてコロナのおかげで自らを封鎖したのである。ではここで、われわれを座礁に導いたコロナは何を象徴するのだろうか。それもまた、20世紀のタイタニックが座礁した氷山とは何を象徴するのか、という問いと関連している。本書では、以下、そのことをこの「現代文明論」の主題として、論じてみたい。

第1章 フェイクの時代の民主主義

1. フェイク・トランプ・民主主義

1 近代主義の行方

◆「冷戦以降」の始まり

2019年に日本では元号が平成から令和へと改められた。平成は30余年続いたから昭和が平成へ改元されたのは西暦でいうと1989年である。日本の改元がたまたま世界史的な大変動と重なるなどという偶然はそれほど起きるものではなかろうが、そのめったにありえないことがこの時に生じた。いうまでもなく、1989年とは、東欧諸国から西側への「脱出(エグゾダス)」が生じ、それがソ連を盟主とする社会主義の崩壊へとなだれを打って坂道を転げ出した年であった。冷戦の終結の始まりであった。

ベルリンの壁の崩壊がこの年の11月である。

日本国内はといえばまだバブルの真っ最中であった。日本経済は向かうところ敵なしとばかり、メッキをたっぷりと施した自信を膨らませていた時代である。だが、その二、三年後にはバブルは崩壊し、日本経済は、長期停滞の長いトンネルに入る。日本はほとんど方向感覚を失ったかのように迷走することとなる。日本人の過剰な自信は、過剰な自己不信に変わってしまう。

90年代の日本の政治、経済の停滞は、世界史的出来事である「冷戦以降」と深く関連しているが、ここで関心を向けたいのは、日本経済の停滞ではなく、「冷戦以降」の方である。

歴史の時代区分にどれほどの意味があるのかは別として、通常、「現代」という時代は第一次世界大戦から始まる、というのが大方の歴史家の見方であろう。第一次世界大戦を契機として、その前後では世界の様相は一変した。一般的にいえば、19世紀に西洋における近代社会の確立をみ、20世紀をその「近代」の延長上に置くのが通例であろうし、説得力もある。しかしあくまでその上で、19世紀近代とはまた少し異なった段階として20世紀を捉え、あえてそれを「現代（コンテンポラリーもしくはレイト・モダン）」と名づけるとすれば、「近代」と「現代」の間には、第一次世界大戦という大きな亀裂が走っていることになる。

では、21世紀はどういう時代なのか。おそらく、21世紀は、事実上、冷戦の崩壊によって始まったといっても無理ではなかろう。20世紀が少し短くなるのは致し方ないとして、少なくとも、1990年代から2000年代にかけて、現代文明において「何か」きわめて重要な変化が生じており、その引き金を引いたのは冷戦崩壊であった。

それが「何か」を知るには、この30年ほどの入り口と出口を見てみればよい。日本でいえば平成の始まりとおしまいであるが、先にもいったように、ここで日本の平成論をやろうというのではない。私が関心を寄せるのは世界史におけるさして長くもない30年ほどであるが、それを世界史上の様々な出来事に即して論じるのではなく、文明論もしくは思想論として見てみようと思う。

◆「近代主義」の輝かしい勝利？

1989年に冷戦が崩壊した直後、90年代初頭の基本的な世界イメージはいかなるものであったろうか。まず何よりも世界全体を一体のものとして見るという意識が出現する。地球的な規模での新たな世界秩序の形成であった。「新世界秩序」や「世界新秩序」などいう構想が次々と繰り出されたが、いずれにせよ、この新たな世界秩序の中心には、グローバルな市場経済の展開、世界的な規模でのリベラルな民主主義の進展、国際的ルールに基づく国際関係が置かれ、その管理者の地位にはアメリカがしっかりと居座った。

それは、この世界新秩序の牽引《けんいん》者はアメリカにほかならないといういささか我田引水型の構想であり、演出家が同時に主演役者をつとめるといった自作自演である。覇権安定論（ヘゲモニック・スタビリティ）やソフトパワー論など、様々な「国際関係の理論」がアメリカから世界に輸出されたが、いずれにせよ、冷戦以降の世界史を動かす覇権的立場にアメリカを位置づけるものであった。

これは、実にわかりやすい論理である。自作自演にしては謎も手品もない。なぜなら、冷戦とは、ソ連を軸にする社会主義陣営とアメリカを軸にする自由主義、資本主義陣営の衝突であったとすれば、アメリカが勝利した冷戦後世界とは、世界中がアメリカの自由主義、民主主義、資本主義へとなだれをうって飛び込んでくる時代だというだけのことだ。実に単純な論理である。また次章で取り上げるが、フランシス・フクヤマの「歴史の終わり」論が、少しは複雑な仕掛けで、この簡単な論理を代弁したわけである。

だが現実の歴史はそれほど単純ではなかった。90年代の初頭、アメリカ経済は決して好調とはいえず、それどころか名目GDPでほとんどアメリカと並ぶまでになった日本に対して、アメリカは激しい経済論争と貿易戦争を仕掛けてきていた。

アメリカの言い分はこうである。日本がアメリカ経済に並ぶまでになったのは、公正な市場競争をしていないからだ。日本経済は、戦後一貫して、官僚による行政指導(特に通産省、現経済産業省の指導)や日本的慣行(いわゆる日本型経営)に守られ、不公正な経済構造を維持してきたと批判する。

グローバルに開かれた自由で競争的な市場経済こそが普遍的基準(グローバル・スタンダード)であり、日本はそれに反しているとアメリカはいう。さらに、政治制度においても、官僚主導の日本政治は民主主義という点からも不適切かつ未成熟なものであって、いわば政治・経済が一体となって「インチキ」をしているというのである。しかもその背後には、独特の閉鎖的で集団主義的で共同体的な日本文化がある。こういう主張であった。

今日、われわれは、この主張は、世界市場での経済的覇権の獲得をめざすいかにもアメリカらしい戦略であったことをほぼ理解している。エズラ・F・ヴォーゲルの『ジャパン・アズ・ナンバーワン』などという本におだてられて日本人が有頂天になっている間に、アメリカはMITなどのアメリカ最高の頭脳を結集して日本の成功の秘訣を研究し、日本バッシングのための理論的戦略を用意していたわけである。80年代末には、アメリカ政府は、冷戦以降のアメリカの課題は、日本との間の経済競争にあるという明瞭な意識を持っていたのだ。だが、奇妙なことに、90年代に入って、日本の政治家も知識人もジャーナリズムもほとんどがこぞって「不正な日本経済」というアメリカの主張を自嘲的に支持したのであった。

だが、ここにはひとつの世界観なり思想があり、しかもその世界観には多分に正当性がある、と信じられていたのである。それは、自由な市場競争、リベラルな民主主義、国民主権の政治、契約による社会構成、個人主義や合理主義、共通のルールによる支配、といった思想であり、その正当性は疑いの余地がなかった。

この思想の普遍性という信条が、漠然とであれ、日本人の知識層にも共有されていたがために、ジャーナリズムも知識人も、いとも簡単にアメリカの主張を受け入れたわけである。日本の「国益」を守るべき立場にいたエリート官僚も同類であった。それらの思想をひとまとめに「近代主義」と呼んでおこう。すると、冷戦の終結とは、まさしく、アメリカの唱える「近代主義」の輝かしい、しかもさして策を弄さない勝利を意味していたのである。

◆宗教的信念は政治的正義へ

少し付論的に述べておけば、ゆるやかな形での、自由な市場競争やリベラルな民主主義に基づく政治、そして契約による人間関係などを、確かに、今日、いかなる社会も無視しえなくなっている。もちろん日本もそうである。その点では、「近代主義」は、世界中で一定の影響力を持ち、それを無視することも否定することもできない。少なくとも思想としてはそうである。

とはいえ、どのような国であれ地域であれ、それなりの歴史や文化や伝統を持っていないところはない。そして、その歴史や文化が「近代主義」と常に折り合いがつくとは限らないであろう。あくまで宗教的原理主義に立ち、政教一致を採るイスラム諸国が、その歴史や文化・伝統を保持しようとする限り、西洋型の「近代」と容易には折り合いはつくまい。3000年の歴史を誇示する中国もまた西洋近代とはうまくいかない。インドに西洋型の自由、民主主義、契約思想が根づくとも考えにくい。そこまでいわなくとも、同じ自由や民主主義の国であっても、自らの歴史において「内発的に」近代化を生み出した西洋と、それを「輸入」してきた非西洋諸国ではまた事情が異なっている。

とすれば、自由な市場経済といい、民主主義的政治といい、個人主義や契約社会といっても、その具体的な様相は多様であるし、また多様でなければならないだろう。人々の日常生活は日々の人間関係の産物であり、それは自由競争や民主主義でできているわけではない。人々はあくまでその国の持つ歴史的な習慣や文化の中で、そこで生み出されてきた暗黙の価値や秩序に従って生きているからだ。どの国の文化にも「顕在的文化(overt culture)」と「潜在的文化(covert culture)」の二側面がある。

だから、先進国のわれわれがすべて近代社会に生きているとしても、その国の歴史的コンテクストを決して無視することはできず、「近代」そのものが、その国の文化や伝統という土台の上に乗っていることを忘れてはならない。

これは当たり前のことであるが、結構大事なことで、政治にせよ経済にせよ、その発展はその国の歴史や文化の土台の上で展開される。近代化という何か一律に宙に浮いた発展があるなどと考えてはならない。あらゆる発展は、「経路依存性(path-dependency)」を持つのであり「多相的」である。歴史的にできたひとつの経路がまた次の経路を生み出し、こうして発展は自生的な展開として行われる。

にもかかわらず、冷戦後のグローバリズムの中で、日本の知識人やジャーナリズムは「日本の特殊性」を強く論難した。「日本は特殊な社会構造だから世界から取り残される」というあの定型句がまた論壇を支配した。本来、彼らが課題とすべきだったのは、何よりもまず、日本の歴史的な文脈や慣習や文化、あるいは日本人の精神的な特性や価値観と、アメリカが唱える「近代主義」の価値の間のズレであり、それをいかに調停させるか、ということであっただろう。にもかかわらず、日本の知識層は、ほぼこぞってアメリカ型の近代的価値を礼賛し、他方で日本の歴史的文脈や文化的特性の特異性を得々と非難した。これは、大方の政治家や官僚とて同じことであった。

不思議といえば不思議なことである。アメリカの唱える近代主義が、実は、「アメリカ的土壌」の産物であることなど、すぐにわかるであろう。にもかかわらず、そのことさえ日本の知識層の脳裏には浮かばなかったようである。それほど、日本の知的なエリート層が戦後のアメリカニズムに取り込まれているということであろう。

いうまでもなく、自由な市場競争、リベラルな民主主義、個人主義と契約社会論、法(ルール)による支配、といった思考は、実は、アメリカの歴史や文化や価値観と切り離せない。当然のことであろう。アメリカはアメリカで「経路依存性」を持っているのである。しかしアメリカはそれを普遍的価値だと主張した。さらには普遍的な正義だとも主張した。だから、グローバリズムの時代は、この普遍的価値によって世界を統率できるはずだし、アメリカにはその使命がある、というのだ。

繰り返すが、日本の政治家も官僚も知識層も、ほとんどためらうことなくそれを受け入れた。いやそれどころか、そのアメリカ型普遍主義の立場に自らを同化して、その高みから日本の特殊性や後進性を批判するという、あの日本の知識人《インテリゲンチャ》特有の悪癖がまたいかんなく発揮されたのである。外国通のインテリや官僚が、その先進文明の立場に立って、後れをとった日本の問題をあばき出し、その改革を要求する。これは、ほとんど日本の「伝統」ともなったやり方である。

もっとも、それは必ずしもエリート知識人だけのことではない。アメリカの占領政策から始まった「戦後日本」の宿痾《しゅくあ》のようなものともいえる。アメリカの占領政策の眼目は、ひとつは日本の軍事的無力化にあったが、もうひとつは、日本人の価値観の転換にあった。広い意味での洗脳である。それ以降、「戦後」は、ほぼ全般にわたって、このアメリカ的近代思想に占拠されてゆく。それは、52年のサンフランシスコ条約によって主権を回復した(ことになっている)後も同じであった。

だから、もっぱら頭脳によって生計を立てている知識層の方が、かえって思想的にアメリカにどっぷりと占拠されることとなる。戦後教育の優等生の方が、アメリカの占領から脱するのは困難なのだ。その点では、左翼リベラル派も、エリート官僚も、保守的な学者や知識層も基本的には同じである。

だが、別に深く考えてみるまでもなく、近代的価値は世界に伝搬すべき普遍的なものだという、伝道師的、教導家的で、宗教的メシアニズムにも似た思想を持っているのはアメリカだけといってよい。確かに、ここに、新天地にイエルサレムの建設を夢見たユダヤ・キリスト教という宗教的背景を見るのは間違ってはいまい。この宗教的信条が支えとなって、近代的価値の普遍性を正義とみなす伝統がアメリカに出来上がった。

そして宗教的信念は政治的正義へと衣替えする。自国の正義を普遍的な価値として掲げることはアメリカ固有の思想的伝統となる。逆説的なことに、もともとキリスト教文化を育み、「近代」を生み出したヨーロッパの方がその種の普遍主義やメシア的意識は薄い。それはアメリカに比すれば、ヨーロッパには、様々な形をとった歴史的・伝統的な意識が圧倒的に強いためであろう。いうまでもなく日本にはもちろんそんな普遍主義はかけらもない。もともと日本の場合には、日本文化の普遍性どころか、その特殊性への愛着の方が顕著に見られたのである。

◆「文明の衝突」の必然

さて、いきなり付論が少し長くなったが議論を元に戻そう。

私がいまここで論じたいのは、冷戦以降の世界を覆った「近代主義の行方」である。

90年代にアメリカのクリントン政権は、アメリカ経済を復活させた。その仕掛けは、IT革命であり、ITと結合した金融経済への産業構造の大転換であった。製造業においてもはや高い生産性を維持できなくなったアメリカは、政府の主導のもとで情報産業と金融産業へと重心を移し、グローバル経済の覇権を握ったのである。ワシントンとウォール街とシリコンバレーが戦略的に結びつけられた。

このことの持つ意味は大きい。アメリカの再覇権化は、もともとのアメリカを支えた製造業の「実の経済（実体経済）」から、情報、金融の「虚の経済（シンボル経済）」への転換によって可能となったのである。そこに、徹底した市場競争原理と企業家（アントレプリネール）によるイノベーションを持ち込むことで再び経済成長を可能としたのであり、90年代末にもなれば、資本主義経済の宿痾とでもいうべき景気循環はもはや存在しない、とまでいわれた。景気循環がなくなれば従来のようなケインズ型の経済政策も必要がない。政府の出番もなくなる。必要なのは市場競争とイノベーションのみという「新しい古典派経済学」なるものが唱えられた。

かくて2000年代ともなれば、アメリカ主導のグローバリズムは見事に成功したかに見えたのである。ついでに述べておけば、自由で個人主義的な市場競争を唱え、ワシントン・コンセンサスなどと称して、他国に自由な市場競争と市場開放を要求したアメリカ自身はといえば、きわめて強い政治的な主導のもとに産業構造を転換し、グローバル経済における覇権を確立したのである。何のことはない。自由主義の表看板とは裏腹に、一種の国家主導の戦略的経済を作り出していたのだ。

では、冷戦以降、アメリカが掲げた「近代主義」は勝利したのだろうか。事態はそれほど簡単ではない。もちろん、われわれは、ここで、2001年のあの9・11を思い起こすこともできよう。ロックフェラーが建てた貿易センタービルは、「貿易を通じた世界平和」という彼の理想の象徴であった。だがイスラム過激派からすれば、それ自体がアメリカのおごりの象徴であった。そして宗教的精神は人間の高慢を最も忌み嫌う。アメリカ主導のグローバリズムは、西洋型の近代的価値そのものを拒否するイスラム原理主義の過激派の怒りに火をつけたのである。われわれ日本人の多くは、イスラム過激派の登場を見てようやく、アメリカの近代的価値の普遍性を多少は疑ってみようという気にもなったのだ。世界人口の半分以上が、実は自由や民主主義や市場競争などを信じていないという歴然たる事実に突然、気がついたわけである。

しかもイスラム過激派の攻撃は主戦場のアメリカのみならず、ヨーロッパへも舞台を移しても展開された。こうして、この衝突は、もともとイスラム系移民を受け入れてきたヨーロッパも含めて、西洋対イスラムというわゆる「文明の衝突」の様相を呈してきた。ヨーロッパが生み出し、アメリカに継承された近代主義は、その外部からの敵対にさらされたのであった。いや、外部というのは正確ではない。西洋は、イスラムを自分たちの社会へ取り込むことができると考えていた。宗教は近代的価値に屈服するはずであった。だから、これは、西洋近代が作り出したグローバル世界の内部における異分子の反乱ということにもなる。いずれにせよ、アメリカ型のグローバリズムは、イスラム過激派やテロリズムが投げつけた爆弾によって、その普遍性に大きな穴をあけられたのである。

この衝突は今日も継続しており、容易に終息するとは思えない。とりわけヨーロッパにおいては、この「文明の衝突」はEUに決定的な打撃を与えかねない。イスラム過激派の表舞台への登場は、ただ野蛮なテロ集団による文明破壊というだけではない。冷戦後の世界を統率したはずの「近代主義」を掲げただけでは世界秩序は成立しえないことを意味していた。首尾よく脱宗教化をとげ世俗化したはずの「近代」の底には、実は、強力な宗教的文化や民族的価値がうごめいていたということである。表面に現れた「顕在的文化」の背後には、決して消え去ることなく「潜在的文化」が生きていた。こういう事実にわれわれは直面することとなったのである。

いいかえれば、人は、「近代」という世俗的価値だけで生きていくことはできない。それを宗教的と呼ぶのが適当か否かは別としても、何か、寄りかかることができ、そこから生の意味付けを引き出すことができるその源泉となる価値観を必要としている。自由や民主主義や経済成長や個人主義や合理主義といった価値だけで生を組み立てることはできないのだ。一人の人間といえども何らかの集団的アイデンティティを必要とする現代にあっても本当は個人主義などというものはありえない。自由や民主や経済成長は個人の生を支えるにはあまりに形式的で抽象的過ぎる。もっと集団の紐帯を強くする価値が必要なのである。9・11はわれわれを宗教というテーマの方へと押しやる大きな事態なのであった。

私は、ここで西洋の近代主義の価値とイスラム原理主義の間の、宗教対立の様相を含んだ確執についても論じたくもなってくる。それが、現代文明の最大級のテーマであることは疑いえないからである。それは世俗的社会と宗教的生との関係という現代社会の大テーマである。

だが、ここでは、この問題には触れないでおこうと思う。それよりも、当のアメリカにおいて、冷戦以降の近代主義が帰着したのはどのような世界であったのか、その光景に焦点を当てようと思う。近代主義が、その「外部」からの敵にさらされるというよりも、「内部」から、崩壊とまではいわずとも、動揺し弱体化している、という事実に目を向けたいのだ。

しかも、そのことを論じるのに、絶好の材料がある。それは、2016年にアメリカにおけるトランプ大統領の誕生である。実は私は、この10年ほどの最大の出来事はトランプ大統領の登場ではないか、と思っている。また、冷戦後の世界の30年の帰着を示す最大の出来事はといえば、ひとつは先の「文明の衝突」であるが、もうひとつはアメリカにおけるトランプ大統領の登場ではなかろうか。

2 トランプ現象の意味

◆「フェイク」とは何か

2020年の秋には大統領選挙があり、トランプ大統領が再選されるかどうかはわからないし、この政権がいつまで続くかもわからない。しかし、仮にトランプがこの政治舞台から消えたとしても、アメリカ合衆国がトランプを大統領に選出したという事実は、決定的な重要性を持って残る。それはトランプ個人についての評価や、この政権の成果云々ではなく、「トランプ現象」というべきものである。その意味を理解することは、現代文明を理解する上で決して避けては通れないからだ。

それをまずは「フェイク」という一言で特徴づけてみたい。それは、今日の社会が多分に「フェイク」で作られているという、誰もがどことなく感じつつも表面には持ち出さずにやり過ごそうとしてきた事実をトランプはあっけなく現前化してしまったということである。

しばしば、トランプは民主主義の敵対者であり民主主義の破壊者であるかのごとき批判がなされる。なぜなら、トランプは、アメリカ国内に渦巻く多様な不満を、メキシコ移民や中国からの経済攻勢へと問題を転化し、一種の排外主義を訴えることで大衆的な人気を獲得し、また、その際に、自己の主張に対して敵対的なメディアを「フェイク・ニュース」と指弾して大統領の座を得たからだ、という。

確かにトランプは、自分に敵対するメディアをフェイクと呼んで公然と批判する。だが反トランプ派はいう。トランプの方が嘘つきでありフェイクではないのか、と。敵対するメディアを「フェイク」と難じて、何の証拠もなく自説を強弁することとそのことが実は「フェイク」ではないか。こういう。

たとえば、メキシコ移民がアメリカ社会を崩壊させている、あるいは、中国や日本からの輸入がアメリカ国内で雇用を奪っている、とトランプはいう。それは、排外主義によって大衆の情念に訴えるだけの「ポピュリズム」であって、そこに確かな証拠も論理も何もない。いわば票かせぎのイメージ操作である。こちらの方がフェイクではないか、それこそが民主主義を破壊しているのだ、と。

確かにその通りであろう。だが、少し考えてみれば、事態はそれほど簡單ではないとわかる。トランプが「真実」を、あるいは「事実」を述べていないことは、実際には誰の目にも明らかなことで、最初からトランプには、厳密な意味での「真実」や「事実」は期待されていなかった。トランプ支持者にとっては、彼がフェイクを述べたてても特段の問題ではないのであって、彼が不法移民を追い出してアメリカ経済の再建という「成果」をあげてくれればそれでよいのだ。「成果」をあげることこそが「政治」なのである。トランプが、自らの都合に合わせたイメージ操作を行い、自身の支持者たちの拍手喝采を目論んでいることは、最初から織り込みずみになっているのである。

さて、これだけですでに「フェイク」なるものを論じる場合の困難さが十分に暗示されているだろう。念のためにいっておけば、フェイク(捏造)にも実際には様々なレベルがあって、まずきわめて単純な「嘘」や「虚偽」や「まやかし」のレベルがある。トランプは自身の大統領就任集会に過去最大の人々が集まったというが、それが虚偽かどうかは、実際に調べればわかる。ある過去の発言が嘘かどうかは新聞記事などの検証でわかる。こうした文字通りの単純な「事実」によって検証できる虚偽やまやかしはいくらでもあるが、それはわざわざフェイクというまでもない。私がここで論じたいことはそういうことではない。ただの「嘘」や「虚偽」と、ここで論じたい「フェイク」をまずは区別しておきたい。フェイクという観念が持っているもっと深刻な次元について論じてみたいのだ。

たとえば、トランプが大統領に当選するにあたって、ロシア情報局に近いハッカー集団のサイバー攻撃を利用して対立候補のヒラリー・クリントンを不利にしたといういわゆるロシア疑惑があった。民主党に近いメディアは、これを真実であるかのように報道した。これに対してトランプは、彼らは虚偽の報道をするといってフェイク・ニュースと批判した。批判されたメディアは、トランプは真実を隠している、と批判する。ともに相手がフェイクだといっているのである。

もしも、ある時点で決定的な証拠(事実)が出ればともかく、さもなければ、何が真実かはわからない。漠然と推測されることはあってもそれだけでは「事実」にはならない。だからこそ、相手をフェイクだと指弾することで、こちら側に真実があるかのように見せかけるのである。

これは、トランプの疑惑をあたかも事実であるかのように難じる民主党の側とても同じことである。相手を非難する戦法でこちらに正義があるかのように「見せかける」。そして、このように「見せかける」ことこそが、高度な次元での「フェイク合戦」というべきものなのである。

さらにやっかいなこともある。ロシア疑惑でトランプの関与を示すかなり大きな証拠(事実)が出てきたとしよう。しかし、それでも、たとえばトランプ陣営はいうだろう。証言や証拠は、(よほどのことでなければ)トランプを陥れるために捏造されたものだ、と。それにこれはたいした問題ではない。重要なことはトランプがアメリカを立て直すかどうかである、それにもかかわらず、証拠らしきものを持ち出してトランプを陥れようという企てこそがフェイクを作り出している、と。ロシア疑惑は2019年に幕引きになったが、実際、多くの者が、何らかの形でのトランプの関与を疑っているのである。だがそうだとしても、トランプ支持者にとってはそれはさしたる問題ではないであろう。

こうなると、トランプ支持者からすれば、フェイクは「事実」の次元から「価値」の次元に推移している。ささいな問題をあえてたいそうな問題へと捏造するというその行為そのものがフェイク・ニュースだということになろう。本当は価値の低いものをあたかもきわめて重要なものであるかのように持ち上げているからである。出来損ないの宝石を最高級品のように見せるのはフェイクであろう。そのこと自体が「価値の捏造」なのである。

◆民主主義の「隠された問題」

ここできわめて重要な論点にわれわれはさしかかる。フェイクの問題は、「事実」そのものではなく実は「価値」に関わっているということだ。

たとえば、新聞のようなマスメディアは、何をトップニュースに持ってくるかという選択を常に行っている。仮に書かれた記事がすべて正確に出来事を反映しているとしても、その中の何を中心的に扱うかは価値の問題になる。そして、あらゆるメディアはこの選択を行っている。だから、あらゆる報道は、決して中立ではありえないし、ただ客観的な事実だけの報道というものもありえない。報道には必ず特定の価値が負荷されている。選ばれた事実が、すでに選ばれたという点で価値付加的なのである。

したがって、報道に客観的事実などというものはありえない。出来事と事実は違うのである。われわれは、事実を基本的にはメディアを通して知る。たとえば、ある時刻にある場所である犯罪が起きた。これはひとつの出来事であるが、それを知って「事実」とみなすのは、あくまでメディアを通してである。誰も犯罪現場に居合わせたわけではない。メディアの記者もそこにいたわけではない。だからメディアは常に「編集」している。客観的事実などというものが存在しない、というのはそういう意味だ。

私は、「フェイク」という、トランプが持ち出した言葉を、このような次元において捉えておきたいのである。

すぐにわかるような虚偽の報道や事実のでっちあげ報道もあるが、それは論外であって、いま論じているのはそういう種類のものではない。事実を報道しているはずが、それにもかかわらず、フェイクになりうる、ということなのだ。ところがそうだとすると、それは、ただトランプの言いがかりで済ますわけにはいかなくなる。多くの場合、人々が求めるものは「事実」ではなく「価値」なのである。より正確にいえば、「事実らしく見える価値」なのである。あるいは「事実」を「価値」として求めているのだ。トランプ自身は、別に「事実」に関するこのような社会学的考察など施したわけではなかろうし、どこかでメディア論を勉強したわけでもなかろうが、彼ははからずも民主政治の根本に横たわる、それこそ「隠された問題」を見事なまでに浮かび上がらせたのであった。

3 むき出しの民主主義

◆「ポピュリズム」こそ本質

多かれ少なかれ、民主政治とは、「真実」や「事実」を基準とする政治などではなく、イメージ操作によって多数の支持を調達する政治である。つまり、「フェイク」と「ポピュリズム」は民主主義の本質に属する事項なのである。したがって、トランプが口から出まかせ(フェイク)を話し、大衆迎合的(ポピュリズム)だから、民主政治の敵対者であり、その破壊者である、という批判はあたらない。

むしろ、トランプ大統領の誕生によって、いわば「むき出しの民主主義」が現前化したといわねばならないであろう。「フェイク」と「ポピュリズム」を駆使した権力の奪取という「むき出しの民主主義」こそ、今日のアメリカのリベラルな民主主義の帰結なのである。だから、それは確かに「民主主義の危機」であるかもしれないが、その意味は、「民主主義が後退している」からではなく、むしろ「民主主義が急進的に展開している」からといわねばならない。

われわれは、民主主義に対して、「言論を通じた討議によって真実に接近する政治である」などという外皮を被せて虚飾で飾り立ててきた。あるいは、「国民の意志という何ものかが政治的に実現される仕組みだ」などという偽装を行ってきた。だがそれこそがフェイクである。したがって民主主義こそ理想の政治システムだとみなすメディアは、それ自体がフェイクの片棒を担いだことになる。

トランプはその覆いを剥がしたのだった。覆われているものを剥がすことが本来の(古典ギリシャ的な意味での)「真実(アレテイア)」=覆いを剥がすこと」だとするならば、トランプは、「真実」を語ったことにさえなる。ただそのやり方が、トランプ自身がまったく大胆にフェイクを述べ立てることによってであった。マスメディアも含めた政治世界において、「真実」とはフェイクそのものとなってしまったのである。いや、フェイクという外装の向こう側に、覆われた「真実」や「事実」などというものは存在しないという現実が露わになったのである。少し逆説を弄せば、現象の背後に隠された「真実」など存在しないということが今日の「真実」なのである。

これはアメリカだけのことではない。ヨーロッパでもほぼ似たような政治状況が生まれており、イスラム系移民をターゲットにした排外的な政治状況が生み出された。ここでも「フェイク」と「ポピュリズム」という「むき出しの民主主義」が跋扈している。ヨーロッパにおいても、今日、ポピュリズムは民主主義に敵対する非難語になっているが、ポピュリズムをその言葉通りに理解すれば、ポピュリズムとは、民衆の要求や情念によって政治が動くこと（民衆主義）であり、ポピュリズムを民主主義と対立させることなどできるはずはない。民主主義はその本質にポピュリズムを胚胎しているのだ。

したがって、アメリカにおけるトランプ大統領の誕生が民主主義への脅威を生み出したのではなく、すでに「何か」がうまく機能しなくなったのである。そのために、民主主義という政治体制がトランプ大統領を生み出したのであった。トランプが、あるいはヨーロッパの「ポピュリスト」や「極右」と指弾される右派政治家が民主主義を危機に陥れているのではなく、民主主義が本来持っていた危機的様相が現実化することによって、トランプ現象が発火してしまったのである。民主主義をかろうじて機能させていた「何か」が崩れ去った、ということである。

◆暗黙の「モーレス」の崩壊

だが、いったい何が機能しなくなったのだろうか。アメリカにおけるトランプ大統領の登場を中心に今日の民主政治の危機的様相を分析した『民主主義の死に方（*How Democracies Die*）』という書物の中で著者スティーブン・レビツキーとダニエル・ジブラットはこう述べている。

アメリカ政治を機能させてきたものは何か。それは、「相互に対する寛容」と、「組織的な自制心」であった。対立者への寛容と、自己主張における自制心は、ともに不文律である。それは憲法や法に書かれたものではなく、われわれの日常的な生活と社会的な意識とともにある「目に見えないルール」であり、暗黙の規範である。いいかえれば、しばしばいわれるように、立憲主義や法規範、高い市民意識などが民主政治を支えているのではなく、寛容と自制心という不文律、見えない規範がそれを支えている、というのだ。

私は、そこにもうひとつ「手続きへの信頼」をあげておきたいが、これもまた不文律である。この「手続きへの信頼」には、政党への信頼や、政治システム（政党政治、議会政治、正当な内閣、投票システムなど）への信頼も含まれる。そして、これらの不文律こそが民主政治の基盤であるという事情は、特にアメリカ政治に限らず、民主政治一般についていえることであろう。

そうだとすれば、この見方からは、民主政治に対するある種のリアリズムが浮かび上がってくる。「相互的な寛容」や「組織的な自制心」や「手続きへの信頼」が民主主義を支えるとしても、これらの「暗黙の規範」そのものは、民主主義の中から生み出されるわけではないのだ。いや、政治的でさえない。それは、ひとつの国の自生的な文化や歴史的経験、社会的な意識の中で形成されるほかない。「習俗（モーレス）」というほかない。「コモンセンス」つまり「常識」である。

だが「モーレス」は、その国によって違っている。そして、それはその国や地域の歴史や文化や宗教意識によって形成され維持される。その「モーレス」が暗黙の「モーラル」を積み上げる。それこそが、この場合には、アメリカの「潜在的文化」であり、アメリカ社会を支えている「隠された価値」である。それが失われた時、民主主義は、途端に、デマゴーグ（大衆扇動者）を生み出し、独裁政治を生み出す土壌となるだろう。そして、しばしば、過剰なまでの民意の尊重や自己主張の権利や平等性への要求などという「民主主義的価値」こそが、これらのモーレスを崩してしまう。民主主義が、それを支えてきたモーレスを崩してしまうのだ。こうして結果的に民主主義は破壊されるのだが、それを生み出すのもまた民主主義であってみれば、それは破壊ではなく自壊というほかない。

この場合、大事なことは、次のことである。「寛容」や「自制心」や「手続きへの信頼」の衰微が民主政治の崩壊を招く、といった時、すでに民主主義は「真実」や「事実」とは無縁の政治であることが含意されているということである。なぜなら、「寛容」にせよ、「自制心」にせよ、「手続きへの信頼」にせよ、それらの道徳的価値がなぜ必要かといえば、政治は、確かな事実や真実によって動くものではないからだ。そこには、客観的で誰もが納得する事実などというものは存在しない(あるいは重要ではない)からである。政治が取り扱うのは、事実というより価値だからである。

人々は自己の利益や価値の実現を求める。そして利益も価値も衝突する。そこに民主政治の本質に関わる核心があって、それが意味することは、民主主義にあっては客観的な「真実」や「事実」など当初から問題とはされていない、ということである。そうではなく、民主主義の根底にあるものは、「寛容」や「自制心」や「手続き」によってしか緩和することのできない「敵対」である、ということなのだ。

ある種の政治学者たちは、ギリシャの古典的民主政を持ち出して、民主主義とは本質的に「アゴーニスティック(闘争的)」なものであるとし、「アゴーン的民主主義」という言葉を使っているが、それはある真実を述べている。ただ、そうだとすれば、民主主義を擁護するのは相当に難しくなるであろう。民主主義がかろうじて機能するには、この敵対者の間の権力闘争が、せいぜいのところ「むき出しではない権力闘争」になればそれでよしとしなければならないからである。

したがって、仮に民主主義を言論による政治だというとしても、ここでは、言論は常にある観点から語られる。いやある観点からしか語りえない。言論の客観性や事実性が問題なのではなく、権力操作（多数を支持者にするという操作）の観点からあらゆる言語が吐き出される。野党の政治家がしばしば「事実を明らかにせよ」と与党を糾弾するのも、実際には、「事実」へ訴えることによって大衆への説得力が高まると考えているからだ。それは権力政治なのである。言論は充分に権力闘争になりうる。

とすれば、政治的言説は、少なくとも民主政治においては、まず基本的にはすべてがフェイクというほかないのであり、政治は、たえず、その本質であるデマゴーグやポピュリズムへとなだれ込んでしまうであろう。そのことを前提にするからこそ、対立者への「寛容」と自己自身への「自制」と制度化された「手続きへの信頼」が必要とされたのである。それらがかろうじて、民主政治の根本にある権力への熾烈な欲望を「むき出しではない権力闘争」へと置き換えてきたのである。

◆「真のアメリカ」か「多様なアメリカ」か

だが、そこにもうひとつ重要な問題がある。相互的な寛容や組織的な自制心を継続的に保持するのはおそらくたいへんに困難な作業であろう。なぜなら、寛容とは、敵対する相手の主張の容認であり、それはまた、相手の寛容さも同時に要求するものだからである。自制もまた敵対者の同様な自制心を前提としている。しかし、その保証は果たしてどこにあるのだろうか。仮に私が寛容であっても敵対者がそうでなければ、すべては無意味である。

このディレンマを回避しようとすれば、寛容や自制をことさら大切な共通価値とする何かを想定しなければならない。そして、多くの場合、そこにはある種の宗教的背景や共同社会の道徳的価値を生み出す歴史的背景があり、実際にはこの価値を継承する特定の階級や教育といった制度的要因が存在したのである。そこには、共通の経験や記憶や教育がなければならない。

かくて、手続きへの信頼といった「不文律」を可能とするには、その社会に一定の共有された価値がなければならない。そもそも不文律や暗黙の規範意識がそれなりにうまく機能するのは、ひとつの（ゆるやかな意味であれ）文化共同体であり、歴史的な共同体であるほかなかろう。では今日、アメリカでどうして寛容な自制心という不文律が崩れてしまったのか。

『民主主義の死に方』の著者たちはそれを次のように論じている。

1960年代以降、アメリカは急激に移民国家化してきた。その結果、アメリカでは非白人の影響力が急速に高まってきた。1950年代にはアメリカにおける非白人の割合は全体の10％程度であったのが、2014年には38％となり、2044年までには人口の半分以上が非白人になると予想されている。このことがアメリカにおける政党の意味を変えてしまった。

移民や黒人たちは基本的に民主党を支持しており、民主党はもともとマイノリティのための政党であったが、もはやマイノリティがマイノリティでなくなってきた。これに危機感を持った共和党は白人の政党という意味合いをますます強くし、それは、いっそうキリスト教右派の福音派を支持基盤にするようになった。共和党支持者からすれば、白人の民主党エリートは、白人が建国したアメリカ社会そのものの破壊者と映り、また、従来は民主党を支持した白人も、白人社会に押し寄せる脅威の中で共和党に鞍替えしたのである。

かくて、民主党と共和党という、従来は、それなりに同様の政治的意識を共有しつつも、具体的な政治的立場を異にした二大政党が、人種と宗教によって分断され、ほとんど修復不可能なほどの対立を内蔵してしまった。アメリカを支えてきたという過剰なまでの自負を持つ白人プロテスタントは、もはや有権者の中で少数派になるという存亡の危機を迎え、集団的なアイデンティティの崩壊を感じ取り、民主党への敵対心をむき出しにしだした。自らが所属する集団の社会的な存亡に関わるという「ステイタスの不安」が、共和党をきわめて戦闘的にし、それが、マイノリティの権利を過剰に主張して、反論を許さないPC（ポリティカル・コレクトネス）に仕立て上げたリベラルへの攻撃となる。

こうして、人種や自身のアイデンティティの次元にまで降り立ったリベラルと保守の対立が、共和党と民主党の敵対も含めてどうにもならない不寛容と相互不信を生み出したのである。トランプを大統領へ押し上げた政治力学の背後には、このようなアメリカ社会の変質があった。

アメリカはもともと移民社会であったとしても、しばしばいわれるように、移民の内実も意味もずいぶんと変化してきた。初期のWASP中心の建国者から始まって、次に、イタリアやギリシャ、東欧から非プロテスタント系のヨーロッパ移民がやってくる。ユダヤ系がやってくる。さらには、アジア人が移住し、メキシカンが入ってくる。イスラム教徒も入ってくる。こうなれば、もはや、「寛容」や「自制心」や「手続きへの信頼」を支えてきた共通の規範が崩壊するのも当然であろう。

もともと多数派をめぐる言論を駆使することで権力を実現するという毒素を内蔵していた民主主義が、「むき出しの権力闘争」に陥ることをかろうじて回避していたのは暗黙の規範であった。それが崩壊すれば、民主主義にまつわるすべての政治的言説がフェイクに陥るのは当然であった。「移民がアメリカ経済の低迷をもたらしている」というトランプの言説を「事実と反する」とか「事実の検証をへていない」などといってもほとんど意味はないのである。トランプ支持者からすれば、百年に及ぶアメリカの緩やかな衰退は移民問題と無関係ではない、という方が歴史的な「事実」なのである。

かくて「アメリカ」という理念に盛り込まれた共同の価値基準が見失われていったのである。かろうじてフェイクに蓋をしていた価値規範が剥がれ落ち、フェイクという「真実」が露呈してしまったのである。

したがって、トランプ大統領の当選は、何ともやっかいな問題をわれわれの前に投げ出すことになった。というのも、アメリカにおいて、それでもまだ民主政治がうまく機能していたのは、アメリカの中核を形成する白人のプロテスタント的文化が共有されていたからだ、ということになるからである。簡単にいえば、「英語を母国語としアメリカを母国とする白人プロテスタント」という「真のアメリカ人」の共同体においてかろうじて民主政治は意味を持ったに過ぎない、ということになるであろう。ここには、英語を母国語とする白人であれば、保守もリベラルも、共和党系も民主党系も含まれる。彼らは、政治的立場の対立にもかかわらず、自らをアメリカ人だと自負していた。「真のアメリカ人」という観念が「アメリカという物語」の中心に居座るフィクションであることはいまさらいうまでもない。しかし、そのフィクションがあって、何とか、「寛容」「自制」「手続きへの信頼」という価値が共通に維持されたのである。

ところがここにもうひとつの「アメリカ」があった。それは、多様な移民を受け入れる多文化国家、多民族国家としてのアメリカである。ここでは、母国語（マザー・ランゲッジ）という観念も母国（ホームランド）の観念もキリスト教も白人も意味を持たなくなる。いわば故郷を持たない、あるいは、故郷を記憶の中にしか持たない人たちが集合した宙に浮いた国家としての「アメリカ」がある。いっさいの「大地」に根づくことを拒否したいわば故郷喪失者の国家といってよい。それは人々に共通の養分(価値)を与える「大地」ではなく、バラバラな人々が踊り狂う「舞台」となった。多文化、多民族の融合、共存というフィクションがこのもうひとつの「アメリカ」を支えた。そして、それもまた、アメリカのリベラルな民主主義の産物なのである。

とすれば、「真のアメリカ」というフィクションと「多様なアメリカ」という別のフィクションが対立するのが、今日のアメリカといってよい。この二重のフィクションによって生み出される政治的言説がいずれフェイクとなるのは、トランプに限った話ではないのである。

2. フェイクは民主主義の本質である

1 フェイクの政治

◆リップマンの予見した「メディアの幻想」

議論がトランプの「フェイク」から少し脱線したが、「フェイクの政治」についてもう少し論じておかなければならないことがある。しかも、見ようによれば、それはわれわれの社会の本質に関わる決定的な論点というべきものである。

トランプは、メディアはフェイクだといった。ニューヨーク・タイムズやワシントン・ポストというリベラル系の新聞やCNNを指してフェイク・ニュースをまくし立てるといった。もっともそういうトランプ自身も多大のフェイクを垂れ流し、彼が「真実」だと持ち上げるフォックス・テレビなども、リベラル派から見ればフェイクである。

これでは、あたかも敵対する勢力が相互に誹謗しあっているだけにも思われようが、その本質はそれほど簡単ではない。ここでも、端的に事実に反する、つまりすぐにバレる「嘘」や「偽装」は問題外として、この根底にあるのは「事実」に関わる認識論の問題である。それはわれわれの世界認識の仕方に関わることであり、しかもそれはすでに、時代を1世紀さかのぼった1922年に、アメリカの著名なジャーナリストであり文筆家のウォルター・リップマンが『世論』において明瞭に述べたことであった。

自身が新聞社でコラムを書いていたリップマンは、メディアの中立性や客観性という幻想に強く異を唱えた。確かに報道における客観的事実などというものはどこにもない。これは報道やニュースにとっては深刻な問題提起である。フェイク（偽装）の反対はトゥルース（真実）であり、「真実」とは「事実」に基づいた言説であるが、それでは、真実や事実とは何かといえば、決して自明ではないのである。通常、われわれは、どこそこで事件があったといっても、その現場に居合わせたわけでもないし、それを経験したわけでもない。われわれにとっての「事実」は、基本的にメディアの報道によってもたらされるだけである。とすれば、そのメディアの報道の「事実性」や「客観性」を保証するものは何なのだろうか。こう問えば、フェイクにまつわる問題が容易ならざるものであることは明らかであろう。メディアの報道の「事実性」や「客観性」を保証するものは実際にはどこにもないのである。

このことをリップマンは、マスメディアの創生期である20世紀の初頭の、しかもメディアと民主主義の最先進国であるアメリカにおいて的確に理解していた。それは、メディアの無責任や作為ではなく、もっと根源的な必然だと彼はいうのである。

人間は、「世界」をそのまま認識することなどできない。したがって、世界を示す客観的な事実も存在しない。いや、「世界」などと大きなことをいわずとも、局部的な事象でもよい。出来事でもよい。たとえば、「巨大台風が東京を襲った」という出来事にしても、それを丸ごと全面的に表現することなど決してできない。だから、この出来事を客観的事実として示すことなどまったくできない。せいぜいか弱そうなレポーターを銀座の真ん中に立たせて吹っ飛びそうな映像を流すぐらいであろう。「硫黄島において日本軍は玉砕覚悟の戦いを行った」といっても、その地獄の様相を全面的に表現することなど不可能である。とすれば、それを客観的事実ということさえも厳密にはできない。そもそも「玉砕覚悟の」とはいかなる事実なのかと問えば、事態は容易ではなかろう。「老人が車の運転を誤って事故を引き起こした」というようなかなり局所的な出来事にせよ、それだけでは、単なる「報告」や「情報」であって、その出来事の全体性を表すリアリティを描き出すものではない。

かくていささかこぢんまりとした事例からきわめて大きな事例まで、いかなる出来事にしても、われわれの認識は、常に部分を切り取ったものであるほかない。そこに価値が入る。切り取り方に作為が入る。その人独特の見方がすでに内包されている。

先の「老人が誤って事故を引き起こした」という相当にわかりやすい事態にしてさえも、実は、「老人」「誤って」「引き起こす」というような形で、「老人は誤りやすく、事故を起こしやすい」という一般的な思い込みがすでに前提になっている。むろんこれは確定した一般命題ではない。実際には老人の中にもかくしゃくとした人はいくらでもいる。ではこの老人だけが悪いのか、全体的状況はどうなのか、それを全面的に描き出すことはたいへんに難しいであろう。しかも、当の老人自身は、このようなわかりやすい断定など、とても事実ではない、と思うだろう。かくて報道する当人は、事実であり客観的だと考えていたとしても、そこに無意識の先入見、思い込み、つまり、先行的な観念や価値がうっすらと入り込んでいる。

だが困ったことに、先行的な観念を持ち込まなければ、そもそも世界で生じている物事をわれわれは知ることさえできない。知るとは、ある角度から世界を切り取ることにほかならないからである。いってみれば、報道者本人にさえ気づかれない眼鏡をかけてわれわれは世界を見ているわけである。

当然のことであろう。われわれは、常に一定のスキームに当てはめて現実を見て、それを「事実」と名づけている。このスキームは、通常、自分で勝手に作り出すことはできないので、たいていの場合、その時々の時代状況の通念であったり、イデオロギーであったりする。われわれはいつのまにか眼鏡をかけて世界を見ているのだが、それがどんな眼鏡であるかはわからない。

◆フェイクとしての「アメリカ」

リップマンは、この見えないスキーム、あるいは眼鏡を「ステレオタイプ」と呼んだ。端的に先入観（プリコンセプション）といってもよいのだが、マスメディアの報道も読者も含めて、その時代の人々の世界認識の基本構造のようなものがある。中世には中世の、近代社会には近代社会の「思い込み」がある。「信念体系」がある。そこから派生する世界認識がある。われわれは誰一人、この「思い込み」から自由ではありえない。この「思い込み」がなければ、社会は成り立たない、とさえいってもよかろう。だがそうだとすれば、われわれは、社会を論じ、世界を認識するさい、ある特定の観点から「世界」を切り取るほかないのである。

リップマンとほとんど同じ頃、生物学者のユクスキュルが、生物によって彼の属する環境世界の認識の仕方が異なっていることを説いたが、その考えは人間にも当てはまる。人は、自分が属していることの「世界」の外に立って「世界」を眺めるのではなく、あくまで「世界」の内にあって「世界」を理解しようとする。当然、これは「世界」そのものの認識にはなりえない。われわれは、われわれがすでに属している世界や集団の流儀に従って、つまり世界の内にある自分の立ち位置から世界を切り取るほかない。こうして切り取った断面を写真に写したり、言葉で記述してみたり、またデータや数字で表してみたりして、それを「事実」と称しているだけである。とすれば、いかなる「事実」も、価値付加的であって、決して客観的ではありえない。それをあたかも客観的事実であるかのように報道するとすれば、それは「フェイク・ニュース」というほかあるまい。

より正確にいえば、もはや「フェイク・ニュース」という言い方さえ意味を持たなくなる。なぜなら、もしも、あらゆる「事実」が価値付加的で特定の観点からの切断に過ぎないとすれば、もはや「客観的事実」や「真実」などという概念も意味を持たなくなり、すべてがフェイクといえばフェイクとなるからである。こうなれば、事実や真実という観念との対比で意味を持つフェイクという固有の言い方さえも意味を失ってしまうのである。

リップマンはメディア社会の到来しつつあるきわめて早い段階で、メディアの根源的なフェイク性

（一応、この言い方を続けよう）を暴き出していた。しかも、大衆民主主義がアメリカ社会を急激に覆い、この新しい夜明けに向けて、人々が新たな文明の登場を予感している時代に、である。だが、彼の見通したメディアの孕む根源的問題は、実は、民主主義によって輝かしい未来を生み出そうとする「アメリカ」において、まさにその民主主義に対して破壊的な意味を与えるものであった。

なぜなら、マスメディアこそが大衆を動かす装置であり、大衆の情緒や意見こそが民主政治を動かすものであるとすれば、人間の世界認識の限界は、そのまま民主主義の限界になるからである。もっと簡単にいえば、メディアの報道がいずれ何らかの意味でフェイクであるとすれば、民主政治そのものがフェイクであるほかなくなるからである。そして、アメリカこそが20世紀の「新しい文明」の建設者であるとすれば、その新しい文明の象徴は、何よりも、民主主義、マスメディア、大衆社会の三つ巴の登場であった。これらは決して切り離せるものではない。ということは、この新しい文明を代表する20世紀のアメリカこそは多分にフェイクの様相を呈している、ということになるであろう。

2 「ソフィスト」とソクラテスの危惧

◆弁論家は「真実」を求めない

とはいえ、今日のトランプ現象の基本構造を取り出せば、それは、何も21世紀初頭の今日いきなり始まったわけでもなく、また百年前の20世紀初頭のアメリカにおいて始まったわけでさえもない。それどころか、民主主義の起源の誉れ高い古代ギリシャのポリス・アテネですでに生じていたことであった。

もっとも、古代ギリシャ人にとって、「民主主義の起源」は無条件で名誉であったかどうかは疑わしい。古代ギリシャのアテネは民主制を敷いた最初の都市国家とされるが、アテネの民主制の担い手がソフィストと呼ばれる弁論術者であったことを思い起こせば、フェイクの問題がいかに根深いものであるかはすぐに見当がつくであろう。

ソフィストとは「ソフィア(知識)を操るもの」つまり「知識人」という意味であるが、彼らにとって、知識とは人を真理へと誘う手段ではなく、それを言葉に乗せて人々を説得する手段であった。馬は白いとも黒いとも、状況によってどちらとも表現できるような言論の術、それがソフィストの弁論術であった。

これは大事なことである。馬が白いとも黒いともいえるということは、「馬が何であるか」を知る必要はない、ということである。いやそれどころか、「馬が何であるか」という問いさえ発する必要はない、ということである。いや、それでも足りないであろう。「馬が何であるか」という、その本質へ向けた問いは発してはならないのである。

「馬が何であるか」と問えば、たとえば動物学者ならある答えを持つであろう。解剖学者なら別の答えを与えるであろう。芸術家ならまた異なった答えをするであろう。つまり、専門家はそれなりの答えを与えるであろう。だが、ソフィストは答えを持たない。だからこそ、そのすべての答えに対応できるし、時には、そのすべての答えを受け入れることができよう。だがそうはいってもソフィストが専門的なことについて専門家より知っているわけはない。だからソフィストは専門的な事柄を話題にし、何も知らない大衆に向けて弁舌をふるうのである。そしてそこにソフィストの戦略があった。

彼は、何の答えも持たずに、専門家相手に議論を行い、あたかも専門家と同じ土俵上で論議をしているかに見せかける。しかもそれを大衆の面前で行う。それこそが、ソフィストの職業的な専門なのである。かくて、彼は、何も知らない大衆に対して、あらゆる専門家と同様に、あるいは同等に物事を知っているかのように見せかけることができた。あらゆることを知っているかにふるまう。まさに自らを「知識を持つもの」に見せかけるのである。

これは、善や正義といったポリスの政治に関わる問題でも同じことであった。弁論家は真実が何であるかを知る必要はない。ただ正邪を判定する大衆がどう考えるのかということさえ知ればよいのだ、とプラトンは『パイドロス』の中で書いている。ソフィストには何の確かな考えもない。つまり真理を知りたいという真の哲学的欲求がない。彼らは、「いかにも智慧があるようにみせているが、本当には智慧ではない」(アリストテレス)ものを売り物にして、しかもそれで金銭を得る「商売人」ということになる。そしてそこにこそソフィストの強みと戦略があった。

弁論家は、真実に関心を持つ必要は微塵もない。真実ではなく、「真実らしさ」が問題なのであり、その「らしさ」を保証するものは、大衆の思いであり、情緒であり、また思い込みなのである。彼らは哲学者を名乗りながらも、その実、むしろ一級の心理分析家であった。ゴルギアスの定義によると、弁論術とは、法廷や議会などの国民集会で、人々を前にして、説得力を持って正邪を争う術であった。ということは、それは、法廷での争いがそうであるように、真実ではなく勝ち負けを争う。法廷においては、弁護人は、ある事実に対して、それを肯定も否定もできるのである。また、国民集会のように、大衆の喝采を得ることを目論む。大衆の感情を動かすことがここでの目的になる。ここではすでに今日いうところの「劇場型政治」が見事に姿を現わしている。

◆万物の尺度は人間である

ソフィストとは、「何が正しいか」を問うのではなく、大衆が何が正しいと考えているかを察知し、その方向へ議論を導く説得のための技術であった。そのための言論競技（エリスティケー）を教える教師がソフィストであった。実際、ソフィストは、一種の言論の教師として生活を立てる職業的知識人であった。彼らはとりわけ政治家志望の若者に対して徳を教育する、という。ただし、この場合の徳とは、主としてポリスにおいて政治的活動や言論活動における卓越性を持つことである。それは、言論によって他人を説得する卓越した力である。言論は力なのである。言葉は民衆の感情を動かすことで、実際に、民衆を、そして政治を動かす。真実や正義そのものが問題なのではなく、正義らしく見せること、善であるかに見せること、つまりフェイクを作り出すことが問題であった。何かの本質ではなく、「らしさ」が求められたからである。彼らは、「知識を持っている者」ではなく、「知識を持っているように見せている者」という意味で、彼ら自身がフェイクであった。

このようにいうと、いかにもソフィストとは言葉の詐術師であり、人を欺く欺瞞家であり、インチキ知識人に聞こえるが、必ずしもそれは正しくない。社会が彼を必要としたのである。しかも、社会の方は、物事の本当の真理などというものは必要とはしていなかった。いいや、本当の真理などあろうがなかろうがどちらでもかまわない。社会がそれなりにうまくいけばよいのである。現実の政治は、まさしくプラトンが批判したように、永遠の真理や、真に優れたポリスなどという「真なるもの」ではなく、人々の欲するものを与えればよい。それが、人々の利益になり、人々の愉楽になればよい。永遠の真理などではなく、現実の利益や快楽の方が大事なのである。

その意味で、社会は、ソクラテスではなくソフィストを求めた。政治もいうまでもなくそうであった。政治は何も絶対的な真理に奉仕するものではない。これも人々の利益と快楽に奉仕すればよいではないか、というのだ。このことに言い分がない訳ではない。だからこそ、ソフィストは、その弁論術によって金銭を稼ぐことができ、社会に対して強い影響力も持っていたわけである。

われわれはつい現代のメディアに登場して、ありとあらゆる事柄に対してもっともな答えを出してくれるコメンテイターや知識人を思い起こしてしまう。確かに、どうもいまも昔も「知識人」とは、あたかもどんな知識でも持っているように「見せかける人」であるようだ。21世紀のこの時代の知識人（知識を持った人）も紀元前ギリシャのソフィストの正統な末裔のようにも見える。だが、今日でもまた古代ギリシャと同様に、社会が彼らを必要としており、そして、現実に、彼らは社会に対して大きな影響力を持つ。

ただここで重要なことは、ギリシャ最大のソフィストと呼ばれたプロタゴラスの有名な言葉を想起することだ。「万物の尺度は人間である」という言葉である。これは、しばしば、近代の人間中心主義のはしりのようにも解されるが、もともとはそうではなく、物事の価値は人によって異なる、という意味であった。「万物の」の「物（クレーマタ）」とは日常の生活を支える有用なものという意味のようである。だから、ここでプロタゴラスがいうのは、ものの価値は市民一人一人によって違っている。だからそれを民会等を通じて市民にとって「有用なもの」、「利益のあるもの」へともたらすことが大事だというのである。プロタゴラスからしてみれば、永遠の真理や、絶対的な善などというものは、いずれわかるものではない。いや、わかってはならない。とすれば、物事には多面的な様相があり、物事のあり様は常に相対的でしかない。この相対主義に立てば、あい反する立場がひとつの主題に含まれていても不思議ではないだろう。見方が違えば同じものでも違ってみえる。プラトンからすれば、それはフェイクかもしれないが、プロタゴラスからすれば、そもそもフェイクなどという言い方が成り立たないであろう。

だがまさにそこにプロタゴラスの決定的な矛盾が露わになる。それはこういうことだ。もし「万物の尺度は個々の人々である」という相対主義を取り、客観的で万人にとっての「真理」など存在しないとすると、一人一人の人間が、自分が自分にとって「善い」と思いなすものがすべて彼にとっての真理となる。太郎には太郎の真理があり、次郎には次郎の真理があって、その間の優越を論じることはできない。だがそうだとすれば、どうしてソフィストは他人に対して知識を教授するなどということが可能になるのか。プロタゴラスは自らをギリシャ世界随一の「知者」であると自認し、自ら臆することなく「ソフィスト(知識を持つ者)」と名乗っていた。つまりプロタゴラスは、人によって知識の優劣があると想定していることになる。だが、万人が自分の真理の基準を持っているなら、なぜそんな想定が可能なのだろうか。

いったいどうして彼は他人に知識を授け、まして自らを「知者」などということができるのであろうか。人々は自らが智慧の尺度であれば、どうして、ソフィストにわざわざ金銭を支払ってまで知識を教授してもらう必要があるのか。こうソクラテスは『テアイテトス』において問いかける。これは強烈で根底的なプロタゴラスに対する批判であった。

この批判が重要なのは、ソフィストの背後に重要なある哲学的立場をソクラテスは見ていたからである。それは、ヘラクレイトスが述べたとされる「万物は流転する」から始まるような思考であった（ヘラクレイトス自身はこの言葉を残していないが）。万物が流転すれば、われわれが捉えられるのは、その都度、その都度の感覚による認識でしかない。永遠で固定されたものなど存在しない。したがって、認識は、時間と場所に関して、またそれを認識する主体によって相対的であろう。感覚は人によって違うからである。ある人にとっては花は美しいが、別の人にとっては花は醜い。人の感覚は違っている。そして、このヘラクレイトス説の延長上にプロタゴラスの「万物の尺度は人間である」説がでてくる。人によって感覚は異なっているので、花は美しいとも醜いともいえる。共通の真理など存在しない。これがソフィストの立場であった。そして、この相対主義が民主政を通して政治的行為そのものの原理とみなされることに対し、ソクラテスは決定的な危機感を持ったのである。

◆ソフィストたちの政治意識

さて、このことは民主政治を理解する上で決定的な重要性を持っている。民主政も政治である限り、政治に関わるものは権力を手にしようとする。掛け金になっているのは大衆であり、大衆的人気、すなわち「ポピュラリティ」であった。大衆の支持を得ることが権力への扉を開く鍵となる。この鍵をこじ開けるものは、弁論術であった。一流の弁論家はまた「ポピュラリティ」を持つ著名人であり、だからこそ、政治家は、本来は、一流の弁論家でなければならなかった。この伝統は今日でも欧米では生きている。だから、大衆政治家は「ポピュリズム」というよりも「ポピュラリズム」という方が正確である。

とすれば、ソフィスト型の民主主義から出てくる論点は次の二つであろう。政治家がなすべきことは、大衆を自らの方に引き寄せるか、もしくは自らが大衆に接近するか、である。つまり、大衆を扇動するか、あるいは大衆に迎合するか、である。前者はデマゴギー（大衆扇動）であり、後者はポピュラリズム（大衆迎合）である。こうして、民主政は、いずれデマゴギーやポピュラリズムへと流され、政治は必然的に不安定となろう。この不安定は、大衆の付和雷同型の情緒によって生み出されたのだが、その政治的不安定がさらに大衆の不満を増幅させ、それを背景に、しばしば僭主と呼ばれる独裁者が出現するというのが、アテネの政治の現実であった。

さらにいえば、大衆扇動にせよ大衆迎合にせよ、それは「力」の問題となる。扇動によって、あるいは迎合によって得られた大衆という大きな数は、そのまま力になる。「量」が「質」を圧倒する。ソフィストは、それに「正義」という外皮を与えようとした。だからソフィストたちの政治意識は、「力こそが正義である」という命題にまとめられる。「正義とは強者の利益だ」という、これは「トラシュマコスの正義」と呼ばれるものであるが、民主政は、大衆の説得を通じた「力による正義」を実現する体制であった。それはいうまでもなく、権力の争奪戦を通じてきわめて不安定な政治をもたらすこととなる。

そこにソクラテスやプラトンが民主政を強く批判した理由もあった。彼らの、ポリス政治に対する危惧は、今日、民主主義者が気楽に述べるような種類のものではない。それは「独裁者が登場して民主主義を破壊するのは危険だ」というような口上ではなく、「民主主義は独裁者を生み出すから危険だ」というのである。

民主政がほぼ必然的に僭主政に行きつくというのが、ソクラテスやプラトンの認識だったが、それは、民主政がソフィストに支えられているからであった。ソフィストは、ある意味で言論の自由を唱えた最初の自由主義者だったといえるかもしれないが、それこそが僭主政を生み出す、というのがソクラテスの危惧であった。ソクラテスのみならず、当時のギリシャ人が究極に恐れたのは悪しき僭主政であり、それを生み出す政治の動揺にある。ギリシャの市民が、いくどとなく繰り返された経験から、僭主政、つまり独裁を極度に恐れていたことは間違いない。

だが、市民たちは、独裁を生み出すものが、民衆政治というみずからによる統治であることの深刻さにまでは思慮は及んでいなかったのであろう。ただ、それでも今日の民主的市民と比べた場合、まだギリシャでは民主政に対する警戒心が働いたということである。実際には、たとえばアテネの政治を動かしていた者は、ごく少数の名門出身の軍事司令官であり、彼らはしばしばデマゴーグやポピュラリストに変身したのであった。

だがソフィストが政治において危険なのはどうしてか。それは彼らが真理を認めないからである。真理が存在しなければ、その都度、その都度、状況にあわせて言葉を変えればよい。言葉はもはや、確かな何ものとも結びつかないのである。言葉は、その言葉が言表する事実との一致によって真理性を担保するのではなく、ただ言論の遂行的行為がもたらす効果によってのみ意味を持つ。それはフェイクでかまわないのである。そこにソクラテスやプラトンのソフィストへの強い不信が出てくる。

◆ソクラテスを殺した民主政

だが、ソフィストからすれば言い分もある。そもそも永遠の真理、あるいはパルメニデスが述べたような「不動の一者」のようなものがあるのか。現実の政治にはそもそもそんなものは必要ないではないか。天上の真理など地上の幸せとは関係ないだろう。こういうであろう。とはいえ、彼らはあくまで「知識」に関わる。ソフィストとは、繰り返すが、知識を持っているように見せかける者である。では本当に知識を持つとはどういうことか。状況に応じて、一杯につまった知識の引き出しを開け、知識の量と多様によって人々を幻惑し、その時々で引き出しをうまく開けて論敵をいい負かし、この言論ゲームに勝利する、というようなことではない。また、徳の教育や言論術の教育を施すものでもない。知識は持つものではない。それは求めるものであり、知識を求めるとは、真理へと接近する試みである。真理とは、状況に応じて姿を変える相対的で移ろいゆくものではなく、永遠の普遍性である。だが、知性も人生も有限で限界の中にある人間が、永遠の真理を手に入れることはない。

とすれば、大事なことは、真理を手に入れることではなく、ひたすら真理を求めることである。真理へと至る知識を徹底して愛し、求めることであろう。そして、その第一歩は、己がまったく真理などわかっていない、と認めることであった。知識など持っていないと認識することであった。誤った知識（ドクサ）をいくら積み上げても意味はない。それなら、自分は何も知らないという自覚の方が重要なのである。真の知識（エピステーメー）を求めること。真理を知りたいと思うこと。これが本当に知識に関わるということである、とソクラテスはいう。

そして、そこにいかにもソクラテスらしい、見方によれば、かなり嫌味なイロニーが潜んでいた。知識を求めるということは、繰り返していえば、自分に知識が欠如している、ということである。人は自分に欠如したものを求めるからである。ということは何をおいても自分の無知を知ることが基本前提になる。無知の自覚から始めるほかない。何も知らないからこそ、彼は知識を愛すること、つまり自らの活動を「哲学（フィロ・ソフィア）」と称した。何でも知っているふりをする「知識人（ソフィスト）」と何も知らない「哲学者（フィロソファー）」を対比したのである。そして、彼は、その強靭な身体と人を食ったような風情で、「無知」を武器に、「知識人」の無知を暴き出したのであった。

ここで本当の無知とは何かが明らかになる。本当の無知とは、何も知らないのに何でも知っているように装い、しかも自分が装っていることを自覚しないことなのである。ソフィストとはそういう人種であった。だから、ソクラテスの無知は、いわば「方法的無知」とでもいうべきものであって、ただの無知ではない。だから、ここにソクラテスの人を食ったような生真面目さが醸し出すイロニーがある。彼は無知を装ったのである。実は彼は知者であった。なぜなら彼は、自分が無知であることを知っているからである。本当の無知はソフィストの方である。ただし、無知を「装う」ことでソクラテスもまたフェイクを持ち込み、自らもまたソフィストであるかのようにふるまったのである。

だから、ソクラテスこそがソフィスト中のソフィストである、という当時の評価もあながち間違いではない。彼もまた自らがフェイクであるかのような装いをこらす、という手の込んだ芝居を行ったのだ。自分は真理をわかっているなどとは、彼は決していわない。自分は何も知らない、という。それは、ソフィストの根源的な無知を暴くためであった。だからまた、ソクラテスは、一部の熱心な信者を得たものの、アテネの大衆の評判を得ることはまったくできなかった。だからアテネの民主政はソクラテスに死罪を与えた。そしてプラトンの民主政嫌いも、民主政がソクラテスを殺したからであった。ソクラテスのフェイクは、いわば、裏返されたフェイク、フェイクを暴くための仕掛けだったからである。民主政の支持者たちはソクラテスを誤解したというより、ソクラテスの真意を恐れたのである。

だがどうして、この一見とぼけたような爺さんはソフィストのフェイクを暴こうとしたのか。そして、この爺さんに完全に心酔した若きプラトンは、なぜこの「無知の教説」を政治にまで持ち込もうとしたのか。これは重要な問いである。そこに「民主政」と、それを超える「政治」との関係が暗示されているであろう。

3 国家というニヒリズム

◆「善きもの」は誰も求めない

ソクラテスやプラトンの考えでは、政治は、何らかの「真の知識」と関わるべき行為であった。政治が関わる「真の知識」とは何か。それは、「善き国家」とは何か、「善き市民」とは何か、「善き生」とは何か、といった問いに関与することである。それは「……とは何か」という問いである。

プラトンは、その先に、抽象的でかつ普遍的な真理というべき「イデア」の存在を説き、とりわけ「善のイデア」を最高の地位に置くことを考えたが、そこまでいわずとも、「善き国家」「善き市民」「善き生」といった場合の「善き」とは何か、政治は、常にそのような問いかけと無縁であってはならない。もちろん、永遠の真なるものに対して、この世俗世界に生きる有限の人間が答えを出すことはできない。

できないとしても、そのような問いを発することはできる。そのような問いを発し、思索するものが哲学者なのであれば、政治に対して背後で働きかけるものは哲学者でなければならず、決してソフィストという知識人などではない。

もちろん、当時のギリシャのポリスに「善きもの」という観念がなかったわけではない。いやそれどころか、市民は「善き市民」でなければならず、国家は「りっぱな国家」でなければならず、彫刻家は「優れた彫刻家」であることを目指した。それは、通常、「徳」の概念において論議されたが、それは、ある目的を達するのに優れた技術を持ったもの、つまり卓越性、優秀性を発揮することこそが徳であり、そのような徳を持った市民こそが善き市民であったからである。だから、「善きもの」を求めるというソクラテスの愛知（フィロ・ソフィア）も、さしあたってこの種の徳を知り、それを身に着けるよう努め、また配慮することであった。だから、深慮、勇気、節制、公正が基本的な美徳とされたのである。

しかし、現実の生活の中で、あるいは現実の政治の中で、何が真の卓越性かは問われなくなってゆく。「善のイデア」などというものを論じても仕方ない、ということにもなろう。「善き国家」などというものを論じる政治家もいなくなる。人はもっと現実的で即効性のある利益や快楽を求める。そこで国家の卓越性はといえば、戦争によって他国を植民地化することであるとみなされ、また、金銭的な利益によって富を築くことが卓越性と混同され、知識をたくさん持っていて論争に勝つことが卓越性だとされる。身体にきく苦い薬よりも、甘い菓子を人々は喜ぶ。とすれば、甘い菓子をふんだんに与えることのできる能力が卓越性と等値されるだろう。

しかし、他国を従えること、金銭的利益をあげること、論争に勝つこと、快楽を得ること、これらは真の卓越性といえるであろうか。「利」と「快」と「善」は違うのである。それらをうまく調合することは政治の重要な課題であろうが、まずはこの三者は区別されなければならない。本当の善ではないものをあたかも真の価値あるものであるかのように思いなし、またそのように見せかけること、そのことこそが結局、ポリスを堕落させるのである。

ソクラテスの愛知（哲学）とは、常に、現実に重宝されているもの、価値あるとされているものを疑い、何が真の善であるかと問うことであった。だから、哲学とは、ただ思索にあけくれることではなく、また何かを調べて知識を膨らませることでもなく、人々へと働きかける現実的な営みでもあった。それは、後期のプラトンが想定したようにイデアを観照することではなく、善き生を実現するための活動であった。だから、哲学とは雑踏を逃れた孤独な思索ではなく、雑踏のさなかにおける対話だったのである。

そして、ソクラテスやプラトンの民主政への批判は、政治家も市民も哲学者を全く等閑視するがゆえに発せられたのであった。いささかしかめ面をしながら、プラトンは、人々は哲学者など見向きもしない、と苦情を述べている。当然であろう。大衆は、そもそも真理へ向けた言論（ロゴス）になど何の関心もないのである。もちろん、「真理」は、「アレテイア（ア・レテイア）」、つまり「覆われたもの＝被覆性」を取り払うことである以上、もともとそれは覆われている。だから容易に理解できるものでもなければ、わかりやすい形で目の前に置かれるものでもない。「真理」は目には見えない。現前性を持たない。しかし、現前するものだけに存在の権利を与える必要はない。見えないものとして存在する権利を持つものがある。そこにこそ大事なものがある。この「覆いを取り外す」試みだけが真理のありかを指し示す。

ロゴスは決して太陽の光のような真理そのものには到達しえないであろう。言語にはいずれ限界がある。だが、われわれが、ただこの太陽の光の差し込む洞窟にあって逆光の影絵を見ていることさえ了解できれば、われわれの精神の覆いを取り外す第一歩にはなるだろう。確かにロゴスによってさえ太陽を直視することはできない。われわれにできることは、ただ洞窟の中の影を認識することに過ぎない。だがそのことを知ることこそが、真理への第一歩となる。われわれが見ているものが、太陽の光を背に受けて洞窟の壁に写った影であることを知れば少しは話は違ってくる。われわれは洞窟の中にいるという認識、それが真理へ向けた第一歩を踏み出すことになる。それは自らの無知を知ることであった。

だから、ソクラテスは、真理が何であるかなど決して語らない。語りようもない。もし語れるなら、もはや自分は無知ではない。彼がやることは、われわれがそれをまだ知らない、ということを暴き出すことだけなのであった。それはダイモンの声に導かれたソクラテスの神聖な義務であった。この義務の遂行のために彼が選択したのは、一見したところソフィストと類似した技法による問答法であった。だが、言葉によって説得力の勝負を争うソフィストの言論競技(エリスティケー)に対して、真理のありかを問うソクラテスの言論問答(ディアレクティケー)は、その目指す方向はまったく違っていた。

◆「真なるもの」としてのコップ

このように一応は整理できよう。ソクラテスからすれば、ソフィストは一種のフェイクの言説を撒き散らかしているに過ぎないのであった。そして、ソフィストをその知の擬態において批判できるのは、言論の先に真理がある、と想定していたからである。「善なるもの」がある、という確信だけであった。確かに「真」という基準からすれば、その場、その場で相手を打ち負かすレトリックに満ちたソフィストの言論はフェイクということにもなろう。しかし、それほど話は簡単ではない。

なぜなら、ソクラテスもプラトンも、真理（イデア）が何であるかは決して語ってはいないからである。だからプラトンの数ある対話篇の中で真理とは何かを直接に扱ったものはない。彼らはこう考えていた。「真理とは何か」という問いには答えられない。しかし「真理は存在する」。いいかえれば、「真理とは何か」という問いと、「真理はあるか」という問いを区別していることになる。前者に対しては解答不能であるが、後者に関しては「ある」と答えるのだ。この二つの問いを区別し、その上で、「真理はある」とするのが、ソクラテスのやり方であった。それをもう少し抽象的な（目には見えない）観念的な存在として表象したのが、プラトンのイデアである。

真理は存在する。しかし、それをわれわれは見ることはできない。あたかも太陽を直視することができないように。しかし、太陽は存在する。真理は言語を超えたものである。だから、それについてわれわれは言表不可能である。しかし、言語の背後には、それを支える真理がある。こうして、「それは何であるか」という問いと「それはどうあるのか」という問いはソクラテスやプラトンにとってはひとまず区別されねばならなかった。そしてその上で、「それが何であるのか」は、「それがそうであるところのもの」すなわち「真理」との関係において論じられるべきものだったのである。

目の前にコップがあるとして、これがコップである、というためには、いま目の前にある個別具体的なコップをひとまず超えなければならない。目には見えない「コップ」という抽象的で普遍的な観念がなければならない。それは具体的な現実を超えている。われわれは「コップ」を見れば、いつも、目に見えない抽象的なコップの観念と目の前にある現実のコップの間を瞬間的に往復し、それを結びつけている。目前の具体的なコップは、その抽象的で普遍的なコップという観念の具体化であり可視化である。そして、この目には見えない普遍的なコップという観念を抽象的に理念化もしくは理想化したのがコップのイデアである。そしてこちらが本来の、あるいは「真なるもの」としてのコップだとプラトンは考えたのであった。

同様に、現実にここにある国家は、「国家とは何か」という真理性に関わる問いとともに論じられるべきなのであった。また現にそこにいるポリスの市民は、「市民とは何か」という問いにおいて理解され、また批判されるべきであった。現実に市民の持つ徳についての議論は、「徳とは何か」という問いによって先行されるべきものであった。簡単にいえば、いまここにある存在は、「それがそうであるところのものは何であるか」という本質を問う（その真理性を問う）問いかけに照らして捉えられるべきなのであった。国家はただそこにある国家ではなく、「真の国家とは何か」という問いに照らして検証されるべきものなのである。

しかし、そうはいっても、当然、次のような反論は出てくるだろう。真理が何であるかがわからなければ、そのものが何であるかもわからないではないか。「ポリスとは本質的に何であるか」という真理性への問いに対して答えがなければ、現実に存在するポリスについて論じることなどできないではないか。真理への問いかけだけではダメで、それに対して答えられなければ意味がないではないか。そしてもしも真理が何であるかを答えることができなければ、真理はあろうがなかろうがどちらでもよいではないか。

さらにいえば、「それが何であるか」に答えることができなければ、「それが存在するのか」という問いに答えることもできない。「ポリスとは何か」に対して答えることができないのなら、「ポリスは存在するのか」などという問いは意味をなさない。ポリスが定義不可能なら、ポリスがあるかどうか問うても意味がない。もちろん「真のポリスは何か」などという問いは意味をなさない。

とすればどうなるか。現に目の前にあるこの現実をポリスと名付け、それをそのまま認めるほかないであろう。同様に、「真理が何か」について答えられない、ということは「真理はあるか」という問いにも答えられない、ということになる。「真理が何か」がわからなければ「真理はあるのか」という問いは意味をなさなくなる。「真理はあるのか」という問いが無意味になれば、事実上、真理は存在しなくなる。真理という基準は何の役にも立たないからである。となれば、ただそこにあるものをそのまま認めるほかない。真理からの距離によって、現実に存在する様々なものに序列をつけたり、その優劣を測ったりすることには意味がなくなる。こうして、この現実はすべて相対的なものとなる。

ここには、ひとつの重要な哲学的立場が隠されていた。それは、「言語で語られるものだけがすべて」であり、「われわれの眼前に現れ出ているものだけが存在する」という考えである。現前にあるものだけが言語で語られるとすれば、この両者は一致する。言語表現も含めた現前性こそがすべてなのであり、その背後に覆われた真理など存在しないことになる。これがソフィストの立場であった。そうなれば、丸いコップも四角いコップも長いコップも短いコップも、すべて目の前に存在するコップをそのまま認めるほかない。どれがよいコップかなどという価値判断の入る余地はない。それぞれの「私にとってのコップ」しかない。プロタゴラスの「人間は万物の尺度」なのである。見事な相対主義である。同様のことは国家についてもいえよう。すべての現に存在する国家を認めるほかない。こういうことになるだろう。今日的にいえば、ニヒリズムである。こうして民主政治は、多分にニヒリズムへと陥るといわざるをえない。

4 古代ギリシャの暗示するもの

◆ポリスの持つ永遠の宿命

トランプ現象から始まって随分と遠いところまで来てしまったようにも思われる。確かにトランプやその取り巻きと、古代ギリシャの弁論家とは遠く隔たっている。しかし、遠い／近いは、時間と空間の隔たりの問題ではない。時空においていかに隔たっていたとしても、現象の基本構造においては、きわめて近いことはある。その場合、われわれは、遠く隔たった事象をむしろその近さの感覚において、親しく感じるだろう。ギリシャの民主政と今日のわれわれの民主主義は、その根本において、むしろきわめて近い。ここには、一貫して同じ構造が保たれており、同じ問題が時空を超えて提起されているのである。この構造が後世に向かって送り出してきたテーマは、民主政とフェイクの関係についてなのである。そこでそれを次のように改めて述べておきたい。

ソクラテスの対話は、もちろん国家や政治に関わるだけではなく、知識とは何か、言論とは何か、その他、実に広範な領域に及んでいるが、それを記録にとどめたプラトンも含めて、アテネの政治状況、とりわけ不安定な政治を繰り返して没落しつつあるアテネのポリスが決定的なモチベーションであり、またモチーフになっていることは疑いえない。

そして、政治と哲学に関わる、つまり政治哲学という観点から眺めた場合、ひとつ重要なことに気がつくのである。私は、本章で、あたかもソクラテスの真理観やプラトンのイデア論を否定する格好で、ソフィストによる民主政が出現したかのように書いたが、実際には、この順序は逆で、ソフィストによる民主政を批判するために、普遍的な真理やイデアが持ち出されたのであった。

ソフィストが力を持ち、ソフィストの教えを受けた政治家や市民が登場し、その中で政治が混乱に陥ってゆくその現実を、プラトンはそのまま認めることはできなかった。それは本来の姿ではない、と彼は述べたのである。現実に目の前に存在するものは、イデアという、目には見えない本質的なものの写しであり、仮象である、とプラトンはいったのである。現実の存在者(そこに存在するもの)は、イデアという目には見えない観念的な本質の射影であり仮象に過ぎない、ということになる。

したがってまた、具体的な現実存在は、常に、そのイデアという本質の前で検討の対象となり、場合によれば、イデア的なもの、すなわち理想的なものへと向けて造り変えなければならない、ということにもなろう。ポリスは、本来、創り出されたものであり、永遠に創り続けられるべく宿命を持っている。ここに後の西洋文化を貫く、決定的に重要な政治哲学が成立する。都市にせよ、国家にせよ、それは創造されたものであり、また創造され続けることによって維持され、拡大されるべきものとなる。もしそれができなければ、ポリスは力を失い、没落するのである。

◆イデア、「神的なもの」を求めて

では何がポリスを創るのか。さしあたりは人である。市民といってもよい。人間の意思と知恵といってもよい。しかし本質的にはイデアが創り出すのである。人は、いかなるポリスでも自由に創造したり、拡大したりできるわけではない。ひとつの秩序を持ち、善きものを実現するためにポリスは創り出される。意思も知恵もそのために作動するのである。もしも、国家のイデア、つまり「善き国家」の理念から大きく逸脱した国家があれば、そのような国家は決して長くは続かないであろう。だから、いくら市民が国家を創造できるといっても自由に創出できるわけではない。

したがって、多かれ少なかれ、人はイデアに従ってポリスを創るほかない。より正確に言えば、人は常に「国家のイデアとは何か」と問いかけながらポリスを創るほかない。人は、いわばポリスを創出する道具であり手段なのである。だが同時にまた、道具とはいえ、最善のポリスを創出し維持するのは、最良の市民である、ということにもなる。これは、一流の彫刻家が、自分の意のままに彫像を生み出せるわけではなく、彼は、ただイデアに従って、イデアを具現化するものとして彫像を彫る。それと同じことであろう。

プラトンの国家論にはこのような思想が底流を流れている。これはかなり特異な思想といわねばなるまい。ギリシャには、もともと、宇宙もこの社会もそして人間も万物にはすべて、それらを貫く、あるいはそれらを包括するひとつの自然的秩序がそなわっている、という思想があった。人為や人間の作為や創造といっても、常にこの自然的秩序の枠の中で、この秩序に従い、何か大きな力に導かれるかのように行われる、という考えがあった。「人為的なもの（ノモス）」と「自然的なもの（ピュシス）」の区別にたっても、なお「自然的なもの」の優位を認めていた。人間の営為といえども、宿命から逃れることはできない。ポリスもまた、この自然的秩序を実現するものであった。

プラトンのイデア論は、この種の、もともとあったギリシャ的自然観からの大きな逸脱であり、見方によっては重要な挑戦であった。プラトンのイデアと、それ以前のギリシャの自然的秩序の考え方がどのような関係にあるかはここでは論じないが、少なくとも、イデアは、現実にそこに存在する秩序ではない。そこにはないものである。本質はそこにはないのである。もしも本質と現実が異なるとすれば、本質に従って現実を創り出すべきだ、という発想も出てくる。そしてこの発想は後にデカルトのような近代合理主義の中で復活する。ポリスも、彫像も、建造物も、道具も、そして市民も、すべて「制作（ポイエシス）」されるものなのである。制作の設計図はイデアである。その意味では、人が手を加えるとしても、具体物はイデアによって作り出されている、といえよう。

そして、イデアという設計図は、目には見えない抽象的存在ではあっても、あらかじめ決定されている。それを感じ取ることができるのは直観と観照にたけた哲学者なのであった。そして、政治とは、ポリスを常にこの設計図に従って創出し、造り変えてゆく作業ということになろう。

これはかなり特異な思想というだけでなく、奇妙な思想ともいいたくなる。芸術家が彫像を作ること、建築家がモニュメントを造ること、職人が椅子を作ること。それらとまったく同じ原理で、ポリスの政治も論じられているのである。政治とは、国家を創り出す技術なのだ。ただし、そのすべてにおいて、その背後にはイデアがなければならず、イデアは、この世俗世界の現実界を超え出ている。それは「存在」するがそれが何であるかは規定できない何かなのである。

それは、すべてを支えるが、それ自身は実体を持たない。その意味で、それは究極的存在であって、この世界のすべての存在者（そこに存在するもの）は、この究極的存在に依って現実にここにあるのだ。端的にいえば、それは超越的で絶対的な「神的なもの」というほかなかろう。それが存在する限りで、この現実世界において、われわれはひとつの秩序に従って生活ができ、安定した社会を持ち、優れた国家（ポリス）を誇り、市民の徳もありうる。真理や卓越や善といった概念も、この構造を前提として可能となるのである。

おそらくペロポネソス戦争期のアテネとは、とてもではないが、「神的なもの」に従って社会秩序が成り立っている、などという状況にはなかったのであろう。本来は、安定した秩序を与えるはずの古典的な自然的秩序とはほとんど無縁になっていたのであろう。スパルタに対するアテネの敗戦の原因は、アテネの政治の混乱にあり、あまりに無秩序な放恣や快楽主義や利益主義にあったと考えられた。デマゴーグやポピュラリストが政治舞台を駆けずりまわり、ソフィストがこの舞台を盛り上げる。もはや、古典的な自然的秩序にポリスを委ねるなどということはできないと考えたプラトンは、超越的な絶対的イデアという「神的なもの」を呼び覚ますことで、改めてポリスを建設しようとしたのであった。実際、彼はシュラクス島あたりまで出かけて、理想的なポリスの建設を実験している。当然失敗に終わったのであるが。そして、民主政への批判は、この政治制度が、イデアというような「神的なもの」を認めようとしないという一点から出発したのであった。

◆再び問われる、ニーチェとは何か

以上、ギリシャにおける政治と哲学の関わりについて少し煩雑な議論をしてきた理由は、まさにこの思想がその後の西洋思想、西洋文化の基礎構造になったからである。後にまた述べるが、ニーチェやハイデガーはそれを「ヨーロッパの形而上学」と呼んだ。それを生み出したものは、ソクラテスやプラトンに始まる独特の「存在論」だ、とハイデガーはいう。イデアという超越性を設定し、そこに本質（真の実在）を置き、われわれの目の前の現実の存在は、この「本質」に従って作り出された現象であり、仮象だという理解である。

この何とも奇妙な構図が、形を変えてヨーロッパ思想の根底を支えてきた。「イデア」は、キリスト教文化のもとでは「神」に置き換えられ、やがて近代社会に入って「理性」に置き換えられたが、その基本構造は変わらないのである。

トランプ現象から始めたこの章の冒頭のテーマに戻せば、この「ヨーロッパの形而上学」がほとんど崩れ去った時、政治の世界ではトランプ現象が出現する。すべてがフェイクになる。言論が真理性の基準から放擲された時、言論は競技的なゲームとなる。また政治は、ソフィストたちの民主政へと逆戻りする。

ミッシェル・フーコーは、「真理」さえも「力への意志」であり、すべての言論は権力作用だと述べて、20世紀末のヨーロッパとアメリカにおいてまさにソフィストを呼び覚ましたのであった。本当の意味での「真理」が失われれば、そして、そもそもニーチェがいうように「真理」という観念がでっちあげだとすれば、言説とは常に権力をめぐるゲームである、ということになろう。確かに、彼のいうように、今日、あらゆる言説はゲームとなり、そのゲームに勝利するための力へと変貌している。だから、次のように書けば相当に奇妙に聞こえようが、やはりそのように書かねばならない。「トランプ大統領の登場は、ヨーロッパの形而上学（存在観念）の崩壊の結果である」と。さらにそれは「ニーチェ哲学の帰結である」と。そして、実は、それはすでに20世紀の初頭に生じていたことだったし、さらにいえば、古代ギリシャですでに暗示されていたことであった。

第2章「歴史の終わり」と「歴史の危機」

1.「歴史の終わり」に立つニーチェ

1「歴史」は終わらなかった？

◆世界史における三つの「危機」

20世紀の前半を代表するスペインの思想家であるオルテガ・イ・ガセットは、世界史には三つの「危機」の時代があったと述べている。第一の危機は、紀元前1世紀あたり、つまり共和制のローマが崩壊するあたりには明確に姿を現し、紀元4世紀頃のローマにおけるキリスト教の確立まで続いたという。第二の危機は、中世末期から15世紀のルネッサンスをへて近代社会の成立へと至る時期であった。そして、第三の危機こそ、オルテガの生きた「現代」、つまり20世紀だと彼はいう。それを彼は「歴史の危機」と呼んだ。

もちろん、「歴史の危機」とは、歴史についてのひとつの立場であり見方である。ある時にいきなり「危機」がやってきて、ある時に、嵐が去るかのように消え去るなどというものではない。それは徐々にやってきて、いつのまにか社会を大きく変え、後から振り返れば、あのあたりに大きな転換点があったと思われるような歴史の特異点なのであろう。しかもそれは2世紀も3世紀も続くかもしれない。確かに漠然とした概念であって、歴史の中に生きるものが、簡単に「われわれは危機の中にいる」と自覚できるものではないだろう。

また、オルテガのいう歴史とは、基本的にヨーロッパの歴史である。20世紀に至るまで、世界史とはヨーロッパの専権事項であった。もちろん、ヨーロッパの形成において、中東の砂漠に生まれたユダヤ教のヘブライズムや、またペルシャ文明とも深い関係を持つ古代ギリシャに発するヘレニズムが関わり、また後のイスラム文明からの影響も決して無視しえない。イスラムとヨーロッパは、確かにずっと交流を持ち続けてきた。だとしても、歴史を、ひとつの方向に展開する時間の流れとして、巨大な生き物のような文明として、つまりはひとつの有機的な連続体として歴史を見たのはあくまでヨーロッパであった。

だから、危機といっても、それは、「ヨーロッパ文明」の歴史的な危機であって、その転換である。オルテガがそのように考えていたことは間違いない。

ところがここにもうひとつ無視しえないことがあって、歴史意識がヨーロッパの特権であったとしても、「ヨーロッパの危機」がただヨーロッパという局所空間に限定された歴史の産物というわけにもいかないのである。おそらく第一の危機、つまり古代社会の危機は、東方からのキリスト教文化の流入、北方からのゲルマン民族の大移動が深く関わっており、また第二のルネッサンス期の危機には、地理上の発見によるアジア世界や新大陸アメリカの登場も関わっている。

いや、関わっているなどという単純なものではないだろう。明らかにヨーロッパは「外部」からの巨大な振動を経験し、津波が襲ってくるように、その振動に振り回されてゆく。そして第三の現代の危機も同じである。それが、日本を中心とするアジア諸国の歴史舞台へのはなばなしい登場、ヨーロッパによるアジア、中東、そしてアフリカという未開の地の発掘といった「外部」との関係と不可分であることはいうまでもない。この場合には、自らの「外部」に進出したヨーロッパがその「外部」からのバッククラッシュにあうのだ。

だから、そのどちらに重点を置くかによってヨーロッパ史の見方は大きく異なってくるだろう。「歴史の危機」などといっても、それ自体がヨーロッパ中心史観に過ぎなくて、より大きな地球規模の世界史的観点から見れば、実際にはグローバルな文明の交流や興隆が生み出すひとつの変調であった、ということもできよう。特に今日では、何もヨーロッパ中心に世界史を理解する必要はない、という新たな歴史観が支配的になりつつある。ユーラシア大陸の勢力圏の変動を舞台に見ることもできるし、もう少し限定して中華帝国こそが世界の中心に存在したということも可能であろう。また、いわゆる世界システム論を拡張して、世界史を、地球上の諸文明の中心と周辺をめぐる覇権的な変動として理解することもできよう。

しかし、それにもかかわらず、ここでは、まずはオルテガを参照しておきたい。それは、決してヨーロッパ中心史観を取りたいからではなく、あくまで世界史を、「世界史についての自己意識」と捉えたいからである。いくら特権的と批判されても、世界史を自己の内にある何ものかの自生的な展開として了解したのはヨーロッパだけであった。端的にいえば、ヨーロッパは、歴史を思想として理解しようとしたのである。このことは否定できない。したがって「ヨーロッパの歴史」はとりわけ思想的な観点からすれば、きわめて重要な意味を持っている。いや、この21世紀の現代を論じる上でもその重要さを決して減じてはいない。

こういえば、誰もがたちどころに19世紀のヘーゲルの歴史哲学を思い浮かべるであろう。歴史とは、歴史についての自己意識の展開である、とヘーゲルは考えた。自己意識とは、自分は何者であるか、そして自己と他者との関係はどうあるべきか、したがって、社会とはどうあるべきか、という理性的な把握である。

歴史とともに、人間の意識はまどろみから目覚め、それまでは無自覚に当然とされていた事項を、客観的な対象として対自化し、さらにそれに働きかけて、それを自己のものとして獲得してゆく。また、自己と他者との関係を明確に意識の上にのせるところから合理的な思考、つまり理性が出てくる。そして合理的な思考が社会の上に投射されて社会の進歩という意識が出てくる。そこに歴史意識が生み出される。そして、このような意識を生み出したのはヨーロッパだけであった。この自己意識の展開こそがヘーゲル以来のヨーロッパの歴史意識であった。

今日、われわれはとてもこのヘーゲル的な「世界史の自己意識」など簡単に信じることはできない。そもそも、歴史を合理的な理性の自己展開などと無邪気に信じることなど、非ヨーロッパ圏の住人は当然としても、それこそどんなに自己意識の強いヨーロッパの哲学者でももはやできないだろう。では本当にヘーゲルの歴史観は今日、無意味な骨董となりおおせたのであろうか。

◆「終わり?」か「衝突」か、二つの歴史観

ところが、話はそれほど簡単ではないのだ。ちょうど冷戦の最終章が、自由主義陣営の輝かしい、しかも圧倒的な勝利になだれ込みつつあった1989年に、日系のアメリカ人研究者であるフランシス・フクヤマが、ヘーゲルやコジェーヴを参照して『歴史の終わり?』と題する論文を発表し、世界の知的層の話題をさらった。

それは、ヨーロッパにおいて花開いた啓蒙思想、つまり、人間の理性的能力に全幅の信頼を置き、その合理的精神によって社会をどこまでも進歩させうる、という能天気なほどに楽観的で、ある意味ではとてつもない傲慢さを秘めた思想が世界中に拡散している、という。ファシズムの後を継いだ社会主義という名の全体主義はいまや音を立てて崩れつつある。冷戦はいまや終幕の最後の場面を迎えている。それが終われば、個人の自由や平等や市場競争による富の蓄積を求めるリベラルな民主主義と市場経済の勝利は万全のものとなり、もはやそれに挑戦する思想も対抗できるイデオロギーも存在しないだろう、というのである。

フクヤマがもっぱら関心を持つのは主として政治や経済の分野であり、その観点からすれば、自由な民主主義(リベラル・デモクラシー)や競争的な市場経済が、もはやヨーロッパ、アメリカだけではなく、アジアも含めた世界中を覆いつつあり、世界をあたかもブルドーザーでならすかのように「近代社会」

へ造り変えてゆく、という。これらひとセットの理念がグローバリズムを生み出すはずであった。リベラルな民主主義や自由市場といった近代社会の基本的な価値は、かつて人民を支配した絶対王政や専制君主制を打ち負かし、さらにはファシズムや全体主義に勝利した。しかも勝利したという事実が、この思想の正しさを証明している。歴史とは、啓蒙（エンライトメント）の「光」を世界の隅々まで行き渡らせるための闘争であり、人間の精神の合理化であった。こういう思いがフクヤマの楽観論を支えていた。

フクヤマはヘーゲルを下敷きにしているが、ただ無邪気にヘーゲル歴史観を復活させたわけではない。ヘーゲルにとっては、合理的精神の全面的開花へと人々を持ち上げるものは、現実に行われる弁証法的な闘争であったが、それさえもその背後で理性的なものが作用しているとされていた。そして、その理性が勝利するそのさらに背後には「精神」の働きがあり、精神はやがて「絶対者（絶対知）」にまで至る。かくてここにはしかと論じられたわけではないものの、キリスト教的歴史意識があった。理性の展開の背後には目には見えない神の影がちらつく。かくて世界史は、様々な闘争を通じて普遍的理念＝神の意図を実現する。ヘーゲルはそれを「歴史の狡知」（『歴史哲学』）と呼んだ。

もちろん、フクヤマはこの種の「理性の狡知」も持ち出さないし、キリスト教も持ち出さない。それは、すでにヘーゲルの歴史観を世俗化した無神論者コジェーヴを経たからであった。

明らかにフクヤマの歴史観は、ヘーゲル、コジェーヴの延長上にある。だが、皮肉なことにフクヤマがこの書物を書いた直後には、歴史はそんなに簡単には終わらないことが明らかになったのである。

イスラム原理主義の影響を受けたイスラム過激派が世界中のあちこちでテロを起こし、２００１年の9月11日のアメリカへの攻撃にいたる。また、２００３年のアメリカによるイラク攻撃以降のアメリカの中東への関与は、いかに強力な軍事力をつぎ込んでも、中東を自由・民主主義に染め上げるのはほぼ不可能であることを明るみに出した。問題はただの力ではないのである。いやそれどころではなかった。中東にリベラルな民主政治を確立しようと中東へ介入すればするほど、まさにそのことがいっそうリベラリズムや民主主義から中東を遠ざけるのである。

そうこうするうちに、あろうことか、共産主義の中国が、グローバル資本主義の世界において最大の経済的成功をおさめ、自由・民主主義・市場競争のアメリカを脅かす存在になったのである。勝利したのは、共産主義的市場経済というとてつもないキメラであった。頭は共産主義、手足は世界中に利益を求める資本主義という怪獣である。世界史のアイロニーというか、不気味なまでの皮肉である。

これらは、確かに、歴史がまだ終わらない、という明白な証拠である。当然ながら、歴史は簡単には終わらない。すごろくのようにどこかで「あがり」になるわけではない。むしろ、しばしばフクヤマと対照的に取り上げられたハンチントンのいう「諸文明の衝突」の方が、今日の世界を見る場合にはいっそう説得力があるといってもよいだろう。冷戦以降、確かに、西洋文明とイスラムの間で、あるいは、アメリカ的価値と中国の間で、あるいはヨーロッパとロシアの間で、広くいえば「文明の衝突」が生じている。

2 アメリカという宗教国家

◆ヨーロッパ啓蒙主義の終わり？

とはいえ、また見方を変えてみることもできる。実は、「歴史は終わった」というフクヤマ説は基本的に正しかったともいえるのではなかろうか。特に、歴史という観念を生み出したのがヨーロッパだとすれば、そのヨーロッパの歴史観念から見て、「歴史の終わり」にわれわれは直面しているということは真実なのではなかろうか。

そしてこれは、実は、思想的にいえば、とてつもない事態というほかない。なぜなら、それはヨーロッパの啓蒙主義が生み出した「近代」や「進歩」という観念の終結でもあるからだ。ヨーロッパの歴史意識が、啓蒙主義やそれに続く近代主義によって支えられてきたとするならば、「歴史が終わる」というような歴史意識は、ヨーロッパの啓蒙主義や近代主義の終結を意味しているからである。

もちろん現実には歴史は続く。いつまでも終わりはない。だとしても、それは、あくまで近代主義が世界に拡散する延々と続く過程であって、その目的はすでにわかっている。われわれは観念的な世界の中ですでに歴史の目的地に到着してしまっている。現実はあとからのこのことついてくる。ハーバーマスがいうように、近代は未完のプロジェクトであるとしても、思想的な意味では歴史は終わっているのである。

確かにこれは思想の非常事態というほかないであろう。歴史とは、啓蒙に発する西洋思想そのものである限り、歴史の終わりはまた思想の終わりであり、さらにいえば思想の全面的な無意味化ということになるだろうからだ。

だが果たして、この「終わり」は、完成なのか、それとも行き詰まりなのか、どちらなのであろうか。問題はそこにある。歴史の終わり（エンド）とは、目標の達成（エンド）なのか、ただの幕引き（エンド）なのか、どちらなのであろうか。

◆「ネオコン」思想の登場

実は、今日の「歴史の終わり」とは、ヘーゲルやコジェーヴのような楽観的な歴史の終わりではない。フランスに亡命したロシア生まれの思想家であるアレクサンドル・コジェーヴは、1930年代にヘーゲルの『精神現象学』の独特の読解を行い（『ヘーゲル読解入門』1947年）、フランス革命によって事実上「歴史は終わった」と述べた。それは彼の無神論的信条とも呼応する、亡命思想家の強い希望の表明でもあったろう。社会主義革命などというものは歴史の詐術である。すでにフランス革命ですべては決着がついていたはずではないか。なぜなら、リベラルな民主主義の勝利は、いかなるイデオロギーや体制よりもまさっているからだ。したがって、フランス革命以後、本質的に、世界は、リベラルな民主主義体制を採用する普遍的な同質的国家へと向かってゆくほかない、という。無神論者のコジェーヴにとっては、ヘーゲルにあってさえ見え隠れする神的な絶対存在は全く無用の長物であった。人間が作り出す歴史だけが真理を証明するのである。

これだけを取り出してみれば、いかにも楽天的で19世紀のヨーロッパの近代主義や進歩主義の時代遅れの再現のように見えるかもしれない。コジェーヴは、戦後になっても、普遍同質国家の実現を夢想し、ヨーロッパ連合国家を樹立しようとした。今日のEUの先駆けともいえる。

コジェーヴが、歴史の終わりに「普遍同質国家」を期待したのは理由のないことではない。啓蒙以来のヨーロッパが生み出した近代主義は、人間というものについてのひとつの普遍的な自然性(本性)を前提にしていたからである。それは、自由や豊かさを求める人間の欲望こそは人間の本質に属するという信念であり、そして、科学こそ、この本能を実現するものだと思われたからである。なぜなら、科学は、自然を人間が意のままに扱うことを可能とし、社会を豊かにする合理的な手段だとみなされたからである。ヨーロッパの近代が、科学というものの実践的な威力を発見したとき、古代ギリシャや中世の神学のように、知識は観照の対象ではなくなり、現実の活動によって、人間の幸福や繁栄を実現するべきものとなった。「知は力なり」となったのである。こうして、近代社会は、自由や平等や経済発展や幸福実現へ向けて進歩するという普遍的な理念が高々と掲げられる。

だが、それがただ理念というだけではなく、現実の中で真に普遍的な形を得るには、それは世界全体を覆わなければならないであろう。西洋の自由や民主主義や経済発展が安泰であるためには、世界の諸国民が同様に、自由で民主的で経済発展を目指さなければならないであろう。これが「普遍同質国家」という理想であった。しかもそれは現に実現しうるはずの理想である。なぜなら、自由や民主主義や、豊かさを通じた幸福などは人間の本能的な欲望に根差しているはずだったからである。そこまでいけば、確かに歴史は終わるであろう。

とはいえ、彼がヘーゲル読解を行っていた20世紀の初頭に戻してみると、その後の歴史はあまりにおぞましいものである。われわれは、その後のナチスの蛮行を知っているし、スターリンによる大虐殺も知っている。核兵器も知っている。つまり人間の大量破壊も大量虐殺も知っているわれわれからすれば、人間の理性など、決して無条件で頼るに足るものではないであろう。

今日、このことは当然だと思われる。20世紀後半に生きるものは、もはや理性による進歩や精神の自己展開などという思想を信じられるほど無邪気ではありえない。確かに、アドルノが述べたように、ナチズム以降、もはやわれわれは一片の詩も書けないはずなのである(その割には莫大な詩が書かれているが)。ましてや、自由・民主主義・市場経済の勝利による幕引きなどという歴史劇は、たとえパロディでも上演できるものではないはずである(その割には自由・民主主義・市場経済の出し物が氾濫しているが)。

しかしそれでも、ヘーゲル、コジェーヴ、フクヤマと受け継がれた思想には、しぶとい自己正当化が可能であった。なぜなら、20世紀という時代にあって、いかにヒトラーの想像を絶する蛮行があり、スターリンの恐怖があり、毛沢東の強権があり、ポルポトの虐殺があったとしても、それらはすべて、リベラルな民主主義へと向かう歴史プロセスにほかならない、と強弁することができるからである。

いやそれどころではない。個人の生命や自由を破壊するその暴力が強烈であればあるほど、リベラルな民主主義へと向かう歴史のエネルギーはいっそう強力になるのだ。リベラルな民主主義は、その敵が強力であればあるほど、その価値としての輝きを増す。まるで、リベラルな民主主義はそれが敵対する独裁からエネルギーを得ているかのようでさえある。ちょうど、無神論や異教徒によるユダヤ教徒やキリスト教徒への批判や攻撃が強烈であればあるほど、神を信じる彼らの信仰心は強固となるのと同じことであろう。

そして、まさにこのリベラルな民主主義へ向かう歴史の推進力という名目で、アメリカによる原爆投下が行われ、市民への無差別攻撃がなされ、またベトナムへの軍事介入も、イラクへの先制攻撃も正当化されるのである。それは、いかにむごたらしい破壊であり暴力であったとしても、根本的には理性の使用だというのである。

イエナの開戦を見て「歴史の終わり」を感じたヘーゲルならいざしらず、戦争の世紀ともいわれる20世紀の恐るべき蛮行を経験してなおかつ「歴史の終わり」、つまり、リベラルな民主主義、ヒューマニズム、基本的人権、法の支配、自由な市場競争などの勝利を謳い上げるのは、これはこれで恐ろしく大胆な思想というほかない。時代は人間理性の進歩を無条件に信じられた19世紀でもなければ、フランス革命に歴史の終わりを見たコジェーヴの20世紀初頭でもないのである。

そして、それにもかかわらず、リベラルな民主主義や法の支配や人権主義などを、いかにも無邪気に高々と掲げたのが戦後のアメリカであった。これはいささか皮肉な事態である。強力な君主国であるプロイセンの哲学者の難解きわまりない教理と、ロシア生まれのこれまた何とも複雑で込み入った無神論者の思考を換骨奪胎して、いかにも楽天的で単純でわかりやすい歴史観に仕立てたのが戦後のアメリカであり、フクヤマはそれを代弁したのである。

おそらく、リベラルな民主主義や人権、法、個人的自由などの近代的価値をアメリカが一見無邪気に信じることができたのは、その背後に宗教的使命感が隠されているからであろう。いいかえれば、これらの世俗的価値を徹底して唱えることができたのは、アメリカが実は宗教国家だからであった。アメリカの使命感とは、宗教的には新しいイエルサレムの建設であり、福音が示すようなユートピアの建設というメシアニズムである。この宗教的信念が背後にあるからこそ、アメリカは近代的で世俗的な価値の普遍性を唱え、それを世界化するという使命を正当化できるのだ。その複合した思想傾向を端的に示すのが、いわゆる「ネオコン（新保守派）」であり、90年代には、フクヤマもまた「ネオコン」ときわめて近い立場にあったのである。

◆「近代のプロジェクト」の失敗

ところで、コジェーヴ、フクヤマ流の「歴史の終わり」論について少し付記しておきたいことがある。それは、このテーマをめぐるレオ・シュトラウスの見解である。

ドイツ生まれのユダヤ人であり、戦時にアメリカへ亡命した政治哲学者であるレオ・シュトラウスは、戦後、冷戦の激化するさなか、1963年にデトロイト大学で「現代の危機」と題する講演を行った。その中で、彼は、コジェーヴのいう「普遍同質国家」というヨーロッパ近代の夢想をそれなりに認めつつも、それは決してうまくいかないという。興味深いのはその理由である。

自由や民主主義、それに経済的な豊かさを両輪とする繁栄を目指すヨーロッパの「近代のプロジェクト」（その極限が「普遍同質国家」である）は、共産主義国家の登場によってその失敗が明るみに出された、とシュトラウスはいう。1963年とはキューバ危機（1962年10－11月）の直後であり、米ソ冷戦が核戦争の一歩手前までいった時期であった。ソ連の共産主義は巨大な軍事的産業国家を創りだし、明らかに自由や民主主義への脅威となっていた。ということは次のことを意味している。それは、共産主義は、ヨーロッパ近代の産物であるが、それが意味するのは、科学の展開や豊かさが、それだけでは決して人間を満足させない、ということなのである。共産主義そのものが、自由や平等や経済的豊かさを一定程度に実現したヨーロッパ近代の産物であるにもかかわらず、このような条件を自ら否定し、しかもそれは「西洋」とはするどく対立するからである。自由と民主主義と経済発展の極限を求めた理想国家である共産主義は、同時に、東洋的専制政治の勝利を意味していたのであった。

しかも重要なことに、共産主義の成立は、道徳的な問題を明らかにしてしまった。いくら社会が豊かになろうと、社会をつくるのが人間である限り、そこには悪意も嫉妬もあり、それゆえ権力や強制力が不可欠になる。理想社会であるはずの共産主義は、事実上、僭主政というべき全体主義国家になってしまったのである。

だが、そのことは実は、西洋の側の自由や民主主義社会についても深刻な課題を突き付けてくる。自由や民主の原理は、良心を持った道徳的人間を主権者として思い描いている。だが、良心を持った個人を可能とするものは何なのだろうか。それは法ではない。強いていえばただ道徳教育だけであろう。だが、自由や民主主義の中に、道徳教育を促進する要素は何もない。

そこで現に生じつつあることはといえば、「自由民主主義の寛大なる平等主義への堕落」というべき事態であった。「寛大なる平等主義」は「自由な民主主義」とは異なっている。「自由な民主主義」の核にある（と想定されている）のは良心的個人であるのに対して、「寛大な平等主義」を構成するのはただただ衝動で動く利己的な個人なのである。衝動にふける人間は、決して何かのために命を賭けようとはしないだろう。衝動を満たすためであっても、自らの命を賭けようとはしないだろう。これこそが現実に生じている「道徳的堕落」だとシュトラウスはいうのである。

かくして、「近代のプロジェクト」の最も基本的な部分が崩れ去る。自由も民主主義も経済的豊かさも、人間の、それゆえ社会のもっとも深いところにある「悪」を治癒することは決してできないのである。それは道徳的なものを維持することはできない。「悪」は、自由や民主主義や豊かさを実現しても決して取り去ることはできない。こうして、「近代のプロジェクト」が後生大事にしていた信念、つまり、豊かさと自由こそが、幸福と公正の実現に対して必要にして十分な条件だという信念を打ち砕いてしまったのである。

シュトラウスからすれば、コジェーヴのいう「普遍同質国家」などというものはありえない。そしてそれこそが「近代のプロジェクト」の失敗を示している。それは、今日的観点からすれば、ただ共産主義の崩壊(1989年)によって終了したことではない。冷戦で勝利したはずのアメリカの自由や民主主義、経済成長主義のまっただ中での「道徳的崩壊」においてこそ示されている、ということになろう。だから、冷戦以降、アメリカの、すなわち「近代のプロジェクト」の恐るべき敵はイスラム原理主義になったのだ。衝動というにはあまりに緻密に計画され、常軌を逸したまでの勇気と、神へ向けられた自己犠牲の精神を、アメリカの心臓部へ突き刺したアル・カーイダによるテロは、まさに「近代のプロジェクト」への一刺しでもあったのである。

シュトラウスは、後にも取り上げるシュペングラーの『西洋の没落』に一定の評価を下している。これが書かれたのは1919年、第一次世界大戦の直後であった。そしてシュトラウスはいう。西洋の没落が生じたのは、西洋に対して東洋が世界史の舞台に登場したからではなく、西洋が、西洋の歴史において、その目的についての確信を持てなくなったからだ、という。「近代のプロジェクト」が掲げた普遍性をもはや確信できなくなったからである。西洋はそれが生み出したはずの「普遍的目的」を見失った。だから、西洋は路頭に迷っているのだ。これは「歴史の終わり」ではない。だが明らかに西洋の危機である。いや、現代文明の危機なのである。これがシュトラウスの認識であった。

3 「人間の終焉」と「最後の人間」

◆リベラルな民主主義の「普遍」

さてフクヤマに戻るが、上述のように事態を単純化しては、フクヤマにはいささか気の毒であろう。仮に「歴史の終わり」と呼ぶとしても、誰もが直観するように、今日われわれの眼前に展開されている世界は、決して無邪気で楽天的なものではない。それを啓蒙の希望の光に照らされた王道というわけにもいかないし、理性の勝利と呼ぶことさえできない。それどころかある意味ではたいへんに悲観的な状況ということさえもできる。そしてそのことにフクヤマも充分に気づいていた。なぜなら、彼は、1992年に、先の論文をもとにして一冊の書物を上梓するのだが、その書物のタイトルは『歴史の終わりと最後の人間』と題されていたからである。

「最後の人間」とはニーチェから取られた言葉である。ニーチェにとって「人間」とは、常に、自己の承認を求め、また、他人に対する優越性や支配を求め、あるいは、より大きな価値を求めて争い、自己を高めようとする存在である。より大きなものを目指すたえざる運動にこそ人間の本質がある、という。人間は他者よりも優れた「強者」であろうとし、「強者」は「弱者」を支配することができるのだ。よいも悪いも含めてそれを「力への意志」と彼は呼んだ。

ニーチェの思想の前半はヘーゲルを受け継いでいる。人間の社会的な存在意義とは、他者からの承認を求める欲求にある。人間は動物のように森の中でバラバラに生きているのではない限り、他者とともに生きるほかない。意識的に社会を作ることは人間の本質に属する。そして人間が社会的な存在である限り、人は自分を他人と比較し、他者から認められたいというやむにやまれぬ欲望を持つ。承認願望である。人は、自己を他者から一人前として認められ、その人格を承認されることではじめて自己のアイデンティティを確保できる。人格とは、カントが述べたように、無条件に人に備わっているものではなく、社会や集団の中で他者から与えられる承認と切り離せない。

それだけならよいのだが、この承認願望はさらに、自己を他者よりも優越する「強者」として承認されたいという「優越願望」となり、それが支配者と被支配者を生み出してきた。ヘーゲルの考えでは、人間社会とは、何やら気楽な仲良しクラブのような日本的共同体(?)のごときものとはまったく異なり、それ自体が支配と被支配をめぐる果てしない闘争の舞台であった。ところが、被支配者はまた彼らなりの承認願望を持つから、彼らは、被支配者の地位に甘んずることをよしとせず、自らが支配者になろうとするだろう。ここに歴史が生まれる。すなわち歴史とは、承認と支配をめぐる闘争なのである。

このヘーゲル流の支配をめぐる闘争は、自由や平等や人間の権利保障によって成り立つ近代社会の成立によって頂点に達する。リベラルな民主主義の成立は、それまでの歴史をすっかり変えてしまった。なぜなら、ここではもはや優越願望を実現することは不可能になるからである。すべての人は対等とみなされる。少なくとも、権利において万人が等しく取り扱われる。これもまた承認願望のひとつのあり方であり、万人の承認願望の調整であろう。誰もが、他人と対等になりたいと考える「対等願望」がそれである。リベラルな民主主義は、「優越願望」を「対等願望」に置き換えることで成り立っているのであり、人々の意識をその方向へと転換する。それが近代社会の「市民」であった。

その意味では、「対等願望」は、万人がそこそこ満足しうる原理であろう。万人が納得する限りで、リベラルな民主主義は普遍的な理念であり、また普遍的制度であり、それゆえに世界のあらゆる国家に妥当するであろう。したがって近代社会になれば、あらゆる国がリベラルで民主的な政治体制を取るほかない。そこで、ヘーゲルに独自の読解を加えたコジェーヴは、このリベラルな民主主義の近代国家を「普遍同質国家」と呼んだのだった。ヘーゲル同様、コジェーヴもそこで歴史は終わると考えたのである。

◆鳴り響くニーチェの不吉な予言

ところが、フクヤマの「歴史の終わり」はヘーゲルやコジェーヴを踏襲しながらも最後にニーチェになだれ込む。ニーチェの思想の前半はヘーゲルから出発する。しかし、その帰結はまるで違っていた。自由や平等や人権や平和からなる近代市民社会などというものは、「歴史の終わり」どころか「人間の終わり」だというのである。人間は人間であることをやめ、「家畜の群れ」になる、とまでいう。支配者(主人)と被支配者(奴隷)の闘争を、すべての人が等しく他者と同等だという欺瞞によって終わらせた近代市民社会は、何とも、「奴隷」であることの堂々たる勝利だという。

ヘーゲルが万人が等しく「主人」であると見たリベラルな民主主義は、ニーチェにとっては万人が等しく「奴隷」となる社会であった。「主人」と「奴隷」が同一化される社会であれば、「奴隷」が「主人」となるといってもよいが、「主人」が「奴隷」になるといってもよいであろう。フランス革命は奴隷の革命であり、近代社会は奴隷が凱旋した社会である。なぜなら、ささやかな対等願望においては、もはや「力への意志」など発動すべくもないからである。「最後の人間」が意味するのは、勝利した奴隷の世界であった。ただありがたいことに、一部のものではなく、みんなが等しく「奴隷」なのである。

　このいい方は確かにおどろおどろしいが、その表現の化粧を剥がしてみれば、当然のことに過ぎない。驚くほどのことでもなければ、憤慨するほどのことでもない。他者に対する優越といってもよいし、より優れた価値を求めるといってもよいが、いずれにせよ、より大きな力を求める闘争にこそ「人間」の生の意味があるとすれば、そうした闘争の力を最小化しようとし、なおかつその最小化の努力を道徳的な善とみなそうとする近代社会は、まさに「人間の終焉」を意味するからである。

　ここから先は、人間は、家畜化され、穏やかで気のいい、ただ旨いものを食し、快適な住処を与えられ、自分が人並にちょぼちょぼの幸せを得れば満足するだけであろう。えさを与えられた家畜のように、「パンとサーカス」を与えられれば満足するだろう。優越願望といおうが「力への意志」といおうが、何かいまここにあるこの状態ではなく、より偉大なもの、より大きなものへ向かって自らを高め、他人からの高い称賛を得ようとする戦闘的で生の躍動とでもいうべき人間の本質が歴史を動かしてきたとすれば、優越願望を抑え込み、他者からの承認を対等願望に限定しようとする近代社会にはもう歴史を動かすエネルギーは存在しない。それが「歴史の終わり」なのである。

　フクヤマは1992年の著書において、ヘーゲルのような啓蒙的な理性主義の極致を目指した歴史意識の最終幕に、こうしてニーチェの「最後の人間」を登場させたのであった。壮大な歴史劇の最後に舞台にいきなり登場してきたのは膨大な家畜の群れであった。

だから、フクヤマの「歴史の終わり」論はヤヌスの相貌を持つことになる。政治学者、歴史哲学者としてのフクヤマは、ヘーゲル、コジェーヴの線に即して、ヨーロッパ啓蒙主義の勝利のトランペットを高々に奏でる。しかし、その最後の楽調は、著しい不協和音を響かせている。ちょうどショスタコーヴィッチの第5交響曲のフィナーレのように、高々と闘争の歴史の勝利を歌っているのだが、その響きは空々しく、心情がこもらず、強いられた空騒ぎのように響く。

フクヤマがこのフィナーレのトランペットを吹いたのは、ちょうどアメリカが冷戦に勝利した時であった。だがいくら冷戦に勝利したアメリカの祝勝記念とはいえ、日系移民の三世であるフクヤマは、この20世紀末に、手放しでヨーロッパ啓蒙主義の時遅い勝利を歌うわけにもいかないであろう。文明批評家としてのフクヤマの心中には、ニーチェの不吉な予言が不気味に響いていた、ということであろう。

4　尊厳なき「もうひとつの近代」

◆ホッブズの「近代」、道徳観の大転換

さて、このフクヤマの「歴史の終わり」論にはもうひとつ重要な仕掛けが施してあり、そのことにも触れておかなければならない。しかも、それはヨーロッパの生み出した「近代社会」を理解する上でも、決して無視できない点である。

デカルトから始まるとされるヨーロッパ近代の合理的精神は、一方では、カントやドイツ観念論に引

き継がれ、そのひとつの完成形がヘーゲル哲学であった。しかしデカルトの合理主義は、よく知られているように、もうひとつイギリスにおいてホッブズの国家契約論に引き継がれた。

ホッブズは、まさにデカルトの合理的精神を活用して、中世の主権者であったキリスト教の神と教会から人々の世俗生活を完全に切り離そうとした。そのために彼は世俗的主権者に対して確固とした理論的な根拠を与えようとしたのであるが、ここで彼が試みたのは、デカルト流のきわめて合理的な方法に基づく国家の近代的理論の構築であった。ホッブズの『リヴァイアサン』は、一見してわかるように、まずは概念を定義し、観念(言葉)を明確にしてできるだけ論理的に体系を構築しようとしている。だから、人々の契約によって主権者が導出されるその論理は一見したところきわめて合理的である。

そしてホッブズの国家契約論はルソーの社会契約論に引き継がれ、フランス革命の思想的な支柱ともなる。つまり、近代社会のリベラルな政治の基底にはヘーゲルだけではなくホッブズがいる。だがヘーゲルと違い、ホッブズにとって何よりも重要なことは「生存」であった。「生存」つまり「生命の安全」というひとつの概念に、すべての政治的観念を支える重心を置こうというとてつもない試みはホッブズの独創にほかならない。ホッブズ以前の政治理論にあっては、支配をめぐる闘争の舞台上で人は生死を賭け、あるいは国家のために死を覚悟して戦うのは当然のことであった。しかし、ホッブズは、「死」を決定的に避けるところから政治は始まるといったのである。

だがこの点はもう少し注意しなければならない。自然状態において人々は殺しあう。しかもそれは、ただ生きるため、つまり食料を求めて殺しあうだけではなく、人々は自らの名誉のためにも殺しあうのである。ここにホッブズ理論の複雑さと真の独創があり、また「生きる」ということに対する独自の理解がある。ホッブズの描き出した「近代」はそれほど単純ではなかった。

人は、他者よりも優越することで、そこに名誉を求める。だが「名誉」とはホッブズ的にいえば「虚栄（ヴァニティ）」でもあった。名誉を得ようとする利己的精神は虚栄心を生み出し、とりわけ戦士的名誉を得ようとする熱にでも浮かされたような虚栄心こそが殺伐たる闘争を生み出す。この虚栄心の衝突が暴力死をもたらす。これがホッブズのいう自然状態なのである。

それはただ生きるために食べ物を奪い合うなどという動物的なものではない。だからホッブズのいう「自然状態」は決して動物的状態ではなく、すでに「社会」を作った人間的状態なのである。「生きる」ための戦いとは、名誉や虚栄と深く関わっているのである。その点を強調すれば、ホッブズの出発点は、ヘーゲルとさほど隔たっているわけではない。だからこそ、そこから出てくる帰結がまるでヘーゲルとは異なっていることが興味深いのだ。

ホッブズは、この果てしない殺戮たる地獄から脱するには、人々は自然法という理性の光に導かれて、自己の生存を保障する巨大な権力の創設に同意するであろうという。この権力は、ただ人々に食料を与えるだけではなく、人々の虚栄に満ちた野望をすべて打ちくだくのだ。古代的な、あるいはローマ的な優越願望などすっかり捨てて、自身の生命の安全のみに関心を集中すべくここで道徳的転回を要求するのである。

同じ近代社会の基礎づけといってもヘーゲルとホッブズの相違は明らかであろう。ホッブズにとっての関心は、優越願望などというめんどうな虚栄心をいかにして押さえつけるかにあった。せいぜいそれは、古代的な間違った英雄主義の名残のようなものである。優越願望などよりももっと重要な価値がある。いや、価値というより人間の本能とでもいうべき根源的な欲求である。それは、「自然権」と呼ばれる「生存への欲求」である。そしてこれはすべての人に共通する。だから、すべての者が「生命の安全」のために武装放棄するという契約に同意するのだ。かくて、いかにホッブズが絶対王政を擁護する王党派であったとしても、論理の問題としていえば、ここにリベラルな民主主義のもっとも根本的ロジックが準備されたのである。「力への意志」よりも「生存への意志」の方が大切だと気づくのだ。

時代はイギリス史の中でも最悪の暗黒時代であった。17世紀の宗教戦争の時代であり、王と議会の対立と革命の時代であった。人々は原始状態のように食料をめぐって争ったわけではない。宗教的な信条の優劣と、自らの地位や支配権をめぐる優越をめぐって争ったのである。だから、ホッブズに従えば、生命を脅かすものは、人より上に立ちたい、人の賞賛を得たいという虚栄心であり、自分は救われるという、えたいの知れない宗教的信念に突き動かされる宗教的虚栄心なのである。

しかしそんなものは一種の仮象である、とホッブズはいう。ホッブズの合理主義は、それらはフェイクでありヴァーチャルな欲望に取りつかれた幻影に過ぎないと見る。優越願望などという古典古代的なあるいは英雄主義的なそして時には宗教的な虚栄の優越感などではなく、「生命」というきわめて確かな、誰もが譲ることのできないであろう一点において最高の権力を生み出す理由がある、というのだ。すべての人が一致できるのは、「生命の保持」の一点である。これは、ヘーゲルとフクヤマの理路に従えば、優越願望から対等願望への大きな歴史的な変換であった。だからホッブズにとっての市民的な徳とは、古代ギリシャのような勇気や思慮や正義ではなく、平和の愛好と従順ということになる。これは道徳観の、つまり価値観の大転換であった。そしてここに、「近代社会」を組み立てるもうひとつの論理が出てくるのだが、それは、ヘーゲルの人間観とは大きく異なっていた。

◆アングロ・サクソンが求めた「経済の自由」

ホッブズ流の「近代」理解では、近代社会とは、すべての個人が、自らの生命の保持・生存の確保を相互の了解として受け入れるところから始まる。そして、この了解の上に次のように事態は進行する。

国家の役割は、基本的に「諸個人の生命の安全確保」と「私的財産の保障」にあり、それに限定される。なぜなら、財産がなければ個人の安全もまた確保できないからである。だから、ひとたび生命と財産の安全が確保されれば、それ以外の領域は個人の自由に委ねられよう。そこから、経済上の自由競争が出てくる。市場競争が是認される。確かに市場競争は、諸個人の利益の衝突の世界となる。人々は、自己利益を実現するために他人を蹴落とそうとするだろう。

だがもう少し考えてみれば、これも一種の優越願望のなせるところなのではなかろうか。経済競争に勝利して、いっそうの財産を獲得したものは他者に対して自分の力を誇ることができる。いつの時代にあっても、富をなしたものは自らの富を誇った。古いタイプの社会では、部族の指導者はポトラッチによって自己の富を名誉と力に変えたし、中世の王や貴族もその富を支配権に変換した。かつて資本主義の興隆期のアメリカにあって、ヴェブレンは「見栄の競争」が上流社会を支配しているといった。金持ちの仲間入りをはたしたいと思う者は、やたらと高価な物品を消費してこれ見よがしに身に着け、他人に向かって顕示すると論じたのである。それをヴェブレンは「野蛮の本能」といったが、確かに、優越願望は、こんなところでも自己を顕示してくるのである。

市場が自己利益を求める競争であるとすれば、それはもはや単なる生存の手段などではない。生きるためだけであれば共同体の自給自足の方が安全であろう。市場は、あくまで、人生の成功を賭けた競争の場なのである。経済学が想定するように、双方の満足度が高まるから人は交換するなどという素朴な世界ではない。商人がわざわざ生死を賭けたリスクをおかして海のかなたの異国にまで出かけ、珍しい物品を手に入れて本国で売るのは、別に生存を確保するためではなく、それによって他人より大きな利益を上げ、それを名誉や力に変えたいがためである。

こうして経済上の勝者は優越願望を満たすだろう。いくら国家を作ってすべての権力を主権者に委ねたとしても、人間の本質にある優越願望を根こそぎ排除することは難しい。そして市場競争は、まだどこかにくすぶっていた優越願望を、経済という世界へ引きずり出すと共に経済世界に閉じ込めた。それは、生死を賭けた闘争を、経済的利益をめぐる競争へと変換したのである。

確かにきわめてうまくできたシステムであった。なぜなら、市場競争は、一定のルールに従う限り、万人に優越願望を実現する機会を提供し、しかも、その優越願望の間の衝突は、市場メカニズムによって見事に調整されるからである。それこそがアダム・スミスが見出した市場の「見えざる手」の本質であった。スミスの「見えざる手」は、ただ人々の利害を調整するだけではなく、人々の虚栄心をも調整するのである。

他人よりも優位に立ちたいという願望、他人からすごい人物だと賞賛されたいという虚栄心、こうしたものは、それがむき出しのまま政治の世界で衝突すれば、果てしなき権力闘争、あるいは殺伐たる争いを引き起こすであろう。ホッブズは、それを避けるために絶対的な主権者を必要としたのである。しかし、それを経済的競争の世界に押し込めてしまえば、決して殺伐たる闘争にはならない。それどころか、市場のメカニズムのおかげで、万人がそれなりにハッピーな予定調和が実現される、というのである。かくて、ホッブズに対するスミスの優位が、すなわち「国家の権力」に対する「経済の自由」の優位が確立する。

ここに、アングロ・サクソンが切り開いた「もうひとつの近代」がある。それは生命尊重、財産権の保障、個人の自由、幸福追求を決定的な価値観とするアングロ・サクソン流のリベラルな民主主義であるが、それはまた市場競争原理とも見事に適合するものであった。人々の虚栄心の確執はせいぜい財産の多寡といった程度に収まるはずであった。だから、アングロ・サクソンの近代は、何よりもまず自由な市場経済の論理に依拠するものであった。フランスでルソーがもてはやされ、ドイツでカントが思索したその頃に、イギリスでアダム・スミスが登場したことの意味はたいへんに大きいのである。そしてこれを、ヘーゲル流の歴史観における近代社会と重ね合わせると、ニーチェが述べた「最後の人間」の意味はさらに明確になるであろう。

◆「生命の安全」が至上価値

ヘーゲルにとっては、近代社会とは、「主人」と「奴隷」の闘争から解放され、すべての人間が主人となる社会であった。人々は自立した個人として「自由」になるはずであった。これが「市民」社会である。しかしこれはまた、すべての人が自分の「生命の安全」に執着し、そのために私的財産の拡大にもっぱらの関心を投入し、経済的な利益の獲得に生きがいを感じるという「経済人」の社会であった。

実際には「市民社会」はまた「市場社会」になっていったのである。

現代では人間はすっかり尊厳を失ってしまった、とニーチェはいうが、この尊厳の出どころは、より優れたものを求め、いっそう偉大であろうとし、時には、自分を犠牲にしても高貴なものを実現しようとする人間の「力への意志」にあった。

ところがアングロ・サクソンの描く近代人は、ただただ金を得たい、その金で旨いものを食べて、よい暮らしがしたいという程度の欲望によって動いている。優越感など、せいぜいのところ、多少は金ぴかの生活をして他人から羨ましがられたい、などという何ともちっぽけな見栄に変質してしまった。ここには古代にあった命を懸けた英雄的な闘争などもはやどこかへふっとんでしまった。これは何とも低い次元の欲望である。「力への意志」とはそんなものではない。それをささやかな個人的な欲望の満足へと貶めて決して恥じない社会、それが近代社会である。そして経済上の欲望満足を哲学的に表明したのがイギリスの功利主義であった。

かくて近代社会は、自由な経済と民主的な政治を生み出したが、そこでは優越願望はひとつの方向に向けてコード化される。優越願望は、市場というシステムに飼いならされ、生存や私的利益の実現というささやかな欲望へと変換された。こうして近代社会は、人間を、支配や優越をめぐる果てしない争いから解放した。基本的には戦争など起こるはずはないのである。平和な社会で人々は腹いっぱい食べることばかりを考えている。だが、そこで生じたことは、尊厳という概念の陳腐化であり棄損である、とニーチェはいうのである。だから近代社会の住人をニーチェは家畜の群れと吐き捨てるようにいったのだった。

それは、何ものかに命を懸ける、自己を超えた高い価値に自己を奉仕する、という古代的な理想からすれば、確かに一種の大きな価値の転換である。高い価値の毀損ともいえよう。もちろん、われわれは、古代的な高度な価値をそのまま賛美するわけにもいかない。また、古代社会には、この種の自己犠牲や高貴なものへの奉仕が同時に、名誉心や虚栄心と深く結びついて異様な英雄主義を生んだことも事実であろう。

だが、問題は価値の定立にある。古代的な、英雄的な価値を放逐したとしても、では価値はどこから出てくるのか、という問題は残る。ただ、ありのままのこの現実をそのまま認め、利益を求めるありのままの人間を肯定してしまえば、価値はその利益の配分や現実の状況に振り回される。だから、ありのままの自己の生や自己の利益を超えたところに何らかの価値の基準がなければ、確かな価値などというものはないであろう。

自己を超えたところに遠望する価値は様々でありうる。神でもよいし、ある種の宗教的境地でもよい。国家や民族であってよいし、あるいはディオゲネスのような地球的市民でもよい。また、それは知的な真理でもあろうし、芸術的な美でもあろう。時には最高度の価値は主君への奉仕であったり、ある信条や正義への奉仕でもあろう。したがって、ナショナリズムや民族中心主義、宗教的原理主義は常に強力な脱個人的価値観の土台を提供した。だから、国家や民族や宗教が強力な共通の規範力の源泉でありえた時代や地域においては、それらへの奉仕は、限りない賞賛と名誉の対象であった。古代の英雄賛美も、卓越性への参与も、せんじ詰めるところ、ポリスや国家や民族という強力な価値の土台を前提としたものであった。

だが、それほど強力なものではなくともよい。社会の中でひとつの役割をまっとうするという使命感や、家族や集団のために何かをなそうとする意識、ゆるやかな形での宗教的境地を得ようとする実践、自己の活動を歴史的な意義と結びつけようとする使命感、さらには宮沢賢治のようなストイックなまでの利他的活動や、西田幾多郎のような知的な真理を究めたいという深い欲求などもある。こうした価値があれば、人は、それなりに生を意味づけることができる。

いずれにせよ、いまここにあるこのままの自己を超えたところに超越的な価値を遠望できなければ、人を生き生きとした行動に駆り立てるものは何もない。現実にいまここにいるこの自分では満足できずに、自己を駆り立てて、何らかのより高い価値を実現しようとすることが「活動的生」であり、この「活動的生」が歴史を動かすとすれば、近代社会はきわめて大きな価値転換をはかったのであった。それは、個人を超えた価値の存在を否定し、あらゆる価値の基準を「生」そのものへと置き換えてしまったからである。

5 近代社会のディレンマ

◆「ただ生きること」、奴隷の徳こそ価値

ホッブズが成しとげようと試みたことを改めていえば、社会秩序の基準を、「価値」などというやっかいなものから解放しようとしたのである。「価値」を持ち出せば、その衝突はとどまるところを知らない。特に宗教的な価値の対立はただただ凄惨な現実をもたらすだけである。ウェーバーが述べたよう

な果てしない「神々の争い」になる。とすれば、「価値」などというよりも、もっと確かな根拠を持ち出すのがよい。それは、「生存への欲望」というもっとも人間的なものであった。

これがホッブズの目論見である。主権というものを、キリスト教や古代の価値から切り離して、論理的に定義できると考えたのである。近代政治という意味ではそれは見事に成功したともいえよう。絶対的な権力を持った主権者＝主権国家なるものが現に出現したからである。だが、価値をすべて排除できたかというとそれは違っている。契約による絶対的権力の樹立だけでは、やはり社会秩序は打ち立てられないからである。権力の根拠が契約にあるとしても、その契約を根底から意味あらしめる何かが必要なのである。それはただ「生存への欲望」ではない。「生命尊重」という普遍的な価値なのである。自分の欲望だけではなく、すべての生命（生存）の尊重なのである。

「生命尊重」といえばいささか格調高く聞こえるだろう。だが、それはいいかえれば、「ただ生きること」の全面的な尊重であった。つまり、「生」の内容や意味づけが価値なのではなく、「生」そのものが最大の価値となったのである。そしてその延長上に、財産の確保と財産の拡張、つまり自己利益の追求が出てきたわけである。「生＝生存」をより大きなものとし、確実なものとしようというのだ。経済とは、第一義的には何よりもまず「生存」に関わる技術であり、第二義的には、自己利益の追求なのであった。かくして、生命尊重という普遍的価値は、再び個々人の利己的な欲望の体系へと帰着する。

いずれにしても、ここで、「生＝活動的生」から、「生＝生存」へという変換が生じた。ギリシャ的概念でいえば「ビオス」から「ゾーエ」への転換といってもよいだろう。ソクラテスは「ただ生きるのではなく、よく生きることが大事だ」といったが、それをもじっていえば「よく生きる前にともかく生きることが大事だ」という思想である。

そして、この生存を至高の価値とする近代社会への転換こそニーチェが「道徳上の奴隷一揆」と呼んだものである。なぜなら、奴隷とは他者に支配されてもあくまで生存を確保しようとするものであるからだ。生きる意味を問うのではなく、ただ生きることだけを求めるからである。価値は生の内実ではなく、生という事実自体になってしまった。たとえ鎖につながれていても生命の安全を得ること、それを仮に「奴隷の思想」というならば、それこそが近代社会の道徳原則だというのである。アリストテレスにあっては、自由民である市民の徳（卓越性）こそが価値であったのに、ホッブズの描いた近代人は奴隷の徳を価値としたのである。

ニーチェにとっては、これと対比されるのは「強者の道徳」であり、それは、自己をより高い者へと高め、より高いものに奉仕しようとする高貴な意思を持った道徳であった。近代社会を導いた市民革命とは、「主人（強者）に対する奴隷（弱者）の反乱」であり、それは道徳上の奴隷革命だ、というのはこういうことである。

西洋が行きついた「近代社会」に関するニーチェの口をきわめた罵倒が、その極度なエキセントリシズムにもかかわらず、多少なりとも説明力を持つとすれば、それこそがギリシャに祖型を持つ西洋思想の歴史的伝統のひとつの帰結にほかならないからである。ニーチェは確かに狂気にさいなまれて、彼自身の内に根深くあるルサンティマンを、西洋文化全般への罵倒によって発散しようとしたといえるかもしれない。だが、この天才の狂気は、西洋思想そのものの根底に、ほとんど自己崩壊へと導く奇怪な宿痾が潜んでいることを見抜いていたのであろう。

それをフクヤマは次のように解釈するのである。彼が想起するのは、人間には三つの部分がある、といったプラトンであった。三つの部分とは「欲望」「理性」「気概」である。確かに人間は「欲望」を持っている。これは自明の事実であろう。だが同時に、時にはその「欲望」を実現する合理的なやり方を教え、時には欲望の暴走を抑える「理性」も持っている。たいていのことは、この二つの組み合わせで説明できるであろう。だが、もっとも重要なものは「気概（テューモス）」だとフクヤマは解釈する。それは、一種の「自尊心」であり、「誇り」といってもよいし、「矜持」といってもよいであろう。

◆「気概」の「欲望」への従属

この「気概」はおそらく様々な形で発揮されるだろう。他者から敬意を得たいという自尊心もそうであろうし、自分の属している集団が侮辱されることには耐えられないであろう。義のために自己犠牲を厭わない英雄的精神もあるだろう。先の「活動的生」をもたらすものも「気概」である。アリストテレスが述べたような「卓越性」、つまり、自分自身を優れた技能や徳の持ち主にしようとする自覚的な意志もひとつの「気概」であろうし、国家やポリスのために身を投げ出そうとする市民精神も「気概」である。

そして、それらは別の言い方をすれば、自己をこの社会になくてはならないいっぱしの人物として認知されることでもあろう。だからこの「気概」がまたヘーゲルのいう承認欲求をもたらす。さらにまた優越願望も気概のひとつの表現であった。

とすれば、アングロ・サクソン流の経済的自由主義とは、「気概」の「欲望」への従属にほかならない。同様に、近代の科学主義の著しい興隆とは、「気概」の「理性」への従属ということになろう。だから、市場経済によって経済的富を求め、科学的合理主義の精神によって産業を発展させた近代社会とは、確かに「欲望」と「理性」の支配する世界である。それは「気概」を「欲望」や「理性」へ従属させることによって、リベラルで民主的で平和な近代社会を実現したのだ。「気概」の部分は、せいぜいのところ、市場経済の富をめぐる競争へとシステム化され、あるいはまた科学的成果を競う知的名誉心へと縮減されたのである。「気概」は市場経済によって希釈化された。だからこそ、フクヤマは、リベラルな民主主義と市場経済の組み合わせほど「歴史の終わり」を示しているものはない、というのである。

しかし、そうはいったとしても、まだ問題は完全には消滅する訳ではない。本当に近代社会は歴史の始末をつけたのであろうか。というのも、いかに「気概」を希釈化するといっても、人間には、どこかで自分自身のアイデンティティを、自己を越えたより大きな力や集団によって認承されたいという根深い感情があるからだ。それをすべて放棄できるほど、人間は、理性的でもないし、また利益中心的にもできてはいない。近代になっても「個人主義」など真に現実であったためしはない。

果たして、人間は、生命の安全の確保後は私利私欲によって自己利益を追求するだけで満足できるのだろうか。「気概」は、せいぜいのところ経済競争における勝者という自己満足で済ますことができるのだろうか。その時、いったい自尊心はどこへ向かうのだろうか。

いくら経済的に成功して金持ちになったとしても、それが人間の本当の誇りになるのだろうか。とりわけ、ヨーロッパ社会を歴史的に眺めた場合、そもそも、経済的な富を蓄えて財産家になった新興のブルジョワジーは、その富のみによって社会の賞賛を得られることなど決してなかった。だから、彼らは必死で貴族の仲間入りを果たそうとし、あるいは、大金の寄付や贈与によって社会に貢献しようとしたのではなかったか。社会の賞賛や誇りや名誉や、さらには自尊心の源泉は決して経済だけからは出てこなかったのではないか。こういう疑問がついてまわるのである。

だから「人間をほんとうに満足させるものは物質的な繁栄ではなく、自分の地位や尊厳が認められることだ」とフクヤマが述べた時、彼は、確かに「気概」に歴史の動因を求めたヘーゲル主義者としてふるまっているのである。しかしまた、近代社会のリベラルな民主主義が現実に生み出したものはといえば、「快適な自己保存のために自分の誇り高い信念を捨て去った『最後の人間』であった。リベラルな民主主義は『胸郭のない人間』、すなわち、『欲望』と『理性』だけで作られていて、『気概』に欠けた人間(中略)を産み落としたのだ」とも彼はいう。頭と胃袋はあっても胸(こころ)はないのだ。

われわれは、確かに、一方では、旨いものを食べ、暖かい衣服に包まれ、便利な生活を送り、楽しく快適に過ごしたいと思う。しかし、他方では、本当にそんなことで満足できるのかとも思う。あらゆる仕事をロボットが代行し、あらゆる思考をAIが代行するような中で、頭も体も動かさずにひたすら快適さと便利さを求めることが果たして「人間の尊厳」なのか、とも思う。

それに、この何ひとつ不自由のない飽食の時代になっても、あえて徹底的に質素な生活をするミニマリストもおれば、厳しい修行に明け暮れる行者もいる。だが大勢でいえば、フクヤマがいうように、まさに、ヘーゲル・コジェーヴ的な近代社会の勝利は、同時に、ニーチェのいう「最後の人間」の時代をももたらしたともいえよう。フクヤマはヘーゲルとニーチェの間を揺れ動く。このディレンマこそが近代社会をそのもっとも根底において特徴づけるものなのである。今日のわれわれもこの呪縛から決して逃れてはいない。逃れるすべなどないのである。

2. オルテガの「歴史の危機」

1 第三の「歴史の危機」

◆人は「思い込み」で生きられる

さてここで再びオルテガに戻ろう。オルテガがいうのは「歴史の終わり」ではなく「歴史の危機」であった。歴史は終わりはしない。オルテガはそもそもヘーゲルのような理性による進歩というヨーロッパ啓蒙主義のごとき歴史観を持ってはいない。だからそこには「歴史の終わり」もない。

歴史とは、たえざる問題や課題に対する人間の応答の連続なのである。その時代に出現した課題に対して、われわれは、きわめて不確定な将来を遠望しつつ、過去の経験を振り返る。過去の経験は、習慣や伝統としての信念体系となってわれわれの手元に残されている。未来があまりに不確定だからこそ、われわれは、かろうじてわれわれの手元に残された過去を信頼するほかないのである。だから「伝統主義的精神とは信頼のメカニズムだ」とオルテガはいう。

それは過去の経験から取り出すことのできる、まだしも確実性の高い智慧を信頼することであろう。ところが、理性主義の精神は、伝統破壊を称賛することで、この信頼の基礎を破壊してしまう。そこで伝統への信頼を捨て去った理性主義は、自分自身を絶対化するほかに自らを支える支柱を見出しえない。理性は理性そのものへと信頼の置き場所を変えてゆく。それは、経験的な実在を、理性が生み出す観念や理念に置き換えることを意味するであろう。

しかし、この野心的な企ては、そもそも不確定な事情に取り囲まれたこの現実にあっては、挫折するほかない。なぜなら、不確定で複雑に入り組んだこの現実にあっては、理性のできることなど限られているからである。かくて理性主義は巨大な幻滅をもたらし、歴史は「幻滅の時代」になる。そして大胆不敵な理性主義や理想主義が崩壊した後に残るものは「人間の完全な道徳的退廃」だけであろう。こうして「人間の生命の弾力は弛緩する」のだ。このようにオルテガは述べる(『現代の課題』)。

歴史は終わるわけではない。ただただ危機を繰り返す。だが「歴史の危機」の「危機」とは何であろうか。

オルテガはいう。危機とは、二つの信念の体系がどちらともつかずに動揺し、人々の生がきわめて不安定になる状態である、と。

だが、どうして信念体系が動揺する時、人間の生は不安定になるのだろうか。現代の多くの人はいうだろう。既成の観念が崩壊し、既存の思想が意味を失った時こそ、人間は生き生きと自由になる、と。伝統や因習から解き放たれた時に、はじめて人々は個性を発揮できる、と。それだけならまだしも、今日、人は、伝統や既存の思想の積極的な破壊を称賛し、現実に日々、伝統破壊に精を出している。

だが、それこそがオルテガにとっては、危機の根本原因なのであった。オルテガにとっては、次のような考えこそが健全なものであった。人々が社会的な生を安定的に営むには、人々が集団として共通に信じうる信念体系、つまり価値の体系が存在しなければならないという考えである。

人々の社会的な生を安定させるものは、決して合理的な理性でもなければ合理的な思考でもない。いくら、ヨーロッパ近代が理性の力によって自己意識を発見し、デカルトがすべてを疑ってかかれといったとしても、人は、合理主義や懐疑主義で日常生活を営むわけでもなければ、社会を形成しているわけでもないのである。頭の中での合理や懐疑の前に生きた現実に向かってみよう。自己意識より前に、人は日常生活を送らなければならない。すべてを疑うよりも前に他人に働きかけなければならない。世界を合理的に理解する前に何らかの活動によって生きていかねばならない。その時、人は、常に何らかの価値や習慣に寄りかからなければ日常生活を遂行することなどできない。

それは確かに、根拠のない「思い込み」かもしれず、壮大な「偏見」かもしれないが、人間の「生」からすればそれは当然のことなのである。生きるということは、ほとんど何かを「思い込む」ということだといってもさしつかえないであろう。この「思い込み」こそが人々の生活や思考の「習慣」を形作り、この「習慣」が実際に社会生活を可能としている。そこには、必ず一定の集団的な信念体系や共通の価値体系があり、人はあえてそれを疑わずに、それに「寄りかかって」生きている。思い込みは、いわば生のつっかえ棒なのである。それは、頭で考えられた価値というよりも、生きられた価値（信念体系）であり、思考習慣となった価値である。そして、いつの時代においても実際には「習慣」は「合理的理性」より強力なのである。

◆理性こそが歴史の危機を生む

オルテガは「社会とは何か」と問うて、それは端的に「握手することだ」と答える。握手に合理的な理由などない。ただ他人と出会えば、西洋人は双方とも手を差し伸べて握るという行為を習慣化しただけだ。日本人は、何の因果か、お辞儀をするという習慣を持っている。だがこの習慣こそが他者との安定した関係を作り出してきたのである。もしも社会とは人々の関係だというのなら、握手やお辞儀がなければ社会は存在しないであろう。

そのような共通の「生きられた信念体系」がもはや自明のものではなくなり、しかし、それに代わる新たな価値はまだ試行錯誤の中をさまよい、その両者の間で人々の生は揺れ動き、落ち着かない、こういう時代がある。人々が安心して「寄りかかる」ものが存在しない。これが「危機」なのであり、こういう状態は、ヨーロッパの歴史において三度、顕著な形で現れたというのである。繰り返していえば、古代のそれなりに安定していた(確かな信念体系を保持していた)ローマの共和制が終わり、キリスト教や王制を軸にする中世が形成されてゆく時期であり、第二に、その中世の価値観が崩壊し、ルネッサンスをへて近代へと移行する時期である。そして、まさしく現代もそれに次ぐ、信念体系の大きな動揺の時代である。これがオルテガの考えであった。

もしも理性主義が勝利をおさめ、すべての物事が理性の反省的な吟味の対象となるような時代がくるとすれば、逆説めくが、それこそがまさしく危機の時代ということになろう。理性は、いかなるものであれ、習慣化した「信念体系」を打ち壊そうとするからである。しかし、それは何かを積極的に作り出すわけではない。なぜなら、すべてを懐疑の法廷にかけようとする理性主義は、理性が生み出した観念や理想もまた疑うとするからである。
しかも理性は自らをも批判の俎上に置く。理性は、それが生み出した合理的思考や科学的思考さえ、その根拠を疑おうほかない。こうして、理性主義はあらゆるものの根拠を疑い、一種のニヒリズムに陥る。それはいわば思考の「道徳的退廃」をもたらす。いいかえれば、信念体系の喪失をもたらす。人々は、自らの行動を方向付ける規範を失ってしまうからである。これが第三の歴史の危機の様相といってよいであろう。オルテガに従うならば、ヘーゲルとはちょうどさかさまに、理性こそが歴史の危機を生み出すのだ。

2 「生」そのものの危機

◆「危機」はあとで気づく

私は、さしあたりはオルテガのいう「歴史の危機」という考えを受け入れようと思う。われわれの生きている現代が「歴史の危機」の兆候に満ちていると見ておこうと思う。とはいえ、そのように述べた途端に、同時に躊躇を覚えるのも事実である。それは、「歴史の危機」という言い方が実は無味乾燥なほどに疑似客観的で、いわば外挿的に見えるからである。それは他人ごとのようによそよそしく気楽な言い方に響くのだ。

「危機」とはいったい何なのか。そもそも人はどのように危機を感じ取るのか。「歴史の危機」の時代に、その危機の中にいて人はどのように危機を感じているのか。いや、そもそも危機などと了解しているのだろうか。それにしても「歴史の危機」という言い方は、へたすれば、肝心の「危機」という観念が内包するはずの、運命的で避けえない崩壊へ向かう人々の心理の動揺や切迫した狂気への接近を表現しているのだろうか。

どうも、われわれは、あまりに簡単に「……の危機」といいたがる。「現代の危機」、「世界の危機」、「日本の危機」、「政治の危機」、「大学の危機」、おまけに「人生の危機」から「家庭の危機」等々、世の中には「危機」が氾濫している。「危機」があまりに陳腐化している。かくいう私自身も、割り切れなさを感じながらも、他にいいようがないので、やむをえず「……の危機」を講演や評論のタイトルにしたりするので偉そうなことはいえない。ただわれわれはしばしば「……の危機」ということである事態を了解したように思いたがる。だが、本当は「危機」を了解すれば、もはや「危機」などどこにもないではないか。それはもはや手垢にまみれた平凡な言葉になってしまっている。

ここでわれわれは「危機」という言葉の孕んでいるある種のパラドックスに気づくであろう。オルテガが述べるように、「危機」とは、生を統率する信念体系の動揺にある。だから、危機のさなかにあって、われわれは意思を決定するための信念体系を見失っている。だが、まさにこの危機にあってこそ、われわれは真の決断を迫られるのである。それゆえに、人は、本当に何事かを選び取り、決断すべき時に、自らの生の重要な決定を下す価値の崩壊に直面しているのだ。だが個人の生が本当に危機にさらされている時、人は、いったいどのようにして、このような価値の動揺や行動の不決定に対処するのであろうか。

さらに考えてみよう。巨大な自然災害に見舞われ、家族や地域がほとんど崩壊にさらされている、まさしく「危機」にほかならない状態にあるとしよう。この時に、人々はほとんど何も考えずに、自分の生を投げ出しても、家族や地域のために活動しようとするだろう。戦火に見舞われ、崩壊する町を命からがら脱出しようとしている者は、ただただ必死で助かろうとするだけだろう。この時、彼は確かに危機に瀕しているものの、彼の生への意欲や必死の決意そのものは危機にあるとはいえないだろう。

果てしない戦場と化した故郷を捨てて、ヨーロッパへ命からがら逃れてきたアラブ系難民もまた価値の動揺の間をさまよっているなどというのであろうか。彼らほど、命を守るために命を懸けることに必死でいる者はいないであろう。ファシズムに抗する地下抵抗組織に加わって命がけで活動する者にとって、その行動は危機だと思えるのであろうか。

こう見てくると、「危機」という観念の持つ、より奥深いパラドクシカルで困難な性格が浮かびあがってくるだろう。それは、その生が現実に危機にさらされている者にとっては、多くの場合、オルテガのいう意味での、すなわち、価値の動揺、確信を持った行為の不決定といった意味での「危機」は意識されていない、ということだ。文字通り本当の危機のさなかにある時、人はたぶん危機など意識していない。「危機」という言葉が持つ客観的で冷めた記述的なニュアンスが、「危機」が内蔵するはずの深刻さや動揺を表現できないのである。

だから、危機は意識されるものではなく、この現実そのものの別称なのである。本当に危機にある人は、危機を意識するよりも前に、すでに危機を生きている。だから人の生は現に危機にあるその真最中には、それを危機であるというような意識は持たないし、持ちえない。また後からも述べるが、「危機の時代」の中にいる個人は「危機」など全く意識することもなく、その時代を何の信念もなく、ただ不安定に漂っているということもあろう。この人にとっても危機など意識されていない。だがそのことこそがまた別様の形で、しかも深刻な「危機」なのかもしれない。いずれにせよ、「危機」とは、それを少し外部から眺めた認識にほかならない。だから、「歴史の危機」といっても、それは、いわば後づけの傍観者的な意識であったり、この事実を距離を持って眺めているものの冷めた意識であって、その中にいるものがどこまでそれを自覚しているのかはまた別の話である。

◆「思いつき」の波に「浮遊する生」

そのことを前提にしていれば、だが確かに、オルテガの場合、生そのものがたえざる危機の連続であった。ドイツに留学して新カント学派やフッサールを学んで帰国した後、王政下にあって弾圧を受けて大学を辞し、1930年代には政治結社を形成し、一時は政治家にもなる。しかし、36年のスペイン内乱の直後にスペインを脱出してフランスに亡命するものの、当地での冷遇に耐えられずアルゼンチンに居を移し、スペインに帰国するのは戦争が終了してからであった。

こういう次第であるから、オルテガにとっては、生の意味とは、危機といかに対峙し、それをいかに処理するかにあった。危機と呼ぼうと何と呼ぼうと、オルテガの生は、自身の存在を脅かし、自身の生の意味づけに対して次々と脅威を与える何ものかとの闘いであった。だから、彼にとっては、生きることとは、常に何ものかとの闘いへ向けた企てであり、活動であった。

私とは、私の「生のプロジェクト」そのものである、と彼はいう。人間はただある場所に「存在」しているのではなく「生きて」あるのだ。モノはある場所に「存在」しているが、人間はそうではない。

「生」とはただ「存在」していることではない。私が、この環境の中で、この世界の内部で、環境に働きかけ、世界を解釈し、ある方向へ自らの生を組織しようとたえず決断すること、それが現実に生きている、ということであり、それこそが根本的な事実なのである。

社会の大きな転換期には、確かにもはや安定した信念体系は崩れてゆき、次々に多様な試みが打ち出される。そして、それにもかかわらず、この新しい試みも、一時的な熱狂はともかくとして、確かな信念として定着することはない。オルテガが生きた20世紀の、とりわけ戦間期はそういう時代だった。

ようやく形を見せてきた、自由や平等やヒューマニズムの市民社会が動揺し、ファシズムや社会主義、極端な民族主義や先端的なモダニズムの運動、さらには、虚無主義やシニシズムが降って湧いたようにこの社会を闊歩し出す。しかし、そのどれもが実験的であって確かな価値を生み出さない。次々と新奇な「思いつき」は出現するものの、信念体系となるような「思い込み」は生まれない。多くの者はこの「思いつき」を享受し、様々な実験に刺激を得ていた。だがそれを「歴史の危機」とオルテガは呼んだのだった。

そのただ中にある者が、自らの同時代を「危機」だとする意識は持ちえない、と先ほど述べたが、それに反して、オルテガは彼の生きた時代を「危機の時代」だと明瞭に自覚していた。安心して寄りかかれる信念体系が崩壊したという自覚を持っていたのである。だから、彼は、何か特定の信念体系、つまり「思い込み」に寄りかかるのではなく、自らのかけがえのない「生」を自らの手で組織しようとしたのであった。もう安心して「思い込める」価値はなかったのである。だが、そうかといって近代的な理性を当てにするわけにもいかないのである。

自らが生きるこの時代のもたらす環境も社会も超越した抽象的な理性や合理的な判断力に頼ることはできない。いかなる意味でも、環境も歴史も超越してその外部に思想の基軸になるアルキメデスの点を設定するわけにはいかない。デカルト流の自己もカント風の理性も役に立たない時代には、環境を受け止め、また環境に働きかけることによって、様々な実験に身を委ねつつ生を前に向けて進めるよりほかにない、と彼は考えていた。それよりほかに、人間の生の根本的現実を見据えるやり方はないのだ。

そうだとすれば、生とは、この根本的現実におけるたえざる選択であり決断であるほかない。その連続である。生はひとつのかけがえのない実存なのである。しかし、実存を、不動の過去からも不定の未来からも切断して、ただいまこの時点とこの地点の一点に凝縮してしまえば、実存ほど頼りなくも不安定なものはない。人の生は、それこそ「思いつき」の切れ切れの連接体となるほかなく、人はその「思いつき」の中を日々、西へ東へと浮遊することになろう。

もしも、その都度その都度の「思いつき」をそれなりに楽しむことができ、生の実存を、ただただ世間や社会の流行や風潮に同調させて、あたかも波乗りをするかのように刹那の愉楽を求めるのもまた、危機の時代の生ではあろう。確かな信念体系を見失った社会が次々と送り出す新奇なものを追い求め、次々とやってくる波にうまく乗って世間の先頭を切って時代を遊泳するなどという生も一種の実存であろう。世間の波が変われば、生の方向も変わる。何せ大事なのは「思い込み」ではなく「思いつき」なのだから。大事なのは、ひとつの信条に没入することではなく、一瞬の効果を楽しむことなのである。信条などというものを固定してはならない。いや、信念体系などというものを持ってはならないのである。生を信念に結びつけるのではなく、世間を流通する情報や人々の思惑と同調させることこそが大事なのである。

こういう浮遊した生のあり様もまた、信念体系が崩壊した「危機」の時代の産物である。ひとつの「生き方」である。当人には危機の意識など皆目ない。むしろ、それは無意識のうちに危機を乗り切る簡便な智慧だとさえいえるかもしれない。こうして波にでも乗るように世間を泳ぐことができれば、そもそも「危機」などどこにもないであろう。

しかし、オルテガの生の実存はそういう種類のものではなかった。生とは、理性に従って物事を組織することでもなければ、欲望をひたすら実現することでもない。日々を刹那の愉楽でやり過ごすことでもない。

では生とは何であろうか。古代ローマのセネカは「生きることとは戦うことなり」といったが、オルテガはそれを反芻するかのようにいう。「生きるとは、軍旗のもとへの応募であり、戦闘準備である」と(『現代の課題』)。もちろん、オルテガはジンゴイスト(主戦主義者)ではない。「軍旗のもとへ」はひとつの象徴的な言い方だが、わかりやすい真理を含んでいた。

戦闘において、われわれは、果敢さと慎重さを求められ、判断力と決断力を必要とされる。経験と分析能力を要求され、状況を分析し状況を変更する能力を求められる。そして戦闘においては生きるために生を賭す。とすれば、これほど、生のあり様を象徴的に述べる言葉もそうはないであろう。それはある環境の中で、ある課題に立ち向かうために、あらゆる経験や状況判断や勇気を動員し、それを総合して課題に対処する技術であり、またその技術を発動しようとする意志である。

それもある種の理性と呼ぶこともできるが、その理性は、抽象的で合理的な理性でも、目的を達成するための道具的な合理性でもない。状況と経験と決断を総合するような理性といってよい。その精神の総合的な作用を、オルテガは「生の理性」と呼んだ。

それは、デカルトやカントに主導された西洋近代の「合理的な理性」ではない。先に本書で提示した概念でいえば、オルテガの生の理性は「活動的生」といってよいであろう。さらにいえば、それは、プラトンの人間の三つの部分のうち、「欲望」でもなく「理性」でもなくむしろ「気概」に対応している、といってもよい。

ただそれは「生」のエネルギーの無鉄砲な、あるいは無条件の解放といったものではなく、あくまでひとつの「軍旗」のもとに結集されるエネルギーである。「軍旗」なら何でもよいというわけではない。エネルギーが結集されればそれでよいというわけでもない。そこに「理性」が働く。いかなる「軍旗」のもとにどのようにエネルギーを結集するのか、それは理性の作用による。したがって、「生」はその意味での理性に支えられなければならないと同時にこの理性自体が生によって生み出される。そこに「生の理性」がある。

◆「信念体系」が喪失し浮動する時代

かくて、われわれは、オルテガが、その優れた感受性と歴史意識によってかぎ取っていた20世紀初頭の「歴史の危機」の基本構造を理解することができるであろう。

「活動的生」といってもよいし、あるいは「気概」といういささか古典的な言葉を持ち出してもよいのだが、ともかくも、彼が「生の理性」といったもの、「生」そのもののあり方が危機にさらされている、というのが彼を捉えた想念であった。この生の危機とは、ホッブズが述べたような自然状態にあって「生存」が脅かされるというものではない。だが「生の意義」が見失われるということはある。それは「気概」が「理性」や「欲望」に従属すると見た、（フクヤマの理解する）ニーチェの診断とほぼ同じものである。

生とは何かに向かって自己を駆り立てることであり、その駆り立てる活動それ自体に意味を見ること、その活動の継続する企てこそが生そのものである。オルテガがいうように、登山とは、山を登ることなのだが、われわれはしばしば、それは頂上に立つことだと思ってしまう。登ることは、いわば頂上に立つための手段だと思ってしまう。そして登頂した後の、頂から見た見晴らしについて語る。しかし、活動的生にとって大事なのは、登ることそのものなのだ。生とは、頂からすべてを見渡すことではなく、頂に到達しようと労力を厭わず悪戦苦闘することなのである。

ここには、生に関わる二つの決定的な論点があるといってよいだろう。ひとつは、生に輝きを持たせるその最初のモチベーションは生を超えている、ということだ。この場合であれば「山」である。まだ見ない「山の頂」こそが生を駆り立てる。

と同時に、二つには、生を輝かせるその働きは、登山をするという現実の活動そのものにある。つまり活動的生そのものなのである。日常の生を超えたより高いもの、より高貴なもの、真や美や神的なものの、こうした超越的価値への希求があり、それを遠景において、この状況、環境の中で生きる「生」がある。「生」とは、この二重性に挟まれた具体的な活動そのものなのである。

ところが、いつの間にか、「生」そのものを問題とすることをわれわれは忘れてしまった。山の頂に立ちたいという「欲望」と、山頂からの眺望をくまなく記述するという「理性」だけで登山を語るようになった。こうなれば、山に登山鉄道を開発して山頂に立つという「欲望」の簡便な満足を目指すだろうし、山頂からの眺望は、実証的な理性主義の輝かしい成果になるだろう。それどころか、今日ではドローンでも飛ばして頂からの空中映像を地上で見る。だが、そこには「生」はない。活動的生に光が当てられる場所はない。そして、この登山鉄道を開発した高度な技術と、山頂からの眺めという実証科学だけが、優れた「文化」として賞賛される。近代とはそういう文化の時代なのである。

しかし、たとえこうしたものを「文化」と呼ぶとしても、本来、その「文化」を生み出したのは「活動的生」であった。高い山の頂を遠望する時に感じるあこがれ、驚き、畏怖、挑戦意欲、闘争心、自己犠牲、こうした「生」が「文化」を生み出したのであった。「文化は生きる主体の深みから生まれる」とオルテガはいう。また、「文化とは厳密な意味での生であり、自発性である」ともいう。

だがそうこうするうちに、文化の産物は、科学、倫理、芸術、宗教的信仰、法律的規範などのいずれの領野においても、人間の主体や主観から切り離されてしまい、独立してそれ自体の威信と権威を持つようになる。こうなると、それを創造したはずの「生」そのものが、この文化的アイテムの前に跪き、逆にそれに服属するようになる。

ここにあるのは、もはや真の意味での文化、つまり、「生」という生きた創造的活動を含んだ文化ではなくなっている。しかし、この優れた文化的アイテムを生み出した人々は、自分たちはすばらしい文化を達成したと誇らしげに胸を張る。近代という文字が刻まれた文化勲章を持つ。だが、事実はといえば、彼らが誇っているのは、巨大な虚構の集合体に過ぎないのだ。

そして、この虚構の集合体としての文化は、時がたてばたつほど、それを生み出した「生」から切り離され、化石化してゆくだろう。そしてそのことに気づいた時に、ヨーロッパ人は、それを「文化の没落」といい出したのである。

しかし、とオルテガはいう。文化の没落などということは存在しない。ずっと以前から没落していたのは、「ヨーロッパ人の生命力」なのである。「ヨーロッパ文化の没落」とは、「ヨーロッパ人の活動的生の没落」にほかならないのである。

これが、20世紀初頭の「ヨーロッパの危機」であった。現代の歴史的危機である。少なくとも、オルテガにとってはそうだった。ヨーロッパはきわめて高い文化段階に達した。しかし、それを可能にした「生命力」は衰弱している。

だが、それはただオルテガだけのことであろうか。そうではない。20世紀初頭とは、その文化の没落という強烈な意識を生み出したヨーロッパにおいて、ある意味で、知的な文化が、また、芸術的な創造意欲が、かつてない高みにまで達した時代であった。いやそこまでいわないとしても、少なくとも、今日ではもはや読むことのできない、するどい刺激を放ち、深い洞察に満ちた高度な著作や芸術作品が次々と生み出された時代でもあったのだ。

このような精神的高揚のさ中に、「危機」の意識、「没落」の意識が知識人の高度な思索をもたらしたというのは、皮肉といえばたいへんな皮肉であろう。文化が没落しつつある時に、最高級の知的文化が出現するというのも皮肉なことである。

だが、文化の没落の時代、社会が大きな混乱に陥った時代にこそ、実験的でひらめきに満ちた学術、評論、芸術、小説などが生み出されるというのは、実際には大いにありうることだろう。それこそが、確かな「信念体系」が喪失し浮動する時代、オルテガのいう「歴史の危機」の顕著な兆候なのであろう。というわけで、次章では、この「危機」と「没落」に関わる20世紀初頭のヨーロッパの思想的な試みをいくつか見ておきたい。

第3章 「西洋の没落」に始まる現代

1. 「西洋の自死」と戦間期ヨーロッパ

1 ヨーロッパは死につつある

◆「ヨーロッパ人」であるということ

2017年にイギリスで一冊の書物が出版されて評判になった。ダグラス・マレーの“*The Strange Death of Europe*”である。日本でも『西洋の自死』というタイトルで翻訳された。確かにこの書物の内容は衝撃的であった。と同時に、実に当然のことでもあった。

イギリス人ジャーナリスト（しかも1979年生まれの若手である）マレーは、イギリスを始め、EU諸国をくまなく歩き、観察し、ひとつの結論に達する。いまやヨーロッパは「死につつある」というのである。ヨーロッパのあらゆるところで同じ現象が生じている。それは、急激な移民、とりわけイスラム系移民によって、「ヨーロッパ」がもはや「ヨーロッパ」ではなくなりつつある、ということだ。

彼はいう。「ヨーロッパ」とは何かという問題は、それ自体かなりやっかいな問いであって、簡単な答えはない。にもかかわらず、「ヨーロッパ的な何か」は厳然として存在する。いや、存在した。それは、ギリシャ・ローマの古代遺産とキリスト教的宗教意識の継承の上に、法の意識や、独特の哲学や歴史に由来する倫理的観念を持った分厚い文化がある。その歴史と文化に対する信頼が「ヨーロッパ」というアイデンティティを作っていた。

もちろん、それは決して不変で歴史的に一貫したものとはいえないであろう。部分的には変化をこうむってきたことは事実である。にもかかわらず、その根幹は維持され、信頼され、アイデンティティの基盤となってきた。

にもかかわらず、今日、その意味での「ヨーロッパ意識」がほとんど崩壊しつつある。では崩壊に導いたものは何か。ひとつは、大量移民が押し寄せてきた、という事実である。そして第二に、より重要なことは次のようなことだ。この大量の移民流入にもかかわらず、ヨーロッパ人がびくともしない自己への信頼、自らの文化や歴史や伝統への確信を保持できれば問題はないのだが、実際には、この事態を前にしてヨーロッパはもはやそれを食い止める力もなければ、そのことを理解する力も失ってしまった。ヨーロッパは、過去の植民地主義や帝国主義への罪責感にさいなまれ、自信喪失と自己卑下に陥っているからである。

そこで、精神的に疲弊したヨーロッパは、その回復のために「新しい物語」を必要としている。このように感じている。そして、外国人の「大量移民」こそが、ヨーロッパの再生のための「新しい物語」だというのだ。しかもそれは過去についての罪責の意識にもかなったものなのだと思われた。

こうして移民に対する「寛容」と「多様性」という、一見したところ気の利いた、しかし実際には実に浅薄な価値観が推奨されることになった。だがマレーが報告するその実体は、とても「寛容」や「多様性」という調子のよい言葉でいい表せるような気楽なものではない。

大量移民の受け入れを、「公式的」に拒否することはヨーロッパにはできない。非ヨーロッパ人をヨーロッパへ受け入れるべきだという。だが、たとえば逆のことを考えてみれば、彼らは、ヨーロッパ人が別の国に出かけていってその国民になることなど決してできないことをよく知っている。

そこでマレーの言い方を借りればこうなる。ヨーロッパ人は、自分たちがインド人にも中国人にもなれないことを知っている。それなのに、ヨーロッパ人は、世界中の国の人々が誰でもヨーロッパに移住してヨーロッパ人になれると信じている。少なくともそのように期待している。それが「新しい物語」だ。そこでその場合、「ヨーロッパ人」であるということを人種で定義するのでないとすれば、それは価値観に関わるものでなければならないだろう。ということは、「ヨーロッパの価値とは何か」という問いこそが決定的になる。しかし、まさにそこでヨーロッパ人は完全に困惑し、茫然自失に陥ってしまうのだ。

実はこれと同じような問題をすでに90年近く前に哲学者のフッサールが発していた。彼は「ヨーロッパ的人間性の危機と哲学」という講演（1935年）の中で次のようなことをいっている。ヨーロッパの特殊性とは何か。それは、たとえば非ヨーロッパ人が精神的自立を計ろうとする時、彼らはヨーロッパ化しようとするが、他方、ヨーロッパ人は決してインド化しようなどとは思わないであろう、と。

◆「ヨーロッパ」なるものの没落

このマレーの考察は、21世紀の今日のヨーロッパの状況を如実に示したものであった。そして、この書物の重要性は、今日の事態を、つまり「ヨーロッパ」なるものの没落の様相を、文明論的な位相において論じた点にあった。それはヨーロッパの歴史的で文明的な危機なのである。その危機の様相は、何よりもヨーロッパをヨーロッパたらしめている価値の崩壊という次元で論じられるべきものなのである。

そして、興味深いことに、この危機を論じるにあたって、マレーは、20世紀の初頭、第一次世界大戦から始まり、ヒトラーとナチスの台頭によって蹂躙され破壊されたヨーロッパを描いたシュテファン・ツヴァイクの『昨日の世界』を想起しているのである。ヨーロッパは自死を宣告され、西洋文明は自壊へと突き進んだと述べたツヴァイクを回顧しつつ、マレーもまた、「ヨーロッパは自死の過程にある」という。

その感動的な自伝、いや、自伝の形を借りたヨーロッパ論であり、時代の歴史的証言において、ツヴァイクは、第一次世界大戦の開始から第二次世界大戦の本格化したほんの30年たらずの短い時間のうちにあっけなく崩壊したヨーロッパの苦悶を描き出した。全面的な進歩を信じることができ、爛熟と呼んでもよいほどの芸術や学術を生み出し、そして実に安定して信頼にたる日常的文化を誇っていたヨーロッパのあっという間の崩壊を描き出した。

この自伝の最後の方に彼は次のように書きつけている。「私は知っていた、もう一度、過去のものは過ぎ去り、あらゆるなしとげられたものは滅んだことを。ヨーロッパ、そのためにわれわれが生きて来たわれわれの故郷は、われわれ自身の生をはるかに超えて破壊されてしまったことを」。そして、ツヴァイク自身は、ナチスの崩壊も第二次世界大戦の終結も見ることなく、1942年にブラジルで自殺したのであった。

もちろん、マレーとツヴァイクではまったく違っている。時代も違う。危機の様相も違っている。ヨーロッパ諸国の間での破滅的な戦争やナチズムというあまりに特異な野蛮の登場と、大量移民に翻弄される今日のヨーロッパを同一視することはできまい。しかし、ここで注目したいのは、それにもかかわらず、ツヴァイクに託して「ヨーロッパの没落」を記憶から呼び戻そうとしているマレーの姿勢にある。20世紀前半の二つの戦争は、ヨーロッパ崩壊の顕著な表出であったが、実は、「ヨーロッパの没落」の意識は、20世紀初頭、とりわけ1920年代から30年代という戦間期において明瞭に浮かびあがってくる。少なくとも、ヨーロッパの知的世界を特徴づけるひとつの精神のあり方はそうしたものであった。

しかもそれは、ただひとりヨーロッパという地域の崩壊というよりも、ひとつの壮大な文明の危機意識でもあった。かつてない大規模戦争が生じたから危機なのではなく、文明の危機が大規模戦争という形で顕在化したのである。この文明的な危機感は、すでに第一次世界大戦の前後あたりから、西洋文化の産物である近代社会が根本的に崩壊へ向かっているのではないか、というものであった。

まずは、ある書物の出だしの部分を見てみよう。

私たちは今、憑かれた世界にいて、しかも私たちはそのことを知っている。ある日突然妄想が起こり、狂気の沙汰となり、この哀れなヨーロッパ人を転倒させ、愚鈍かつ錯乱の状態に陥れるとしても意外に思う人はいないであろう。まだエンジンはブンブンと鳴っているが、精神は震え上がっている。さらに、至るところに私たちが生活している社会体制の安定性に対する懐疑が起こっている。差し迫った未来に対する漠然とした不安がある。文化が没落するという感情が存在している。諸々の事実が私たちを攻めたてている。私たちは、かつては安定し、尊厳に見えた全てのもの、つまり心理やら人間性やら理性やら正義やらが、ほとんどぐちゃぐちゃになってしまっている様を、今眼前に見ている。私たちが見ているものは、もはや機能を果たさない国家であり、死んだ経済体制であり、正気を失うほどに高められた社会的圧力である。このすさまじい時代の威圧的な機械は、まさに限界まで来ているように見える。

これだけを見ると、この文章が現在の21世紀に書かれたといっても決して不思議ではないだろう。この「ヨーロッパ」にアメリカも含め、さらには「世界」と書き直してもおかしくないだろう。これは、オランダの著名な歴史学者であるヨハン・ホイジンガの『あしたの蔭りの中で』(ホイジンガ選集2、河出書房新社)からの一文である。

この本が書かれたのは、ナチスが台頭し、ヒトラーが政権を手に入れる1935年であった。この頃、世の中はまだエンジンがブンブン鳴っていて活気があるように見えていた。しかし、実際には人々の精神は震え上がり、未来に対する不安は著しい。国家は機能を果たさず、経済はうまくいかない。そして正気を失うような社会的圧力、つまり私たちを管理する力が正気を失うほどに押し寄せている。その中で、文化の没落という感情が広まっているというのだ。
もうひとつ別の著者の評論から引用しよう。少し長くなるがお許し願いたい。

私がこれから話そうと思っていることは、現在我々が遭遇している混乱について、こうした混乱を目の当たりにしたときの精神の混乱、とんでもないカオスを前にし混乱を前にして自分のできることとできないことを見極めた上で、なんとかしようと対象を思い描いたときの精神の反応について書こうとしている。しかし、カオスを心に思い描いてもカオスである。したがって出発点はカオスである。

最初に考えてみてほしいのは混乱についてである。この混乱はいったい何かということを考えて欲しい。それは少し努力がいる。結局、我々はこの混乱に慣れてしまって混乱の中で呼吸して煽り、時にはそれを生きる糧にすらしている。混乱を結果で見てしまい、それに慣れてしまっている。混乱は我々の周辺にも内部にもある。新聞や日常活動、娯楽、知識、その中にまで混乱はある。混乱は我々を突き動かす力になっており、我々が作り出したものであるにもかかわらず、いつしか我々を我々の知らないところへ連れ去ろうとしている。かつて、これほど甚大な急激な変化を人類は経験してきたことがなかった。地球全体が隅々まで精査され、対策され、開発され、さらには領有されるようになった。もともと遠いところでおこった出来事が瞬時に我々に知らされるようになった。物質や時間や空間に対する観念がまったく変わってしまった。

また、次のようにもいう。

現代という時代の大きな特徴を取り出すとすると、実におしゃべりな時代である。我々の住む都会はとてつもない書き物、つまり文字で埋め尽くされている。夜まで煌々と明かりが灯り、その下に文字が溢れている。朝から無数の印刷物が通行人や列車の乗客、ベッドで朝寝を決め込んでいる人の目にも見られている。寝室の中のあるボタンを捻れば、たちまち世界の声が聞こえてくる。さらに出版物の多さ。印刷され排出されるものの多さ。朝から晩まで判断や印象を強要し、全てを混乱させ、こねくりまわされるので、まさに我々の脳みそは灰色の物質と化してしまっている。もはやそこでは何も持続したり、支配したりすることはできない。奇妙にも、我々はもう新しいものを見ても無感動になり、驚異の感情も失われてしまった。倦怠感を覚えるようになってしまった。こうした事態を、結局我々はどう考えたら良いのだろうか。

つい引用が長くなったが、このような文章を読むと、ほとんどそのまま今日のわれわれの時代を素描しているように思えてくるのではなかろうか。実はこれは、ポール・ヴァレリーが戦間期に書き記した文章である(「精神の政策」1933年、「知性の決算書」1935年、共に『精神の危機』岩波文庫所収より)。すでに第一次世界大戦の終結直後、1919年に彼は「我々文明なるものは、今や、すべて滅びる運命にあることを知っている」(『精神の危機』)と書いていた。文明が最高度の発展段階に上り詰めていた頃に、彼は、すでにその崩壊の予感を持っていたのである。

ヴァレリーは、確実にヨーロッパの没落を感じ取っていた。考えてみれば、人口分布にせよ、資源の分布にせよ、ヨーロッパはこの世界の中でかなり不利な立場にあった。自然風土的に決して恵まれていたわけではない。にもかかわらず、条件に恵まれないヨーロッパがかくも世界に対して大きな影響力を発揮するに至ったのはなぜか。それはひとえにその独自の文化のおかげである。ヨーロッパ独自の文化とは、貪欲なまでの好奇心、想像力と論理的構成力、悲観主義にまでは至らない懐疑主義、諦念とは異なった神秘主義といったものであった。それらがヨーロッパの「魂」を作り、この「魂」が生み出す想像力こそが文化を発展させた。

にもかかわらず、もはや今日、ヨーロッパの創造的精神は疲弊し、そのダイナミックな創造性は失われた。人々はすべて、あたかも機械仕掛けのサラリーマンのようになり、果敢な行動力も崇高な義務感ももたなくなっている。こうして整然とした秩序を求める運動を進歩とみなすだけのヨーロッパは衰退に向かっている、というのだ。

◆「近代」こそが危機を生み出す

フランスの批評家であるヴァレリーとオランダの歴史家のホイジンガは、その思想的な立場も感覚もかなり違っているにもかかわらず、根底において同じような危機感を持っていた。この時代にあって、産業の発達や、その発達を促す手段はかつてなく豊かになり、人の往来は激しくなり、いわゆるグローバリズムによって地球の隅々の情報まで手に入るようになったし、ヨーロッパが生み出した科学も機械技術も世界中で使用できるようになった。出版物は次から次へと書店に並ぶ。一見したところ、文化は社会のすみずみにまで横溢し、実に活発に見える。しかし実際には、それらは騒々しい雑音のように人間の精神を混乱させているだけだ。この文化の混乱こそが、ヨーロッパの衰退の証である。こういうのである。

第一次世界大戦という、目に見える文化や文明の破壊が現前化し、その瓦礫を前にして、多くのヨーロッパ人が「ヨーロッパの崩壊」を感じたとしても不思議ではない。だが、この文化的混沌は、同時にまた、様々な芸術上の実験や新たな表現の模索でもあったし、また、思想的に見ても、おそらく西洋思想史の中でももっとも興味深くも刺激的な時代であった。混沌と危機の意識が、いくぶん混乱しながらも知識人の思想的な感性をするどく刺激し、また、哲学のみならず科学の領域においても、かつてない試みや思索が打ち出された時代でもあったのだ。

ここで関心を持つのは、思想的な営為である。しかも、この混沌と危機を「ヨーロッパ文化」の危機と見る壮大な文明的な意識である。たとえば、われわれにもよく知られているものをざっと列挙してみよう。

シュペングラー『西洋の没落』第1巻(1918年)
第2巻(1922年)
エルンスト・ブロッホ『ユートピアの精神』(1918年)
カール・バルト『ローマ書講解』(1919年)
ポール・ヴァレリー『精神の危機』(1919年)

『精神の政治学』（1932年）
D・H・ローレンス『無意識の幻想』（1921年）
ローゼンツヴァイク『救済の星』（1921年）
カール・クラウス『人類最後の日々』（1922年）
フロイト『幻想の未来』（1927年）
『文化への不満』（1930年）
ハイデガー『存在と時間』（1927年）
ヒトラー『我が闘争』第1巻（1925年）
第2巻（1926年）
オルテガ『大衆の反逆』（1930年）
エルンスト・ユンガー『総動員』（1930年）
『労働者——支配と形態』（1932年）
フッサール『デカルト的省察』（1931年）
『ヨーロッパ諸学の危機と超越論的現象学』（1936年）
ホイジンガ『あしたの蔭りの中で』（1935年）
『ホモ・ルーデンス』（1938年）

さらに直接に文明の没落論と結びつくわけではないものの、今日に至るまで大きな影響を与えた書物

（および論考）をいくつか挙げてみよう。

シュタイナー『神智学：世界についての超感覚的知識と人類の目的への序文』（1904年）
『神秘学概論』（1910年）
アインシュタイン『特殊相対性理論』（1905年）
『一般相対性理論』（1915－16年）
ソシュール『一般言語学講義』（1906－11年の講義を後に弟子たちがまとめたもの）
ベルグソン『創造的進化』（1907年）
『道徳と宗教の二源泉』（1932年）
ウィリアム・ジェームズ『宗教的経験の諸相』（1901－02年）
レヴィ・ブリュール『未開社会の思惟』（1910年）
シュムペーター『経済発展の理論』（1912年）
プルースト『失われた時を求めて』（1913－27年）
トーマス・マン『非政治的人間の考察』（1918年）
『魔の山』（1924年）
ユクスキュル『生物理論』（1920年、28年）
ユング『元型論』（1921年）
カール・シュミット『政治神学』（1922年）

『政治の本質』（1932年）
ウォルター・リップマン『世論』（1922年）
ウィットゲンシュタイン『論理哲学論考』（1922年）
T・S・エリオット『荒地』（1922年）
マリノフスキー『西太平洋の遠洋航海者』（1922年）
ルカーチ『歴史と階級意識』（1923年）
ベルジャーエフ『歴史の意味』（1923年）
『現代世界における人間の運命』（1935年）
ブーバー『我と汝』（1923年）
カッシーラー『シンボル形式の哲学』（1923-29年）
モース『贈与論』（1924年）
デューイ『経験と自然』（1925年）
『確実性の探求』（1929年）
ホワイトヘッド『科学と近代世界』（1925年）
『過程と実在』（1929年）
『観念の冒険』（1933年）
ハイゼンベルク『不確定性原理』（1927年）
クルト・ゲーデル『不完全性定理』（1931年）

フレイザー『金枝篇』(1890-1936年)
ケインズ『雇用・利子および貨幣の一般理論』(1936年)

ざっと思いつくままに列挙しても、これらは今日でも読まれるべき価値を持っているし、それらは、20世紀の古典として現にわれわれの思考の枠組みにも大きな影響を与えている。とりわけ1922年から25年あたりにかけての知的活動は瞠目すべきものである。

ついでにいえば、日本で西田幾多郎が最初の著書、『善の研究』を発表するのは1911年、また、「無の場所」についての最初の論考を含む『働くものから見るものへ』を発表するのが1927年である。その西田の弟子である三木清の『パスカルにおける人間の研究』が1926年、『歴史哲学』が1932年であり、九鬼周造の『「いき」の構造』が1930年、『偶然性の問題』が1935年であった。また和辻哲郎の『人間の学としての倫理学』が1934年、『風土』が1935年であり、これら、京都帝大の日本人の手になる哲学書は、上記の戦間期の西洋の爆発的な知的興奮の時期と重なっているのである。

もちろん、ここでこれらの書物についていちいち論評するわけにはいかない。ただ、その多くが、20世紀初頭の「危機」を西洋近代社会の危機と見ていたことは強調しておきたい。第一次世界大戦は、ただ列強の力の衝突として生じた偶発的戦争というだけではなかった。それは、19世紀の西洋による世界進出、つまり帝国主義の帰結であったが、その帝国主義はまた、急激な科学技術を発展させ、自らの領土を海外に求める拡張主義を現実化することで、世界的な視野において、ヨーロッパの文明の優位を確認させたのである。これはヨーロッパの自己意識そのものであった。それはヨーロッパ近代そのものの表現であった。

だから、ある人たちにとっては、危機は、ヨーロッパの「近代」の危機だとみなされた。この場合の、「近代の危機」とは、「近代」が何か外部的な要因によって危機にさらされている、ということではない。「近代」こそが危機を生み出したのである。しかも、その「近代」とは、歴史上、類を見ない高度なヨーロッパ文化の結晶のはずであった。だからこそ、危機は恐ろしく深刻なものと思われたのである。

[2] 「大衆人」とは誰か

◆社会の主役におだて上げられた「大衆」

しかも、第一次世界大戦が終われば事態は片づいたわけではなかった。10年もすれば、さらなる危機の足音が不気味に響き始めた。第一次世界大戦がヨーロッパ史のキャンバスに黒々と塗りたくった野蛮の色合いは、それが何ものであったのかという反省も終わらぬうちに、さらなる暗黒を示し始めていたわけである。

たとえば、オルテガは、『大衆の反逆』において、その不気味な色合いを「大衆」の登場として表現した。

20世紀の初頭のヨーロッパについて、この時代はかつてなく生が高度な段階に達した時代だ、とオルテガはいう。科学や技術はきわめて高度な段階に達し、経済は高度に発展をとげ、政治的な自由も平等な政治参加も間違いなく進展した。人々は、メディアや書物を通して、これまでになく知的になった。だが、そのことがまさに「大衆」を育て上げた、というのである。

なぜなら、自らがかつてなく高度な文明に達したと感じる者は、もはや過去を振り返ることもなく、過去から学ぶものは何もない、と考えるからである。過去から自らを切断し、過去からもはや学ぶべき生の指針を得ようともしない者は、ただ時代に漂うほかない。時代の気分に合わせ、他人を模倣する。

いっさいの歴史的経験や自らの経験を超えた偉大なものから学ぶ精神を失った人々は、もはや自分自身でものを考えるすべも判断するすべも持たない。ところが、高度な民主主義の政治は、こうした人々を政治の主役にしようとする。かくて、実際には、ほとんど気分に左右され、社会の大勢に同調するだけの凡庸な人々が、その凡庸さをひとつの権利として、あるいは、政治的意見として主張するのである。

「今日の大衆は、彼らが喫茶店からえた結論を実社会に強制し、それに法の力を与える権利を持っていると信じているのである」と彼はいう。「法とは、本来、過去の経験から積み上げられるものであり、法の中に暗示された経験は、間違いなく、喫茶店でのでまかせな政治的主張よりは深いものを持っているであろう。大衆はそのことを一顧だにしない」と彼は述べる（『大衆の反逆』ちくま学芸文庫）。

また、次のようにもいう。「今日の特徴は、凡俗な人間が、おのれが凡俗であることを知りながら、凡俗であることの権利を敢然と主張し、いたるところで、それを貫徹しようとするところにある」と。

過去の経験からわれわれが知りうること、それは、政治とは、本質的に、優れた者による公共性を持った指導的行為だ、ということである。大衆とは、この優れた者に付き従う存在であった。ところが、大衆は、その本来のあり様に自ら反逆して、彼ら自身が政治的主役になろうとする。

かくて、大衆とは、自らを謙虚に顧みようとする意志も、歴史から何かを学ぼうとする力も失い、自らに対する高い義務も高貴なものへの敬意も忘れ去った存在である。彼らは、彼らの生きている現在を歴史上のきわめて高度な文明段階だと考えており、そのありあまる豊かさと自由を持て余し、さらにその欲望を膨らませ、ほんのささいなことに不満を抱く。自分が受け取る豊かさを当然のものとみなして、その豊かさや安楽な生を可能とした条件を徹底して忘れ去っている。そして過剰なまでのデモクラシーが、まさしくこの種の「大衆」をおだて上げ、社会の主役にしてしまったのである。

◆失われゆく「精神の貴族」性

相当に激烈な物言いであり、これは、百年近く後の今日でもそのまま通用するといってよいだろう。今日では、指導者であるはずの政治家が大衆に迎合するばかりか、彼自らが大衆の代表なのである。ただし、オルテガのいう「大衆」が、下層階級の人々を指すものでもなければ、教養に欠けた低学歴の人々を指すのでもないことはいうまでもない。それは街頭に集まる群衆でもない。彼のいう大衆は、十分に学歴もあり、知的な能力も教育も得ている。大衆とは、あくまで精神的なカテゴリーであって、特定の階級や社会集団ではない。その精神的類型とは、自らに何も求めず、ありのままの現在の自分に満足し、自分を勝手に分別のある人間だと考えて、自らを省みず、自らに強い義務を課そうとはしない人間なのである。

この大衆と対比されるのが「精神の貴族」であった。それは、常にありのままの自分には我慢できず、自らに多くのものを課し、自らを超克することを己の義務とする者である。それは、自らの生を不断の緊張の中に置き、絶え間なき修練を課す者であった。つまり、強い自立心と倫理観を持った個人である。先に述べたように、オルテガの人間理解が、常にある企てと緊張を持って生きる「活動的生」にあるとすれば、これは当然のことであろう。これもまた現実の社会階級としての貴族ではなく、あくまでひとつの精神的類型である。

このように述べた後で、オルテガは、今日の典型的な「大衆人」とは、実は、専門的な科学者や技術者などの社会的なエリートだという。なぜなら、20世紀の初頭とは、19世紀の科学と技術と産業の急激な進歩のおかげで、まさしく科学や技術が時代の最先端を走り、それこそが高度な文明の証と思われていたからである。だからこそ、この最先端にあって、進歩のまがうことなき担い手を自任する科学技術者こそが、もっとも明白なこの時代の大衆人だという。

彼らは、広範な知識も判断力も持たずに、狭い自らの専門についてしか知らない。おまけに実際には、近代の実験科学は、その大部分がきわめて凡庸な人々の手によってなされ、さして高い知的能力も必要とされない。いや、別に自然系の実験科学に限ることではなかろう。社会系の学問であれ、科学はひとつの手続き、方法に基づいており、その手続きに従えば「専門家」になることは特別なことではない。近代科学における知的労働とは基本的に機械的な過程に過ぎないのである。にもかかわらず、今日の見せかけの技術文明のおかげで、とりわけ先端的な科学者や技術者は自らをもっとも進歩した知的存在だと信じている。自らを進歩の最先端にいると感じている者は、過去や伝統を単なる因習としかみない。この慢心と伝統や文化に対する根本的な無関心のゆえに、彼らこそが典型的な大衆人の証明だというのである。オルテガの結論は次のようなものであった。

今やヨーロッパにおいて支配的な地位に上り始めた人間は、彼がそのなかに生まれ出た複雑な文明と対比すれば、原始人であり、舞台のせりだしから突如姿を現した野蛮人、「垂直的侵略者」なのである。

たいへんに大胆で辛辣な文明批評というほかない。彼らは高度文明を持った海の彼方から来た侵略者ではない。この時代のこの場所にあって、その中から躍り出た侵略者なのである。だが、この書物を手にしたわれわれは、とうていこれが20世紀の初頭に書かれたものだとは思えないのではなかろうか。まさしく、それは、ここ21世紀の初頭の自画像のように見える。それは、90年前になされた黙示のように響くのである。

3 「文明」は「文化」を破壊する

◆文化が成熟し、文明は生まれ、そして

しかし何といっても、この時代の危機意識を代表する書物といえばシュペングラーの『西洋の没落』をあげないわけにはいくまい。1918年、第一次世界大戦の末期に第1巻が書かれ、1922年に第2巻が出版されたこの恐るべき博識をちりばめた巨大なバロック風の書物が、いくら読書人口が限られ

ているとはいえ、当時、大きな評判を得たこと自体が驚くべきことであろう。

これほど端的に、19世紀的なヨーロッパ中心の進歩史観と断絶した書物もめずらしい。あたかもヘーゲル的な歴史意識など吹き飛ばすかのように、それは高々とヨーロッパの没落を宣言した。ナポレオンが侵攻してきたイエナにあってヘーゲルが『精神現象学』(1807年)を書いておおよそ百年後にヨーロッパの没落が宣告されたのだ。シュペングラーにとっては、ひとつの文明が成立し、生育し、爛熟《らんじゅく》を迎え、そして没落するのは、「文明の普遍法則」であって、それこそヘーゲル流の進歩主義的な「歴史の普遍法則」にとって代わるべきであった。彼にとっては、歴史を動かし、その中心をなすものは「文化」なのである。しかも「文化」は、有機体として理解される歴史の中で、その生成から没落への運命を伝記的に記述されるべきものであった。ところがヨーロッパ文明もいまや没落の時期に入った、とシュペングラーはいう。

彼のいう「文明の比較形態学」は、ギリシャ・ローマ文明やメソポタミア文明等の文明比較を通じて、ヨーロッパ文明の没落を予言するものであった。いや、すでに没落に突入している、という。それが、当初の予想を裏切るほどの規模になった第一次世界大戦に翻弄されていたヨーロッパ人の共感を得たことは容易に想像がつくだろう。

この書物は、膨大な事例を引き合いに出し、それも決して脈絡を整えて見通しよく論じるという種類の論述ではないので、読み通すのにはそうとうに忍耐を要するのだが、そのもっとも基本的な論点だけを取り出そうとすれば、決してわかりにくいものではない。

ひとつの文明が成熟し、やがて没落する。この「法則」を支えるものは「文化」と「文明」の区別であった。「文化」とは、ある特定の場所で時間をかけて育まれ、また変化をし、成熟してゆく。それは時間をかけた人間と自然との対話である。

「文化」についてシュペングラーは次のように述べている。文化は、母なる大地の胎内から原始的な力で花咲き、その土地に密接に結びついている。そこには、ある場所に住んで歴史を支えている人たちの「魂」がある。文化は、その場所に住む人々にその文化固有の形式を身に着けさせるとともに、特有の観念、感情表現、生活形態、それに特有の死の観念を与える。そこには、成熟しやがて老いてゆく民族、言語、真理、神々、地方といったものがある。それぞれの文化は、それ固有の新たな表現の可能性を常に持っているが、この可能性は、時間をかけて花開き、やがてしぼみ、そして決して戻っては来ない。このようにシュペングラーはいう。

ところが、文化の高度な成熟は、その頂点において「文明」を生み出すとともに、その「文明」の段階で「文化」は衰退に入るのだ。いかなる文化も自己に特有の文明を持っており、文化の有機的、論理的帰結として、またその完成として「文明」はある。だから「文明とはひとつの文化の不可避な運命なのである」ということにもなるが、もちろん、この「文化」から「文明」への推移に明確な歴史的標識があるわけではない。

「文明」が「文化」の胎内から生まれ、その高度な展開である以上、「文明」と「文化」の区別は、あくまで概念的なものであって、明快な歴史段階的区分がなされうるものではない。ただ、シュペングラーは、大戦の惨状を目のあたりにして、ヨーロッパの没落を、「文化の文明化」として理解しようとした。もちろん、それをただ「文化の高度化」といってもよいのであろうが、シュペングラーは、そこに何か質的な転換を見ようとしたのである。あえて「文化(Kultur)」とは異なった「文明(Zivilisation)」という言葉をそこに当てはめているのは、「文明」の段階が、同時に「文化」の衰退であるという彼のテーゼを際立たせようとしたからである。きわめて普遍的なものとみなされ、世界化され、高度な段階に達し文化の完成として理解されていたヨーロッパの文明を、シュペングラーの皮肉な眼力は、文化の没落と見たのであった。

文化の文明への変質、それはたとえば、地方的な田舎に代わって世界都市が生まれ、大地に生死を託する民族に代わって、流浪し移住し移動し大都市に寄生する人々の群れが生まれ、また、無宗教で理知的で、伝統を背負わない純然たる実務的な人々が、形式を持たずに群れをなしてさまよう様である。「世界都市とは故郷ではなく、世界主義である」と彼はいう。そしてこの故郷喪失者たちの群れとは「無機的なものへ向かい、終末へ向かう巨歩なのである」とまでいう。

ある場所に特有の営みの中で文化が作られ、また新たな文化を創出するのに対して、文明は特定の場所を超えた普遍性へと突き進み、その表現の抽象性のゆえにヨーロッパを超えて世界へと出てゆく。汎用能力が高まり、民族や国境を超えた人々に利用可能となる。それは「民族」や「国民」ではなく「人類」的なものとなる。確かに、「民族」や「国民」は成長し成熟し老いるが、「人類」は熟成も老いも知らない。「人類」は具体的な内実を持たずに抽象的に生き続ける。

しかしそこである決定的なことが生じる。ある文化が文明になると、もともとの文化の根幹が失われ、それが生み出した根本的なエネルギーが枯渇し始めるのだ。文明が文化を衰退させるのである。しかも、文化にとっては、これはひとつの運命であり、必然であり、逃れることができない歴史的宿命であった。

とりわけ高い創造性と大きな影響力を持った優れた文化は必ず高度化して完成に近づくとともに、それは普遍化され抽象化され、衰退するのである。これが文化文明の普遍的な法則だ。われわれはそれに従うほかない。ニーチェのいう「運命愛」である。

こうなれば、「文化」と「文明」を対比させるシュペングラーの意図は明白であろう。「文化」とは、生成するものであり、運動であり、おのずから展開してゆくものである。一方、「文明」とは、出来上がったもの、完成したもの、固定したものである。したがって、文化と文明の区別とはまた、「成るもの」と「成ったもの」の対比であり、「有機的なもの」と「機械的なもの」の対比であり、「歴史的なもの」と「自然科学的なもの」の対比であり、「体験されたもの」と「ただ認識されたもの」の対比でもある。

この場合、本来、「成るもの」は「成ったもの」の基盤であり、「有機的なもの」は「機械的なもの」の基盤であり、「生きた歴史」は「死んで完成された自然」の基盤であり、「運命」は「因果的法則」の基盤であり、「体験される時間」は「完成された空間」の基盤である。前者は後者を生み出す土壌なのである。ところが、文明は、「成ったもの」として、文化という土壌を離れてしまう。そして、その養分を失い、衰退に入るのだ。

このような対比によってシュペングラーがいわんとしたことは、今日のわれわれにとっても決して無縁ではない。ヨーロッパが生み出した近代合理主義精神の産物、すなわち、ヨーロッパが世界史に貢献した最大の成果が、普遍的な科学や技術として、あるいは、近代的な巨大都市として、民主主義という普遍的な政治理念として、もはやヨーロッパの手を離れて世界化してしまった時、それは、それらを生み出したダイナミズムを失い、常に何かを生成するヨーロッパの文化とは無縁のものとなってしまう。

もともと、ヨーロッパの「文化」にこそ、真の「魂」が、生きた経験が、心情にあふれた感情が、人間の精神とその表現である知識や芸術や建築との内的な結合があったはずだ。こういう信念が彼にはあった。その意味で「文明」は「文化」を破壊する。そこにヨーロッパの危機が生まれる。だから「西洋の没落は文明の問題にほかならない」と彼はいう。西洋を没落に導いているのは、西洋が生み出した高度な「文明」だというのである。

シュペングラーの『西洋の没落』は、一方で大きな反響を巻きおこしたが、他方では、様々な批判も呼び覚ました。当然といえば当然であろう。そもそも、「文化」の高度化が「文明」に至り、その「文明」が「文化」を衰退させる、などという歴史観は実証できるものでもなければ論証もできないからである。しかもその実証主義や論証主義をシュペングラーは批判しているのである。だから、これは壮大な規模にまで膨張した妄想の類である、という批判が出るのも当然であろう。

◆新興「文明国」の傲慢

しかしそれにもかかわらず、この書物が今日へと至るこの百年の「現代文明」の様相を描き出しているという感は否めない。だからこそ、百年たってもこの書物はしばしば参照されるし、またこれだけの晦渋さと巨大さにもかかわらず言及されるのであろう。確かにここで披瀝されているのは、シュペングラーの驚異的な学識とその何とも変則的で主観的な解釈によるあまりに個性的な西洋文明像であった。

しかし、主観的で過剰に個性的な解釈を施されているからといって論じるに値しないという理由もない。それよりも、西洋が生み出した「進歩」という観念の頂点において猛然と発揮された「文明」というものへの仮借ない攻撃的精神は決して無視できるものではないだろう。シュペングラーは何を攻撃しようとしたのだろうか。「文明」の何に対して彼はそれほど強い否定的な気分を持ったのだろうか。

もっとも、シュペングラーは、この書物の中で、格別に「文明」を批判しているわけでもなければ攻撃しているわけではない。それらは胸中に隠されている。ここで彼が述べていることは、あくまで、「文化」の頂点でそれは「文明」へと転化し、そうすることで「文化」の衰退をもたらすという「法則」なのである。逆らいようのない「運命」なのである。そして、まさに「ヨーロッパ文化」は、その運命を迎えつつある、というのだ。それはこの運命を甘受するほかない、という。

ここには、格別に批判的意図はない。運命を批判しても仕方ない。しかしそれにもかかわらず、シュペングラーの心中には、「ヨーロッパの文化」への愛着と自恃《じじ》と郷愁が歴然としていた。だから、彼が批判するとすれば、そのような「ヨーロッパの運命」を知ろうともせずに、ヨーロッパの生み出した普遍的で世界的な「文明」を賞揚し、それを人類の「進歩」だなどと称し、自らをそこに同化して間違った誇りと自尊によって傲慢となった、いわば「文明の人」であろう。その典型を、彼は、まだ成立しつつあった社会主義のソ連と、新興「文明国」であるアメリカに見ていたのであった。

第2章でも取り上げたレオ・シュトラウスに従えば、シュペングラーにとっては、西洋文化は、ただ高度な文化（ハイ・カルチャー）のひとつなどというものではなく、それ以上の、唯一無二のものであり、地球を制覇したただひとつの文化であった。文化とは人間の精神の洗練（カルチャー）を意味するものであるが、西洋文化とは、まさにその意味で、自らの文化についての完全な自己意識をもったものであった。そしてそれゆえに、西洋文化は考えられる限りの最終的な文化なのである。それ以上のものはない。したがって、この高度な文化がその可能性をすべて汲みつくした時、「西洋の没落」は必然となる。それは、人間のもっとも高度な可能性が消尽したことを意味するからである。その高度な可能性がすっかり消尽された時、シュペングラーのいう「文化」は「文明」へと転ずるのである。

2. シュペングラーの陰鬱な予感

1 アポロン的なもの、ファウスト的なもの

◆二人の「鬼子」による跡目争い

近代科学の味気なさ、それが技術に応用されて、ひたすら巨大化する産業機械を生み出すという経済状況、それに、大地や土地に根差した生産活動や故郷を持った生活とはまったく対極にある巨大都市空間における生、確かな信念の基盤を持たずに相互にもたれあった大衆、こうした「近代」を前にして、もっと手ごたえのある、具体的な「生きた生」の回復を求めたくなるのも当然であろう。

哲学でいえば、ドイツではジンメルやディルタイが近代的合理主義を批判して「生の哲学」を求め、フランスではベルグソンが「生の跳躍（エラン・ヴィタール）」というキーワードを提出し、また、「死んだ空間」に対して「生きた時間」を対比させた。新カント学派の影響を受けたリッケルトは、「自然科学」と「文化科学」の区別を唱え、歴史学者は、自然科学と歴史学の間の根本的な断絶を唱えた。

少し後になるが、フッサールは、講演「ヨーロッパ的人間性の危機と哲学」（1935年）および『ヨーロッパ諸学の危機と超越論的現象学』（1936年）において「ヨーロッパの危機」は学問のあり方によって象徴されている、という。ヨーロッパがギリシャから引き継いだ理性的精神が、形式的で外見的な客観主義を唱える自然科学によって、その真の豊かさをうばわれてしまった。自然科学主義と客観主義が精神科学にまで侵入してきてしまい、ヨーロッパの文化を作り出してきた自立した精神、つまり哲学まで毀損してしまった。ここに「ヨーロッパの危機」が生じたのである。「哲学の危機は近代の全学問の危機であり、その全『実存』にかかわるヨーロッパ的人間の危機である」とフッサールは述べる（『ヨーロッパ的諸学の危機と超越的現象学』中公文庫）。

自然科学が対象とする「自然」は人間のいない空間であり、それゆえそれは「死んだ世界」である。死せるものだからこそそこに、客観的な因果法則を見出すことが可能となる。この法則は歴史的な変化を経験せず、時間に囚われないがゆえに「文明」に属するのである。ベルグソンが述べたように、真の時間は、人々の内的な経験、物事の経過、持続するもの、物事の生成といった具体性と不可分であって、科学的に表象されたたとえば二次元の座標において物体の運動を描く時間軸などというものとはまったく違うはずである。しかし近代的な生活の中で、われわれは、時間をあたかも一本の直線のような、あるいは、座標系におけるX軸のようなものとして表象する。しかし、それは「生きた時間」ではなく「空間化された時間」にほかならない。

さて、シュペングラーに戻ろう。彼は、今日の「文明」の代表を、世界都市、数（数学、統計など）、貨幣、大衆、民主主義、技術主義、そして社会主義と帝国主義の中に見た。しかもそれらは、ただバラバラに選び出されたのではなく、相互に連関性を保っている。その意味では、それらは様々な形を取ってはいるが、いわばひとつのものの多様な表出といってもよい。共通するのは、それらはすべて内実を持たない形式であり、形式であるがゆえに抽象的であり普遍的でありうる、ということだ。究極的にいえば、抽象的な「数」として表現されるものである。世界都市も無機質な数の膨張であり、それは大衆という同質的で無記名な多数をもたらす。

さらに今日、もっとも合理主義的な科学や実証主義にとって重要なものは統計的な「数」であり、実験の「数値」である。民主主義にとっても重要なのは、指導者の具体的な個性というよりも多数という「数」である。今日のわれわれの関心のありかを占拠している貨幣がまさしく数字であり、「数値化」において標準化された価値の表象であることはいうまでもない。GDPや成長率なども数値で表さなければ意味はない。経済の大きさや富は「数」に変換されている。数の大小によってわれわれは人類の進歩を測っているのである。こうして、われわれが、日々の生活の中で、あるいはひとつの文化の中で、あるいは個人として、体験し経験する豊かさは切り捨てられて、すべてが数に還元される。合理主義も技術主義も経済成長主義も平等主義も、数の上で成り立っている。

実際、シュペングラーは、「文明」の代表を、まだ成立したばかりの社会主義国家ソ連とそして新興国家であるアメリカに見ていた。両者ともに、ヨーロッパの啓蒙主義の産物といってよい。そして、20世紀の後半は、まさしく、ソ連とアメリカがともに、技術的覇権を、経済的覇権を争う時代となる。ともに、合理主義、普遍主義、技術主義、経済成長、平等主義を高く掲げたという意味では、それらはヨーロッパの「近代主義」から枝分かれした二様の形象であった。先に取り上げたレオ・シュトラウスの「現代の危機」に即していえば、ソ連とアメリカは「近代のプロジェクト」が生み出した二類型である。

だから冷戦とは、ヨーロッパの近代主義が産み落とした二人の鬼子による跡目争いだったということもできる。そのうちのソ連が崩壊して冷戦が終わった今日、シュペングラーのいう「文明」はもう一方の主役であったアメリカに受け継がれ、今日、この21世紀初頭の世界を覆っている。確かに「現代は文明の時代であって、文化の時代ではない」ということなのだ。

◆ヨーロッパの「根源感情」とは

もうひとつ、シュペングラーは印象的なことを述べており、それを改めて論じておきたい。

彼は、それぞれの文化には、何かその文化を特徴づける「根源感情」があり、その「根源感情」の表出としての「根源象徴」があるという、なかなか興味深いことを述べている。ギリシャ文化にとっての根源象徴は「アポロン的なもの」であった。では西洋文化における根源象徴は何か。それは「ファウスト的なもの」である、という。「アポロン的なもの」とは、ニーチェが述べたように、完璧な均整を保った見事な静止であるのに対して、「ファウスト的なもの」とは、たえざる好奇心であり、意志であり、創造力であり、あらゆる学問を知ろうとする知識欲であり、生の可能性のすべてを享受しようとする貪欲さである。それは「意志」「力」「行為」を意味する。それは、現実にある具体的な地平を超え出ようとする。

たとえば、ギリシャやローマの人々は、自らの都市の城壁から見える世界だけを故郷と感じ、その視野から外れるものは、未知のものであり外国であった。しかし、ファウストを根源感情とするヨーロッパの文化は、城壁を超えた無限の空間を想像した。それはコペルニクス的な世界像あるいは宇宙像であり、コロンブスの地理上の発見に端を発する、地球の表面全体の征服という壮大な支配感情であり、あらゆる場所をつなぐ高速交通という超絶的な空間意識である。ファウスト的根源感情は、こうしたものを生み出したのである。

ギリシャ人は、常に自分たちの生きている生活空間の範囲にあって物事を考えていた。その生活世界の一定限度の中における広さや深さを軸にして測量術を開発し、幾何学を生み出し、図形を描いた。彼らにとっては、幾何学こそが世界を示すものであった。

だが、ヨーロッパの根源感情が生み出したものは、生活の具体を超えた抽象へ向かう力であり、無限へ向かう関心であった。その同じ精神が、具体的な図像に対応した幾何学ではなく、それを関数で表現し、代数学への道を開き、また1、2、3、4……という「数」をすべてnで表現するという抽象性を発見した。あらゆる数は、すべてただnに置き換えられたのである。そしてさらに無理数の発見がある。事実上、無理数はギリシャにおいて発見されていたが、たとえばピタゴラスの定理で知られるピタゴラス学派は無理数を受け入れようとはしなかった。数をきわめて重視したピタゴラス学派においても数はあくまで有理数であった。だがヨーロッパ人にとってはその間に無限の数がある。数字は無限の連続体になったのである。

またギリシャ人が宇宙をコスモスといった時、彼らはわれわれを包み込む世界を想定し、そこに目に見える星々の秩序と人間社会の秩序の重層性を想像していたが、ヨーロッパ人は、そこにわれわれの目には見えない抽象的な広がりを想像した。

こうした思考の延長上に、空間の無限の拡張、数量の無限の拡大、永遠に延びる時間の観念が出てくる。科学と技術の無限の発展、経済の無限の成長、世界地理の無限の拡張といったもの、つまり帝国主義や今日のグローバリズムがその上に当然のごとく登場するだろう。

それらは、ヨーロッパ文化の根源感情であるファウスト的精神に由来するといってよい。それを生み出したのは、ファウスト博士の未知のものへ向けられた強烈な好奇心や実験的精神であり、世界を変えたいという野望であり、貪欲な快楽追求であった。しかし、逆説的なことに、それが現実化し、きわめて高度な状態にまで展開してしまえば、それはもはや文化ではなく文明へと一気に姿を変える。すべてを実現したファウストは、メフィストと悪魔が掘る墓穴の音を聞きながら死に、しかし最後にその魂は救われるのである。

◆ヴァレリーの危惧

ホワイトヘッドは19世紀のヨーロッパの最大の発明は「方法の発明」だと述べているが、確かにその通りである。無限へ向かう拡張などというものは、現実のこの世の中の具体的、経験的世界では実現できない。これは思考の「方法」なのである。数字をｎに置き換えるのも「方法」である。無理数や虚数も「方法」である。数学をひとつの公理的な体系にするのもまた「方法」の精神である。近代科学、とりわけ実証科学は何よりもまず「方法」を確立した。真理はもはや天才の直観による独占物ではなく、一定の「方法」に従って接近するものとなった。原則的にいえば、それは万人が接近できる。通常の実証科学にあっては、もはや独自の個性を持ったひらめきも、天賦の才能も、超人的な感受性も必要ないのである。

それは科学だけのことではない。18世紀の末にイギリスにおいて天才的で職人的な人々によって生み出された産業技術は、19世紀末から20世紀にかけて「方法化」される。生産は生産方法に置き換えられる。それがアメリカにおいて大量生産を可能としたのである。自動車の発明はヨーロッパであるが、フォードは自動車の生産「方法」を発明したのであった。20世紀の機械システムの生産体制とは、方法化された技術によって可能となったのである。こうして、その独特の精神、歴史、民族的・宗教的背景を持ったヨーロッパ文化の産物が、抽象化され、普遍化され、方法化されて文明へと変換されてゆく。

先にも述べたヴァレリーも似たようなことを述べていた。ギリシャ人が発明した幾何学は、ヨーロッパに受け継がれ、類のない思想の道具だてとなり、それが壮大な認識へとわれわれを連れてきた。数学でしか表現できない世界へとわれわれを誘った。

だがそれが定義、定理、公理、公式などとして「方法化」され定式化されると、それは抽象的に普遍化され、科学や技術の普遍的言語となる。かくてそれは、様々な分野へ適用され、自然からエネルギーを引き出し、経済的な富を拡張する手段となり、しかもそれは西洋のみならず、海を渡って世界中で使用可能となる。だが、ヨーロッパ文化の産物である科学技術や産業経済、応用科学などが世界に伝播することで、ヨーロッパの地位は相対的に低下し、また、あの独特のヨーロッパの文化は衰弱するに至るだろう。それゆえ、ヨーロッパ近代が生み出した、(今日いうところの)グローバリズムによって、皮肉なことにヨーロッパは没落の道をたどることになる。

これがヴァレリーの危惧であった。しかしまたヴァレリーは次のようにも自問していた。果たしてヨーロッパの精神は本当に世界へと伝播できるものなのだろうか。確かに、地球上をくまなく開発し、技術を世界中に普及し、民主主義をいきわたらせることでヨーロッパの地位は低下するだろうが、本当にそんなことが宿命として生じるのだろうか、と。これはもっともな疑問である。そして彼のかすかな希望は、ヨーロッパに、まだかろうじて、この趨勢に抗するいくばくかの「精神の自由」が残されているのではないかというあわい期待であった。

2　ヨーロッパの変則的な後継者

◆シュペングラーの黙示録

新世界アメリカというヨーロッパ文化の変則的な後継者についてシュペングラーは正面から論じているわけではないものの、現代文明の一大典型をアメリカに見ていたことは間違いない。それはこの書物の最後の部分で、もっぱらデモクラシーと金融経済を今日の文明の具現としてきわめて手厳しく論じていることからも推測できよう。果たして次のいくつかの文章を読んで、多少の修正は必要だとしても、これが百年前に書かれたものだと思えるだろうか。『西洋の没落』にはつい引用したくなる文章が並んでいる。シュペングラーは20世紀初頭の文明の形態学を論じているつもりなのだが、今日、われわれはついここに黙示録的で予言的調子を聞き取りたくなってしまうのだ。そこで、いくつかの文章を引用しておきたい(訳は村松正俊の五月書房版および中央公論新社の縮約版によっているが、読みやすさを考慮して部分的に変更している)。

自由主義的な市民感情は、最後の制限である検閲を廃止したことを誇っている。しかるに、新聞雑誌の独裁者は、読者という奴隷群を自分の社説、電報、挿絵の下においている。デモクラシーは、新聞によって、民衆の生活から完全に書物を押し出してしまった。思想をして選択と批評を可能とする立場にある書物の世界は、少数のものだけの所有にすぎない。一方、民衆は、ひとつの新聞、自分の新聞を読む。これは数百万部ずつ毎日すべての家に配布されており、朝から民衆の知能を自己の軌道のなかに引き込み、しかもその付録で書物を忘却させる。

貨幣が知性を破壊し去った後、デモクラシーは貨幣によってみずから破壊される。

成熟したデモクラシーにおいて、「成り上がり者」の政治は、ただ事業と一致するだけではなく、大都市の投機事業のもっとも汚らわしい種とも一致するのである。

都市が支配する国家とともに出現するのは貨幣による都市経済であり、これが文明の曙とともに起こり、やがて世界都市的デモクラシーの勝利と同時に貨幣の独裁が生じる。

第四階級、それは、文化とその成長した形式を拒否する大衆である。それはまったく無形態のものである。それは、あらゆる形式、あらゆる品位の差、秩序だった所有、秩序だった知識を憎悪し、これを迫害する。それは世界都市の新遊牧民である。……大衆とは終末であり、根本的な無である。世界都市は、無力になった田舎の人間の大群を自分のなかに引き込む。砂丘のように都市から都市へと吹き散らされ、ばらばらな砂のように石の間に流れる人間の群れを自分のなかに引きずりこむ。そこでは、知能と貨幣が最高の、また最後の勝利を祝う。

純粋な都市人は本来の土地的な意味では生産的でない。このことは決定的なことである。都市人に欠けているものは、土地との内的結合、ならびに、彼の手の中を通る財との結合である。彼はそれらとともに生活しないで、それを外部から、ただ自分の生活の基準からしか見ようとしない。これによって、財は商品となり、交換は取引となり、そうして、財をもってする思考に代って、貨幣をもってする思考が現れる。

あらゆる文明の経済は世界都市経済と名付けられるべきものである。経済の運命もまた金融市場だけで決定される。……文明とは、伝統と人格とがその直接の効果を失い、すべての理念がまず貨幣へと考えを変えなければならない文化段階をいうのである。

引用が結構な数になってしまった。人によっては何の実証的根拠もない独断的な文章だというかもしれない。だが、いくぶん誇張を含んだ独断だとしても、これらの文章が、今日のグローバル資本主義や大衆民主主義の持つある側面を見事に抉り出していることもまた否定できない。百年前に、ヨーロッパが生み出した近代文明は、そのもっとも抽象的で普遍的な形式によってきわめて高度な段階に上り詰めた。だが、それは別の面から見れば、ファウスト的精神に満ちたヨーロッパ文化の没落でもあったのだ。

◆百年後に的中した予言

もちろん、シュペングラーの西洋没落論にはいくらでも批判を浴びせることはできるだろう。文化と文明の対立にせよ、ヨーロッパ文化の本質をファウストの精神で代表するというとてつもなく粗暴な大胆さが批判を招かないわけがなかろう。

たとえば後にも取り上げるホイジンガなども、彼自身、ヨーロッパ文化の没落を深く危惧していたにもかかわらず、かなり強くシュペングラーに異議申し立てを行っている。オランダ人のホイジンガから見れば、文明を過度に難じるシュペングラーの立論は、ドイツにおける文明(Zivilization)への過剰な反感に基づくものだ、と見えていた。英仏に対して後進意識の強いドイツでは、先進国である英仏の「文明(civilisation)」に対する批判感情が強かったからであり、それに対抗するに、ドイツは「文化(Kultur)」を強く押し出すという歴史的経緯があったからである。また、ファウストなどという出来損ないの人物にヨーロッパ精神を代表してもらっては困る、とかなり手きびしい。ドイツにおけるナチスの台頭を目の当たりにしたホイジンガは、世界を席巻しつつあるのは、文明というよりも、血と土への帰還を偏執的なまでに怒号するナチズムの野蛮であることを見ぬいていた。

こうしたことは事実である。だが、その後ナチスも崩壊し、米ソによる冷戦という戦後世界が出現し、さらにはその冷戦も終結して、グローバリズムと金融資本主義に覆われた21世紀の今日になって、むしろ、シュペングラーの大胆な図式は改めて予言的な意味を持ってくるのではなかろうか。確かに今日のアメリカの中心部で、「成り上がり者」の政治は、大都市の投機事業とも一致しているのではなかろうか。今日の、アメリカが中心に居座った「文明世界」、そしてそれに対比されて没落してゆくヨーロッパ、さらには、その現代文明全般の衰退や混乱を見れば、誰もがシュペングラーの終末論的叙述を思い出さないわけにはいかないだろう。彼が描き出した図式は、むしろ百年後の現代にこそふさわしいかもしれない。

3 「人間であること」の問い

◆自壊した「ヨーロッパ」とは

さて、シュペングラーとオルテガは、特別に思想的に近いわけではないし、実際、オルテガはシュペングラーの見方には否定的でさえあったが、ある重要な点で両者は共通していた。

それは、この時代は、ヨーロッパの文化的な成果が高度な段階にまで達した時代だということである。この成果とは、産業技術の著しい展開によって人々の生活水準は一気に上昇し生活は便利になった。しかもそれを可能とする金融システムが整備された。そして、都市の規模は急速に拡大し、メディアの発達によって人々は様々な情報や知識を得ることができ、その情報によって結びつくことができるようになった。政治的には民主主義が進展し、大衆の政治参加が可能となった。そして、科学と技術の展開に示されるように合理的な理性が勝利を収めた。端的にいえば、通常、「近代性の勝利」といわれるものである。

これはまずはヨーロッパ近代の輝かしい勝利といわねばならない。啓蒙主義的な進歩的歴史観の圧倒的凱旋といいたいところであろう。19世紀ならば、話はそこで終わっていたかもしれない。しかし、そこで終わらないところに両者のもうひとつの共通点があった。それは、この「近代性の勝利」は同時に、人間の「生」のある大事なものの衰弱をもたらし、精神の決定的なものの喪失を意味しているということであった。

オルテガにとっては、「生」とは、過去の経験、つまり歴史的な知恵に学びつつ、目の前の危機を乗り越えるべき決断であり、また、いまここでの自己満足もしくは自己慢心に陥ることなく、より高貴なものへと向けて自己を投企する意志や責任でなければならなかった。一方シュペングラーにとっては、「生」とは、ひとつの場所と歴史が結びつき、その中から新たなものを生み出し発展させるエネルギーを持った創造的精神であった。

そして両者ともに、近代性の高度に発展をとげたその頂上にあって、そこに「生」の衰弱を見たのである。さらにいえば、この頂上で彼らの目に映った光景は、物事を総合しようとする人間の意欲、勇気を持って何かを作り出そうとする意志、具体的経験と理性的な知識を結合しようとする知的作用、歴史的なものや伝統的なものへの敬意、これらが急激に破壊されている、という荒野の光景であった。

いや、破壊されるというと、何か外部的な暴力による破壊に聞こえるが、そうではない。自壊なのである。ヨーロッパの「近代」そのものが自らを破壊している、という皮肉な構造であった。破壊されるものは、オルテガ的にいえば「生の理性」であり、シュペングラー的にいえば「ファウスト的精神」ということになろう。

◆「人文的精神」という基層

確かに、それはきわめて「ヨーロッパ的な精神」であった。だが大事なことは、同時にそれはまた徹底的に「人間的(ヒューマン)なもの」だということである。「ヒューマニズム」というと、あまりに手垢にまみれた安直な言い方になってしまう。「人文的精神(フマニスムズ)」と呼んだ方がまだふさわしい。それは、いずれにしても、「人間とは何か」という問いに対して回答を与えようとする試みのうちに含まれる種類の精神である。

ヨーロッパ的なものの偉大さとは、オルテガにしてもシュペングラーにしても、ただ局所的で特異な文化風土に限定されたものではなく、人間そのものへの問いかけ、人間が生み出すものへの意味・関心、そして歴史に示される人間の生とその多相性、こうしたものへの手掛かりを「ヨーロッパ文化」は創り出してきた、という点にある。

「ヨーロッパ」の偉大さは、それが「人間であること」そして「人間の営み」というわれわれにとってもっとも本質的な問いへ向けてわれわれをかり立てたところにある。そしてそれは必然的に「神的なものとは何か」という問いをも含んでいたのである。ツヴァイクが、自らの命を絶つほどに怯えたのは、このような「人文主義的伝統」を底流に持つヨーロッパ文化の破壊に対してであった。

ここでも、もしも、物事を総合して見る力、経験と理性のバランス、伝統と創造の結合、このような能力を仮に「人格」と呼んでおけば、「生」とは人格的なものの上にはじめて成り立つはずであった。この「人格」とは、カントのいうような絶対的な理性と倫理の内面化によって規範化される人格を指すのではない。いわんや今日の人権などとはまったく無縁の観念である。それは、いわば豊かな「人間性（ヒューマニティ）」とでもいうような意味である。それは強さも弱さも、また善も悪も、高貴なものも卑俗なものも含んでいる。そして、人間の持つ多様な性質（ヒューマン・ネイチャー）の発現において、人間の活動を見るという精神、つまり「人文主義の伝統」こそが、ヨーロッパ的なものの基層を流れていた。

4 人文主義的伝統の揺らぎ

◆古典からしか獲得できない「価値」

人間の「生」が、先にも述べたように、経験と理性、具体的なものと抽象的なもの、伝統の尊重と未知なるものへの憧憬、過去の保持と因習の破壊、自己と社会、世俗世界と超世俗的世界などという対立する二項、異質な二項の対抗と調和、つまり対立の絶妙なバランスによって組み立てられているとすれば、そこには、それらを調和させたり選択するための「価値」がなければならない。

では「価値」はどこからくるのか。絶対的な神からでもなければ、超越的な理性からでもない。もちろん独裁者や絶対君主によって与えられるわけではない。とすれば、それは、それらの間にバランスをかろうじて実現してきた様々な過去の経験から学ぶほかなかろう。このバランサーを垣間見せるものが、広い意味での伝統であり、歴史的智慧であり、哲学であり、古典と呼ばれる、長い間読み継がれ、語り継がれてきた物語である。それらの伝統の上に新しい解釈が積み上げられ、新たな注釈が書き込まれる。人間の経験は常に新しい。だが、その経験の意味は常に伝統の再解釈によってなされる。こうした分厚い積み重ねがヨーロッパの文化を作っていた。

アリストテレスは、「善き生」とは、対立するものの間でバランスを取ること、つまり「中庸」にある、といった。人間の徳とは、この「中庸」をその都度、状況に応じて適切に実践することであった。いうまでもなく、バランスを取ることはたいへんに難しい。一本の棒においてバランスを可能とする一点を見出すことの困難はいうまでもない。本当にバランスを取れる点はただ一点しかないのである。このバランスを可能とするものは、知識と経験と実践の積み重ねにほかならないだろう。それが「徳」であり、先にも述べた「人格」である。だから、人文主義の伝統は、古典ギリシャから始まったということもできよう。人文主義が古典を重視するのも当然のことであった。

プラトンやアリストテレスから始まるギリシャ古典哲学は、この「善き生」を時には観照として、時には実践として指し示そうとし、その後には聖書がもうひとつの「生」の指針を与えてきた。こうして古典古代から始まって、キリスト教の中世をへて、ヨーロッパは、人間の「生」を思考するあまたの文学や哲学を生み出した。近代の入り口にあっても、われわれ日本人にもよく知られた思想や文学を一見しただけでもいくらでも思いつく。

そこには、ルソーがおり、ヴォルテールやディドロがおり、ヒュームやスミスがおり、それに続いて、キルケゴールやショーペンハウアーがおり、ヘーゲルやシェリングがおり、ニーチェやディルタイがいる。ドストエフスキーやトルストイやそれにチェーホフ、バルザックやロマン・ロラン、モーリヤック、マルタン・デュ・ガール、ゲーテやブルクハルト、トーマス・マン、ヘルマン・ヘッセ、ジイド、そしてディケンズやローレンスやバーナード・ショウやジェームズ・ジョイスがおり、さらにはゴッホやゴーギャンの絵画、ロダンの彫刻があり、ベートーベンからシューベルト、シューマン、ブラームスにしても、その音楽と「生」を切り離すことはできなかった。これほどの「大作」でなくとも、オスカー・ワイルドや、(アメリカではあるが)O.ヘンリーの短編、サマセット・モームがいる。童話もあれば伝承もあり、神話もある。かくて、ほとんど枚挙に暇のないほどの「古典」があって、これらはヨーロッパの知的な「伝統」にほかならない。

それは歴史的な生の経験の産物であったり、純粋に想像力の産物であったりするが、いずれにせよ、人間の「生」を導く、もしくは勇気づける「価値」を問うものであった。それらは、多かれ少なかれ、ヨーロッパの人文主義的伝統へと連なるものであった。そして、私がいう「人格」は、これらの「生の価値」と不可分なのだ。だから、「人格」とは、絶対的な理性の法則によって導かれる人類に普遍的な観念ではなく、あくまでこれらの伝統の蓄積がもたらす「人文主義」の系譜に属するものなのである。

その「価値」を、われわれは古典からしか獲得できない、とまではいわないが、古典がひとつの決定的な準拠となることは間違いなかろう。そして、この種の分厚い人格形成的な知識を積み重ね、それを価値の軸として伝え来たところにまさしくヨーロッパ文化があった。ツヴァイクにとっては、これこそが、ナチスが破壊し去ろうとしたものであったのだ。

◆革新を生み出すダイナミズム

いや、それはヨーロッパだけではなかった。私的な余談であるが、私なども、10代の後半から20代の初め、上に記したような小説や哲学書にある時には耽溺し、また西洋音楽にも魅せられていた。わかろうがわかるまいがどうでもよかったのだ。何かそこから生の指針が得られるのではないか、という一片の期待に突き動かされていたのである。

こうした作品を通して私は「ヨーロッパの文化」に圧倒されていた。それは、戦前の日本の旧制高校において植え付けられ、戦後のある時期までに青年時代を過ごしたものにとってはおそらく共通して見られる経験だっただろう。それを教養とか教養主義というと、いかにも青臭い人生論だったり、妙にペダンティックな知識主義だったりするが、もちろん、ここでいいたいことはそうではない。思想にせよ文学にせよ芸術にせよ、それらの思索や創造の営みが、その人の生き方や生そのものと無縁ではありえず、しかも、多くの場合、その思索自体が、その人の生の意味を問うものであった、といいたいのだ。

明らかにそうしたものをヨーロッパは生み出していた。私の経験では、少なくとも1970年代の初頭までは、日本の知的な関心を持った若者層は、広範にこうした読書経験を持っていただろうと思う。しかし実は、シュペングラーはその半世紀も前に、まさにその文化の没落を鋭く説いていたのである。

これらの書物は基本的に、多かれ少なかれ、ヨーロッパの人文主義的伝統を引きずるものであり、神と人、個人と社会、欲望と義務、偉大さと卑小さ、愛と絶望といったようなヨーロッパ文化の伝統がつむいできたタームで書かれたものであった。

しかし、20世紀の初頭になると、ヨーロッパ文化の伝統に対する公然たる批判が出てくる。特に芸術分野が顕著であった。モダニズム、ダダイズム、キュービズム、シュールレアリズム、無調音楽などなど。19世紀的なものへの挑戦、伝統破壊が一種の流行にでもなったかのような光景が展開される。だがそれでも、21世紀の今日、われわれの目前に広がっている、ほとんど去勢されたような文学、思いつき以上の何ものでもありえない芸術といった文化的廃墟からすれば、あの反伝統主義、伝統破壊運動は、それ自体がまだいかにも「ヨーロッパ的」という形容を当てはめたくなるものであった。自らを批判し、場合によっては否定し、新しいもの、革新的なものを生み出そうとするダイナミズムそれ自体がヨーロッパの文化伝統だからである。

3. ホイジンガと人文主義の崩壊

[1] ホモ・ルーデンス(遊ぶ存在)の小児病化

◆「遊びを失った真面目」に堕した近代

ヨーロッパの人文主義的伝統を引きずりつつ、この時代の危機を、ヨーロッパ文明の崩壊として論じた人物として先にも引用したホイジンガがいる。ホイジンガは、1872年オランダに生まれた。もともとサンスクリット語やインド文学史の研究をしていたが、やがて歴史学者として、とりわけヨーロッパの文化史に関心を集中し、名著の誉れ高い『中世の秋』を書く(1919年)。その後、古代ギリシャにさかのぼり、人間社会の、そして文化の本質まで描き出そうという大著『ホモ・ルーデンス』を書いたのが、第二次世界大戦が開始される前年の1938年であった。

この書物の中でホイジンガは、「人間の文化は、遊びの中において、遊びとして発生し、展開してきた」という何とも奇妙で独創的な命題を掲げた。人間とは、「ホモ・サピエンス(理性的存在)」でもなく、「ホモ・ファーベル(ものを作る存在)」でもなく、「ホモ・ルーデンス(遊ぶ存在)」だという。

普通、「遊び」と対比されるのは「真面目」である。特に、生存に関わる日常の生活は「真面目」の範疇に属するであろう。その意味では、遊びは本来の日常の生存に関わる生ではない。だから、遊びは、食物を取るとか自己保存とかという純生物的な活動をはみ出したものであり、いわば人間活動の「過剰」な領域である。だが、まさにその遊びの中からこそ文化が生まれ、また、政治も経済も学術もすべて、そこに土壌を持ち、遊びに根を持って展開してきたのである。

遊びのもっとも根源的な形態は、この種の人間活動が、祝祭や祭祀の世界、つまり聖なる領域に関わる点にあった。ここでは、遊びの目的は、生存の確保や生活の必要でもなく、物的な利益獲得でもなく、その外部に、さらにいえばもっと高度なところにあった。高度なところとは、典型的には神への奉献、という意味である。プラトンはそのことを端的にいい表していた。彼はいう。人間は神の遊びの玩具として作られている、それこそが人間の最良の部分である、だから人は、男も女もみなそのつもりでもっとも美しい遊びをしなければならない、と。

こうしてプラトンは、遊びを神聖なものと結びつけることで、それを人間精神の最高の形と見たのであった。競技も闘技も戦いも歌や踊りも演劇も詩作も言論も、すべて遊びである。それはもちろん、実に生真面目に行われる。主観的には真剣そのものであろう。だがそれでもそれが遊びなのは、いくら生真面目で真剣でも、それらがもともと生存や利益獲得といった実利や必要それ自体を目的としたものではないからである。本来、それはまさに聖なるものへとつながっていたのである。そして、そこから文化が生まれ、さらに政治も経済も学術も生まれたとホイジンガはいう。

遊びは、基本的に、何かを求める闘争であるか、何かを表す表現であるかのどちらかである。しかもその両方ともに、もともとは、何らの物質的な利益には結びつかず、ある空間や時間で仕切られた秩序や規則を持ち、日常生活とは異なる次元の活動であった。闘争は勝敗がすべてであり、そこには何かが賭けられている。賭けられるものは、名誉や名声であり、それらは「賞(prize)」といってよい。「賞」ではあるが、それは決して報酬でもなければ、何かに対価として支払われる「価格(price)」でもなかった。

容易に想像できるように、古代社会では、そしてある程度は中世社会においても、戦争も政治も裁判も、そして詩作や芸術も、さらには、文化の領域における様々な粉飾や装飾や見栄や見せかけも、この意味での遊びを根に持っていた。古代のポトラッチや、ヴェブレンが述べた現代上流社会の「顕示的消費」などもまさに遊びに由来するものであろう。

ところが、近代社会に入ると、「遊び」と「真面目」の境界が不明瞭となる。というよりも、正確にいえば、神聖なものと深くつながっており、日常の生存や生活とは距離を持っていた遊びが、その聖性との結合を失い、日常の生活と入り混じってくる。近代社会の政治も経済も文化も、そして戦争も、もはや聖性を背後においた遊びではなくなってゆく。産業革命が生み出した技術的成果によって、生産と労働が時代の理想となる。「ヨーロッパは労働服を着こんだ」のであった。かくて、後にハンナ・アレントが述べたように、近代社会においては、あらゆる活動が「労働」の様相を帯びてくる。「労働」は遊びどころか、もっぱら「生存」の確保と結びついているのである。

かくて今日いうような、生産性や効率性が価値とみなされる。実験的・分析的科学、政治的功利主義、改良主義、自由主義、社会主義、これらの近代社会の理念はすべて遊びを失った真面目といわねばならない。こうした真面目な市民意識の中で、遊びは急速に衰退したのだ。

その結果、現代社会では、あらゆる領域で、特に文化の領域で、遊びの持つあのゆとり、共有された秩序、そして何よりも祭祀的な要素が失われてしまった。代わりに出現したものは、偽の遊びであり、いわば小児病化した遊びである。競技は、現代風のスポーツとなって、記録を競う闘争本能むき出しのものとなり、組織されたクラブや商業化された大会運営になってしまった。それはやがて記録追求という何とも味気ない生真面目に堕することとなる。現代社会の高度な交通機関の発展、商業的宣伝、そして統計学の出現が、遊びを窒息させてゆくのである。人間の活動は、すべて真剣であり真面目であるともいえるのだが、その背後に遊びの要素があるかどうかはきわめて大事なのだ。「遊びの中の真面目」と「遊びを失った真面目」ではまったく違うのである。

◆跋扈する「半教養人」

こうした中で、ホイジンガは、高度に発達した現代文明における人々の振る舞いが、あたかも少年期の、つまり成人する前段階のそれへと回帰してきている、という。文明は幼児化しているのだ。たとえば、たやすく満足を得られるつまらぬ気晴らしを求める欲望、粗野なセンセーションの追求、巨大な見世物への関心、スローガンの愛好、歩調を一にした行列行進などの中にある幼児化をわれわれは見ることができるだろう。それを彼は「小児病」と呼んだ。

この小児病はまた、ユーモア感覚の欠如、何事に対してもなされる誇張的反応、物事にすぐに同意してしまう傾向、他人の思想に対する不寛容、他者を褒めたり非難する時の途方もない誇大表現などである。今日ほど、それらが、公共的生活の中に膨れ上がり、大衆化し、残虐化したりしたことはなかった。そしてこれもまた、今日われわれが生きている21世紀の現代文明の相貌そのものではなかろうか。

では何がこの小児病をもたらしたのか。その詳細な分析は避けるとしながらも、彼は次の三つをあげている。第一に「中途半端な教養を身につけた大衆が精神的交わりの世界に加わったこと」、第二に「道徳的な価値基準が緩んでしまったこと」、第三に「技術と組織が社会に与えた伝導率があまりに大きいものであったこと」による、という。

要するに、本当の意味での教養ではなく、中途半端に様々な知識を持ち、それなりの教育を受け、生半可な教養を持った「半教養人」が社会の核を占めるようになってしまった。これらの半教養人は、既成の道徳的な価値を疑い、伝統的な価値や道徳的規範がよってきたるゆえんなどに対してももはや一顧だにしなくなるだろう。オルテガのいう「大衆人」である。

そして、高度な技術の展開や、また、高度に組織された人々の集団や生活が、人々の間にあまりの高速度で情報を伝達し、人々を同質化し、いってみれば、熱密度の高い社会を作ってしまった。こうして教育、良風美俗、それに伝統の薫陶を欠いた、いまだ大人になりきれない若者風の精神態度が、今日、あらゆる分野で主導権を握ろうとし、それに誘導されるかのように世論が作り出されるのだ。

これは遊びの小児病化ではあっても真の遊びではない。真の遊びとは、一定の様式を持ち、精神のゆとりを持ち、神聖さへの奉仕の感覚をどこかに保持していなければならない。それはある種の成熟を要するものなのである。そして「自ら成熟を放棄してしまうような精神のあらわれのなかには、ただ迫りつつある崩壊の兆ししか見ることはできない」と彼はいう。この時に、文化は坂を転げるように衰弱の道をたどる。なぜなら「文化は高貴な遊びというもののなかにその基礎をおく」からである(『ホモ・ルーデンス』中公文庫)。

2 「進歩が生んだ堕落」という絶望

◆「文化」の三つの根本的特質

ホイジンガは、すでに1903年ごろから「遊びとしての文化」という構想を温めていたようである。ヒトラーが首相となる1933年には「文化における遊びと真面目の境界」と題するライデン大学学長就任講演を行っている。したがって、「ホモ・ルーデンス」の構想は、むろん第一次世界大戦とは無関係にきわめて長期にわたり彼が温めていたテーマであった。だが、遊びとしての文化が遊びを欠落することで小児病化するという点にこそ現代文明の病があるという確信を彼に植え付けたのは、戦間期の経験でありナチズムの登場であろう。

そして、ここでもまた、ホイジンガの文明論は、まさにその90年ほど後の今日のわれわれの世界を実に的確に遠望するものであった。ホイジンガの「小児病化する文明」への危機感は21世紀のこの時代の様相をもいい当てているのだ。そのことをもっと明瞭に知ろうと思えば、1935年に書かれた『あしたの蔭りの中で』を読んでみるのが最適である。これは、「現代の精神的苦痛についての診断」という副題が示しているように、現代文明の崩壊の様相を「精神的苦痛」として理解しようとするものであった。

ホイジンガはシュペングラーのような「文化」と「文明」の区別はしないが、ヨーロッパの高度な文化が、まさしくその高度化のゆえに壮大な没落へ向かっている、という。その場合、ホイジンガは「文化」のもっとも根本的な特質を次の三点に見ている。

第一に、文化は精神的価値と物質的価値の均衡と調和を必要とする。この適切な均衡が、ただ生活の必要や権力欲の満足といった以上の、より「高い」ものを実現するのである。ホイジンガは、精神的価値として、ただ理性や合理性だけではなく、宗教的なもの、道徳的なもの、美的なものも含めているのだが、現に、彼にとっては、宗教的なもの、倫理的なものこそが「文化」の本質を占めるべきものであった。

彼は書いている。「高い文化とか低い文化とかいう一般的な資格づけは、その根底においては、知的なあるいは美的な尺度によって決まるのではなく、倫理的、霊的尺度によって規定されるように思われる」と（『あしたの蔭りの中で』ホイジンガ選集2、河出書房新社）。

第二に、文化は必ずある方向、志向性を持っている。それは、個人の理想というよりも、何らかの意味での共同体の理想へ接近しようとするものである。つまり、ある社会は、その社会に特有の価値を持ち、その価値によって様々なものを評価し序列化している。この価値は多様でありうる。神への接近、あらゆる束縛からの解放、合理的であれ神秘的であれ、ともかく知的であること、あるいは、名誉や権力を持つことや富裕であること、また共同体の安寧。いずれにせよ、それぞれの社会には理想があり価値基準があり、それらを中心にして文化は方向づけられる。

第三に、文化は常に自然の制御を意味する。これは当然ながら、人間が外的な自然を、様々な技術によって制御する制度を作り出してきた。それは高度な技術によって自然を改変し支配して物的な富を生み出してきた。だがより重要なことは、この自然の中には人間の持つ自然性（生存や本能的欲求など）も含まれる、ということだ。人は、社会生活を営む上で、この人間の自然性をも制御して社会化していかねばならない。ここに義務が出てくる。タブーや行動準則が出てくる。そして、義務を負うという感情の中には倫理的要素が含まれる。そこからまた何らかの意味での奉仕という観念が生み出されてくるだろう。だから文化の中には、多かれ少なかれ、他者や社会に対する奉仕の観念がある。

◆文化の没落という必然

これらの複合がホイジンガにとっての文化であった。そしてその「文化」がきわめて高度な段階に達した今日にあって、文化はその本質を見失い没落しつつある、という。しかもそれは、近代へ向けた文化発展のほとんど必然の結末であった。

神的なものや霊的なものを否定した近代文明は、それに代わって科学と技術の展開へともっぱら関心を集中した。それは、巨大な経済的生産体制を作り出し、途方もない富を実現した。ここにまず、精神的なものと物質的なものの間の大きな不均衡が生じる。

しかも、物的な次元においても、資本の蓄積とともに生産能力はきわめて高度化し、その生産体制が生み出すものの多くは、誰も真に望みもしない無駄なものばかりになってゆく。つまり生産は過剰であり、その生産物の使用との間に大きな不均衡が生じてくる。

同じような不均衡は、実は、精神的なものについてもいえて、そこでは知的なものが過剰生産されている。印刷された言葉、ラジオが流す言葉、次々と生み出されるまったく相反した思想など、とどまるところを知らない過剰性があふれ出ている。この中で、芸術さえも、流行に引きずり込まれ、商業的興味に依存するようになってしまった。

また、確かにあらゆる文化は、その文化固有の理想や志向性を持っている。古代においては、神聖性、正義の観念、美徳や叡智などについての共通の価値があった。しかし、現代の合理的精神は、それらを非合理で何の根拠もない時代おくれの形而上学として批判し神聖な地位から引きずりおろす。

だが、それらの価値が力を失った後に出現したものはといえば、繁栄、権力、安全といったまた別の価値であった。実に世俗的な価値であり、それが今日の文化的志向を作っている。さらに、そこに自由、平等、個人の幸福などを付け加えてもよいだろう。だがそうすると、これらの文化的理想は、人々の間の一致よりも分散や対立を生み出すだろう。繁栄にせよ、権力にせよ、安全にせよ、さらには自由や平等や幸福追求までくると、共同体の調和よりも、共同体の中での人々の分離や対立を生み出すであろう。なぜなら、それらは、人間の自然性(自然的本能)に根差したものであり、それゆえ本来なら精神によって教化されるべきものだからである。生存や安全や幸福なら「洞穴住宅民でも、すでにこの種の理想は持っていた」ではないか、というのである。

文化とは、人間の自然性を発現させるものではない。むしろ、そこに人間の自然性を抑制する倫理や義務感や権威を必要とする。この適切な抑制こそが文化なのである。

そうであれば、ある共同体の文化は、その共同体が現実に実現する富や利益よりも、より大きく、より高い理想や価値を掲げなければならない。人間の自然的本能を抑制するのは容易なことではない。だからこそ抑制するに足るだけの高い価値を掲げなければならない。そうでなければ、文化は、共同体の中での人々の利益や権力の配分へといっきに接近し、人々を相互に切り離して対立させるだろう。だが個々人の利益を超えたものが共同体の共通価値となれば、人々は、その共通の理想へ向けて何かを創造しようとするだろう。だから、「文化は形而上学的に方向づけられていなければならない」のである。

◆反転する進歩、「堕落」の張本人

おそらく近代へ向けた進歩の最たる状況証拠は科学の展開であろう。そのことに反対する者はまずいまい。これによって人間の精神がいっそう深くなり、洗練され、純化されたとみなされるのが通例であろう。

だが、このことが逆に学問を危機に導いていることも間違いない、と彼はいう。科学は確かに合理的思考を高めた。専門的研究を可能にした。だが、だからといって、それは、先に定義した意味での文化を満足させるわけでない。それはまだ「文化として浄化されていない」し、「すべての科学の総和はまだ私たちの中でまだ文化になっていないのである」。

近代の科学は、われわれの知識の量を驚異的に増大させた。だが、それは、決して新しい調和ある世界像を作り出してはいない。ここで彼はこういっている。学問がますます深く現実を探求し、ますます繊細に分画されるに従って、むしろ、われわれの「思考の基礎」はますます動揺させられる。古い確信はたえず捨て去られなければならず、われわれの理解のカギを与えてきた慣れ親しんだ観念は目に見えて動揺する。確かに変化も発展も必要ではあろう。だが、それは常に慎重であらねばならない、というのである。

しかも、今日の社会は、情報装置やメディアの急展開のおかげで、知識の公開性が進み、科学の裏づけを伴った知識は、普通の人にまで共有されるようになった。「知識」は「情報」として大衆へと拡散し、誰もが手に入れることができる。一般的にいえばこれは結構なことのように思われる。だが、この時、普通の人々は、もはや自分の頭で考えることをやめ、自分の口で表現することをやめる。そこでホイジンガは次のようなことを述べている。少し長い引用をお許し願いたい(引用は、『あしたの蔭りの中で』ホイジンガ選集2、河出書房新社より。文章は少し手を加えている)。

古い時代の農夫、漁夫、大工は、自分の実際の豊かな能力のなかに、生と世界を測る精神的規範を見出していた。彼は、自分の能力の限界の外にあるすべてのものについて判断を下す権能はない、ということを知っていた。自分自身の判断が十分でないことを知っているがゆえに、彼は権威というものを認めていた。自分の限界を認めるということにおいて、彼は賢明でありえた。そして、この表現能力の限界こそが、聖書やことわざに支えられて、彼に様式を与え、彼を時折、雄弁にしたのである。

だが、現代における知識の普及の組織は、あまりにも巨大になり、このような精神的限界の健全な作用を喪失させてしまっている。現代の西洋の国々の平均的人間は、あらゆる事柄において、なおも多くの事柄を知らされる。朝食のテーブルには新聞があり、手の届くところにはラジオのスイッチがある。何も本質的なことを教えてくれない仕事で一日を終えた後、夕方には、映画、トランプ、あるいは会合が、彼を待っている。この人物像は、わずかな違いはあっても、労働者から支配人まで、平均値としては妥当する。

こういう文章を読むと、ほとんど前述のオルテガの大衆論を想起しても不思議ではないだろうし、ヴァレリーの評論も想起される。また、情報装置を、新聞やラジオではなくパソコンやテレビにいいかえ、映画やトランプをビデオやゲームに置き換えれば、ほとんど今日に当てはまるだろう。それどころか、今日の現実よりもホイジンガの記述の方がまだしも健全な気がしてくる。

すでに述べたように、文化というものについて、ホイジンガは、共同体としての何らかの理想や理念を要求していた。しかもそれは、現実にそこにある日常を多少なりとも超出したものへの志向性を有したものであった。それは、どこか、宗教的であったり、社会的であったり、政治的であったり、また美的であったりする。それは日常生活を多少なりとも高い位置に引き上げるような活動へと誘うものであった。

これは決して強制的なものであってはならない。真の文化は、自分自身の心の深奥への内省や感激を欠いてはならない。ところが、あまりに知識や物事への判断が、メディアを通して公開されることで、それらはほとんど無防備にそのまま受け取られる。しかも、と彼はいう。「(それは)狭義の知的分野に限られることではない。美的判断や感情的判断に関して、平均的現代人は、安価な大量生産の圧力に極度にさらされている。陳腐な表現の過剰な供給が、彼の趣味や感動に対して、ふわふわした質の悪い鋳型を、暗示的に与えているのである」と。ここで、もうしばらくの引用をお許し願いたい（ここでも文章には多少、手を加えてある）。

私たちの時代は、次のような暗い事実に直面している。私たちに非常に役立ったふたつの大きな文化的進歩、すなわち、一般的な教育と現代的な公開性は、文化水準の上昇には寄与せず、その効果においては逆に、文化の堕落と弱体化と見られる現象を、必然的にもたらしているのである。あらゆる種類の知識が、以前には思いもよらなかったほどに調合されて、大衆のもとに運び込まれる。しかし生活のなかでの知識の消化作用は停滞している。不消化の知識は判断を妨げ、叡智の道にたちはだかる。教えることは人々を愚かにする。社会は、この精神的浅薄化のプロセスに絶望的に身を委ねたままでいなければならないのだろうか？

このような時代診断は、いかにも主観的に見えるだろう。人によっては、オルテガの場合と同様、古代的、中世的な、つまりどこか復古的な香りを漂わせた貴族主義と見るかもしれない。しかし、それは正しくない。これは、復古的でもなければ、貴族的でもない。ただ主観的であるとすれば、それは、すべて彼の文化の定式にかかっている。彼の文化観をただ偏向した彼個人の主観的産物だというのなら、上にあげた「文化の堕落」などどこにも存在しないことになろう。

だが、文化を、均衡と調和、理想的なものへの共同体の志向、そして、人間の自然的本能の制御として理解すれば、またその理解がそれほど偏屈なものでなければ、この現代文明への彼の絶望感にわれわれは耳を貸さねばならない。私には、ホイジンガの「文化の堕落」や「精神の浅薄化」というかなり強い言い方は、決して偏見でもなければ、また、いささかの誇張だとも思われない。現に、彼がこれを書いた直後には、ドイツはナチスの支配するところとなり、ヨーロッパの文化は音を立てて崩れていったのである。

ここで、われわれが傾聴すべきなのは、ナチスのような明白な野蛮や全体主義の登場をもって「文化の堕落」や「精神の浅薄化」と呼んでいるわけではない、ということだ。そうではなく、まぎれもない進歩と思われたもの、すなわち、人間の理性を拠り所とする科学の飛躍的な展開、大量生産を可能とする産業技術、メディアの発達、教育の普及、こうしたものこそが「堕落」の張本人になったといっているのである。ナチズムもその中から生まれてきたのだ。ナチズムは進歩と思われたものを見事に反転させたのである。だからこそ、ホイジンガの診断は、まさに今日のわれわれのこの21世紀にも妥当する、と思われるのだ。

3 朝(あした)の気配(蔭り)の中で

◆精神の浄化、「カタルシス」への希望

確かに、過度なまでの合理的精神への傾斜は、道徳観念や倫理観まで批判しつくすという思いもよら

ない結果を招いた。彼はこういうことを書いている。西洋文化の過去の時代と比較して、今日、道徳水準が低下しているかどうかはよくわからない。しかし確かなことがある。それは、一般的に、倫理や道徳という考えそのものが攻撃されている、ということである。「これは、知的弱体化よりももっと危険な危機的現象といわねばなるまい」と彼は述べる。

合理主義や倫理観念を否定しようとする大きな渦巻きが作り出されてきた。それは、非合理的なものへの賞賛であり、生そのものへの欲求である。ホイジンガは、フロイト理論やベルグソン哲学や、あるいは、マックス・シェーラー、シュペングラー、そしてジョルジュ・ソレルなどにそうした前兆を見る。この背後には、事物の認識への意志よりも、その背後に「生の意欲」というより深い根源を想定するニーチェの思想があった。西洋近代は、一方で、理性主義や合理主義を高度に展開したと同時に、ロマン主義の影を引きずった「生の哲学」あるいは「反知性主義」をもたらしたのである。

この種の「反知性主義」や「生への回帰」は、過度なまでの合理主義、物質的な富やそれを生み出す技術への反感が生み出したものであった。だが、それが、大衆文化の中で、通俗化し、ロマン的な英雄主義や人間のむき出しの本能や権力欲の礼賛として花ひらいてゆく。もはや、自分の頭で考え判断するという知性は作動しない。倫理的な能力や道徳的なセンスも作用しない。こうして先にも述べた文明の「幼児化」もしくは「小児病化」が進行するのである。

そこでは、「永遠の思春期」とでもいうべき精神が支配する。思春期を幼児化よりましだなどといってはならない。礼儀正しさや人間的なものに対する感情の欠如、人間的尊厳の欠如、他人に対する尊重の欠如、自分自身への過剰なまでの集中、判断力と批判力の衰弱といった精神状態は「小児病」とさして変わりはしない。

それらは、通常は若さの象徴ともみなされるものであろう。多少のふてぶてしさ、自己中心主義、他者への配慮の欠如などは、ある意味では若者の欠点であり特権でもあろう。だが、それを「若さの崇拝」にまでしてしまうと、そこに文明の幼児化がもたらされる。これは年齢の問題ではない。幼児化は年齢を問わないのだ。時には老人をも襲うのである。いや、いい歳をした大人こそがむしろ幼児化の坂をころげ落ちてゆく。彼はこういう。「大多数の栄えた文化は、確かに若者を愛し、賛美した。しかし、若者を甘やかしたり、ちやほやしたりはしなかった」と。

大事なことは、その背後には、繰り返すが、驚くべき文明の進歩があったという事実である。生活技術は驚異的な発展をとげた。われわれは、飛行機でどこへでも行くことができ、地球の反対側とでも話をすることができる。好きなものをいつでも自動販売機で手に入れることができる。ラジオを自宅に持ち込み、ボタンを押せばわれわれのもとに生き生きとした「生」が現れる。われわれの「生」はいくらでも活動の範囲を広げ、快楽を得るようになった。だがホイジンガは問いかける。「そんなにも生は成長したのだろうか？　まったく逆である。世界は生の玩具になったのである。生が世界の中で子供のように振る舞っているとしても、驚くべきことであろうか？」と。

このような文化の進歩の果てに現れる没落、それをわれわれは今日、的確につかみ取り、思想的に論じる言葉を失っている。そこに今日の文化的没落の最大の難点があるといってもよいだろう。もう一節、引用しておきたい。果たして、ここでも、現代に生きるわれわれは、これを約1世紀前に過ぎ去った悪夢の記録に過ぎないなどといえるのだろうか。

思想の交流手段である言葉は、文化の進歩とともに、避けがたい価値の低下をきたしている。言葉は無制限に多くなり、どんどん容易に広められてゆく。印刷または聴覚による言葉の価値の低下に直接比例して、真理に対する冷淡が高まる。非合理的な精神状態の蔓延によって、あらゆる分野で、誤解の生まれる可能性が広がる。その場限りの広告が、商業的扇情的関心に駆り立てられ、単なる立場の違いを膨張させて国民的な幻想にまで至らせる。その場限りの思考が、即座の効果を要求する。一方、大きな理念は、この世界では、常にただ非常にゆっくりと滲透するにすぎない。

かくてホイジンガにとっては、20世紀初頭の危機とは、ただ戦争の脅威や経済的不況や政治の混乱、というだけではなかった。それは本質的に文化に関わる事態であり、「文化の野蛮化」という事態であった。ここで野蛮化というのは、「高い価値に到達した精神状態が、しだいに低い内容の要素によって圧迫され、押しのけられる文化の過程」にほかならない。そして、今日の高度な技術も、経済上のメカニズムも、民主的な政治も、われわれを「文化の野蛮化」から守ってくれることはないのだ。それらの社会制度はもはやわれわれを救う力を持っていない。

結局のところ、ホイジンガは、「個人の内面的な浄化」にかすかな期待を託する。なぜなら、それこそが文化の本質にとってなければならないものだからである。それは、一種の宗教的な精神であろう。今日の世界は、もはや倫理的な規範を否定するだけでは済まず、善悪の確信ある区別さえも失ってしまった。その結果、われわれはすべてを敵味方に分かたれた権力闘争と見る。

こういう世界にあって、かろうじて未来へのかすかな光明はあるのだろうか。もしあるとすれば、それはいかなる状況にあっても、本来、行為は完全な善と完全な悪との区別を持つ、という信念を手放さないことであろう。ギリシャ人は悲劇の後に残る精神状態を「カタルシス（浄化）」と呼んだ。それは恐怖の後にくる心の平穏であり、物事のより深い根源を知ったゆえの心の浄化である。その浄化を得ることはたやすいことではないが、この浄化だけが、新たな義務を指し示し、運命の甘受を可能とし、傲慢さをくじくことができるだろう。

ホイジンガの結論はほとんど結論といえるほどのものでもない。精神の浄化による運命の享受というのでは何の回答にもなっていない。そのことは彼自身も十分に自覚するところであった。にもかかわらず、彼は、一種の宗教的なニュアンスを伴う「カタルシス」に希望をつなごうとした。本書は『あしたの蔭りの中で』と題されているが、この「蔭り（シャドウ）」はまた「気配」という意味も持っている。だから、このタイトルは、『朝の気配の中で』といってもよい。再び日が昇るその気配を暗示してもいるのである。

◆「人間的文化」の復権という期待

ナチスが引きおこしたヨーロッパの大戦の真っ最中の1943年に、彼は『汚された世界』と題する書物を書いている。この書物の中でホイジンガは、ヨーロッパの文化の没落の歴史を振り返りつつ、それにもかかわらずヨーロッパの歴史を貫いて流れているある独特の精神に想いを託している。

それは、彼が「人間的文化（humanitas civilitas）」と呼ぶものである。“humanitas”とはいうまでもなく、人間的な、人文的な、そして礼儀正しい、という意味を持つ。"civilitas"は、市民的な、公共心に富んだ、そして礼節ある、といった意味である。この近世ルネッサンス的な"humanitas"と古代ローマ的な"civilitas"の結合こそが、西洋文化の根底を支えている。なぜなら、この両者はともに、古代ラテン語の"liberaris"から派生してきたからだ。それは「自由人に帰属するもの」という意味から発し、「自由人にふさわしいもの」さらには「人格的自由を持つ身分にふさわしいもの」を意味した。それが、近世以降、「自由学芸(artes liberales)」になる。人間的なもの、市民的なもの、とは「人格的自由を持つ身分にふさわしいもの」なのである。それは、今日の言い方に従えば「人文主義的伝統」といってよい。

文化の崩壊をかろうじて防ぐ手立ては、ひとつの社会に道徳的態度を何とか保持することであろう。そして、それは、「人間的文化(humanitas civilitas)」の復権にかかっているのである。それはいいかえれば、最高善(summum bonum)をひとつの社会がどの程度希求するかにもかかっている。「最高善への希求のみが信頼できる倫理的基礎であり、その上に立って大衆は文化の担い手になることができるからである」。『あしたの蔭りの中で』においては、精神的なカタルシス(浄化)に期待を寄せていたホイジンガは、ここでは、「人間的文化」に期待をつなごうとしている。果たしてあの「人文主義の伝統」を取り戻すことは可能なのであろうか。1世紀をへて、われわれは、ますます悲観的たらざるをえない。だがそれでは他に何か脱出口はあるのだろうか。それが文化の没落のぎりぎりの回避になるのかどうかは別としても、次に引用する一節もまた、この21世紀の危機を深く自覚するのであれば、引き継ぐべき文章であろう。最後にまた三つの箇所の引用をお許し願いたい(引用は、ともに『汚された世界』ホイジンガ選集5、河出書房新社より。文章は少し手を加えている)。

文化とは、決して概念的なものにとどまらず、体験であり、活動なのである。われわれは精神的な仕事や精神的な受容の静けさの中で文化を感じ取り、享受したいと思うだけでなく、またその実現に協力したいと願うのである。文化は、われわれにとって、心構えであり、魂の緊張である。だが、文化を所有しているという意識が完全にわれわれに与えられるのは、日常の仕事を超えた高みにおいてのみである。われわれはこの高みを得るために、貴族的な距離でもって世界から身を引き離す必要はない。ただ世界に対して人格的な態度をとることができればよいのである。

半教養人は、工業時代の産物である。一般化した義務教育、社会階層の表面的な平均化、そして精神的、物的交流の極度の容易さは、この人間類型を、共同体の中の決定的な要素とした。まさしくこの半教養人こそ人格にとっての大敵である。なぜなら、それは、数の多さと画一性によって、文化の土壌における人格の芽生えを圧殺しているからである。

真の文化の形成を、それに適した土地、すなわち人格の成長にとって好都合な環境の中で行うことは、植物の生態における様々な現象を想起させる。文化は、根をはり、花を咲かせ、枝をひろげなければならない。これは単なる比喩だとしても、やはりひとつの意味をもっている。真の文化が有機的なものかどうかを示しているからだ。だが、半教養人の口には、文化というよりも、彼が文化と取り違えている代用品が注ぎ込まれている。

『あしたの蔭りの中で』は、もともと、1935年にブリュッセルで行われた講演をもとにしたものである。それを書物にするにあたってホイジンガは、人は自分をペシミストだというかもしれないが、自分はオプティミストだと述べている。彼は、ひたひたと苦難が押し寄せてくる中で、朝(明日)の気配(蔭り)を感じ取ろうとしていた。希望を持ち続けることはできると信じていた。彼にとっては、真の文化は、人間的なものの中に、人格の中にあってはじめて文化でありうると思われた。そして、ヨーロッパの人文主義の伝統は、決して朽ち果てることはないと信じていたのであろう。

だが、結局、ホイジンガは、ナチスがオランダを占領した時に、勤務先のライデン大学を封鎖され、限定されたある居留区に押し込められて、戦争が終わる少し前の1945年2月に死んだ。

この章で、私は、シュペングラーにせよ、ホイジンガにせよ、かなりの引用をしてきた。それは、読者にこれらの文章にできるだけ接してもらいたいと思うからである。そして、繰り返して述べるが、これらの文章は、まさに今日われわれが生きている文明においても、そのまま当てはまるであろう。もちろん、現代が、あの時代のような危機の切迫感に包まれているわけではない。しかしそれにもかかわらず、これらの文章をわれわれが一定の共感を持って読むとすれば、それはどういうことなのか、改めて考える必要はあるだろう。

第4章 ハイデガーの問いと西洋文化の帰結

1. ハイデガーの「存在」への問いかけ

1 特権的な「存在者」の存在

◆没落の源流、ヘレニズムとヘブライズム

思想的に見た場合、20世紀初頭の戦間期ヨーロッパは、18世紀啓蒙主義に端を発する「近代主義」への大いなる反発と深い懐疑によって特徴づけられる。ヨーロッパ全土を破壊した第一次世界大戦の衝撃は、とりわけ知識層には計り知れない思想的衝撃を与えたことは想像に難くない。やがて、それは、この混沌たる30年代が生み出したナチスによって引き起こされた第二次世界大戦によって取り返すことのできない痛撃を受ける。とはいえ振り返ってみれば、その直前の戦間期ヨーロッパの知的活動には瞠目

するものがあった。

思想的な衝撃は、また様々な実験的試みや革新をも生み出したのである。それは、ヨーロッパの全土における広がりを見せたにせよ、何といってもフォーカスされるべきなのは、大戦の打撃がもっとも深刻であるドイツであった。文字通り、ドイツ語圏の知的階層は深刻な「精神の危機」に襲われていたといってよい。

啓蒙以来のヨーロッパ近代への強力な批判と思想の刷新の試みについてはすでに列挙したが、とりわけドイツでは、ヨーロッパ近代への批判は、同時にまたヨーロッパ文化全般の没落意識を伴う苦いものであった。その意味では、この時代のドイツ語圏で書かれた革新的な思想的営為の底には、シュペングラーの、あの複雑に入り組み、何とも混沌としつつもすべてを包括し、巨大な歴史的運命を描き出そうとした『西洋の没落』が横たわっていた。

改めて書いておくと、『西洋の没落』とおおよそ同時期に、エルンスト・ブロッホの『ユートピアの精神』、ローゼンツヴァイクの『救済の星』、それにカール・クラウスの『人類最後の日々』など、終末観に彩られた黙示的書物が、ほんのわずかな間に続々と書かれる。しかもそれだけではない。ちょうど世紀の変わり目に死んだ19世紀人ニーチェの復活があり、表現主義に代表される美術の革新があり、ウィーンでは伝統的西洋音楽の終焉意識が漂い、フロイトの精神分析が出現していた。

そして、ハイデガーの『存在と時間』（1927年）もまさしくこの同時代の産物であった。それがヒトラーの『我が闘争』の第1巻（1925年）、第2巻（1926年）とほぼ同時期に産み落とされたという事実ほど、戦間期の知的混乱、つまり創造的なものと破壊的なものの同期性を象徴する出来事はないであろう。20世紀の前半に生み出された最高度の哲学書ともっとも卑俗な扇動の書がほぼ同時に書かれ、ともに大きな反響を呼んだのであった。

ここで、論じておきたいのは、むろん『我が闘争』ではなく『存在と時間』の方である。ハイデガーの『存在と時間』のように難解できわめて独自性の高い哲学書が、出版されるやいなや多大な反響を呼び、とりわけドイツ語圏の若者に広く受容されたという事実は、この書物の持つ哲学上の重要さだけではなく、ヨーロッパの「没落」という時代背景を見ないと理解できないであろう。

ハイデガーはもともと神学の徒でありながらも神学を脱した。にもかかわらず、彼の思考には、どこか運命論的で黙示的な性格や、特に後期になると顕著になるある種の救いへの期待が漂っているのは、ユダヤ・キリスト教のメシアニズムや救済思想に深く規定されてきたヨーロッパ文化の全般的な崩壊意識が底流にあったからであろう。

したがって、ヨーロッパ文化の壮大な没落をもたらしたものはいったい何であったのか。そして、その沈みゆくタイタニックからの脱出は可能なのか。それがさしあたってのハイデガーのテーマであった。この危機の時代の生のあり方を模索する営為と、西洋哲学の根底からの見直しが一致する点にハイデガーという思索家の稀有な意義がある。

ユダヤ・キリスト教を教義化した神学は、たとえ形を変えてもヨーロッパの精神文化の基層にある。いやそれだけではない。古典ギリシャ哲学、なかんずくプラトン主義の哲学もまた同様の比重を持ってヨーロッパ文化を基底で支えている。それは、近代社会に入って、デカルトの合理主義やカントの批判哲学やヘーゲルの歴史哲学が出現しても同じことである。したがって、近代的合理主義や啓蒙以来の理性の勝利は、決して神学やプラトン主義を排除したわけではない。

もちろん、近代的合理主義は、もはや「神」を必要としないと公言し、プラトンのイデアに対しても無関心を装った。人間は、「神」からも「イデア(絶対的真理)」からも自由になった。見もしない天上界など不用である。すべてはこの現世にある、というのだ。

にもかかわらず、近代的合理主義さえも、実際には、キリスト教的、プラトン的思考の上にあった。それは、決して神学もプラトニズムも放棄したわけではない。それどころか、近代合理主義さえも、プラトン主義やキリスト教神学の変形にほかならないとさえいえよう。「キリスト教は世俗化したプラトニズムである」とニーチェはいったが、それは、キリスト教を「近代主義」に置き換えても当てはまる。これがハイデガーの見立てであった。

だがもしそうだとすれば、ヨーロッパの没落とは何なのか。それは、ただ近代的合理主義の限界や失敗として済ませてよいわけではなかろう。そうではなく、近代的合理主義も含めて、ヨーロッパ文化そのものを基底で支えてきたキリスト教とプラトニズムこそが問われるべき事柄なのである。

ヨーロッパの近代主義は、キリスト教やプラトン哲学を否定しそこねたがゆえに失敗したのではなく、それ自体が、キリスト教やプラトニズムの形を変えた継続であったからこそ失敗したのである。だからこそ、ヨーロッパ文化の没落といわねばならないのだ。もともと神学の徒であり、また、ギリシャ古典哲学の研究者でもあったハイデガーがこのように述べたことの意味はきわめて大きい。

ヨーロッパ文化がユダヤ・キリスト教とギリシャ哲学という二つの柱をもとにして作りあげられ、継承され、発展してきた、とはよくいわれることである。その場合、その巨大な二つの支柱は、ヨーロッパ文化の偉大さの源泉とされる。ギリシャ哲学は、真理や善へ向かう崇高な知的志向を生み出し、キリスト教は神が創造したこの世界を理解し、神の手助けをする特権を人間に与えた。その安定した特権の上に、理性による世界理解や社会改良を人間の自由の本質とみなすヨーロッパの近代社会が成立したのである。

したがって、ヨーロッパの偉大さの源泉はギリシャとユダヤ・キリスト教、すなわちヘレニズムとヘブライズムにある、としばしばいわれる。一面では確かにその通りであろう。だが、その偉大なものを生み出した二本の巨大な支柱は、また同時に、ヨーロッパ文化の没落の源流ともなったのだ。この運命的な逆説の中に響くペシミスティックな黙示こそが、ハイデガーの思想的営為の土壌となっている。

◆忘却される「存在」の謎

そこでまずは、『存在と時間』の基本的な思想を略述しておこう。まずは、といったのは、これだけでもすでに、量的にも質的にも、相当な重量感を併せ持ったこの書物は、実際には、未完成であるどころか、ハイデガーの壮大な計画のほんの出だしに過ぎないからである。本論そのもののまとまった著作計画は放棄された。だが、彼が何を論じようとしていたのかは、その後の講義録やその出版によってうかがい知ることはできる。

そのことはまた後に述べるとして、巨大な序論とさえもいうべき『存在と時間』が、今日に至るまでかくも重要な書物でありつづけているのは、この書物の主題が、没落の意識、終末論の意識に囚われた戦間期ヨーロッパの文明論的な課題と共振し、新たな思想や生を模索していた、特に知識層の若者たちに大いなる刺激を与えたからであった。おまけに時を同じくして登場してきたナチスとも、ある程度においてであるが、共同歩調を取るかに思われたからでもある。

この難解な哲学を扱うのは、私には荷が重過ぎるのだが、以下、無理を承知で私なりに要約しておこう。

ハイデガーの根本的な論点は、「存在するもの(存在者)」と「存在すること(存在)」の区別にある。たとえば、目の前に机があるとする。われわれは目の前の机を客観的に眺め、机の形状や色合いや堅さなどに関心を持つ。この時に、われわれは、机という「存在者」にもっぱら意識を集中している。しかし、そのためには、机が「ある」という事実がまずはなければならない。だが普通、この「あるということ」つまり「存在」をわざわざ意識することはない。

いいかえれば、われわれは通常、机という「あるもの」を通して、何かがそこに「ある」という事実に接しているはずなのだが、そのうちに、机そのものへと意識を集中して、その根底にある、「ものがある」というその「ある」に改めて注意も払わないし、ものが「ある」とはどういうことなのかという問いも発しなくなる。

「机がある」といった時に、関心はもっぱら「机」に注がれ、「ある」ということの重みはすっかり忘れられてしまう。そして「机とは何か」にわれわれは自然に関心を寄せてしまう。それが「ある」ことに驚きもしない。

少しわかりづらいが、たとえば後に書かれた『形而上学入門』で取り上げられている次のような例示を見てみよう。

この通りの向かいに高等実業学校が建っている。われわれはそれを見て高等実業学校がある、という。だが、どこにそれが「ある」のだろうか。建物はある。中へ入れば廊下や階段もある。これらは存在者である。だが、高等実業学校という存在は、これらの建物や廊下などの存在者の中にある、とはいえないであろう。しかもその建物や廊下などという存在者も、ただの通行人と生徒では見え方が違っているだろう。車で通りかかってそれをちらっと見る者と、数年間ここに通って、廊下の感触や臭いがまだ鼻に残っている者とでは見え方は大きく違うだろう。そして、この学校の存在の意味が両者ではまったく違うだろう。では、この場合、高等実業学校がある、とはいかなることなのか。

こう問えば、ハイデガーが何を問題にしようとしているかは多少は理解可能となるであろうか。さらにこういうことも述べている。

われわれはしばしば次のようにいう。「神がある」「大地がある」「講演がある」「この杯は銀製である」「ロシアで飢饉がある」「山に静けさがある」等々。これらの多様な「ある」とは何なのか。これは自明な問題なのではない。少なくとも、ここで、「神」「大地」「講演」「杯」「飢饉」「山」などの存在者が、それ自体は空虚な「ある」によって、その存在を開示されていることは間違いない。

しかし、通常、われわれは、「神」や「大地」という存在者の方に関心を持ち、「それは何であるか」と問うことで、そのあり方を開示する「ある(存在)」にことさら注意を向けることはない。これらの多様な存在者を開示する時に、「ある(存在)」はどのように作用し、どのような意味を持つのか。そのことに対してわれわれはあまりに無関心になり過ぎた。

後にも述べるが、まさにそこにこそ西洋思想や大きくいえば西洋文化が行き詰まった最大の原因がある、とハイデガーはいうのだ。だがいったいものが「ある」というのはどういうことなのか。「存在者」が「存在」するとはどういうことなのか。これがハイデガーの問いかけであり、そのためには、まずは「存在者（あるもの）」と「存在（あること）」の区別こそが決定的なのである。

もっと具体的に一般的にいってみよう。われわれの周囲にはモノがあふれている。それに対して、われわれは、机、パソコン、電話、家、道路、自動車、街路、山河、などと名づけ、文字通り無数の「存在者」を眺め、その中で暮らしている。その時に、われわれは、それらのものが「ある」という。パソコンがある、家がある、道路がある、山がある、という。にもかかわらず、この「ある」を正面から問おうとはしない。「存在者」を眺め、定義するためには、「存在者」が「存在」しなければならない。そうでなければ、「存在者」は現れてこない。「存在者」は「存在」によって現にそこに姿を現すと同時に、「存在」は「存在者」に従って了解されるのだ。

だから、「存在者」があるためには、まずはこの「ある」という事実、つまり「存在」について思考しなければならない。ところが、山や建物などの「存在者」は目に見えて「ある」のに対して、「存在」という事実は目に見えない。だから、「存在」ということは常に隠されてしまっているのだ。これはどういうことなのだろうか。

一見したところ、これはたいへんに奇妙な問いの形を取っている。しかし、少し砕いて考えてみれば、それほど奇妙とはいえないことがわかる。

いま、私は、いささか窮屈な部屋の中で、両脇の本箱に置かれた本に囲まれて、木製の机の上のパソコンに向かってキーボードを叩いている。この場合、部屋、本箱、本、机、パソコン、キーボードなどはすべて「存在者」である。そして、これらは同時に、ここにこうして「存在」している。「ここに・こうして」というのは、一定の距離と使いやすさの程度、ある密度を持って適度に配置されてここにある、ということだ。

もしも机がなければ私は何を台にすればよいのか。あるいはまた、パソコンが使いなれたデスクトップではなく、旧式の大きなものであればどうするのか。10年前に読んでもういらない本が目の前に積まれていたらどうなるのか。すぐわきにテレビが置かれていてサスペンスドラマをやっていればどうなるのか。時々メモを取る紙とペンが手元になければどうなのか。そして、電気が切れてパソコンが止まればどうするのか。

これらは、すべて「存在者」を支えている「存在」への問いである。だが、私はいまキーボードを叩きながら、これらの「存在者」と対峙しているにもかかわらず、それらの「存在」についてはまったく何の配慮も考慮もしていない。無関心である。つまり、「存在」については「忘却」している。

きわめてありふれた日常の一コマであるが、この単純で自明な事実から、ハイデガーは重要な論点を引き出した。「存在者」とは、この世の中の存在するものすべてである。しかしその中にただひとつだけ特異で特権的な「存在者」がいる。それは人間にほかならない。

2 「世界」の存在と絶対的「無」

◆存在者の存在を問える「人間」

では人間という存在者の特異性とは何か。それは、人間が、他の存在者とともに現にこの世界の中にありながら、あらゆる存在者の存在の意味を問うことができる、という点にこそある。人間は、あらゆる存在するものの、存在のあり方を問い、了解することができる。仕事をする場合の机や本やパソコンの意味やその配置、その有用性、そしてもしそれがなければ、と問うことができる。あるものがそこにそのように存在していることの意味を問うことができる。人間だけが、あらゆる存在者の存在を問うことができるのである。

かくて、人間は、あらゆる存在者があることの意味、つまり存在の意味を問い、疑義を挟み、思索し、それがなければと問い、別の可能性も含めて、それがあることを了解することができる。「存在了解」である。これは重要な論点であった。そこで次のことを考えてみよう。

存在者については、机であれ、建物であれ、自動車であれ、それが「何であるか」を定義したり論じたりすることができる。だが、「存在」は違っている。「存在」は見ることもできなければ、定義することもできない。「存在」そのものは決して現前していない。その意味で、「存在」そのものは存在しない。

では、「存在」つまり、何かがある、ということは何を意味しているのか。「存在」そのものがあるわけではないとすれば、何ものかの存在は、われわれ人間が、そこにある何ものか(存在者)に意味を与えることによって、その存在者の存在を確定するほかない。「……がある」とわれわれが認めることではじめて、その「……」は存在するわけである。われわれが、「……がある」と了解し、たとえばそう口に出すことによってはじめてあるものは現に存在する。この場合、「……がある」という事実は、われわれの一定の存在了解に基づいているのだ。

とすれば、「存在」は、人間によって「存在了解」されることでようやくありえることになろう。「人間が存在を了解する限りで存在はある」のだ。前にあげた街角にある高等実業学校の例を改めて思い起こせば、急ぎ足で建物をちらっと見る通行人の「了解」による「学校がある」の「ある」と、この学校の卒業生の「了解」に基づく「学校がある」の「ある」はかなりその意味が違っているだろう。また高等実業学校を、建物として了解するのか、その社会的役割において了解するのか、あるいはひとつの抽象物として了解するのかでその意味は違ってくる。人間が、あるものをいかに了解するか、という人間の存在了解のそのあり方こそが、特定の意味を持って存在をあらしめていることになる。

また、ここから次のような示唆も生まれてくるだろう。人間の存在了解が変われば、それに従って、存在者の存在のあり方も変化するであろう。かくて、人間が自らの存在了解を変えることで、すべての存在者のあり方を変えることさえできるだろう。存在者の存在のあり様をさしあたり「世界」といっておけば、これは「世界」を変えることになるだろう。こういうインプリケーションも生まれる。だが、それについてはもう少し説明が必要である。

◆「現存在」が出会う世界

すでに述べてきたように、人間とは、何よりもまず、存在の意味を問う、なぜそれが「あるのか」、どうしてそのように「あるのか」、そもそも何かが「ある」とはどういうことか、と問う存在者であった。

　すると、この場合、何よりも重要なことが出てくる。それは、人間は、彼自身が存在者であるがゆえに、自分自身の存在を問うことができるということだ。自分自身がここにこのようにあるのはどうしてか、と問うことができる。というよりも、そのような問いを発する存在者こそが人間にほかならない。こうして、現にここにあるそのあり方(存在)を問う存在者、そのような問いを自らに発する存在、いいかえれば、あらゆる存在者のあり方が現れてくる特別な存在、しかも現にここにいる人間のことをハイデガーは「現存在(Dasein)」と呼んだ。

「現存在(Dasein)」とはラテン語のexistenntiaの訳語であり、essentiaとの対比で使われたようであるが、後者が「本質存在」であるのに対して、前者は「現実の存在」ということになる。しばしばそれは「実存」とも呼ばれる。そして、「存在」が、人間の存在了解によって現れ出るとすれば、もっとも根本的な現実の存在(Da-sein)は、様々な存在を現象させる人間という現存在(Dasein)ということになろう。「存在了解」によって人間は様々なものの「存在」を現し出すのである。

　これは果たして何を意味しているのだろうか。人間は存在者を遠く離れて、それを外部から眺めているわけではない。世界というものをありとあらゆる存在するものの集合とみなして、世界の存在者を客観的な対象として観察し、分析し、記述しているわけではない。存在者の全体を世界とみなして、人は、その「世界」の外に立って、存在者を眺め、分析し、記述しているわけではない。現存在にはそのようなことはできない。

ところが、まさに、人が「世界」の外に立って、その世界の存在者を客観的対象として分析できるとみなしたのが、近代合理主義であり、近代科学であり、それに基づく近代技術であった。近代は、「世界」を離れ「世界」を客観的な対象として見る主体（たとえば人間理性）を想定したのである。

そこに、近代社会が恐るべき勢いで経済を発展させ、富を生み、自然からエネルギーを取り出し、社会を変革した決定的な理由もあった。だがその場合、近代を構成する基本的な思想的構図は、この種のきわめて奇妙な、仮想的な存在理解に依拠したものであった。現存在たる人間は、もちろん世界の外部に脱出してそこから世界を分析するなどということはできるはずはない。にもかかわらずというべきか、それがゆえにというべきか、それが可能であるかのように想定する、近代のこの虚構あるいは仮構こそが、西洋文明を世界的な規模にまで普遍化していったのであった。

それに対して、ハイデガーは、人間の存在性（あり方）は、この世界の外部に、世界を離れてあるのではなく、あくまでこの現実の内において他のあらゆる存在者とともにある、という。それが「現存在」である。「現存在」としての存在は、日常の現実生活の中にあって自らを現している。

われわれ現存在が出会う世界は、まずは、様々なものを道具として便利に使い、それらをつなげて何かある目的を達成しようとするしごく平均的な日常世界であろう。そこでは、家や机やパソコンや自動車や草花などの存在者がバラバラに離れてあるのではなく、原稿を書くという目的においてそれらを手元に配置し、図書館に行って調べるために自動車を使う。それらは自分にとっての何ものかとして、つまり広い意味で「道具」としてつながってある。それこそが彼にとっての「世界」なのだ。そこで、さしあたっては、この道具的な連関によってつながった現実における存在者を「世界内存在」という。

だから、「世界内存在」の「世界」とは、ただ存在者の集まりなのではない。客観的に対象化できるものではない。「存在(Sein)」とは、ハイデガーによると、もともと「……のもとに住まう」もしくは「慣れ親しんである」という意味であった。そうだとすれば、「世界内存在」とは、現存在としての人間が、その関心に基づいて、配慮や気遣いに従い、様々なものと道具的に連関しつつ、その内に慣れ親しんである、という意味を含んでいるであろう。だから現存在が、他の様々な存在者と出会い、連関し、配慮や気遣いをしつつそれらとともに安住する場が「世界」なのである。

たとえば、私にとって、机やパソコンや音響装置や部屋の様相や家の構造などが、うまく配置されており(適所性)、これらの様々なモノがいわば「手元的存在」として慣れ親しんである時、この「世界」は私にとって安住の世界である。

だが、それらの配置や空間や距離が必ずしも適当でないこともありうる。地震によって、この空間や配置が一気に崩壊してしまうかもしれない。突然、モノの適所的な配置はすべて崩れてしまうこともある。そのような無化への可能性も含めて、われわれは常に「世界内存在」なのである。この時、「世界」は巨大な入れ物のごときものでもなければ、あらゆる人やモノの集合体でもない。それは、それが崩壊する可能性も、また他の様態である可能性も含めて、われわれがある慣れ親しみを持って共に「住まう」世界なのである。

◆隣り合わせの死という「無」

ということはまた次のことを意味する。現存在による「存在了解」こそが「存在」を生み出すというテーゼに立ち戻れば、われわれは、常に、この慣れ親しんだ世界を疑うこともできるはずだ。別の世界のあり方を想像することもできる。「存在了解」とは決してあらかじめ決められてあるのではなく、多様な可能性や潜在性をそこに含み持っており、他のあり様をも想定可能なのだ。

かくて、他のあり様もまた「存在了解」に含まれる。慣れ親しんだ適所性の背後には、いくらでも他のあり様が隠されている。そして、この別様の可能性の極限には、それらが一気に崩れ去りすべてが無に帰する、という恐るべき事態も隠されている。われわれが、当然にそこに「ある」ものだと思っているもののすぐ隣りに、それと隣り合わせにすべてが崩れ去り「無」に帰するというあり様が想定される。それはこの「慣れ親しんだ環境世界」が実は、背後に途方もない虚無を抱懐しているということであって、人は、通常は明瞭な意識の表面にはもたらさないとしても、ほとんど無意識のうちに、ここに根源的な不安を抱きかかえているはずである。

確かに、住宅も草花の生い茂った野山も学校もすべてが、巨大地震によって一瞬のうちに崩壊する。その何もかもが消え去った空白の土地を見た時、われわれは「存在」の背後に絶対的な「無」が控えていることをまざまざと知るだろう。

そして、それは現存在であるわれわれ自身についてもいえることで、われわれという生命ある「存在」の背後には、常に「死」という「無」が控えていることを知る。いきなり襲ってくる巨大災害や不慮の事故によって、われわれの生は瞬間的に遮断され消し去られる。それはいつ起きても別に不思議ではない。そのことはわれわれを不安に陥れるだろう。存在は、本来は、常に死によって条件づけられており、「死」という必然がいつもわれわれを不安にしている。

話をもとに戻すが、「慣れ親しんだ環境世界」が一気に崩壊するのは極端だとしても、しかし、その別様のあり方を想像することはできる。道具的に捉えられた様々な存在者の連関を、別の仕方で捉え直すこともできるだろう。「もし手元にパソコンがなければ」、また、「この世に自動車というものがなければ」、あるいは「もし電気がなければ」、そういう別の世界を想像することはできる。すると、われわれが生を送るこの世界の意味も変わってくるだろう。そういう配慮をわれわれは本来、常に怠らないはずなのだ。この「環境世界」がいささか居心地が悪いとなれば、われわれは当然、その原因を探り、どうすればよりよくなるか、と思案する。つまり、「存在了解」のあり方を変えようとする。

◆「世界」は日常の生が関わる場所

こうして、人は、常に、いまここにある「現」の世界の中にありつつ、その世界からの超出、別の世界への可能性を想像できる。別の言い方をすれば、常に別の世界の可能性にさらされているであろう。人は「世界内存在」でありつつ、それを超越するのである。その意味で、人間は、ただ世界の中に埋没しているのではなく、「世界形成的」でもある。

かくてわれわれの「存在了解」は、この「世界」の内に被投的に投げ込まれていると同時に、何かに向けて己を投げ込むことができる。いや本当は、たえず何かに向けて自己を投げ込んでいる。だから現存在の根本的な存在のあり方は、「世界内存在」でありつつ「世界形成的」なのである。それを「被投的企投」とハイデガーは呼ぶ。

この時、「世界」は、抽象的にわれわれの外に広がっているのではなく、われわれの生きるこの日常の生が関わる場所そのものを指している。いまここに石があるとして、この石は、自然科学者が観察する対象的事物としてそこにあるのではなく、石工にとっては、道具を持って働きかけるものとしてそれと出会う存在となる。収集家にとっては、一連のコレクションの不可欠の環である。詩人にとってはインスピレーションを生み出すもととなろう。

モノが、このように、道具であれ、芸術的対象であれ、金儲けの手段であれ、現存在(現にそこにいる人間)にとって何らかの配慮や関心の的としてそこに存在する時、人とモノの世界は意味を持ってくるだろう。世界はただ様々なモノ、つまり存在者が雑然と投げ込まれた収集箱ではなく、現存在にとってある意味を有する特定の場として現れてくる。これに対し、自然科学者が、人とモノとの道具的連関を取りはずし、ただ客観的な物体として存在者を取り扱う時、世界はすっかり意味を剝奪される。世界の有意味性は、現存在が、そこに住まうものとして慣れ親しんだあり方において「世界了解」をなしている限りにおいてのみ立ち現れてくるからである。

3　「頽落」の果てに

◆「無意味性」の中への転落

ところが、話はこれでは終わらない。この「世界内存在」であるがゆえにこそ、実は、われわれは、われわれであることを失うことにもなるからだ。

「世界内存在」としての現存在のあり方は、常に他者と出会い、他者とともにある「共・存在」でもあった。そして、実際に自分自身の生活を振り返ってみれば誰しも思いあたるように、われわれの日常生活は、多分に他人に依存している。多くの場合、人は自分自身であろうとするよりも大多数に従おうとする。まず他者から情報を得、他者と同じ情報を共有し、他者と同じような意見を持ち、かくて他者の集合体の中に自分を埋め込んでしまう。「世間」に同調するのである。「世界内存在」なるものが、こうして実に矮小化され、いわば「世間内存在」になってしまう。こうして生は惰性になってゆく。確かに「慣れ親しんだ世界」は安住の場である。しかし同時にそれはまた惰性の日常でもある。

こうなると、他者は具体的に目に見える誰それではなく、一般的な他者、つまり大衆となろう。何となく漠然と表象される「多数の人々」なのである。われわれはしばしば「みんなこういっている」とか「みんな知っている」といったりするが、この「みんな」の中に自分も埋没させるのである。自分もその一員となる他者一般をハイデガーは「ひと(das Mann)」と呼ぶが、ここで「みんな」は、誰でもあり、同時に誰でもない「ひと」なのである。

かくて、通常のわれわれの日常にあっては、われわれは、「誰でもない」ものへと溶け込んで輪郭を消失してゆく。自己であるという独自性もその表情も失い、大衆というのっぺりとした「ひと」の中へ姿を没する。そして、「ひと」としてのあり方の典型的な構造はといえば、「空談(おしゃべり)」「好奇心(新しもの好き)」「曖昧さ」といったものであろう。

自分自身が深く関与しない、つまり配慮的気遣いを行わないような形でただただおしゃべりに興じ(ここにはその典型としてのジャーナリズムも含まれるであろう)、新しいものへ向けて、ただその新奇性に好奇心を刺激され、すべて物事を突きつめて思考せずに曖昧なままでやり過ごす。いや、われわれの大方の日常は、これらのダラダラとした継続によって過ぎ去ってゆくものであろう。

そこでこうした現存在のあり方をハイデガーは「頽落《たいらく》（Verfallen）」と呼ぶ。われわれは、これを、今日の情報社会、大衆社会、消費社会とみなしてもさしつかえないだろう。多数的なもの、平均的なもの、平板なもの、情緒的なものへと現代人は「頽落」するのである。

ただ、注意しておくべきであろうが、さしあたって、「頽落」の語には特別な道徳的意味合いはないし、批判的に使われている言葉でもない。ある意味では、それは「世界内存在」としてのわれわれの宿命であり必然でさえあろう。なぜなら、「世界内存在」としてのわれわれは、どうしても、「慣れ親しんだもの」に寄りかかり、安楽な中に生を棹さそうとするものだからである。そのうちに「慣れ親しみ」は惰性の生へと頽落する。「世界」が「世間」へ変化してゆくのも当然であろう。

だがこのような「頽落」の状態にあって万事を惰性でやり過ごすうちに、われわれは、身の回りのモノや人について、その「存在」を問うこともなくなるだろう。そして、ふと気がつけば、もともとは、自身に身近で安住の場であったはずの世界が、大衆という多数の力によって右へ左へと動揺し、ほとんど意味もない情報の氾濫によって振り回されることを知る。気がつけばわれわれは、妙なよそよそしさに取り囲まれ、時には暴力的な感覚さえもたらすような世界にいるだろう。

それはもはや親しみがあって確実な安住の場ではなくなり、世界の「内存在」である人は、慣れ親しんで住む場を見失ってしまうだろう。彼は根を持たずに漂うほかない。日常の様々な存在者は、確かな意味を失い、よそよそしい「無意味性」へと変化し、人は、この無意味性の中に転落してゆく。ここで人は「世界の無」へと向き合うことになるであろう。

ハイデガーのいう「頽落」は、当然ながらマルクスのいう「疎外」を想起させるに十分である。だが、マルクスの場合には、「疎外」は、もっとも原初の段階に存在した人間の「類的本質」からの疎外であり、それはもっぱら、人間の生存に関わる労働によって引き起こされるものであった。

しかしハイデガーの「頽落」はそうではない。それは、常に自身の存在了解を試み、また、他の存在者への配慮的気遣いによって、他者との「共・存在」の中で自分自身であろうとする現存在のあり方からの頽落である。自分自身の本当のあり様からの頽落なのである。

いや、人は、自分自身の生の意味やその存在を気にかければ、何か「本来のあり方」から外れているという不安に駆られるであろう。こんなはずではないという不安がわき上がってくる時があるだろう。だから「頽落」はまた、「非本来性」と呼ばれるが、その場合に、どこかに（あるいは歴史段階の原初かもしくは終局かに）「本来のあり方」が存在するというわけではない。革命による疎外の克服というマルクスの期待した道筋はハイデガーにはまったくない。ユートピアが待ち受けているわけではない。「世界内存在」としての人間が「非本来性」へと「頽落」するという事態もまたまごうことなき現実であって、歴史的な必然とさえいってよいのだ。

だからこそ、先に述べたように、「頽落」や「非本来性」という言葉に対し、まずは特に道徳的意味を付加すべきではない。それは「世界内存在」としての人間のほぼ必然のあり方だからである。それはむしろ、現存在の実存の現実的態様に過ぎないのである。

◆実存を求める己への問い

ところが、まさにそのゆえに、その中から現存在の本質的で本来的な存在が開示されてくるとハイデガーはいう。この段階ではじめて、「頽落」や「非本来性」は、事実上、道徳的、もしくは価値的な意味あいを帯びてくる。つまりそれから脱出すべき状態であったことがわかる。人が、もしも「存在の意味を問う」存在者だとすれば、人は、結局、この世界の無意味性には耐えられないだろうからだ。単なる空談や好奇心や曖昧さだけで生をやり過ごすには生はあまりに長く、人はどこかでその充実を求めるだろう。

そこで、この世界の無意味さ、根無し草的状況、よそよそしさに取り囲まれて、おしゃべりや好奇心にただただ興じるという頽落的生の中から、再び、現存在は自らの本来性を開示しようとする。なぜなら、自らの存在について問いかけることが現存在の本質であるとすれば、自らも含めて存在者がその存在の意味を失ってしまったこの世界に人はもはや安住はできないからである。人は、自分の行動の「意味」を問い、自分自身に何らかの「意味」を、見出そうとするからである。

かくて世界の無意味性、空々しさ、よそよそしさは、現存在にとっては不気味なものとなるだろう。だが存在の意味を失ってなおそこにある存在者とは何なのか。なかんずく、存在者の中でも特権的な存在者である自分自身が存在の意味を失って存在するとはどういうことであろうか。

かくて、ハイデガーの思索の原点にある、「存在者の存在を問う」、という問題が、まぎれもない生の課題として浮かび上がる。しかも、それは日常世界の中に頽落した「ひと」によって、その内から湧き上がるかのように姿を見せる。ギリシャ哲学の最初の問いとは次のようなものであった。「存在するものは存在し、無は存在しない」そして「存在するものが存在するのはどうしてか」と。

われわれは、「頽落」の果てに惰眠をむさぼる中で、このギリシャ哲学の原初の問いの方へと引きずられて行く。世界が無意味、つまり「無」だとすれば、そんなものは存在しない。世界が存在する時、それはどのような意味を持つのか。世界の中で、私の存在は、どのような意味を持っているのか。こういう問いである。存在者ではなく「存在の意味」を問うとはそういうことである。それは、ハイデガーにとっては、ユートピア主義者やマルクス主義者の唱えるような社会運動や革命によって答えのでるものではなかった。それは、何よりも、「世界内存在」としての、現存在の、他の存在者への、また実存を求める己自身への、つまり本来性へ向けた「気遣い（Sorge）」を引き起こすものであった。

4　「存在の無」からの帰還？

◆「共・存在」としての死者

ここで、存在の本来性へ向けられた問いは、もうひとつの決定的な次元へたどり着く。「時間」である。といっても、それは座標で示されるような空間・時間という抽象的で線分状の時間ではない。それは人が実存的に捉える時間であり、彼の生を組み立てている時間である。われわれは、「頽落《たいらく》」した存在としてみれば、ただおしゃべりを楽しみ好奇心を満たすいまこの時にしか関心を持たないものであろう。過去はすでに過ぎ去り、未来は未だ来たらずで存在しない。いまこの時があるだけである。いや、そんなことさえも意識はしないだろう。

したがって、この頽落した形においては、存在は、ただこの時にここに現前しているというだけのことである。だがそこで、ある不安が忍び込む。それは将来やってくる「死」である。人は必ず死ぬという事実が意識の内に立ち現れる。死ねばそもそも存在が無に帰し、世界も無に帰す。しかし死は将来、確実にやってくるのであり、われわれの生は、死という確定した将来へ向けての日々の行進ということになろう。

こうして死への気遣いがでてくる。「死」を想定することで、人は、現にいまここにある状態を幾分かは脱することになろう。なぜなら「死」はいまここにあるものではないからだ。その時、人は、死という将来の時間を背負って現にここに存在する。将来はこの現在へとまさにきたる(将来)ものなのだ。

さらにいえば、過去とは、すでに過ぎ去って忘れられ消え去った時間ではなく、現在のわれわれを規定し現在を支えている。それは、現在の中に滞留するものとしての過去=既在という時間性を持つ。だから、いまこの瞬間でしかない現在とは、次の瞬間にはなくなるうたかたの一瞬ではなく、既在と将来に挟まれ、しかもその両者を併せ持った「ただいま」なのである。

人は既在から逃れることはできない。それを放棄することもできない。そしてまた、これこそが本来の時間である。死という厳然たる事実からも逃れることはできない。それは将来、必ずやってくる。かくて、人は、既在の上にあって、将来へ向けて自己を企投するのである。終末論的な響きさえ暗示するかのように、いずれ確実にやってくる死こそが、まさにここにある現存在の実存へと突き刺さってくるのだ。

かくて、現存在にとっての存在の意味は、その存在を一気に無化する死という事実を現在に取り込むことによってはじめて開示されてくる。現存在がその存在の意味を問えるのは、その生が死という絶対的な無へ向かう日々の行進にほかならないからだ。死を見据えるという将来への気遣いこそが、人を本来性へと送り出すのである。皮肉なことに、現存在の存在性は、その存在性の無化(死)によってはじめて可能となるわけだ。「無」が「有(存在)」を支えるのである。

　だから現存在の本来的なあり方は、たとえば、プラトンのいう「善」のような永遠の真実や、キリスト教の「神」のようなこれまた永遠不滅の絶対者によって与えられるものではない。この世界を超越した絶対者が、われわれの生の意味を与えるのではない。まったくそうではなくて、それは、死と有限性という人間のもっとも根本的な条件によって与えられるのである。実存とは、いまここに現にある、というだけではなく、既在を引き受け、死に向かう将来へ自己を企投するという時間性の中でこそ現れてくる本来的な生にほかならない。

　そして、死を見据えるという将来への関わりは、ただ死を予期するといったことではなく、死を先駆的にこの現在の実存の可能性へと持ちきたることであろう。わかりやすくいえば、自分がやがて死によって無に帰すという深い自覚のもとで、いま何をすればよいか、どのように生きればよいかをわれわれは自問自答するであろう。われわれは、やがてくる死を見据えて、いまここでの存在の意味を自らに問いかけ、決意と決断によってある生の形を選び取るということである。

　そしてこの決断を促すものは、死を前にした良心の呼びかけである。人間という存在は、常にその存在の無化にさらされており、また非・存在に取り囲まれている。まずわれわれ自身の死への予感がある。また、現に死者がいる。思いを断ち切れない身近な死者もいれば、われわれに何かを残していった一般的な死者もいる。私がいまここでハイデガーについて書いているのも、いわば死者との対話だともいえよう。死者は過ぎ去って消えてしまった存在ではなく、常にわれわれとともに生きる「共・存在」でもあるのだ。「世界内存在」としての他者との共同は、また生者と死者との共同でもある。

ここでは、常にそこにある死という「存在の無」が、われわれにある覚悟を持って生を引き受けるように促す。それが良心の呼びかけであって、この呼びかけに従って、人は、死へ至る道筋を選び取る。それをハイデガーは「先駆的決意性」と呼んだ。

しかもそれは、既在としての過去から切断されたものではありえない。なぜなら、将来とは、過去と決別して、真っ白なキャンバスに自由気ままに絵を描く無限の可能性などではなく、かつて自分自身がそうであったところのもの、すなわち過去(既在)を引き受ける限りでのみ、真に自己を再発見し、自己自身へと回帰することだからである。将来への企投とは、未知の世界への冒険ではなく、むしろ、既在を自らのものとして、いわば運命として引き受けつつ、死へ向かってなす決断というべきものであろう。人は、過去の遺産の相続人である限りで、将来への企投者でありうる。大事なのは未知への冒険ではなく、既知への回帰なのである。

◆「ナチス的なもの」との共振

ここまでくれば、ハイデガーの『存在と時間』が、この戦間期という暗くも混沌とし、模索と実験に満ちた時代の雰囲気の中に一条の光を与えた理由もわかるだろう。とりわけ方向を見失い煩悶する若者たちに対して、この書物の発するメッセージが、自己救済の道標となるかと思われたことも想像に難くない。

近代的合理主義も客観的科学も実証主義的な正しさも何の解決にもならない。だが、死を現在化した先駆的決意性によって己の果たすべき役割を自覚することこそが、この「頽落」から脱出する道程となりうる。こういう実存の思想を若者たちはそこから読み取ったのである。「世界内存在」としての人間が「頽落」へと落ち込むことも必然である。だが、自己の存在への問いかけをなす唯一の存在者が現存在としての人間である限り、この頽落の中にあっても、いやそうだからこそ、人は本来の生を取り戻すことはできるはずだ。

ハイデガーのナチス問題が取りざたされるのは、外面的には彼のフライブルグ大学総長就任講演や、ほんのわずかな時期におけるナチスへの関与などであるが、思想的にいえば、『存在と時間』の最後に書かれている、人々の「先駆的決意性」を持った「歴史の本来性の生起」への秘められた期待の表明がある種の残響を響かせていたことも事実であろう。だがそれを論じるのがここでの私の関心ではない。

ただ蛇足的に付け加えておけば、「世界内存在」としての現存在が、現実にはひとつの社会集団の中で生を営んでいることを考慮すれば、この先駆的決意性も、集団と無関係ではありえない。「運命」は、この先駆的決意において現存在に対して送られてくるものであるが、同じことは集団についてもいえ、集団に対しては「命運」が与えられる。そこで、集団的存在であるわれわれは、集団の「命運」と自己の「運命」を重ね合わせることとなろう。このようにして、「本来的な歴史性」が可能なものの回帰としてとり戻される。それを可能とするのは、集団の歴史的命運を引き受ける個人の覚悟性なのである。

時間の中にある現存在は、集団的存在としては歴史の中にある。死へ向かう個人の時間性は、集団としてみれば、個人の死を超えて続く歴史性である。端的にいえば、集団は歴史的な民族としてある。とすれば、「運命」の引き受けとは、最終的には、民族の歴史的命運の引き受けとなることは避けがたいであろう。かくて現存在は、民族の歴史的な命運に応えるべく、その使命を自己の運命として引き受けるのである。

この思想が「ナチス的なもの」と共振を起こしたとしてもまったく不思議ではない。そこにまたこの未完の難解な書物の持つ奇妙な影響力の源泉を見ることも可能であろう。しかし、だからといってこの書物をナチズムの思想的同盟者として断罪することには何の意味もないだろう。この書物の文明論的な意義は、たとえこの書物に多くの欠陥や矛盾があったとしても、決して無視できるものではない。

実は、この書物がある意味では、未完成というより不完全な作品であることにハイデガー自身が気づいていたし、後にもそのことを認めている。実際、この書物は、未完であるどころか、本論にも到達していない。いわば長大な序論で終わってしまったのである。ハイデガーは、その続編を放棄した。このままの道行では、彼の意図の現実化はありえない、と考えたからである。こうして、もともと西洋哲学の根本的で壮大な見直しと転換を意図したこの書物の当初の計画は、放棄されたままで実現することはなかった。

1930年代にはすでに、ハイデガーの思考は変化し始めてゆく。戦後にはさらにそれは大きく変化する。しかし、ここで私が関心を持つのは、あくまで現代文明の危機という問題であって、ハイデガー思想もあくまでその観点から取りあげるに過ぎない。とてもハイデガー哲学そのものの転回や発展や変貌は、ここで論じえるものではない。そこで改めて、没落する西洋文明のこの戦間期において、ハイデガーは何を問題としたのか、どう論じたのかを、少し異なった観点から見ておこう。

2. 西洋形而上学の解体

1 人間主体主義から逃れられない

◆西洋哲学の誤り、ハイデガーの答え

現代文明の危機的な様相に関してハイデガーは1953年に発表された『形而上学入門』(これは1935年夏に行われた講義録である)において、次のようなことを書いている(『形而上学入門』平凡社ライブラリー版)。

ヨーロッパは今日、救いがたい盲目のままに、わが身を刺し殺そうと身構えている。それは一方からはロシア、もう一方からはアメリカに挟まれている。そして、ロシアもアメリカも形而上学的に見れば同じなのである。それは、狂奔する技術と平凡人の底なしの組織との絶望的狂乱である。地球上の隅から隅までが技術的に征服され、経済的に搾取され、どこでいつどんな事件が起きようが、それはすさまじい速さで伝達される。フランスの国王の暗殺計画も東京での交響楽の演奏会も、同時に「体験」することができる。時間とは、速さ、同時性、瞬間性になっている。歴史としての時間は、もはやあらゆる民族の現存在から消え去り、ただの拳闘家が民族の偉人と思われ、大群衆という数が勝利と思われる。まさにこの時に、この喧騒をよそに、何のために? どこへ? という問いが幽霊のように襲いかかってくる。

ハイデガーはこのように自問している。この文明のあり様は何なのだ、と自問している。そしてここ

で彼が述べている時代の様相は、ほぼ1世紀が経過したこの21世紀の初頭にあってもまったく変わらないのではなかろうか。驚くべきことであろう。

もう少し続けさせていただきたい。続いて彼はこう述べる。

大地の精神的頽落《たいらく》はひどく進んでしまい、諸民族は、この頽落を見て、それを頽落だと認めるだけの精神の力の最後のひとかけらも失いかけている。こう断言したからといって、それは文化悲観主義でもなければ、もちろん文化楽観主義でもない。世界の暗黒化、神々の逃亡、大地の破壊、人間の集団化、創造的で自由なものすべてに対する嫌悪、これらがすでに全地上にひどくはびこってしまい、悲観主義や楽観主義などというたわいもないカテゴリーは、とうの昔に笑止になってしまっている。

1930年代という時代を想起すれば、ここにドイツ民族の歴史的使命というナチズムへの接近を聞き取ることも不可能ではないが、そのことが問題なのではない。このような文明論的な危機感がハイデガー哲学と不可分であるということ、いやそれ以上に、この時代状況そのものがハイデガーの思索を要求したということとの方がはるかに重要なのだ。

どうしてか。それは、この「ヨーロッパの没落」の淵源はといえば、古典ギリシャに始まる西洋哲学の歴史そのものにある、と彼が考えていたからである。

われわれは、しばしば、現代の危機や近代の危機について論じる。そして、多くの場合、それは西洋近代社会のもたらした危機だなどという。西洋の啓蒙主義が生み出した西洋近代が危機に陥っている、という。もう少し気の利いた言い方をすれば、西洋近代こそがこの危機を生み出した張本人である、という。たとえば、アドルノとホルクハイマーの『啓蒙の弁証法』も、西洋の啓蒙主義が生み出した理性主義や合理主義、技術主義が、逆にわれわれの人間性を奪い取り、理性を衰弱させ、われわれを真綿で締め付けるかのように人間を破壊している、という。

しかし、ハイデガーはそうはいわない。このどうしようもない危機の様相をもたらしたものは、西洋近代ではなく、ギリシャから始まる西洋哲学そのものだ、というのだ。問題の種は、西洋がギリシャから受け継ぎ、歴史的に継承してきた哲学そのものにあった。西洋が誇るもっとも高度な知的財産であり、それが育んだ最高度の文化の象徴ともいうべき西洋哲学こそが「文明の危機」をもたらした、というのだ。これはどういうことであろうか。

西洋哲学の根本的な誤りはどこにあったのか。それは先にも述べた「存在者」と「存在」を明瞭に区別することなく、もっぱらあれやこれやの「存在者」の分析や収集に関心を向け、「存在者」の存在を可能とする「存在」そのものへと向き合うことを忘却した点にある。いつのまにか、「存在」つまり、あるものがある、という現実が自明視されてしまい、その意味を問うこともなくなった。たとえば、自分がここにこのように存在するのはどういうことか、といった問いを自らに突き付け、自らの存在の意味を自省することもなくなった。こうして存在の本来性への問いを放棄した時、頽落した世界が現出する。現代とは、「頽落した存在了解によって支配された時代」なのである。

もともと「存在とは何か」を問うことが哲学（存在論）の課題であったのだが、それが「存在の忘却」へと陥ってしまった。しかもそれは、ある独特の方向で展開した西洋哲学に起因するものであった。その点にこそ西洋哲学の誤りがある。存在忘却の上に作り上げられた哲学をハイデガーは「形而上学」と呼ぶ。そしてそれはギリシャに始まった。したがって、西洋哲学とは、延々と続く形而上学の史的展開であり、一言でいえば「存在忘却の歴史」であった。

◆「存在忘却」の帰結とは

ところで、ハイデガーは「哲学」こそがヨーロッパ文化の核心であるだけではなく、ヨーロッパに固有のもの、独自のものであることを強調している。だから、西洋哲学やヨーロッパ哲学というが、それは同義反復であって、哲学とは、それ自体がヨーロッパの思索そのものであり、ヨーロッパ文化そのものにほかならない。なぜなら、西洋の哲学とは形而上学であり、形而上学とは、ギリシャの遺産を相続した西洋文化の核心そのものだからだ。

したがって、ハイデガーの思索の課題は、存在忘却に陥った形而上学の解体であり、それは、第一に、新たな、そして真の存在概念の提示であり、第二に、西洋哲学つまり形而上学の歴史的批判であった。

『存在と時間』においては、「存在者」とは区別された「存在の意味」への問いかけが問題とされた。この問いかけの主体はむろん現存在としての人間である。人間の「存在了解」によって存在の意味は変わる。そうだとすれば、時間性の中で本来的なものを回復しようとする人間の気遣いと覚悟が新たな「存在了解」を生み出すであろうと彼は期待する。

だが、『存在と時間』以降、ハイデガーはその種の論理を放棄した。ナチズムの正体が徐々に明らかになってきたことと関連するのかどうかはよくわからない。だが、確かなことは、『存在と時間』の論理がその根本において、大きな問題を孕んでいたということである。ここでは、彼の意図に反して、どうしても人間という主体が立ち現れてくるからである。現存在である人間は「世界内存在」であり、ある状況と歴史の中に投げ込まれているといった時、ハイデガーは、人間という「主体」を中心に置く「主体中心的思考」を拒否しようとしていた。もともとこの人間主体主義の否定がハイデガー哲学のひとつの眼目であった。

にもかかわらず、主体が自らの実存において世界に対して働きかけるといった「企投」が前面に出てくるとなると、それはまた「主体」中心の形而上学への逆戻りとも見える。実際、後にサルトルは、何ものにも囚われない自由な主体としての人間(実存)という新たなヒューマニズムを導き出した。もちろん、それはハイデガーの意図とはまったく異なったものであった(『ヒューマニズム書簡』)。

そこにハイデガーが『存在と時間』を放棄した少なくともひとつの理由があろう。それ以降、彼は「存在の意味」ではなく「存在の真理」を問題とする。「存在の了解」ではなく「存在の生起」を問題とする。存在を了解し、新たなあり方へ向けて「企投」するのではなく、存在の意味が自らにおいて現れるのを待つ。人間は、実存的に世界を形成するのではなく、存在が己を開く場になる。人は、「存在へと身を開き、そこへ出で立つ者」となる。その時、人はただ「開けた明るみとしての存在の真理」に触れる場となる。こうして、ハイデガーは、人は「存在の牧人」である、という。

これらのハイデガー独自の概念は容易には理解できるものではないし、私のような門外漢が安易に立ち入るのも躊躇する。また、現代文明を主題とする本書でそこまで立ち入る必要もないであろう。そこで、ハイデガーの関心が向けられたもうひとつの方向をここで見ておきたい。それは、存在史としての西洋哲学がどのようにして「存在忘却」に陥り、それが何を帰結したのかという問題である。

2 イデア、「理念」の支配

◆「神」によって創造された「存在」

すでに述べたように、ハイデガーは、『存在と時間』の執筆を途中で放棄した。その時、西洋哲学の歴史を「存在了解の歴史」と見ることで、それまでの哲学史を貫く根本的な前提を批判的に明らかにしたいと考えていた。これまでの西洋哲学の歴史は、「頽落《たいらく》した存在了解に基づく存在概念によって支配された」ものであり、それは「形而上学の時代」と呼ばれる。だが、どうして西洋哲学の歴史はそうなったのか。形而上学の時代とはどういう意味なのであろうか。

ハイデガー研究者の木田元は、未完成に終わった『存在と時間』を再構成しようという試みにおいて、ハイデガーが意図した「西洋哲学の存在了解の解体の試み」について論じている。それは、『存在と時間』の出版とほぼ同時に行われた講義『現象学の根本問題』に大雑把に描かれており、またその後の『形而上学入門』や『ニーチェ』などによっても展開された壮大かつ執拗な形而上学批判において論じられたものであった。ここでは、木田元の著書『ハイデガー「存在と時間」の構築』、『ハイデガー』、『哲学と反哲学』(いずれも岩波現代文庫)などを参照しつつ、ハイデガーがいう西洋哲学の「存在の歴史」を簡単にスケッチしておこう。

すでに繰り返し、「存在者」と「存在」について論じてきた。たとえばここに、木でできた四本の脚のついた箱状のものがある、とする。そしてそれは机である、とわれわれはいう。この時に、「存在」は、「机がある」の「ある」を意味していた。

一方「存在者」は、そこにあるものは「机である」という言明に示された時の「机」というものの定義を問題にする。一方は「……がある」であり、他方は「……である」とされる。「……がある」とは、現に、目の前にあるモノが現実に存在していることで、それを「事実存在」という。一方、それが「机である」といった時には、現前するある物体を「机」という先行する観念に合致させていることになる。いいかえれば、われわれはあらかじめ「机」と呼ばれるような、「机」についてのある観念をあらかじめ持っており、それを基準にして目の前の物体を「机である」といっている。目の前の具体的なモノよりも、「机」と呼ばれるある観念の方が先行しているのである。

とすれば、そこには、現にそこにある物体に先行する、その物体の「本質」のようなものが想定されていることになろう。それを「本質存在」という。「……がある」という「事実存在」と「……である」という「本質存在」の区別こそが西洋哲学の歴史において決定的な意味を持っている、とハイデガーはいう。この区別こそが西洋哲学を「形而上学の歴史」にしたのであった。

それはどういう意味なのであろうか。

まず次の点に注意しよう。「事実存在(existentia)」は、ドイツ語で「現実性(Wirklichkeit)」と同義であり、それは「働き(wirken)」という語幹を持っている。ラテン語では“actualitas”で、英語の“actuality”となり、ここにも“act”に示されるように、ある「作用」が暗に意味されている。つまり、現実に存在するものは、何らかの「作用」「働き」によって現にある、ということになるだろう。ここでは、「事実存在」、すなわち「存在すること」とは、何かの作用によってはじめて存在する、ということになる。

その意味では、中世の存在論がこの種の存在了解を持っていたことはわかりやすい。なぜなら、あらゆる「存在」は「神」によって創造されたものだからである。「存在するもの」とは「被造物」なのである。あるものは、作られてある、ということになる。あるということは、神の制作的働きによって可能となっているのだ。つまり「存在すること」は「被制作性」として理解されている、ということである。

これは、存在の神的な説明を拒否したカントにさえも引き継がれている、とハイデガーはいう。なぜなら、あるものが存在するとは、人間の主観的な認識作用による定立だとカントは考えたからだ。カントにとっては、あるものが「ある」のは、認識主観による「表象作用＝前に立てる働き」の作用である。ものそのものは決してわれわれには把握できない。ものは、あくまで表象作用において主観的に定立されるのである。

そして、この「表象作用(Vorstellung)」は、「制作作用(Herstellung)」の一変形とみなしてもよいであろう。いわばそれは理性による制作なのである。となれば、カントが意識したわけではないとしても、カントの存在了解の根底には、「存在＝被制作性」という思索が伏在していたということになろう。

◆「理念」に図られる「現実」

ではそのような「存在了解」を生み出したその源泉には何があるのだろうか。ハイデガーはそれを古代ギリシャにまでさかのぼる。

アリストテレスは存在を示すために「ウーシア(ousia)」という言葉を使用した。これは、後にラテン語で"substantia"となり「実体」などとされる言葉であるが、もともとは「身の回りにある財産、家や屋敷」を意味していた。それは、家、財産からわかるように、自然にそこにあるものではなく、作られたものである。被制作物なのである。その上で、「ウーシア」は、「被制作性によって身近な使用可能性を持つ現前性を持ったもの」とみなされるようになる。「現前性」とは、「制作が終わり、ひとつの形を取ってそれ自体で自立して現に目の前に存在している状態」である。要するに、「ウーシア」とは、制作されて身近なものとして目の前にあるもの、であった。これがプラトン、アリストテレスの存在論である。ここでは存在とは、「被制作性」と「現前性」によって特徴づけられている。

そのことがさらに明瞭に表れてくるのが、プラトンの代名詞ともいえる「イデア」論においてであった。プラトンは、たとえば木工職人が机を作る時に、彼の頭の中に、すでに机のある形相が先行的に観念されている、と考え、この制作に先立って先取された形相を「イデア」と呼んだ。木工職人は、イデアから見て取られた形相(エイドス)をその材質の中に実現するのである。

したがって、現実に存在するものは、形相(エイドス)と材質(ヒュレー)の結合体であり、材質のうちに形相が実現され現れ出たものである。この材質(ヒュレー)がラテン語の"materia"となり、いうまでもなくそれが今日の「物質(マテリアル)」になる。アリストテレスも基本的に、このプラトンの存在理解を引き継ぐのである。

とすれば、プラトン、アリストテレスの存在理解は、存在とは、イデアの現実化として、制作的に、ある材質の内に定位されるものである、ということになるだろう。こうして、被制作性と現前性を特徴とするギリシャ的存在論は、きわめて独特の意味あいを帯びてくる。それは、現実に目の前にある「事実存在」とは別の次元に、イデアとしての「本質存在」を立てる、ということであった。

ところが、イデアは目には見えない。現前するものではない。それは超現実的存在であり、超自然的存在である。つまり「形而上的存在」なのである。こうして、「事実存在」（現実に目の前にある存在）と「本質存在」（超自然的存在）の区別こそが「形而上学」を生み出したのであった。「事実存在」は、「イデア」という「本質存在」を形において現実化すべく制作されるのである。こうして、現にここにあることの存在者よりも、イデアという目には見えない存在の方が本質的であり、現実の存在者は、イデアの写し、あるいは仮象のようなものとも見られるようになる。

その結果、「……である」という本質存在がもっぱら問われ、「……がある」という事実存在は忘却される。現実の世界を見る場合にも、われわれは常に「理念」を立て、時にはある「理想」を基準にしてそこから現実を論じる。ここに「西洋形而上学の支配」と「存在忘却の歴史」が始まるのである。

3 「自然（ピュシス）」の変貌

◆芸術の創造、「隠されたもの」の開示

ところで、存在を「被制作性」と「現前性」において理解し、さらにそれを「本質存在」と「事実存在」へと分裂させるというプラトン、アリストテレスの存在理解は、一般的なギリシャ的思考そのものなのであろうか。いや、そうではない。ソクラテス以前のギリシャの存在論は大きく異なったものであった、とハイデガーはいう。

もともとギリシャでは、存在するものの全体を「ピュシス（physis）」、すなわち「自然」と呼んでいた。

では「ピュシス」は何を意味していたのか。それはたとえば花の開花のように、おのずから発現するもの、自己を開示しつつ展開し、それによって現象へと踏み入れ、しかも、その現象の中でとどまることを意味した。それをハイデガーは「簡単にいえば、発現し、滞在する支配をいう」という(『形而上学入門』)。

そのおかげで存在するもの(存在者)は観察可能となり、現に存在することになる。そこには、生成と存在が、運動と静止が、ともに刻印されている。そこでは、後の「事実存在」と「本質存在」が分離していない。すべての存在者が、生成し、発現して、自己を展開している。ただただ、ピュシスの中から、何ものかが発現し、自己の中に滞在し、自己を展開することで存在者として現成するのである。現代的にいえば「オートポイエシス(自己組織化)」とでもいうところであろうか。

こうして現れ出た存在者は世界を作り出す。だが、その現れ出ること、現成は(ハイデガーはそれを「支配」という)、自己を世界として戦い取ることであり、その時にはじめて、隠されていたものが現れ出てくる。隠蔽されていたものがその覆いを取り外され、自らを現す。この非ー隠蔽性こそが、ギリシャ語でいう「アレテイア(aletheia)」、つまり「覆い(レテイア)」を「外す(ア)こと」であり、われわれが通常、「真理」と呼ぶものである。こうした一連の動き、作用こそが「ピュシス」なのである。

たとえば、優れた彫刻家は、大理石の中から、美の化身である女神を彫り出す。現代のわれわれは、それを、一流の匠の技という。たぐいまれな匠が、その技量によって、美に満ちた女神像を彫刻したという。われわれはそれを彼の力量や才能に帰着させる。

だが、ギリシャ人なら、美の女神は、すでに大理石のなかに埋まっていた、というだろう。それはすでに隠されてあるのだ。彫刻家は、それを外へと現し出したのである。彫刻家の働きによって、女神は、最初は、何やらよくわからない原初の形から始まり、徐々に姿を整え、そして女神像へと現成するのである。女神は、自ら生成し、発現し、大理石の中に滞留し、ある形となって「世界」を作る。そして、この時に、彫刻家は、隠蔽されてあるものの、覆いを取り外しているのである。これが、「ピュシス」によってギリシャ人が意味していたことであった。「ピュシス」は、「生じる」という意味の"phyomai"から派生し、おのずと生じたものを意味する。女神像は彫刻家の助けを得つつ、おのずから現れるのである。

確かに、彫刻家は、ただ覆いを取り外すだけだともいえる。もっとも、それ自体は容易なことではない。確かに誰でもできることではない。だからわれわれは、それを彫刻家の技量に帰着させたくなるのだが、それを、いわば石に閉じ込められ隠蔽されていた女神像という存在が、戦い、支配し、世界へと現れ出る、とギリシャ人はいったのだ。これは根源的な闘争である、とハイデガーはいう。美の女神が真に美の女神として存立するのは、むろん容易なことではない。確かにそれが現れ出る事態を「闘争」ということはできよう。彫刻家はこの容易ならざる根源的な闘争の担い手なのである。彼は「存在」のために戦う戦士なのである。

そしてこのような闘争は、何も彫刻家だけのものではない。それはあらゆる場面で行われる。あらゆる芸術の創造者、詩人、哲学者、政治家などがその担い手になる。詩人は言葉によって隠された真実を現成させ、哲学者はロゴスによって真理を表そうとし、政治家は、ポリスの建設によって善きものを現成させようとする。ここには闘争がある。こうして作品という形において「隠されたもの」が現実の世界に開示される。これが「ピュシス」であった。

◆プラトンの逆説、本質は現実に先行する

ところが、そのギリシャ哲学のいわばど真ん中でとてつもない変化が生じた。その張本人こそプラトンであった。

プラトンは、真理つまりイデアを論じる中で、有名な洞窟の比喩を提出している。囚人たちが洞窟の中に囚われている。彼らは、洞窟の中に置かれたランタンの明かりによってできるモノの影を見て、それを実在だと思っている。だが、囚人の一人が、あるきっかけで洞窟の外へ出て太陽を見る。それこそが真理を示す光源であることを知る。そして、彼は洞窟へ戻って囚人たちに真理を見ることを説く。だが、洞窟の中でランタンに照らされたモノの影を実在だと信じている囚人たちは、彼のいうことを信じない。囚人たちの目を洞窟の外へ向けるのは、たいへんなことなのである。つまり、洞窟という覆いを取り去ることは容易ならざることである。それはまさしく闘争にほかならないであろう。

洞窟の比喩が意味しているものについては特段の説明は不要であろう。洞窟の中に囚われた囚人は、現実のわれわれ自身だとプラトンはいう。われわれが見ている真理とは、ただ洞窟内のランタンに照らされたモノの影に過ぎない。それは真の存在ではなく、その仮象なのである。そして、ただ哲学者だけが、洞窟の外へ出て本当の真理（太陽）の存在を知る。そこで哲学者は、洞窟へ戻って、囚人たちに真理の存在を説くのだが、囚人たちはそれを信じようとはしない。孤独な哲学者は、大衆から孤立しながらも、真理をめぐる闘争を行うほかない。これがこの比喩の意味するところであった。

ところで、先にも述べたように、真理（アレテイア）とは、「覆いを剝す」ことである。ハイデガーは、アレテイアを「非－隠蔽性」と呼ぶが、そこで重要なことは、「アレテイア」とは、あくまでこの「覆いを剝す」こと、「非－隠蔽性」だということだ。太陽を直視することはできない。哲学者とはいえ、太陽そのものを見ることはできない。彼にできることは、暗い闇に覆われた洞窟という覆いを取り外すことだけである。非－隠蔽だけが彼ができることであった。太陽を見ることができないように、真理とは何かを述べることも、見せることもできない。だがそれがあることは間違いない。

確かに、ソクラテスは、何が真理かを指し示すことはしなかった。それを論述することもしなかった。ソクラテスが行ったのは、ただ言論家（ソフィスト）の思い込みを論難し、その無根拠を暴き出すことだけであった。つまり、彼らが真理だといっているものは本当の意味での真理ではない。ソフィストたちは、真理を装っている、つまり仮象を持って真理とみなすドクサに囚われている、という。

そして、この「覆いを剝すこと」こそがソクラテスが自らに課した使命であった。真理は定義できるものではないし、ロゴスでもって論述できるものではない。できることは、われわれを覆っているものから、われわれを非－隠蔽へと導くことなのである。それこそが「アレテイア」であった。

ところが、プラトンは、太陽に照らされた外の世界（いわば天上界）をイデアとみなした。アレテイアは、覆いを取り外す行為ではなく、天上界、つまり超自然界に存在する何ものかになったのである。もともと、ギリシャでは、真理を知ることは、じっと自己の内に沈潜して物事の本質を直観するという意味での「観照（テオリア）」ではなく、覆いを剝がして、もののあり様に迫ろうという知的な活動（プラクシス）であった。だから、しばしば、今日、技術（テクノロジー）を意味する原義である「テクネー」は、モノを繰り出す制作の技術だけではなく、真理に迫ろうとする知的活動をも意味したのである。

ここに、「ピュシス」概念の大転換が生じたわけである。プラトン以降、真理（アレテイア）は、ただ覆いを取り外す活動（プラクシス）というだけではなく、「イデア」を意味するようになったからである。

かくて「イデア」こそが真の存在、つまり「本質存在」となった。これに対して、「イデア」が働きかける対象は、材質（ヒュレー）とみなされる。そして、「ピュシス」は、「ヒュレー」として再定義されるようになる。これが今日われわれがいうところの「自然」である。彫刻家が、大理石に働きかけて女神像を掘り出す時、もともとのギリシャ的な意味では、大理石の中に隠蔽されてある女神が、彫刻家の手を介して、徐々に発現し、この現実へと現れ出て、くっきりとした姿を現し、そこに世界を作る。これがピュシスであった。大理石は、女神を隠し持っているのだ。

だが、プラトンのイデア説においては、順序が逆転する。まず、彫刻家の頭の中に、抽象的なイデアが存在する。そして、大理石という材質を対象にして、そこに女神のイデア（形相）を実現するのである。イデアは確かに抽象的で目には見えない存在である。だがそれは永遠の存在であり、モノの本質にほかならない。それを現実に表現した時、現実の存在はイデアによって統制されることとなる。現実の女神像は、女神のイデアの写しなのである。

かくして、「本質」は「現実」に先行する、もしくは、「本質存在」は「事実存在」に先行する。こういうことになる。ここで、ピュシスは、自然から取り出された大理石そのものであり、つまりは岩石となる。それは単なる物質的存在であり、そこから、現代にまでつながる「自然＝物的存在」という自然了解が始まった。自然は生成でも発現でも何でもなく、無機質で非生命的な物質（マテリアル）へと変貌するのである。

4 理性主義、「近代の怪物」の誕生

◆プラトン主義が実証主義を生む

ところで、ここで少しだけわき道に入って重要なことを述べておきたい。

それは次のようなことである。プラトンやアリストテレスが「イデア」と「ヒュレー」とを区別し、「イデア」を超自然的な抽象的観念とみなし、「ヒュレー」を、そのイデアが働きかける自然的対象とみなした時、そこに次のような発想が出てくるであろう。

それは、「イデア」の実現こそが、現実の「正しいあり方」だという理解である。現実の存在者は、正しいか正しくないか、という審判の前にさらされることにもなるだろう。いってみれば、「イデア」と「現実の存在」の間の対応関係が問題とされることとなる。この対応が正確であれば「正しい」のである。そして、知識とは、この「イデア」と「事実」の間の対応関係に関わるものとみなされる。この対応が適切ならば、その知識は正しいことになる。

ここから、われわれはすぐさま、今日の「実証科学」へと行き着くことになるだろう。仮に「イデア」を「理念」あるいは抽象的な「理論」を意味するものと解し、「自然＝材質（ヒュレー）」を対象あるいは事実と解するなら、「理念（理論）」と「対象（事実）」の間の正確な対応こそが、今日では「真理」と呼ばれるのである。

これは「真理」観念の恐るべき転換であった。ピュシスの生成、発現、現成であり、その意味で覆いを取り外すことであった古代的真理は、ここで、理念の現実的対応の正確さという論理的な真理概念へと変貌したからである。「事実」による「理論」の検証こそがこの対応の正確さを担保することになる。

確かに今日の実証主義は「イデア」の存在など認めない。人間の理性による推論と観察される事実だけを信頼する。だが、理性によって紡ぎ出された観念と事実の対応に知識の正しさを求めるというその構造を可能としたものはプラトン主義だったといってよいであろう。イデアの観念世界とヒュレーの対象世界との弁別、そして、対象世界にイデアの写しを見る、という思考が、今日の実証主義の淵源となっている。

◆変容する「叡智への愛」

さてこのように見てくると、西洋哲学の中にある根本的な性格が浮かびあがってくるのではなかろうか。それは哲学の始まりである古代ギリシャから現代にまで一貫して流れるある独特の思考様式だ。それは、「本質存在」と「事実存在」の区別であり、前者の後者に対する優位であった。そして、それと関連して、存在を「制作–被制作」において見る、いわば「制作的存在了解」といったものである。

その創始者はプラトンであった。もともとギリシャ人の考える根本的な存在は、たとえばミレトス派の初期の哲学者のように「コスモス」であり、それは眼に見えるすべての存在の全体であり、宇宙的な秩序であった。そのさい、彼らは、すべての存在するものが持っている個有の安定した特質である「ピュシス」を手がかりにしたのである。かくてギリシャ哲学の出発点は、すべての存在者をその存在者の特質として含み持つ「自然(ピュシス)」にあった。「自然(ピュシス)」はあらゆる存在者のその本質をその内に秘めているのである。だから後に「自然」はまた「本性」を意味することとなる。それゆえ、たとえばヘラクレイトスがいったとされるように万物は流転するとしても、それらは、それなりの調和を保って存在していた。ヘラクレイトスにとって対立する二つの動き(流れ)は対立することによって調和を保ったのである。そしてすべての存在者が、ひとつのものとして統一されて現れ出ているこの存在のあり様は、人々にとっては驚きであった。ギリシャ人たちはその意味で、存在がこうしてあることに畏敬を持ち、自らもピュシスへと調和しようとし、その中である驚きを持って安住できた。そして、万物の存在へのこの畏敬と調和こそが「叡智への愛」であった。

しかし、ソフィストがこの叡智(知識)を逆手にとって、ありとあらゆるものを便宜的に説明する時代が到来した時、ソクラテスやプラトンやアリストテレスは、改めて、存在の意味を明瞭にする必要を感じた。そこで、彼らは、こうしたあらゆる存在者の調和したあり方に対して、「それは何であるのか」と尋ねたのである。この時に哲学は始まった。

そのことを、木田は、ハイデガーを参照しながら次のように述べている。ありとしあるすべての存在を畏敬し、それに随順になり、それと調和し、それに包み込まれて生きることと、その存在をことさら「それは何であるか」と問いただすこととはまったく別のことである。このように問うた時に、あの始原の調和は破れ、問うものは、もはやあの原初の出来事の内に包み込まれていることはできない。こうして「叡智を愛すること」が「愛知＝哲学」に変わってしまった。「叡智との調和」が「知への欲求」へと変容してしまうのである(木田元『わたしの哲学入門』)。

◆「ニヒリズムの時代」がやってくる

こうして、「存在を問う」という哲学の思考が始まる。始まると同時にそれは、形而上学となる宿命を持っていた。しかも、この形而上学は、その後の西洋哲学のみならず、広くいえば西洋の文化、西洋の歴史そのものを支配することとなる。

西洋思想にせよ、西洋文化にせよ、多分に、この世俗の現実世界を認めながらも、この世界に満足することはできない。常に、より高度なもの、より優れたもの、より超越的なものを求め、またそれを表現し、現実化しようとする強い衝動に動かされてきた。いまここにはないもの、理想的なものや霊的なもの、神的なものを求めて、それとの確執によって現実を解釈しまた変革しようとしてきた。そこにたえざる創造や進歩という発想も出てくるのである。

「叡智との調和」が「知への欲求」に変貌した時、知識による創造や進歩が生み出される。知識は、コスモスやピュシスに内在する秩序（真理）へ向けた霊的な活動ではなく、社会へ働きかける実践となる。この種の制作的な知識はまさしく西欧の思想や文化を形づくる精神の決定的な支柱となるのだ。だから、哲学はそれ自体が西洋のものであり、また西洋文化の歴史的構造を規定し続けたのである。

この存在の形而上学の構造は、繰り返していえば、「本質存在」と「事実存在」という二分法と、制作的存在了解にある。プラトンやアリストテレスから始まったこの構図は、形を変えつつその後の哲学の基本構造となってゆく。プラトンの「イデア」やアリストテレスの「純粋形相」に代えて、中世キリスト教世界にあっては、あらゆる存在を「神」の創造において了解しようとした。「神」が本質的な（究極的な）存在なのであって、われわれの此岸の存在者はことごとくその被造物なのである。

このような思想は、さらに近代においても受け継がれる。デカルトが、人間の精神（理性）こそがすべての根拠であるとした時、理性という本質が描き出すもの、あるいは、理性が創造するもののみが真なる存在である、という存在了解が導き出される。創造主としての神が理性に置き換えられたのであり、その後のカント哲学も基本的にはデカルトの理性主義を引き継ぐ。

こうした制作的存在了解の図式においては、一方で、「イデア」「神」「理性」という永遠なるもの、現前しないもの、抽象的なもの、超自然的なものが立てられ、他方では、物的な存在としての被造物が対象化される。とりわけ、デカルト以降の近代の理性主義の時代ともなると、一方で、人間理性は、具体的な人間の生身の身体を離れて、超越的、超自然的な精神へと格上げされ、その理性の働きによって、物質化した自然が対象化されるのである。「精神」が「物質」に対して優位に立つ。この対立図式の中で、一方で理性や精神を超越的な主体とみる形而上学が打ち立てられ、他方では「ピュシス」を「ヒュレー」に変形した物質的自然観が出現する。形而上学と物質的自然観は同時的なものであり、相補的なのだ。

もちろん、ギリシャ人が考える「制作（ポイエシス）」と近代的な「製造（プロダクション）」は大きく異なっている。それを同一に扱うわけにはいかないのは事実であろう。女神を彫る彫刻家と高層ビルを設計する建築士を一緒にするわけにはいかない。にもかかわらず、「制作的図式」は「製造」の時代にも引き継がれた。確かにそれは変形されたし、いや恐るべき変形を受けてではあるが。

デカルト的な合理主義のもたらす存在了解は、やがていわば自己展開をとげて、実証主義の科学を生み、科学の技術的使用を生み、産業経済の無限拡張をもたらし、ヒューマニズムと人間自由の途方もない拡張を生み、あらゆるものの合理的計量や数量化をもたらし、さらには帝国主義的拡張、地球（すなわち存在者の全体）への支配の欲望にまで行き着くのである。その奥底には、これらはすべて人間の製作した文明だ、という荘厳なまでに独善的な自己意識が流れているだろう。

そしてここまでくると、理性主義という近代の「形而上学」の産物が、あたかもフランケンシュタイン博士の生み出した怪物のごとく、その産みの親である人間の理性にまで襲いかかってくる。神に代わって理性による由緒正しい秩序を構想したはずの「近代」は、恐るべき勢いで秩序破壊へと向かって行進しはじめる。そうなると、われわれは、神はおろか、理性に対する信頼さえも失ってしまう。そしてわれわれはそれを「ニヒリズム」と呼ぶ。

ハイデガーは、それこそが西洋の形而上学の帰結だと見たのであった。したがって、20世紀前半の戦間期の危機の様相とは、ただ西洋の近代主義の行き詰まりなどというものではなく、西洋哲学の、形而上学の、存在の歴史の帰結といわねばならないのである。「存在の忘却」と呼ばれた西洋の歴史がその危機の壮大な舞台であった。

西洋哲学が道を誤ったのは、存在者にもっぱら関心を注ぎ、存在を忘却したからだ、という。そして、存在者を生み出し、それを作り出したものを、イデアや神や理性という「形而上学」に求めたからであったという。「存在」というもっとも根底的な問いを、「形而上学」に預けてしまったのである。

とすれば、その「形而上学」の素性が明らかになり、イデアも神も理性も信じられなくなった時、「存在」を支えるものは何か。そこには何もない。ただ虚無が広がる。いや目の前には巨大都市があり、目を見張るばかりの高層ビルがそびえ、豪華客船が停泊していても、やはり「虚無」なのである。「ニヒリズムの時代」がやってくる。だから、ハイデガーは、１９３０年代から40年代にかけてニーチェのニヒリズムを詳細に検討することになる。そしてそれが何を意味しているのかは次章で見てみよう。

第5章 「ニヒリズムの時代」としての近代

1. 近代のニヒリズムと「力への意志」

1 「精神」の働きの衰弱

◆ハイデガーの問いの今日的意義

私は、この書物で「現代文明の様相」を論じようとしている。この場合の「様相」とは、ただ多方面で生じている出来事を列挙し、解説するものではない。現代文明が、その総体として、このまま突き進んでいけば何かとてつもない破局へ向かうのではないかというそのあり様を論じたいのである。

「危機」という言葉は、前にも書いたようにあまりに手垢にまみれており、この言葉が本当は意味するはずの深刻さに比べれば、かなり陳腐な表現になっているので、あまり使いたくない。だがそうはいっても別の適切な言い方もないので、「危機（クライシス）」と呼んでおくが、確かに今日、われわれは「文明の危機」、もしくはオルテガのいう「歴史の危機」の中にいる。

そして、このような「歴史の危機」意識が、強くかつ広く人々の生を捉えた時代として20世紀初頭のヨーロッパの思想状況を概観した。幾人かの代表的な思想家を取り上げたのだが、その中でもハイデガーについてかなりの紙面を割いた。それには理由があって、ひとつは、ハイデガー哲学が、この時代の「ヨーロッパの危機＝没落」を真正面から受けとめた強力な思索であったからである。このことはいうまでもない。だがもうひとつは、ハイデガーの論じたヨーロッパ文化の危機が、ただ20世紀初頭、第一次世界大戦後のヨーロッパの混乱の産物というにとどまらず、百年後の今日、21世紀のこの世界にもほぼそのまま妥当するからであり、現代世界におけるわれわれの生にまで鋭く強く突き刺さってくるからである。

ハイデガーの思索は、決してナチズムの崩壊とともに消え去ったわけではない。ハイデガーが一時とはいえナチスに接近したからといって、ナチズムの崩壊がハイデガー哲学の破綻を意味するわけではない。それどころか、まぎれもなくそれは今日的意義を持ち続けている。しかもそのことは、20世紀初頭の思想的状況がその百年後の今日とまったく地続きであることを示している。第二次世界大戦によって決して文明論的状況が一変したわけではないのだ。20世紀初頭にはヨーロッパの危機であったものが、この百年で世界全体に拡散しつつ依然として危機の様相を示しているということは驚くべき事態ではなかろうか。

しかもこの百年で、はるかに空間は拡張し、富は拡大し、技術が高度化した。われわれの生活は格段に豊かで便利になり人々は自由になった。だがその分だけ、ますます危機の様相も深刻になってきている。おまけに、そのことをハイデガーは予言していたのである。なぜなら、ハイデガーは、科学・技術、実証主義、数値主義、大衆化、凡庸化、グローバルな帝国主義こそが現代文明を特徴づける危機的様相だといちはやく見抜いていたからである。それらは、まさしく21世紀の今日、われわれの直面している問題にほかならないであろう。

というわけで、この章でも改めてハイデガーを参照しつつ、この現代文明の本質を論じてみようと思う。もはや、時代を20世紀初頭に限定する必要はない。われわれがいま関心を持っているのは、まさに今日の現代文明そのものの構造についてなのである。

◆文化のための装飾品となった「知性」

まずは、ハイデガーの次の論述に耳を傾けてみたい。引用は、前にも引いた『形而上学入門』からのものでその続きである。もっとも、いささか長くなるのと、引用そのままでは少しわかりづらいので、私なりに簡略化し砕いた文章で紹介したい。

ハイデガーは、「存在への問い」の亡失こそがヨーロッパの没落をもたらした、という根底的な主張に立って、ヨーロッパの歴史への深い疑問を改めて投げかけた上で次のようなことをいっている。

われわれ（ヨーロッパ人）には、「存在への問い」を問うことが「大地の世界歴史」（確かな存在をめぐる歴史）にとってどれぐらい本質的かという洞察が欠けている。大地の上で、大地を取り巻いて「世界の暗黒化」が進行している。それは何かといえば、「神々の逃亡」、「大地の破壊」、「人間の集団化」、「凡庸の優先」である。

世界とは何か。世界とは精神世界である。動物は世界を持たない。だから、世界の暗黒化とは人間の精神の暗黒化であり、それは、精神の無力化、精神の消耗を含んでいる。ヨーロッパにおける精神の無力化が、19世紀におけるヨーロッパ自身の精神状況からきているとすれば、今日のヨーロッパの状況はますます不吉というほかなかろう。本質的なものを人間へと到来させるその源をなすあの「深み」が失われた世界へとわれわれはすべり込み始めた。何も写し出しはしない鏡にも似たひとつの平面へすべてが陥ってしまった。可能性ということは、力の充満ではなく、誰でもが習得できるということを意味するに過ぎなくなった。こうしたことが、アメリカとロシアでは、いつも、同じものの、そしてまったくどうでもよいものの果てしない羅列となり、「量的なもの」が支配する。アメリカとロシアでは、どうでもよいものの平均が支配しているのである。それはすべての精神的なものを攻撃し破壊する。それを「デーモン信仰の到来」と呼んでおこう。

今日の「精神の無力化」は次の次元で見ることができる。第一に、「精神」がただの知識やその操作に関わる「知性(インテリゲンツ)」へと誤解されてしまった。この「知性」は目の前にあるものを計量し、改良して応用する点で聡明であるに過ぎない。文筆家や評論家などは、この「知性(知的なもの)」へとなり下がった「精神」の末路である。機知に富んでいる、などという時、この「知性」は、「精神」を装って、そこには何もないことを隠蔽しているだけである。

第二に、こうして「知性」になり下がった精神は、他の何かに役に立つ知的な道具になってしまったり、実証主義のように、ただ目の前に横たわっているものを利口に秩序づけたり説明したりするに過ぎない。

第三に、「精神」をこのように道具的なものと誤解する時、「精神」の作用であるはずの、詩、造形芸術、国家建設、宗教などは、人間が意のままに立案したり、いじくったりできるものへと転化してしまう。そして、科学や学問も含めて、様々な分野に分割され、専門化され、それぞれの分野で人々は自分たちなりの尺度を勝手に作り出し、それに照らして業績を評価しようとする。自分たちだけで、自分たちのやることを価値あるものとし、それ以上のことを要求しようとはしない。こうして「詩のための詩」、「芸術のための芸術」、「学問のための学問」が出来上がり、それらは「文化」となる。「知性」は、それぞれの分野で役に立つ道具となり、さらには、文化のための装飾品、贅沢品になるであろう。

◆真理への関心を失った大学の学問

ついでにいえば、ここでハイデガーは面白いことを述べている。それは大学の学問についてだ。今日、技術的・実用的学問と文化価値に関わる学問に二分され、両者が争っている（これは、現代的にいえば、技術系の科学と人文系の科学ということであろう）。しかし、両者ともに、実は、同じ精神の衰弱、精神の誤解の産物である。技術的・実用的学問は学問を分割して個別化することで社会に役に立つとアピールする。一方、文化価値に関わる人文的学問は、たとえば、真理を追究するというようにいい繕って、精神の無力をごまかそうとしている。その両者ともに、「精神の衰退」の結果なのである。だから、技術的・実用的学問が、ことさら文化価値の学問にも信を置くなどと公言し、両者が同じ精神の喪失の中でお互いに了解しあうなどということにもなるのだ。

こういう状況の中で、バラバラになった専門分野をまとめているのが大学であり、大学は、それらの個別分野を、個別の学部として技術的に組織することで、かろうじてつなぎとめている。だが、それは、いわば見かけだけのことで、諸学問が、その本質的根拠に根を下ろすということはもはやなくなってしまった。この個別的専門分野の中で、各学問は、ただ知識の獲得と伝達に関わる技術的な事項になってしまっている。こんなことが学問の姿になってしまった今日、ここから精神を目覚めさせるなどということはもはや生じないであろう。

では、ハイデガーにとっての「精神」とは何か。それを、彼は、あのナチスへの関与を取りざたされる悪名の高い、自身のフライブルグ大学総長就任講演を引用しながら次のように述べるのだ。「精神」とは、空しい明敏さでもなければ、ただの機知の戯れでもなく、理詰めの分析でもないし、世界理性などでもない。「精神とは、存在の本質へ根源的に気分づけられた知的決意性である」。存在の問いを問うこと、そのことは精神を目覚めさせるための本質的な条件であり、そのことこそが西洋の運命を決定する、というのである。

これが、現代文明についてのハイデガーの論述である。存在の本質へ向けて、その根底的な意味について緊張を持って問い、問うことそのものを、単なる知的好奇心を超えた、人間の生や存在そのものに深く突きさすこと、それが「精神」であった。

だがそのような、「精神」が、専門的な「知性」へと貶められる。そこでは、自己満足的な科学が専門主義をたてにして己を保護し、社会への簡便でわかりやすい役立ちをもって自己正当化を行い、多少、人を驚かせる新奇な言葉や身振りで話題を提供したりする。あるいは、事実とは何かなどという深刻な問いを問うこともなく、現前にある事実なるものに寄り添うという実証主義を持ち出したり、計量できるもの、数値化できるものを前景化してそれ以外のものは排除したりする。ここではもはや「精神」は働かない。

相当に強い表現であり、挑戦的な物言いというべきであろう。特に大学や学問についての論述は手厳しいが、まさにこの21世紀初頭の知的世界の情景を描き出しているといっても過言ではあるまい。しかも、これは1935年夏の講義なのである。これを読むと、この百年、われわれは基本的に同じ種類の問題の前に放り出され、同じようにごまかし続けているという感が強くなる。

それは、端的にいえば、物事の本質やその意味を問うという「精神」の働きの衰弱化であり、それに代わって、物事を事実の羅列や計量化へと押し込む実証主義や、事物の分析や応用についてのテクニカルな方法へと関心を集中する技術主義、それに諸分野をバラバラにした専門主義の全面的登壇である。しかもそれが合理的な「知性」として賞揚される時代だということである。

ハイデガーは、あるところで「算定」、「迅速性」、「大衆性」こそが現代の特質であると論じているが、確かに、今日、われわれが対象とするものは、計算可能で、その作用について想定でき、その想定の範囲内で操作可能なものであり、その操作に関わる技術的速度がますます速くなるようなものである。コンピュータがその典型であろう。いや、「算定」「迅速性」「大衆性」が現代文明の特質となったからこそ、コンピュータがかくもこの文明の中心を占めるようになったのである。

今日、「経済」が圧倒的に重要な領域になっているのもそのためである。もちろん、豊かさや富へのわれわれのあくなき欲望を満たすものが経済だからという事情は一方にあるが、もう一方では、経済こそが典型的に計量可能であり、算定でき、迅速性を求め、大衆を巻き込むからである。とりわけ計量可能性は大きい。GDPにせよ、成長率にせよ、株価にせよ、あるいは売り上げや収益率にせよ、経済指標こそがもっともわかりやすい数値なのである。現代社会のあらゆる領域で、計量可能性と活動成果の数値化こそが求められ、そこに、迅速性つまり効率性が強力な価値となる。効率性を高めることこそが今日、最大級の正当性を持つ。

こうした世界では、物事の背後に隠されてある真理や、存在の意味といったものへの関心はほとんど失われてゆくのも当然であろう。数値化されるもの、計量可能なもの、技術的に操作可能なものしか認められなくなるであろう。物事（存在者）の意義づけは、まさにこの表層的な技術主義、実証主義によって主導される。「数値」が「真理」に代置される。「計量」が「思索」に代替される。そして、それらは、バラバラになった専門的分野へと入り込み、その成果は社会的な応用や実用において評価されることになる。

2 ニヒリズムと「価値」の崩落

◆価値の捏造者である空虚

これを別の言い方をすれば、ニヒリズムそのものといってよいであろう。ニヒリズムをニーチェは、「最高の諸価値の崩落」と定義したが、「最高の諸価値」とは、あらゆるものの価値の秩序や序列をもたらすその大本になる価値だ。様々なものを価値づける（序列化する）ためのより大きな価値といってもよい。

価値とは、人々に共有されて、人々の思考や行動の基準を与えるものであるから、最高の価値は、思考や行動の正当性の究極の基準となる。それは価値を生み出す絶対的なものであり、またそれ自体が絶対的な価値を持つ。ソクラテス以前の古代ギリシャでは、自然(ピュシス)やコスモスがその役割を果たし、プラトン主義においてはイデアであり、キリスト教世界では神や聖書である。そして近代にあっては、人間理性が最高の価値となった。これら絶対的なものが、究極的には世俗の現実世界における物事の諸価値を決定した。人間の行為の道徳的価値もそこから生み出されていた。

だがニーチェは、この絶対的な基準が現代では崩落した、という。イデアや神は当然、人間自身の「精神」や確かな「理性」さえも信じることはできなくなったのである。その結果、われわれは、日常の生においても、また科学の世界においても、もはや、確かな価値秩序を持ちえない。科学さえもがもはや絶対的な真理などという目もくらむような価値を高々と掲げることはできない。存在する物事はすべて相対的なのだ。そこに確かな存在意味はもはやない。存在の意味を問うても、あるいは存在の序列を問うても、それこそ意味がないのだ。かつてのヘラクレイトスからプロタゴラスへの思考が現代によみがえった。だから、今日の実証科学は、せいぜいのところ、「仮説」を「事実」に突き合わせて、その妥当性、適合性を検証するに過ぎない。真理性など問題ではない。だから、たとえ「仮説」であっても、それが現実に役立てばそれでよいのである。

こうなると、われわれを取り巻いている世界が、何かある「目的」を持って立ち現れ、われわれをある方向に向けて突き動かしているという意識など、すっかり消え失せてしまうだろう。たとえば、この世界は神の意志によって完全なものとして創造されたなどというライプニッツ的な完全性の思想など誰も信じることはできない。あるいは、歴史は、人類全体の福祉の向上や人間の自由の実現に向けて動いている、もしくはそのように構成されるべきだなどとヘーゲル流に宣言することも不可能になる。つまり「目的的世界観」も「目的的歴史観」も失われる。

また、その意味で、世界はひとつのまとまりを持つという「統一的世界観」も失効するだろう。われわれは、世界を、物質の領域、生物の領域、昆虫の世界、海洋世界、宇宙、医学的領域、それに政治や経済や社会や国際関係や哲学研究等々へと分割し、それを分析する。いくらでも分化した「専門分野」は成立する。だが、それらを統一する「世界」はどこにもない。かくて存在者の全体も、そしてそれを対象とする知識の全体も統一を失ってちぐはぐな動きしか見せない。

そして、その前提として、もはや、世界を統一できるような隠された「真理」というものは存在しない、ということにもなろう。もともと人間が、自分の行動を意味ある形で了解するためには、それを評価する一段高い価値が必要であった。それを、われわれは世界についての「真理」と呼んできた。それを仮説的であれ、設定しておかなければならなかった。しかし、世界の統一が失われ、いかなる行動や活動によっても何も格別なものが達成されないという落胆が広がると、当然、世界についての「真理」も失効してゆく。こうして「目的」「統一」「真理」が崩壊する。それこそがニヒリズムの結果であり、それをハイデガーは「精神の喪失」と呼んだのだった。

ニーチェは、決してニヒリズムを否定しているわけではない。否定的な対象として見ているわけでもない。それどころではない。ニヒリズムはある意味では当然の事態なのである。よいも悪いもなく、起こるべくして起こったのである。

なぜなら、そもそも、プラトンのイデアにせよ、キリスト教の神にせよ、また、絶対的な理性にせよ、すべて、われわれ人間の手による創作だった。神が人を作ったのではなく、人が神を作った。どうしてそんなことをしたのか。それは、われわれは、世界に存在するもの（存在者の全体）を何らかのやり方で位置づけ、意味づけ、それを人間にとって便利なものとして飼いならすべく、こうした絶対者、つまり、価値を必要としたからである。確かに「彼岸的世界が存在しなければならないのは、此岸的世界を耐えられるものとするためなのである」（ハイデガー）。われわれの生きるこの此岸のために、われわれは彼岸を必要としたのだ。

何らかの価値がなければ人は生きることはできない。ましてや社会生活を一定の秩序をもって営むことなどはまったく不可能だろう。価値の秩序は人間の生を、社会を安定させる。この安定を求めて、われわれはこの現実世界を超越した価値が存在するとみなした。

だが、まさにそのことがもろ刃の剣となる。超越的な価値や「真の世界」を頼りにすることは、われわれ人間の現実生活から発した打算であり、われわれの願望の対象を最高価値に祭り上げただけに過ぎない。こういうカラクリがひとたびわかってしまうと、たちまち「真の世界」も「最高価値」も動揺してしまうからである。

かくてわれわれは、自らがそれらの価値の捏造者であるという恐るべき事実に気づかざるをえなくなる。自らが捏造した価値にわれわれは服従し、自らを縛り続けているだけだと考えざるをえない。すべてが空回りの自作自演なのである。

実際、善のイデアといわれる絶対的真理も、究極の創造者である神も、絶対的な人間理性も、誰も見たこともなければ論証されたこともないではないか。どうしてそんなものにしがみつかなければならないのか。もちろんこれらは一種の「信仰」のようなものだから、誰もがそれらを信じられればよいのだが、天上界のイデアも神も信じることはできない時代がくる。また20世紀の大戦争や大量虐殺を目のあたりに、もはや理性を信じることができなくなればどうなるのか。われわれは、自らがでっち上げたものに自ら縛られているだけではないか。そうならば、こんな出し物はもうやめようというのだ。

これは一種の覚醒であり、思い込みからの解放であろう。そのことにいったん覚醒した人間は、もはやそれらを信じることはできなくなるのも当然であろう。価値の捏造をひとたび見抜けば、絶対的なものはその根拠を失う。かくて価値崩壊、価値喪失が生じる。われわれは、確かな何ものも持たない無秩序の中に裸のままに投げ出されるが、逆にいえば、この荒野においてこそ人間は真の意味で自由になり、自立し、自ら新たな価値を創造できるであろう。かくて、まずは、既成の価値を打ち壊し（積極的ニヒリズム）、価値喪失の状態に置かれ（消極的ニヒリズム）、そして、新たな価値を生み出す（新たな価値定立）方へ向かうべきだというのだ。

◆世界を「破局」で覆うニヒリズム

だが、この場合、人間とは誰のことであろうか。決して人間一般でもなければ、人類でもない。端的にいえば、ヨーロッパ人である。ヨーロッパ文化こそは、古代ギリシャのイデア論とキリスト教神学を支柱とし、その二本の巨大な柱の上に近代的な理性を打ち出し、さらにその上に、壮大な文明を築きあげてきたからである。だから、「ニヒリズムはヨーロッパの歴史に他ならない」というニーチェの黙示的な言葉は実に的確であった。ニヒリズムとは「ヨーロッパのニヒリズム」でしかありえないのであり、ニーチェのこの断定は、ヨーロッパの崩壊を問うハイデガーの課題と寸分の違いもなく呼応し合うものであった。

しかもそれだけではなく、ハイデガーは、このニーチェのニヒリズムを、ニーチェが想定した以上に強力な現代世界全体を覆う全般的現象として捉えたのである。「ニーチェの言葉『神は死せり』」において、ハイデガーは次のように述べている。

ニヒリズムは、その本質において、西洋の歴史の根本運動である。しかもこの根本運動は、世界の様々な破局をもたらすほどの奥深さを持っている。ニヒリズムは、近代の諸民族の世界歴史的な運動である。ニヒリズムは、決して多くの思想家が思っているような二、三の国民の産物なのではなく、自分たちはニヒリズムを免れていると妄想している人々こそが、ことによるとニヒリズムの展開を促進しているのかもしれない。このようにいう。

そう、確かにそうかもしれない。自分たちはニヒリズムを免れていると思っている者こそがニヒリズムの展開を促進しているのではないか、というハイデガーの危惧はどうやらあたっているのではなかろうか。それは西洋だけではなく、世界を覆いつくしつつあるのではないか。それは地上のあちこちで「世界の様々な破局」をもたらすものではないだろうか。

『存在と時間』を書いたのち、正確にいえば、この書物を未完のままに放置して続編を放棄したのち、ハイデガーは1936年から40年にかけてニーチェについて集中的な講義を行った。それらは、戦後の61年になって大部の『ニーチェⅠ、Ⅱ』として出版され、また、それとは別に、いま取り上げた「ニーチェの言葉『神は死せり』」（1943年）という印象的な講演が論集『杣径《そまみち》』に収録されている。

ここでもまたハイデガーの主張を的確に要約するなどということは不可能なのであるが、ハイデガーがニーチェから何を読み取ったのか、それを本書の現代文明論に関わる限りで述べておこう。

3 「神は死んだ」、超越的価値の破産宣言

◆確信犯としてのニヒリスト

近代のニヒリズムは、ニーチェの有名な言葉「神は死んだ」から始まったといえようが、これはむろんキリスト教の破産を述べただけではなく、あらゆる超越的価値、超感性的世界の破産宣言であった。神とは、すべての超越的絶対者を指し示す言葉であり、あらゆる超感性的世界の象徴である。

プラトン以来、西洋文化は、世俗的なこの現実を超えた超感性的世界に絶対者を立て、それこそが永遠の真理だとみなしてきた。もし、こうした超感性的な次元の絶対者を立てなければ、われわれの生きるこの世俗世界は、たえず様々な出来事が渦をなしてうごめき、絶え間なく変化し続け、人も事物も生々流転するだけの混沌とした世界である。

だが、この混沌とした流転の中に絶対的なものをさし込んだとしよう。そしてこの絶対的なものを基準にもう一度、生々流転の現実を眺めてみよう。すると、この超感性的な永遠の世界からすれば、われわれの生きているこの生々流転の現実は、見せかけだけの仮象世界に過ぎなくなる。物事のイデアや想

像された理想、あるいは神が創造しようと意図したはずの完全な世界こそが「本質」であり、それを知ることが「真理」への王手であって、われわれの生きているこの現実世界は、せいぜい、イデアや神が描く永遠の世界の不完全な写しにしか過ぎない。変化する世界は、永遠の世界からすればいずれ不完全なものであろう。

かくて、超越的で永遠の彼岸こそが真実であって、此岸は仮象だという了解が西洋思想の底を流れ続けていた。物事の「本質」と「現象」は違うのである。「本質」と「現象」、「永遠」と「変化」、「聖性」と「世俗」、「霊性」と「身体性」、「不滅のもの」と「死すべきもの」、「彼岸」と「此岸」といった西洋思想の根本的な区別がなされ、しかも前者が後者に対して優位に立つのである。

しかし、「神は死せり」という言葉で、ニーチェは、この西洋哲学の立場を逆転させた。超越的世界、超感性的世界、永遠の世界は、いっさいの「活動力」を欠いている、というのだ。永遠に静止した世界、真理の世界は活動しない。そこには生の活動も躍動も存在しない。それは、完璧にできた永遠に静止した世界、つまり死したものの世界であって、それと対比される人間のこの世界は、たえず変化し、活動によって運動し続けている生きた世界なのである。

にもかかわらず、この超越的世界を理想とみなし、われわれのこの現に生きている世界を仮象と見、できるだけその理想に近づけようとしたのが西洋文化の基本構造であった。超現実的なもの、超感性的なものという抽象的なもの、思弁的なものこそを本質としたのである。「西洋文化とは本質的に形而上学的である」というのはそういうことであった。ニヒリズムとは、いいかえれば、まずは形而上学そのものだ、ということになる。

これに対して、われわれの生きているこの世界は、変化と生成の絶えない流転の中にあり、変化や生成こそが実相であって、変化し続ける現実こそが真実なのである。超越的世界や超感性的世界、つまり形而上学を成り立たせている永遠の真理はすべて人間の捏造に過ぎない、とニーチェはいう。それを否定すれば、その後に出現するのは、たえざる生成、変化、活動のうごめきのみであり、それこそが本来の「生」の世界だ、という。

確かに、この生々流転の「生」そのものの世界は、あらゆる価値を見失った世界であろう。そこには、もはや、価値を生み出す絶対者も形而上学もないからである。それはニヒリズムそのものということも可能である。だが、ニーチェはニヒリズムを決して批判しているわけではないのだ。このすべての価値が失効した砂漠のような無価値の世界、虚無の世界こそが真の世界だというのであり、もしそうならば、まずはそれをそのまま受け止めようではないか。ニヒリズムは当然の帰結である。まずは、確信犯としてニヒリストになろうではないか。そもそも確かな実在などどこにもないのだ。単なる「生成」と「変化」だけの世界こそが実在なのだ。

◆生そのものの「力への意志」

ところで、この「生成」をニーチェはまた「力への意志」と呼び、1890年、正気を失う直前まで、彼は「力への意志」を彼の思索の最重要な概念として新たな哲学体系を構想していた。そして、ハイデガーのニーチェ論は、ほとんど他の概念には目もくれずに、ただ「力への意志」の解釈の一点へと向けられることとなった。

「力への意志」とは、人間の持つ根源的な生命力であり、生きようとする意志であり、生そのものである。この場合、生の本質は、成長への意欲であり、昂揚への意志とみなされる。より大きなものとなる、より強力なものとなる、という意志こそが「生」の本質にある。生きようとすることは、より大なるものを目指し、より強いものを目指す意志そのものだ。継続的な現状維持だけではただ衰弱を意味するであろう。だから、本能的な生存を目指す生とは、昂揚と維持という二つの契機の結合にほかならず、より本質的なものは、昂揚、つまりいっそう自らを大きくするところにある。

だが、この昂揚は決して無条件で無秩序なものではありえない。そもそも「より大きなものを求める」といった時には、そこに何らかの基準がなければならない。昂揚とは、漠然とした昂揚ではなく、何らかの意味を持った昂揚なのである。昂揚には特定の意味がなければならない。ここに「意味」というものが出てくる。それはまた、昂揚を評価する視点といってもよかろう。この視点（パースペクティブ）こそが「価値」なのである。

だから「力への意志」は、ただただ無鉄砲にアナーキーに生命の活動力を爆発させ、本能を解放し、むやみに欲望を爆発させ、エネルギーを発揮するといったものではないのだ。それはむき出しの本能の発露ではない。それでは野生動物と何ら変わらないであろう。

「力への意志」は、あくまで一定の価値に従って、自らの「力」を発揮し、またその増大をはかるのであり、その場合の、「力」を評価する視点（基準）こそが価値と呼ばれるのである。そして、生は、常に、何らかの形で、自らの「力」の増大を可能とすべく価値の定立を目指す活動なのである。「生」とは、そして「力への意志」とは、また不断の「価値定立」なのだ。

これは当然のことであるが、きわめて重要な論点であろう。「力」とは一種の支配である。支配はあらゆるものを自己に服従させることである。そして、そのためには、そのことを可能とする正当な条件を設定しなければならない。それが価値定立である。だから、「力への意志」は、支配できるための条件として様々な価値を設定する。「力への意志」とは、生の拡充を目指して何らかの価値を定立することなのである。

そこで、学問、技術、国家、宗教、文化などが定立される。それはすべて「力への意志」にとっては支配を可能とする条件となり、その内容は時とともに変化するとしても、いずれにせよそこに何らかの価値が設定される。あらゆる時代が、学問、技術、国家、宗教、文化などのある特定の形を持ち、その理想を持ち、そこに何らかの価値を与え、それを制度とし、それに即して「力への意志」を発現しようとする。それらの価値定立を通して、「力への意志」は、それなりの支配形態を取ることになる。このことをいいかえれば、いつの時代にあっても、またいかなる場所にあっても、あらゆる制度や価値は、生の昂揚と力の維持という、目には見えない何ものかによって突き動かされ、いわばその活動エネルギーによって支えられ、かつ条件づけられているということになろう。

◆解釈不能なディレンマを生きる

ところが、従来の西洋の歴史（形而上学の歴史）においては、この価値定立は、ある独特のやり方で行われた。それが、先ほどから述べてきたやり方である。すなわち、この変化し続ける頼りない仮象の世界、虚の世界、つまり此岸を超えたところに、永遠で不変の世界を定立し、絶対的に確かな「真なる世界」を定立するというやり方によってである。こうして、すべての存在者の全体を包括する「真理」が定立された。すべてを照らし出し、その意味を明らかにする太陽の光こそが「真理」であり、この「真理」によって、人間の活動に意味が与えられるようになる。もしも価値が重要さの序列であり、根拠づけの階梯であるなら、それは他のすべてのものを価値づける究極の価値を要求する。これが「最高価値の定立」である。

それをプラトンは、イデアのイデアとして「善のイデア」と呼び、アリストテレスは「純粋形相」と呼び、さらに中世キリスト教世界では世界の創造者である「神」となり、さらに近代では、すべてを根拠づけるものは人間の「理性」だとしたわけである。

それは虚構である。虚構であるとは、この世界のすべてのもの（存在者の全体）を包括して価値づけ、秩序付けるような超越的価値など本当は存在しない、ということだ。だからそれはニーチェのようにいえば、「価値の捏造」というほかないであろう。「価値定立」とは常に「価値の捏造」である。だが、捏造された価値の定立がなければ、すべては「無意味」となる。この社会にも、人間の様々な営みにも、世界にも、歴史にも特段の意味もそれこそ価値もなくなってしまう。ただただあらゆるものが生成し変化し転変してゆくという、いわば壮大な相対性の世界、巨大な無意味性が回転するパノラマのような世界が現出するだけである。確実なものは何ひとつない混沌とした生の流れだけが延々と続くのだ。

だが、そういう状態に人は耐えられるのであろうか。完全に価値の基準を持たない世界に人は生きられるだろうか。だがニーチェはそれこそが生の本質だという。だから、一度は捏造された価値をすべて崩壊させて、世界を無意味な状態へと陥れなければならない、という。これが積極的ニヒリズムであった。

だが、同時にまたニーチェにとっては、人間の生は本質的に「力への意志」であり、「力への意志」はより大なる力を求めるものであった。したがって、より大なる力を得るには、また力の基準である「価値」が必要とされてくる。かくて超越的な価値を崩落させたとたんにまたもや新しい価値を生み出さなければならない。新たな「価値定立」がなされなければならない。

ここには、ほとんど解決不能なディレンマがある。一方で、われわれの「生」の本質はいっさいの価値秩序を持たない「力への意志」そのものである。だが、それでは生を意味づけることはできない。人間の生が「力への意志」であれば、「力への意志」そのものが新たな価値定立を求めるのだ。そこで、現に人間は、超越的な価値を定立した。だがそれは捏造である。そしてそのことを知れば、再び価値は破壊され、価値喪失に陥るだろう。ニヒリズムとは、このディレンマそのものであり、矛盾であり、その矛盾を生きることである。こうニーチェはいう。だがいったいこれをどう考えればよいのだろうか。

4 「世界」を制圧する「人間」

◆「確実性」をもたらす「方法」の支配

ここで次のことを考えてみたい。

プラトン主義のイデアやキリスト教の神が、絶対的で超越的な、つまりはいかにも形而上学的な最高価値であることは容易に理解できるだろう。しかし、近代社会は、この形而上学的なものを否定して、人間を中心に据えたのではなかったのか。近代は、理性と合理主義によって天上の真理を拒否し、天上の真理を地上へと降臨させ、人間自身がそれをしかと認識しえる此岸の対象にしたのではなかったろうか。

たとえばデカルトは、例の命題「われ思う、ゆえにわれあり（コギト・エルゴ・スム）」によって、私の精神の導くところによって知りうるものだけが確かに存在する、そして、その精神作用がある限りで「われ」はある、といったのではなかったろうか。

かくて、真理は、もはや手の届かない永遠の領域の観照によって接近されるのではなく、また人のあずかり知らない神の意図にあるのでもなく、ここにいる「われ」に示されてあるのではないか。「自然の光」ともいわれる人間の理性がそれを明確に示し出すのではないのか。「理性」に導かれて「近代」が始まったのではなかったか。

こういう疑問が生じるのも当然であろう。この点に関してハイデガーは次のようにいう。

デカルトにとっては、真理とは、イデアや神のごとく天上的な永遠のものではなく、人間の思惟の確実性にほかならない。いや、かつて絶対の真理と呼ばれたものは、ここでは知識の確実性に転換するのだ。そう、大事なことは「知識の確実性」なのである。

中世のキリスト教世界と近代を区別するものは、キリスト教においては神によって救済される人間が、近代では、自らの意志と力によって自らを救済しようとする点にある。この自らを恃む自力救済は、人間の創造的能力をできる限り向上させ、それを自由に活用し、生の維持の確実性をはかることを意味していた。問題は、生の確実性の確保であり、そのためには、何よりもまず世界についての知識の確実性がなければならないし、なかんずく、自我の確実性を確信できなければならない。ではこの確実性をもたらす構造はどういうものであろうか。

そもそも「コギト＝cogitare」(考える)とは、「表象可能なものを自分に向けて立てる」という意味である。そして前に向けて立てるためには何らかの基準がなければならない。それは、ただ漠然と無規定に自分に向けて立てかけられるのではなく、裁量されうるものとして、確かな形で了解されるものとして提示されねばならない。確かさこそが問題なのである。

いいかえれば、人間が、自分が裁量のきく範囲で、疑いの余地のない形で、何ものかを自分に向けて提示する、というのである。だからこそ、デカルトは合理主義に頼る以外になかったのだ。私にとって、つまり理性や精神によって合理的に了解できるものだけが確実性を持っており、それだけが表象の対象となる。理性による合理的推論だけが知識の確実性を保証する。だがその時にすでに、合理的精神によって捕捉されるものだけが、私の前に立てられているのである。いってみれば、理性にとって都合のよいものだけが認識の対象となっているのだ。

そしてこの、確かな表象を立てた時、私は、自分自身を何ものかを表象する者として意識する。こうして、あるものが「対象」として「表象する者」の前に立てられる。同時に「私」は対象を自分の前に立てる者、つまり「表象者＝主体」として意識される。これが「われ思う、ゆえにわれあり」の意味であった。

この時に、「私」は、表象する者として表象されるものの基準となり、表象されるものの存在を決定づけることになる。この場合、「私」によって表象されるものは、表象(前に立てること)されることの確実性をその本質に持っていなければならない。デカルトの合理主義とはこの確実性を保証する表象作用そのものであった。

ここで、表象されたもの(対象)は、表象者(人間)にとって算定できるもの、計算できるものとしての確実性を備えなければならない。何となく漠然とした不確かなものでも、また、あやふやな感覚的なものでもあってはならないのである。情緒や感覚や印象はすべて排除される。表象される対象は、計算でき、推量できる「確実なもの」でなければならない。こうして「真理」は「確実性」に置き換えられてゆく。いや、確実性を持った表象だけが改めて真理とみなされる。だから、近代社会とは「真理」を求める社会ではなく、「確実性」へ接近する道筋を問題にするのである。

ここに「方法」という観念が出てくる。確実性を保証するためには、表象は確実な「方法」に基づかなければならない。デカルトの徹底した合理的推論や数学への信頼は確実な方法を求めた結果であった。それは、啓示と教会から自らを解放した人間が、もっぱら自己の能力のみを恃んで真理へと接近しようとするまったく新たなやり方であった。真理は、もはや直観や観照などによって捕捉されるものではない。確かな「方法」に従って接近されるものなのである。こうして「方法」に従い自己の裁量によって外界のものごとを決定すること、人間は、確実性と真理のために自ら価値の根拠と尺度を定立すること、こうして人間は自らが「対象」として指定したもののみを相手にすること、そこに近代社会の「主体」と「対象(客体)」という二元的な構造が生み出されたのであった。

◆計量可能な「世界征服」へ

この時、人間という主体による世界(対象)への関わりは、本質的に無制約のものとなる。それをハイデガーは「世界征服と世界支配へ向かう制圧的進行である」という、かなり強烈な言葉でいい表している。

確かに強い表現ではあるものの、これが真実なのは、何が存在者として妥当するかを自分自身で決めるものは、ほかならぬ人間自身だからである。それこそが近代の「価値定立」なのである。その尺度を提示するのは人間であり、そのことによって、人間は、世界の、つまりあらゆる存在者の中心に位置することとなる。人間中心主義がそれである。

もちろん、この人間中心主義は、ルネッサンス的な、あるいは啓蒙主義的なヒューマニズムなどとは違い、また、中世のスコラ的世界や教会支配からの解放を意味しているわけでもない。それは、まさに人間が、「主体」として、世界の存在者の存在のあり方を自ら定立する、ということなのである。「世界」があってその中心に人間が位置するのではなく、人間がみずからに都合のよいように「世界」を表象するのだ。

ここで人間は「主体」として、存在者の無限定的な「表象的=計算的開示」へ向けて出発する。近代とは、一種の「世界征服」へ向けて帆をあげた時代なのであるが、それは、たとえばローマのような古代帝国や近世の地理上の発見におけるような冒険主義ではなく、世界を了解可能なものとし、計算可能なものとして内属させるような「征服」であった。

だから、世界史を一方向へ進む確実な歴史として見る近代の歴史観も、世界のすべての自然事象を収集しようとする博物学や分類学も、世界を多様な生活空間として捉える文化人類学も、世界を物質的秩序として普遍法則で記述できるとする近代科学も、そして、いうまでもなく、世界を交易の舞台と見た帝国主義的な経済活動も、さらには世界の出来事をすべて情報として流通させるグローバル・メディアやジャーナリズムも、またそれを可能とする通信制度も、そのすべてが「世界征服」なのである。それらを組み合わせて網の目のように世界を覆い、こうして世界全体をくまなく「算定可能で計算可能なもの」として表象できるようにしようとしたのである。

ここでハイデガーを引用しておこう。

人間をsubiectumとするこの新しい形而上学的境涯の本質には、世界発見と世界征服の遂行、そしてそれへ向かうそのつどの進発が、卓越した個々人によって引き受けられ実行されなければならない、ということの根拠が含まれている。「天才」という近代的人間観は、人間は主体であるという本質規定を、その形而上学的前提としている(「ヨーロッパのニヒリズム」『ニーチェII』所収、平凡社)。

デカルトは近代的自我を発見したなどとよくいわれ、合理的な思惟する「主体」を確立したなどといわれる。だが、「主体」とは、存在者の全体を、自己の方法に従って秩序化し、支配する力を持つということであり、このようにして主体は世界を定義することができるのである。"subiectum"とは、「基体=すべてを支えるもの」であり、それが近代では「主体(subject)」になる。人間中心主義とは、人間が、すべての存在者を支える基体(根拠)となる、という恐るべき事態を意味していた。

このことが恐るべき事態であるのは次の理由による。通常は、世界の底にあって、世界を下からしっかりと支えるはずの「基体」が、近代にあっては、すべてを自らの意志のもとに上から制圧する「主体」となったからである。「支えること」と「制圧すること」はまったく違っている。「世界」と「人間」の位置関係が逆転するのだ。「人間」は「世界」を受け止めて了解することでそれを支える存在（基体）から、「世界」を制圧する存在（主体）へと変化するのである。

だから、人間が主体となるということの意味は、人間が、世界を発見し、世界を制圧し、世界を支配する方向へと踏み出すことであった。それはまた、とびきりの才能を持った天才による世界の発見、世界の制圧、世界を動かす法則の発見を賞揚する時代でもある。

そして、主体による表象作用を基本的に数学的な方法に見るデカルトは、この世界を「外延（extensio）」つまり「空間」として理解する。世界は、距離と広がりにおいて測定できるような物理的空間状のものとして把握される。こうして、「主体」が対峙する「対象」は、まったく人間的ではない領域、すなわち物質的なものとして表象される。

かくて人間にとっての外的世界は、無機質の自然とみなされるようになる。この世界観こそが、近代の動力的機械技術を可能とし、機械的・合理的世界観と適合的な新たな人間像をもたらしたのであり、近代的な自由観もここに生み出されたのであった。

◆キリスト教的人間観が準備した「近代」

そうはいっても、むろん無限定で無制約の自由などというものは、いくら近代社会でもありえないだろう。活動の自由といっても、必ず何かによって制約され条件づけられていなければならない。無制約の活動などというものはない。何らかの制約や限界は存在する。環境条件だけではなく、人間自身も限界を持っている。だが近代の新しい自由の観念においては、主体である人間自身が、自らを制約し方向づけるものを自分で選択することになるのである。少なくとも、近代人という新しい人間類型はそう考えた。自由は、絶対的な真理や善や神や自然という外在的なものによって制約されるのではなく、人間が自らその制約条件さえも定立するのである。端的にいえば、人間の自由の領分を限定するものは、神や自然条件ではなく、人間自身ということになる。それこそが近代的人間の理想であった。

かくて、近代において、人間は、自らを方向づけるものとして、人間理性(啓蒙主義)を、理性によって捉えられる事実(実証主義)を、人格的に調和した人間類型(ヒューマニズム)を生み出し、あるいは、「万国の労働者」(社会主義)を生み出し、「個人の発展」(個人主義)や「大衆」(民主主義)、あるいは「国民の力」(ナショナリズム)などを生み出した。このように次々と「価値」を定立した。そして、こうした観念(価値)を操作しながら、近代の主体は、「地球全体の無条件の支配」を目指したのである。近代における「力の意志」の発現とはそういうものであった。

こうして、近代史の内部において、人間は自分自身を万物の中心とし、価値の尺度として支配的な位置に置き、その維持をはかろうとする。「人間中心主義」あるいは「主体中心主義」とはそういうことである。そのために、人間は、自分の能力を高め、世界の支配を可能ならしめるあらゆる手段を開発し、それを常に使用可能な状態に保存しておくのである。近代の経済の急速な展開、産業技術や機械の革新、近代的な政治制度やイデオロギーなどはすべてそのための手段であった。経済成長主義、イノベーションによる産業技術主義、そして政治的な自由主義や平等主義などは、こうして近代の支配的な価値となる。それ自体が、近代における「力への意志」の表現なのである。

その上でハイデガーは次のようにいう。近代的な人間のこの歴史法則は、20世紀に至ってはじめて完全に姿を現したものであるが、それは、すでに救済の確実性を目指すキリスト教的人間観によって準備されていたものであった、と。近代の人間が、様々な現象をキリスト教の世俗化とみなすことができるのもそのためである、という。人間中心主義や合理主義、理性主義などは近代思想を特徴づけるものであり、近代に入って生み出されたものだ、とわれわれは考えている。だが、それは実は、すでにキリスト教的人間観によって準備されたものだったというのである。次に改めてハイデガーのその主張を見ておきたい。

2. 「力への意志」の時代

1 「主体性の形而上学」と「歴史の終焉」

◆「新しい人間」が目指したもの

以上に述べてきたように、ニーチェの「力への意志」の思想からすれば、デカルトの切り開いた近代的自我（主体）も合理主義も、すべて「力への意志」の発動にほかならなかった。それは、力の発現を可能とし、それを評価する基準たる新たな価値定立作用なのである。「コギト」的主体も合理的思惟もすべてそのために必要な知的道具だてであった。その上に、さらに、人間中心主義、ヒューマニズム、自由の観念、実証的科学、啓蒙主義、技術主義などの価値観が次々と定立されてゆく。

そしてそのもとで、さらなる「力への意志」の活動力は、世界の発見、自然の支配、地球の制覇などへと向かうことになる。まさしく、19世紀から20世紀の初頭にかけては、「力への意志」の近代的形態が絶頂に達する時代であった。そのあげくに、しかもたいへんに皮肉なことに、「力への意志」はやがて、理性主義やヒューマニズムや科学主義や自由主義などという、近代が定立した価値そのものを破壊するに至るのである。近代において自らがなした価値定立を「力への意志」が自ら破壊しようとするのだ。それが、20世紀初頭のヨーロッパの没落を生み出したのである。

ただここで注意しておかなければならないことがある。それは、近代を開いたデカルトによる「コギト」の発見は、実は、中世キリスト教的世界の基本構造と同型だということである。

キリスト教神学にあって、神は無限の存在(substantia infinita)であり、それが有限のこの世界を作り出した。この場合のsubstantiaは形而上学的な意味でのsubiectum(支えるもの=基体)を表すのであり、それがやがて近代的な「主体」へと転換されてゆく。いわば「無限の基体(subiectum infinita)」である神は、また「絶対的な主体」としての世界の創造主であった。

そして、デカルトの図式においても、世俗化された形で、まったき自由な「主体」としての人間は、「世界」のすべてを受けとめる「基体」ではなく、世界の支配者、あたかも世界の創造主のごとく理解されることとなる。神の全能が人間の理性や自由に置き換えられたのである。そうだとすれば、デカルト的近代の合理主義においてさえ、暗黙裡に神学的図式が背景をなしているといっても決して過言ではない。「cogito, ergo, sumによる新しい人間規定は、いわば昔ながらの枠組み（中世スコラ主義）の中に書き込まれただけである」（ハイデガー）ということにもなるであろう。

では、改めてニーチェのニヒリズムの克服の試みは何を意味したのであろうか。イデアにせよ、神にせよ、理性にせよ、西洋の歴史とは、虚妄の価値定立の歴史であった。それゆえ、西洋の歴史とはニヒリズムの歴史である、とニーチェはいった。確かに価値は定立されなければならない。その意味では、価値定立は虚構ではあるが、必要な虚構である。不可避の捏造である。これまで真理とされてきたものは誤謬であるとしても、なければならない誤謬である。真理とは人間が必要とする間違いなのであった。

とすればニーチェの新たな価値定立とは何か。彼は、徹底して「力への意志」つまり、人間の生の活動力そのものを価値にしようとする。生の活動力そのものに寄り添おうとする。従来の人間は、自分を超えたところになお、理想や願望の対象たる像を必要とし、それを求めた。これに対して、ニーチェが描く新しい人間（超人）は、「超越」や「彼岸」をもはや必要としない。この新しい人間類型は、この地球をあますところなく開発する無条件の力の執行者として出現するのである。彼自身が超越者になろうとする。ただこの「超越」は天上へ向かう超越ではなく、力の及ぶ範囲をすべて力で満たそうとする、いわば水平軸への超越である。その時、彼は「力への意志」だけを頼りにした。

もちろん、すでに述べたように、デカルトに始まる「近代」の基本構造は、人間を存在者の中心に置くことによって、「世界征服」を目指すものであった。しかしそれでも、それは、あくまで理性的なもの、合理的な思惟、計算可能性、そして確実性を条件としてその根底に保持していた。「力への意志」はある一定の価値から解釈され方向づけられていた。だがニーチェの新しい人間は、それさえも否定するのである。

◆ルサンチマンを隠し持つキリスト教

では改めて考えてみると、従来の価値定立がどうして批判されるべきなのであろうか。なぜ、絶対的な真理や神こそが存在の根拠ではまずいのか。近代の理性主義や理想ではなぜまずいのか。その理由はどこにあるのだろうか。

それは、従来の価値が、人間をいわば衰弱させ、病気にさせるからだ、とニーチェはいう。なぜなら、従来の価値定立にあっては、絶対的な真理であれ、神であれ、理性であれ、人間を超えた次元に超越的価値を設定し、そこに己を縛り付け、人間はそれに服従するほかないからである。

これは間違いとはいえないにしても、少なくとも不健康であり、病気である、とニーチェはいう。なぜなら、何ものかに服従し、服従する上での従順さを、誠実だとか正直だとかという道徳観念にしたて、おまけにそれを正義であるかのように述べたてることは実に不健康だとニーチェはいう。自分で捏造した超越者に自分を縛り付け服従するというその倒錯した精神は不健康なのである。

それは、キリスト教的道徳にせよ、近代の市民的道徳にせよ、学校で教えるような「みんな仲良く」の道徳にせよ、「力への意志」を裏返して、それを見かけの誠実さの後ろに隠し持っているからである。真理が絶対的なものとして高々と掲げられ、現実がそれに服することを要求されると、すべての人間的な生は、この真理に服従しなければならない。ましてやそれが「神」によって与えられたものとなると、この服従は絶対的道徳として内面化されてゆく。神が説く真理を理想として現実化する、少なくともそれに従って生きることが道徳的とされ、あらゆる生の意味づけがそこから出てくる。

こうして、この真理や理想の前でへりくだり、謙虚に生きる人はりっぱな人であり、有徳な人であるとされる。要するにこの種の道徳的な人物が「善き人」と呼ばれる。

だが、この「善き人」とは、自分自身ではなく、他の何ものかに服従することを喜びとするだけの人間ではないのか。そこに本当の矜持はあるのか。自尊はどこへいったのか。だから、それは「力への意志」どころか「無力への意志」である、とハイデガーなら(ニーチェを解釈して)いうだろう。こうして「善き人」を導く道徳は、ニーチェの言い方を借りれば「奴隷の道徳」にほかならない。「謙虚で、勤勉で、親切で、控えめにあれ、と君たちは欲するのか。善い人であれと?　だがそれは理想的な奴隷ではないか」とニーチェはいう。

かつて、『道徳の系譜』や『善悪の彼岸』などにおいて、ニーチェは、この裏返された「力への意志」をルサンチマンと呼んでいた。キリスト教の厳格な道徳意識、とりわけ神への無条件の信仰や神を前にした誠実さ、敬虔さや隣人愛などは、すべて、神へのルサンチマンを背後に隠し持っている、というわけである。

人を支配する「神」への反抗が、神ではなく自分自身に向けられ、自らを自虐的に絶対者に服従させたというのである。ここに作用したのは、神への強い反発、反抗、つまりルサンチマンを内に隠し持った服従であった。キリスト教的道徳は、「力への意志」が反転したルサンチマンの産物なのである。

同じように、誠実さ、平和愛好、平等、ヒューマニズム、権利の尊重といった近代社会の道徳もやはり「力への意志」の逆立ちした表現である。封建社会において支配されていた者たちが、支配者を打ち倒し、自らが支配者の位置につく時、彼らは、自らの支配の正当化のために、自らをもそこに縛り付ける市民的道徳を打ち出し、それを絶対的な正義にしたてあげた。支配者(絶対君主や王)を打ち倒し、自らが支配者になるとする被支配者(ニーチェのいう弱者)の「力への意志」が、屈折して、万人平等だとか、順法精神だとか、平和愛好だとかの「市民道徳」を生み出した。だから近代社会は、万人平等や人間の基本的権利やヒューマニズムを高々と唱えたが、それは、実は隠された力への意志、つまりルサンチマンの産物であった、というわけである。この平和愛好的で従順で平等主義的な近代市民こそ、「歴史の終わり」に登場する「最後の人間(末人)」、つまり家畜と化す一歩手前の人間であった。

確かに価値定立はなければならない。それは必然である。「力への意志」は価値定立を必要とするのである。だから、道徳が善であるか悪であるかと論じても仕方ない。それは誤りだというわけではない。いずれ何らかの道徳はなければならない。だが、キリスト教的価値も近代的価値もともに不健康であり、人間を衰弱させ、病人にしてしまう。この中では、人間は活力を持って生き生きとは生きられない。キリスト教や近代市民社会を生み出したヨーロッパは病んでいるのだ。ルサンチマンを背後に忍ばせた正義の主張は健全ではない、というのだ。

だから、新たな価値定立は、人間の生の活動そのものの肯定でなければならない。そして、人間の生の本質は、より多く、より高く、より強い力を持ちたいという衝動であり情熱である。したがって、衝動や情熱を持った人間の生そのものを全面的に認め、解放する方向へ向けて価値転換はなされるべきだ、ということになる。

◆ニヒリズムの歴史の完成者

ニーチェがここで具体的に何を考えていたのかはよくわからない。おそらくは、芸術をもってきわめて重要な「力への意志」と見ていたと推察はできるものの、これ以上、ニーチェのいう価値転換について論じても仕方ないであろう。

それよりもここで重要なことは、ハイデガーが、ニーチェのこの徹底した人間の生への回帰を、デカルト的な「人間中心主義」の延長に過ぎない、と見ていた点である。このことだけは是非とも確認しておかなければならない。

ニーチェは「超人」の到来に病的なニヒリズムからの脱出、いわば行き詰まった西洋文化からの救いを求めた。「超人」が何を意味するかは不明であるが、それが、デカルト以上に徹底した「主体」、いわば究極の「主体」であることは間違いなかろう。

デカルトの主体は、まだしも合理性という「方法」によって条件づけられていたが、ニーチェまでくると主体性はいかなる制限からも解放されている。それだけではなく、いかなる種類の条件や制限の設定も、主体の裁量に委ねられることになる。神に代わって「主体」が絶対化されるのである。それは仮構の主体であり、幻影の主体である。「超人」など幻想である。ニーチェの妄想の産物といってもよかろう。したがって、これは「主体性の形而上学」の徹底というべきものにほかならないであろう。究極の「主体性の形而上学」である。

とすれば、ニーチェもまたデカルト流の「主体性の形而上学」を受け継ぎ、いや、デカルト以上にすっぽりとそれに囚われていることになるのではないか。だが、まさにそこに近代という時代の特質があって、それは、ただ、人間が「主体」なるものへと変貌をとげることで、人間に新しい経験をもたらす、といった程度のことではない。それは、歴史の進行そのものを従来のものから根本的に変えてしまうのである。

主体の登場によって、すべては世界発見と世界探検であり、世界叙述と世界計画と世界支配となる。人間はこれらの中でまさしく自己を拡張してゆくのであるが、その自己拡張の帰結として逆に自己の本質を希薄化し、平板化し、自己自身を喪失してゆく。はたして世界についてあらゆることを知りたがり、世界のすべてを手にしたがっている者は、いったい、本当のところ何を知りたがり、何を手に入れたがっているのであろうか?

価値とは、何が重要であり、何が重要でないかを序列化し、選択するものである。この序列化し選択することの中に自己が表現される。だが、序列化も選択もなく、「すべて」を手にするという自己拡張とはいったい何なのであろうか。ここで自己拡張と自己喪失は同一の現象となっている。自己の拡張と見えるものは、別の面から見れば自己の喪失とも見えるのである。それこそニヒリズムにほかならないであろう。だがまさに自己拡張こそが人間というものの「主体化」の自動的な作用だとすれば、この究極の「主体」はもはや自ら価値定立することもない。「主体」そのものを無意味化してゆくのだ。ニーチェの「力への意志」が「主体性の形而上学」へとたどり着くとはそういうことであった。

だから、ニーチェこそは、プラトンから始まった西洋の形而上学の歴史の、いいかえれば西洋ニヒリズムの歴史の完成者ということにもなる。「ニーチェの形而上学は、近代的形而上学の完成であると同時に、西欧形而上学の完成であり、したがって、本当の意味での形而上学そのものの終焉である」(ハイデガー）ということになろう。

そして、西洋の歴史が形而上学の歴史であるとすれば、これは「歴史の終焉」でもあるだろう。もっともその意味は、フランシス・フクヤマの「歴史の終焉」などとはまったく似ても似つかないものではあるが。

◆むき出しの「力への意志」の野蛮

ここまでくると、ニーチェ＝ハイデガー流の歴史解釈、西洋の文化と思想に関わる歴史解釈はきわめて重い意味を持つだけではなく、恐るべき黙示的意味を帯びてくるのではなかろうか。

確かに、ニーチェの断片的論述はあまりに哲学的論証からは遠く、またその断言は相当にエキセントリックな調子をまとっている。ハイデガーが最重要な著作とみなした『力への意志』は、計画されたものではあっても、とても体裁の整ったものとはいえない。だが、ハイデガーは、その中から、ヨーロッパの形而上学の歴史の完成者としてのニーチェ像を読み取った。この読み取りの妥当性をここで論じても仕方がないし、私にはそれを評価したり論評したりする能力はない。

それでもやはり、ニーチェの「主体性の形而上学」の行き着いた地点を見ると、「歴史の終焉」はまさにわれわれの眼前において見事に展開されているような気分にされてしまうのである。ニーチェ＝ハイデガーに従えば、この「歴史の終焉」でわれわれを待ち受けているものは次のようなことであった。

ニーチェの「主体性の形而上学」とは、より正確にいうならば「力への意志のもたらす主体性の形而上学」であった。この「主体」はデカルトのような合理的精神でもなければヘーゲルのような知と意の統合でもない。「力」と「意志」が主体なのである。それはあくまで衝動と情動に突き動かされる「主体性」なのである。

だから、ヘーゲルにとってはこの形而上学はあくまで“rationalitas”（合理性）が手引きとなるのに対して、ニーチェでは、“animalitas”（動物性）こそが手引きになる。したがって、ニーチェにあっては、主体性の無条件の本質は、“bestialitas”（野獣性）における“brutalitas”（野蛮性）として発揮されることになる。歴史の終末には“homo est brutum bestiale”（人間は野蛮な猛獣なり）という命題が記されることとなる。「金髪の野獣」というニーチェの言葉は、出まかせの誇張ではなく、形而上学の終末、つまり歴史の終焉を指し示す言葉であった。

このようなハイデガーの言い方には、ニーチェと同様、いささかの誇張もない。表現のどぎつさに騙されてはならない。もちろん、ハイデガーがこれらの言葉を書き付けたのは、まさにナチスが政権を取り、ヒトラーの野蛮が現前化してくる時期であった。真理も神もそして理性さえも放擲した悪魔的な「主体」がその正体を現す寸前であった。それは主体となった人間がその「野獣性」において「野蛮」を発揮し始めたちょうどその時期にさしかかっていた。

ハイデガーにとっては、この野蛮性は、たとえば、むき出しの「力への意志」が、地球の大地をめぐる血で血を洗うような争奪戦や弱肉強食の帝国主義をもたらすというだけのことではなく、徹底した技術主義や実証主義、生産力至上主義といった形で表現される。それもまた「力」の発現でもあった。この「力」は、自然をすべて収奪しつくすという人間主体の勝利でもあったろう。アメリカとロシア（ソ連）に代表される技術主義、合理主義、数の支配という形の「野蛮」でもあるだろう。「力への意志」は常に闘争本能や支配欲をむき出しにするわけではない。それは、文明の進歩や生活の向上や輝かしい未来という形をも取るのである。だがそれは、いかに合理的で科学的で、自由主義的な形を取っていても、本質的に「野蛮」なのである。「文明」という名の「野蛮」なのである。

2 世界を造り変える「制作者」

◆「神」の根拠は問わなかった西洋

ここまでくると、われわれは明らかに「近代」の臨界点に立たされていることに気づくだろう。ハイデガーのいうように、西洋思想の源泉にはプラトンから始まる「形而上学の歴史」があった。近代を切り開いたデカルト哲学は従来の形而上学は批判したものの、実際には別種の「主体性の形而上学」を生み出したのである。この「主体性の形而上学」が、人間を世界の中心に位置づけることによって、合理的科学による自然の支配や、「世界の征服」をもたらしたのだ。

「近代社会」の自己宣伝は次のようなものであった。あらゆる自然資源を人間は充分にしかも意のままに活用できるし、合理主義と科学主義による技術革新によって人間の能力を高めることもできる、その技術を産業化することで無限に経済発展を可能にし、国民のための政治、つまり民主主義によって大衆は幸福を手にでき、情報や通信や交通によって世界全体を結びつけることができる。そこにすばらしい時代が開かれてくる、と。

そしてこれらの背後には人間中心的世界観があり、合理主義があった。そのもとで、人間の力は無限に拡大し、同時に人間にとっての世界も無限に拡張できる。これが「近代」の約束であった。ヨーロッパこそは、この「近代のプロジェクト」を完遂するはずであった。

しかし、19世紀末から20世紀にもなると、この「近代の約束」を誰も無条件に信じることはできなくなる。確かに科学も技術も発展した。経済は成長した。大衆化と民主主義も進展した。情報も通信も活発になった。交通網も整備され、確実に世界は狭くなった。だが、その結果、現実にもたらされたものといえば、とてつもない大規模な世界戦争であり、アメリカやロシア(ソ連)に代表される極端な機械文明であり、技術と経済をめぐる覇権争いであり、大衆の登場による政治の混乱であった。ヨーロッパは、アメリカとロシアに挟まれて、もはや創造力も自信も失い、「精神の喪失」(ハイデガー)、「精神の危機」(ヴァレリー)に陥っている。

明らかに「近代」はその臨界にまで達しているのである。したがって、近代が定立した価値によってこの臨界を突破することは不可能であろう。ニーチェの「力への意志」が回帰してくるのは、この閉塞感を背景にしてである。ハイデガーは、この閉塞感へと至った根本的な原因を、ヨーロッパの哲学に求めたそれがプラトン以来、2000年近くの長きにわたって、存在の本質を「形而上学」に求めてきた。それがプラトン以来、からだ、というのである。ものを現にあらしめている「ある」の根源は何なのか。存在者の「存在」(あること)をもたらしているものは何なのか。存在者がこのようなものとしてあるその根拠はどこにあるのか、という問いを忘れ、それを「あるものは何か」という存在者の理解へと関心を向けた点にある。

そして、プラトン以来の哲学は、超感覚的世界のイデアなり純粋形相なりという超越的「真理」に「存在」の根拠を求め、キリスト教神学は創造主である「神」にそれを求めた。これらはこの現実のわれわれの生ではなく、また人間の身体的な感覚や自然ではなく、それを超えた「形而上学的（メタ・フィジカル）」なものであった。

だが、その場合、では「イデア」とは何なのか、「神」とは何なのか、それらの観念が超越的な価値を与えられる根拠はどこにあるのか、と誰もあえて問おうとはしなかった。それはあらかじめ絶対的なもので超越的なものとされたために、それについて正面から論じることはできない。その存在をただ信じるか、直観に委ねるほかない。その「信」が共同幻想である限り、「イデア（真理）」や「神」は自明の存在とみなされ、結果として、それが存在者の存在を可能とすること自体は不問に付された。それをハイデガーは「存在忘却」と呼んだのである。だからこそ、西洋の形而上学の歴史とはまた「存在忘却」の歴史でもあったのだ。

◆世界変革の思考を持った近代人

こうして、あるものがある、ということの意味を問うという思考は失われてしまった。古代のギリシャ人のように、「あるものがある」という「自然（ピュシス）」をもはやそのまま信じることはできなくなったのである。ものごとは、ただそこに「自然に従って」ある様にある、というだけではすまなくなったのだ。プラトンのイデア論によるにせよ、神学の神の観念によりかかるにせよ、この世界に現に存在者が存在するのは、それらが、イデアに基づいたり神によったりして、制作されるからであった。もはや「自然」において「ある」のではない。何かによって作られるのである。「制作者モデル」だけが、西洋思想の思考習慣を支配してきたのである。

ギリシャ人にとって、現前にあるもの（存在者）は、イデアを模して作り出されたものであり、中世キリスト教世界では、この世に存在するあらゆる存在者は、神によって制作されたものである。かくて、この形而上学は、この世界の存在者の全体を、現世を超えた超越的な何ものかによる制作として了解したのである。

だが、この「制作者モデル」がいっそう徹底されるのは、実は「近代」であった。デカルトは、永遠の真理や神の隠された意図などという「形而上学」は否定したものの、人間の精神を規定する理性を存在の根拠とした。

カントともなれば、われわれの知りうるものは、対象世界やものそのものではなく、認識する主体（理性）が構成する「現象」に過ぎない、という。理性は、経験的に働く感性の作用と、合理的な推論である悟性の作用とを統合し、認識を可能とする能力である。だがこの場合、感性や悟性は、アプリオリ（先験的）な時間・空間やいくつかのカテゴリを前提として作用する。このアプリオリ（先験的）な形式は、外部の対象世界とは無関係に、人間の主観の側に、しかしまた人間の理性を超えた主観としてある。「超越論的主観性」といってもよい。認識は、あくまでこの超越論的主観性において作用するのであり、決して対象世界を正確に映し出すというようなものではない。認識とは、理性がアプリオリな形式に従って、外的世界を表象することで主観的に構成することなのである。

だから、理性は、決して、ものそのもの（物自体）も、世界そのものも、宇宙の起源も、神も霊魂も、あたかも手に触れるようにして認識できるものではない。それは理性の対象ではない。カントは、理性が認識できるその限界を見定めようとしたのであった。

ということはいいかえれば、近代的な理性は、一定の限界の中で、理性的な認識が可能なもののみを対象とする、ということにもなろう。カントは、デカルトの合理主義や主体と客体の二分法といった考えを受け入れ、しかし同時に、理性の限界も画そうとした。カントは決して神やイデアや永遠の霊魂などという形而上的なものを否定しているわけではないが、もし理性の側に立っていえば、それらは理性の対象ではない。理性が対象とできるのは、理性自身が現象として構成するものだけであろう。

そして、この種の思考を延長すれば、これもまたハイデガー的にいえば、「制作者モデル」の一バリエーションということになろう。世界が実在として存在するのではなく、理性が世界をあるやり方で表象し構成するのである。やがて理性の限界を画そうとしたカントの意図とは裏腹に、近代的理性は、理性が対象とする世界、たとえば科学的認識が与える世界を、普遍的なものとして特権化することになろう。それをさらに進めれば、近代人は、理性の命じるところに従って、社会を作り変える(制作する)権利を持つという世界変革の思考が出現するであろう。

かくて人間はあらゆるものを制作できるデミウルゴスとなるであろう。世界さえ制作することができるのだ。ここで人間は、自分にとってもっとも都合のよいように「世界」を理解し、その「世界」を隅々まで記述し、その「世界」の果てまで出かけてゆき、その「世界」を資源として自らのもとに従属させようとする。もちろんこれはカントの理性批判を越え出てしまっている。だがそのいずれにおいても、人間は主体として世界の外に立ち、世界に働きかけ、世界を自らの富や自由のために造り変える。「制作」が徹底されるのだ。それは「主体性の形而上学」以外の何ものでもなかろう。

3 文明の仮面をかぶった「野蛮」

◆「歴史の終焉」の先に見たもの

確かに、ニーチェは、この「形而上学」を破壊しようとした。だから、彼は、人間の本来の生のもとへと戻ろうとした。「力への意志」そのものへと回帰しようとした。それは、神的な要素を帯びた「理性」や「精神」ではなく、人間の自然的本性を「衝動」や「情動」の中に求め、その発動によってたえず昂揚する「力への意志」を解放することであった。

だが、現実にそれは一体何を意味するのであろうか。ニーチェがどのようなことを考えていたのか、その断片から類推することも難しい。ただいえることは、現実には、それこそが、まさしく近代の人間中心主義の完成、人間という「主体」の完成だということである。「力への意志」をもって新たな価値定立を行う超人こそは、「主体性」の考えられる限りでの徹底であった。

しかも、その時に、この人間はもはや人間でさえなく、「野獣性」における「野蛮」そのものへと還元されてゆく。むき出しの権力をめぐる闘争、弱肉強食の世界、衝動的な欲望の解放、力への過剰なまでの信奉といった世界が出現する。

ニーチェは、こうして、イデアや神や理性や精神などを存在の根底に置く形而上学を確かに破壊したといってよいだろう。それは形而上学に存在の本質を求めてきた西洋思想における「歴史の終焉」であった。形而上学の終わりである。

だが、人間の生の本質を「力への意志」と見るニーチェの見解にも実は特別な根拠はない。いっさいの超越的な価値を破壊せよと彼は叫ぶ。そしていっさいの価値が崩壊した世界をニヒリズム（虚無主義）と呼んだが、彼はそのニヒリズムにただの「無」を見たわけではない。そこに、「生成する生」つまり「力への意志」を見たからである。「無」ではない何かがそこにある。人間の生命的エネルギーのようなものがそこにある。人間の生が、より大きいもの、より強いもの、より多いものを目指す力であるとして、そこに意志の表出を見出した。これは新たな福音である。

そこでは、実はありのままの「力への意志」の発現こそ最高の価値とみなされるのであり、こうして再び「最高の価値」が回帰する。ということは、このニーチェの教義もまた変形された形而上学といわねばならないであろう。それは、いわば反形而上学とでもいうべき形而上学である。ひっくり返された形而上学であり、転倒された価値定立である。いやある意味では「形而下学」とでも呼ぶのが適当かもしれない。そこでは、人間は、神的な理性ではなく、その動物性に還元されようとしている。いずれにしても、現にいまここにいる現実存在としての人間（現存在）の実相はそこには示されていない。現実の人間とは神と動物の「あいだ」の中間的存在なのである。だがニーチェにあっては、人間は神に接近するか動物に接近するかいずれかなのである。だからこそ、ニーチェは、西洋形而上学の完成者であり、その終焉をもたらしたとされるのである。

◆「虚無」を恐怖したニーチェ

ここまでくると、ニーチェの「力への意志」という人間と世界の本質規定そのものが、どうやらある文化的な産物ではないか、とも思われてくるのではないだろうか。それ自体がヨーロッパの風土と歴史にしっかりと根ざしているのではないか、とも思えてくるのだ。

果たして、それは、われわれ日本人にどれほどの説得力を持つのだろうか。非ヨーロッパ諸国や非西洋の文化圏において果たして説得力を持つのであろうか。実際、この場合、「力」が何を意味しているのかを了解するのは難しい。また、「意志」という概念を、おそらく日本の精神的風土にあって理解するのは相当に困難であろう。「主体」という観念もわれわれにはどうもなじみが薄い。

とすれば、ニーチェも含めた西洋の「形而上学の歴史」そのものが、実は、きわめてヨーロッパ的であり、ヨーロッパの精神風土や文化と不可分だともいいたくなるのである。だから「ニーチェが西洋の形而上学の完成である」というハイデガーの主張は至極当然のことであって、特に不思議なことでもない。西洋文化、西洋思想が、その根底に形而上学を、つまり人為的な価値定立を孕んでいるのであれば、その破壊の試みもまた、そのまま西洋の形而上学に取り込まれてしまうであろう。ニヒリズムとて同じことである。だからこそ、ニーチェもハイデガーも、ニヒリズムを「ヨーロッパのニヒリズム」といったのではなかったろうか。

そもそも「力への意志」という表現がきわめてヨーロッパ的観念だといわざるをえないであろう。「力」と「意志」を結合させるこのような思想が他の文化から生み出されるとは考えにくい。おおよそ、この種の発想が、たとえば日本から出てくるとは思われない。ところが、やっかいなことに、この優れてヨーロッパ的な観念が、今日、世界全体を覆い、さらに歴史を牽引《けんいん》しようとしているのだ。ヨーロッパの歴史が世界史を牽引してきたということの孕む困難さはまさにここにある。

ニーチェの失敗は、「力への意志」に回帰すればヨーロッパのニヒリズムを克服できると考えた点にあった。しかしそうではないのだ。「力への意志」そのものが、ヨーロッパのニヒリズムと同じ土壌から出ており、その同じ土壌に生育していたのである。そしてさらにいえば、ニヒリズムを西洋思想の当然の帰結として認め、あまつさえ積極的にニヒリストであれ、と説いたニーチェもやはり最終的にはニヒリズムの克服を説くことになる。だが、ニヒリズムは、変形されつつもすでに世界を覆っているのである。

ニヒリズムの克服において、ニーチェは、人間の生と、世界の様相である「生成」や「変化」を「力への意志」と同一視している。だが本当にそういえるのだろうか。少なくとも、われわれ日本人にとっては、もとより世界はたえず変化し、転変するものである。生々流転するものである。それは日本文化に親しんだ者にとってはごく自然なことで、その時、日本の精神は、決して「力への意志」などは意味してはいない。

それは「力への意志」とはまったく違っている。時間は一直線に進むものではなく、様々な出来事がそこで生成しつつ新たなものを生み出す、そういう現象の連続という形で表象される。「生成」も、より大きく、より高く、より多くというような力の昂揚ではない。「生成」とは「生々流転」にほかならない。ただ「流転」するのだ。「生」や「活動」は、より大きなものを手にしようとする衝動どころか、日本人にとっての「生」は、この生々流転の中に身を置き、万物の変転や常ならざるあり様を知ることである。ここには、力を背景においた価値定立などどこにもない。とするなら、生の実相である「生成」を「力への意志」と捉えること自体が西洋文化に属し、その中で生み出されてきた思想ではなかろうか。

ソクラテス以前に古代ギリシャの哲学者ヘラクレイトスは「万物は流転する」といったとされる。人間の生も営みも流転するのである。とはいえここには、特段、「力への意志」を連想させるものは含まれていない。また繰り返すが、日本文化を見ても、万物の実相を川の流れに譬える鴨長明の思想が「力への意志」などとはまったく別次元のものであることは明らかである。その意味でいえば、ニーチェはやはり「無」を恐怖したのである。「無」は「虚無」である。「虚無」を恐怖したのである。

とすれば、プラトンをさかのぼってパルメニデスにまでわれわれは至ることになるのかもしれない。「あるものはある。ない(あらぬ)ものはない(あらぬ)」というパルメニデスの命題こそがギリシャ哲学のひとつの頂点であった。思惟するものと思惟されるもの(存在するもの)は同じである。しかるに「無」を思惟することはできない。したがって「無」はない。「有」だけがある。「無」はありえないのだ。「無」などという観念はあるべきではないのだ。ニーチェにとってもやはり「有」が問題なのであった。

さらにいえば、ハイデガーは「存在への問い」こそが決定的なものであり、その忘却にこそ「西洋の没落」の根本原因がある、という。ここでもまた「有る」ということだけが問題とされている。

だが、「存在への問い」という観念も、われわれにとって、実はそれほど容易に理解できるものではないだろう。「何かがあるということはどういうことなのか」、「あるということを成り立たせるものは何なのか」、「あるものをあるとして成り立たせる根拠は何なのか」。こういう問いがハイデガーによって発せられた時、確かに、誰もがいささか度肝を抜かれるであろう。よくもまあ、そんなところに本質的な問題を見出したものだ、とさえ思う。だが、それは本当のところ何を問うているのだろうか。果たして、日本文化にそのような問いを、明示的に哲学的なものとして発する瞬間がほんの一時でもあったのだろうか。

ものが存在するその根拠を問うという西洋思想の根底は、ギリシャまでさかのぼるかどうかは別として、少なくともそれ自体がきわめて西洋的思索というべきであろう。存在するものの「根拠」を、「第一原因」を、あるいは「起源（アルケー）」を問うという思考である。これは本質的に形而上学にならざるをえない。日本人にとっては、いや非西洋文化圏の思索において、多くの場合、そこにあるものが「ある」のは当然であり、その意味や根拠をことさら問いただすことはしないであろう。

もしそれを問えば、その根拠は「無」であるとしかいいようがない。存在の特別な根拠などないであろう。だから、ここにこうしてある「存在」は偶然としかいいようがない。存在者は存在者であって、存在者の存在をあえて問うなどという奇妙な好奇心は日本文化にはなかった。日本文化は、そこにあるがままのものをあるものとして愛で、味わい、鑑賞する。そしてその「ある」ものもいずれは消滅するという方向へと向かったのであり、それを和歌や詩などで表現した。とすれば「存在への問い」という問題設定、つまり「哲学」という営みはきわめて西洋的というほかあるまい。だからこそ、「存在忘却」こそが西洋文化の没落の起因となった、とハイデガーはいうのである。

◆「文明化された野蛮」の回帰

もうひとつ、ニーチェ＝ハイデガーのいう「歴史の終焉」について一言述べておきたい。

それは、この「歴史の終焉」の現場でわれわれが出会うのは一種の動物的世界だという点である。

ニーチェの「力への意志」が、いわば衝動と欲望に突き動かされる「動物的なもの」として現前化され、その場合、「主体」の本質は、「野獣性」として発現する、といっている点である。「金髪の野獣」というニーチェのいささかおどろおどろしい言葉は、近代の臨界点で、われわれは、一種の「野獣」へと回帰するということである。

だが、これは何を意味しているのだろうか。動物は普段はおとなしいものである。猛獣や野獣も生きるために獲物を襲い、殺して食べる。だが、必要以上に襲いはしない。ましてや「より多く、より大きく」などと思案はしない。野獣の獰猛《どうもう》さは、それ自体が「自然」とともにある生の一環なのである。獰猛さそのものが自然の摂理なのである。

とすれば、本当に「野蛮」なのは、その自然を破壊的な対象として制覇し、野獣さえも殺してブランド品に仕立てて金を儲けて得々としているわれわれ近代人の方ではないのだろうか。あるいは、あらゆるものを飽食し続けてあげくのはてにダイエットに励み、自分自身の遺伝子に細工を施して自己を改造して寿命を延ばし、ささいな見栄や陰口やわずかなすれ違いを根に持って人を殺めたりするわれわれの方が「野蛮」ではないのだろうか。そして、これはすべて、人間が「主体」となったことの帰結である。動物はいかに野獣であっても、決してサバンナの「主体」にはなりえない。彼らは必ず自然の摂理に服する。

とすれば、ニーチェとハイデガーが真に述べたかったことは、この近代の臨界点で、つまり人類の到達した最高度の豊かさを実現し、科学的知識を駆使し、自由を謳歌し、情報文化を行きわたらせた「現代文明」の真っただ中で、「金髪の野獣」が、すなわち「文明化された野蛮」が回帰する、ということではなかっただろうか。かつてない高度な文明が、とてつもない野蛮を秘めているのだ。あるいは、

「主体」として驕り高ぶった人間は、とてつもない「野蛮」を、高度な「文明」として演出しているに過ぎないのではなかろうか。それは、「文明の仮面をかぶった野蛮」にほかならない。「金髪の野獣」が真に意味するのは、そういう事態であり、現代文明の真相ではないのか。

ところでハイデガーが、「西洋の形而上学」の帰着である現代文明を問題とする場合に、もっとも強い関心を払ったのが科学技術であった。「存在忘却」に発する西洋の歴史は、おそるべき高度な技術文明を生み出した。「主体」である人間は、ニーチェのいう「力への意志」をまさしくこの技術文明という舞台で最高度に実現しようとしている。「主体」はその「主体」の力をいっそう強大なものとしようとしている。そしてそのことが、逆説的にも、人間の「主体性」をますます衰弱させているのである。おおよそ、ハイデガーは、現代文明に対してこのような見方をしていた。そこで、次に改めて、「高度な技術社会」としての現代文明の様相を論じてみたい。

第6章 科学技術に翻弄される現代文明

1. 現代技術と「総かり立て体制」

［1］ AIと「ホモ・デウス」

◆技術に依存するわれわれの生

2015年に、イスラエルの歴史学者ユヴァル・ノア・ハラリの書いた『ホモ・デウス』が出版されるや世界的なベストセラーとなった。日本でもずいぶん読まれたようである（邦訳2018年）。

著者ハラリによると、今日、人間は、人間を超えた存在になろうとしている、という。人間を超えた存在、それは神（デウス）である。これは主として人工知能（AI）や生命科学技術の飛躍的な発展を指してのことである。

確かに、ＩＴ革命から始まった情報通信技術の革新は、脳科学とも結合して「人工知能」なる人為的な思考装置を生み出し、生命科学は、ゲノム解読や遺伝子操作を通じて、クローン技術による人為的な人間の複製を可能としつつある。この新たな技術展開は、現代社会の根本的な変容を迫るのではないかともいわれ、経済成長の源泉としても期待されている。しかしまた逆にいえば、今日、経済成長を達成するには、人は「神（デウス）」にでもなるほかない、ということにもなろう。それほど通常の形での経済成長が行き詰まったということでもあろう。だが本当にそうだとすれば、とてつもない、あるいは、とんでもない話である。そこで、この章では、現代文明の中心を占める科学・技術の革新をどのように理解すればよいのか、そのことを論じてみたい。

多くの経済人や科学者は、今日、われわれは、ある科学技術上の大きな変曲点にいるという。そこでしばしば、ＡＩの能力が人間を上回るという特異点（シンギュラリティ）が論じられると同時に、またＡＩ限界論も唱えられる。いくらビッグデータを駆使して創発的な学習能力を獲得したとしても、ＡＩの働きは本質的にアルゴリズム（計算）によるものだから、その能力はあくまで特定の分野における限定的なものに過ぎない、という。

私自身は後者に賛同したいが、ＡＩと人間の対決にこの問題の本質があるのではない。そうではなく、ＡＩや生命科学、脳科学などの展開が総体として何を意味しているかを理解することこそが問われているのであろう。今日、これらの分野での技術革新はきわめて急激であり、時には第五次産業革命と呼ばれたりもする。農耕革命、（動力機関についての）産業革命、化石燃料革命、情報革命に続く新たなデジタル革命、といわれたりもする。百年前の20世紀初頭に比しても、技術の展開は著しい。現代文明は確かに技術文明と呼んでもさしつかえない。

だが、問題は、今日の技術革新が、果たして現代文明に対して何か飛躍的で決定的な変化を与えているのかどうかであろう。それとも、それは技術が自動的に生成する経路における単なる途上現象なのか、といった問題である。まずはそのことを考えてみよう。

そもそも人間は技術を支配している(使っている)のだろうか。それとも技術に支配されている(使われている)のであろうか。通常、われわれは、人間が技術を「支配」している、つまり、便利な道具として使用していると思っている。技術は本質的に道具として使用するものだ、という理解がずっとある。だがしかしまた、われわれは今日、高度な技術がなければ生活できなくなっているのも事実であろう。電気にせよ様々な生活上の器具にせよ、もはや技術がなければ日常生活さえ成り立たない。その意味では、われわれの生活は完全に技術に依存しているといえよう。さらにいえば、核抑止や軍事技術に、われわれの「平和」も委ねられ、また文明の「破壊」も委ねられている。とするなら、われわれの生は、ほぼ全般的にこれらの技術次第だということになるであろう。われわれの生の技術への依存は、決してＡＩに始まったことではない。

支配されるとは、自分自身ではない何ものかに従属することである。自らの決定権を失うことである。自律的な決定可能性を自由というならば、自由を失うことである。その意味で、依存とは自由の喪失である。かくて技術の展開には二つの面が張り合わされていることになろう。

ひとつは、技術は、自然がもたらす偶然性からの人間解放を意味し、自然に従属した生の不安定性を解消する手段であった。それは人間理性の展開であり自由の拡大である。農耕革命から始まり、科学革命、産業革命と続く人類の文明化の歴史とは、技術革新による活動範囲や幸福可能性の拡大であった。

しかしまた逆に、その道具を生み出す理性の展開が、人間を技術に依存させ、逆に自由を奪ってゆく。人間は技術がもたらす生産システムに縛られ、技術の産物に生を委ねる。いつの間にか技術がなければ生きていけなくなる。これは、人間の生の命綱を技術の展開に預けようとする近代社会の特徴的な逆説にほかならず、『啓蒙の弁証法』においてアドルノとホルクハイマーが強く主張したことであった。

こうして、技術についての楽観主義と悲観主義が存在するのだが、そのどちらに立とうが、ここで、すでにひとつの見方が前提とされていることに注意しておきたい。それは、まずもって技術を自然の制約からの解放の手段と見る、ということだ。技術が逆説的に人間を縛り付けるようになるとしても、それは予期せぬ結果であって、まずは自然的条件からの人間解放こそが文明化であり、そこに技術の本質があるというのだ。

だがそういった時に、ここにひとつの前提が隠されていることになる。それは、自然は人間の生を拘束するものであり、技術は、人間の生を解放するべく自然と対立するというのである。人間は技術を介して自然と対立するということだ。

◆「データ教」に支配される人間

だが、本当にわれわれは技術をそのように理解してよいのだろうか。技術を、自然の制約からの解放の手段とし、富や豊かさを生み出す道具として見てよいのだろうか。そのような見方そのものが、実は「現代」の立場に立った歴史の遡及に過ぎないのではなかろうか。それは、今日のこの時代の技術の理解の仕方をさかのぼってその原初に当てはめているだけではないのだろうか。これでは、真に重要なことが隠されてしまうのではなかろうか。

技術を人間の能力を高める道具と見る見方は、ハラリが、今日の新技術について次のように述べる場合にも当てはまる。

彼はいう。神を追放した近代社会は、人間を世界の中心に据えた。人間は、高度な理性と想像力を駆使して自らの環境を自らの幸福のために造り変えてきた。だが、この「人間至上主義」は、ついに最後の領域にまで手を染めるに至った。生活を便利にし、自由を拡大し、富を蓄積してきた人間に最後に残された領域が、寿命や生命そのもの、それに知的な能力に関わるもの、つまり、「人間そのものの高度化」であった。

そこで、生命技術によって死を克服し、知能を最大限に高め、人工知能（AI）を人間の代理として人間のなしえなかった事柄を実現しようとしている。つまり、人間は自らが生み出した技術という道具を最大限に活用して人間の「完全性」へ向けて飛躍しようとしている。自らが神になろうとしている。こういうのである。

人間が人間を超えようとする。これは一種のパラドックスであるともいえるし、人間の根源的な欲望への回帰ともいえるだろう。ニーチェが洞察したように、「神を殺した」人間の無意識の欲動が、神の完全性に対する人間の深いルサンチマンにあったとすれば、神の殺害動機は、神になりたい、という人間の常軌を逸した願望に発するとしても不思議ではない。

そして、自らを「神」の位置につけることを企む人間は、何とも皮肉なことに、人間自身を脳内の情報処理と情報伝達系へと縮減し、最終的には、自らをあらゆるデータの中に溶かし込んでしまうのだ。神に近づこうとする人間は、実は人間からそのもっとも「神的なもの」つまり「精神」を奪い取ることになる。ハラリはそれを「データ教」という。「精神」は「データ」に置き代えられる。確かに、偶然的なもの、偶発的なものを排除して「完全性」を求めれば、確実なものは、ただただ蓄積されたビッグデータだけ、ということにもなろう。

これでは人間はほとんど脳科学やAI技術、コンピュータの奴隷ではないか、といいたくもなるが、それにもかかわらず、人間の合理的能力の信奉者は、世界の主体はあくまで人間である、という考えを手放そうとはしない。神のごとき完全性を手に入れることは、絶対的な自由を手にすることであり、技術こそがその自由を現実化する手段だという。

そうだとすれば、仮に人間の生み出した技術が何か大きな問題をもたらすとしても、この同じ「人間至上主義」によって、われわれは、それを解決できるだろう。なぜなら技術の「主人」はあくまで人間だからだ。技術を適切に使うことで技術のもたらす隘路からも脱出できるだろう、と楽観主義者はいう。人間の理性とさらなる高度な技術が問題を解決するだろう。彼らはこういう。

しかし、われわれは誰もが、事態はそれほど容易ではないことを知っている。理由は簡単だ。もともとこの世界において、「人間」だけが世界の外に立って平然と超越的な立場におれるはずなどないからである。まさに「人間」は、「世界の内にある存在」であって、常に環境との相互作用の中で生きている。環境に働きかけるために人間が生み出した装置が技術であるとすれば、それが意味するのは、人間と技術は切っても切れない相互作用の関係にある、ということであろう。この単純な一事をとってみても、人間が技術を生み出すと同時に、人間は技術に規定されるほかないことがわかる。したがって、技術が環境に作用する度合いが高くなればなるほど、人間はそれだけ多く技術に規定されることにもなる。まさしくそういう矛盾した両義性を人間に強いるのが近代社会なのである。

これは人間中心主義でもないが、また技術中心主義でもない。人間が技術を生み出すのでもないが、また技術が人間を支配するというわけでもない。そうではなく、人間が理性能力を持ち、その理性の産物である科学によって環境を技術的に管理できる、というような思考方法そのものが、「何か」によってわれわれに与えられているのだ。人間は主体として技術を管理できる、という思考方法へとわれわれは「何か」によって駆り立てられているのだが、その「何か」がすでに技術と深い関係を持っているのである。

◆循環し続ける人間と技術のループ

かくて、人間と技術の間にひとつの循環するループが出来上がり、すべての活動がその中へと囲い込まれてゆく。人間も技術もそのシステムへと追い込まれてゆく。技術を自由に管理できるという偽の期待に幻惑された人間理性も、このループに取り込まれてゆき、このシステムから独立した人間理性などというものはありえない。ループに取り込まれる過程で、理性そのものが技術的となるのだ。理性はもはや、決して、超越的に世界を分析できるようなものではなく、それ自体が、技術的作用を余儀なくされるのである。そして理性の技術化・方法化をもっとも具体化したものが近代実証科学であった。したがって、近代技術は、もはや自然に直接働きかけるものではなく、近代科学と結びつくことによってのみ存続可能となる。

そこでこうなるだろう。近代の実証科学が人間理性の産物だとすれば、結局のところ、近代社会において、人間は、もはや、自然そのものではなく、また世界そのものでもなく、ただひたすら人間の生み出したものを相手にし、それと向き合わざるをえないことになろう。なぜなら、近代科学が相手にできるのは、自然そのものではなく、観察や実験から得られる実証的データだけであり、そこにすでに人の手が加わっているからである。これはカントの理性批判の延長上に出てくる必然である。

カントが述べたように、理性は「ものそのもの」など扱いえない。理性は、いわば理性的に扱いうるもののみを対象とできるに過ぎず、それは、自然の側にあるのではなく、人間の主観がそれによって物事を認識する枠組みによって捉えられた対象なのである。自然が理性に対して対面するのではなく、理性が自らのやり方で自然を構成するのである。

これが意味するのは次のことである。理性は理性的に扱いえないもの(自然やもの自体など)を排除した上で、理性的に扱いうるものだけを対象とするのであり、そのゆえに、人間は理性的となりうる、ということだ。これがカントのいう理性批判であった。

そして、この場合に、理性的に扱いうるものを、観察や実験データへと限定するのが近代実証主義であるとすれば、近代の合理的思考は、ただひたすら、人間の生み出したものだけを対象とするに過ぎない、ということになる。ここに、人間と技術の間のループの本質がある。また、ハンナ・アレントとレオ・シュトラウスという二人のまったく異なった思想家が、ともに述べた近代の規定、すなわち、「近代とは人間が自らが生み出したものを相手にする時代である」という規定の意味もある。しかし、それについてはまた後で述べよう。

２　「自然」と「技術（テクネー）」は対立しない

◆水車の自然は水力発電へ

その前に、ここでまた少しハイデガーの技術論に触れておきたい。すでにハイデガー哲学については、かなり論じてきた。本心をいえば、難解きわまりないこの哲学者の技術論もまた、私のような門外漢が扱いえる対象とも思えないのだが、それを承知であえて取り上げるのは、現代技術の本質を論じるのにハイデガーを無視するわけにはいかないからである。ここでもまた、厳密さにこだわらず私なりに論じておきたい。なお最近、森一郎氏によるハイデガーの技術論『核時代のテクノロジー論』（２０２０年３月、現代書館）が出版されたことを付記しておく。

あらゆる活動をその中に取り込み、人間と技術の運動の中に抱合してゆく技術のあり方をハイデガーは「総かり立て体制（ゲシュテル、Ge-stell）」（「集―立」とも訳される。ここでは森一郎氏の訳語に従う）と呼んだ。ハイデガーの技術論は、１９４９年の「有るといえるものへの観入」（ブレーメン講義）と１９５３年の講演「技術とは何か」などで正面から扱われているが、そこで彼は現代技術の本質を「総かり立て体制」にある、という。

「総かり立て体制（ゲシュテル）」は、ものを生み出しそれを「立てる（シュテレン）」、つまりわれわれの目の前に現実化することを意味するのだが、その場合に、この「立てる（シュテレン）」には「挑発」という意味が含まれていることにハイデガーは注意を向けた。技術のもとで、物は、何かに向けて挑発され、徴用されてかり立てられる、というのである。

たとえば、ライン川に水力発電があるとしよう。発電所は川の流れを水圧へとかり立て、水圧はタービンを回転へとかり立て、この回転が伝動装置をして電流を発生させるようにかり立てる。この電流を流すために、送電所や送電網が徴用されて立てられ、それが機械産業を可能とし、経済発展に向けて徴用されているのである。こうなると、ラインはもはやヘルダーリンの詩を生み出した芸術的霊感の源泉ではない。シューマンの楽想の泉でもない。ラインの水は、もっぱら水圧供給源として発電所へともたらされ、徴用物資となる。もちろん、ラインの明美な風光は変わらないとしても、それは余暇産業として、押し寄せてくる団体観光客を徴用可能な資源とする絶好の対象となる。こうして、自然の内に隠されていたエネルギーが呼び覚まされ、さらに徴用されて現実の世界へと顕現される。

そして、実は、これは自然エネルギーに限られたことではなく、まさに人間という「隠されたエネルギー源」についてもいえることだ。機械を動かすのは人間であり、生産に従事するのは人間である。別の言い方をすれば、人間は機械へと動員され、生産現場へと徴用される。こうして、自然を挑発してかり立てる働きの全体システムに「人間」は取り込まれてゆく。労働者として、消費者として、観光客として、旅行業者として、人間の活動は、すべて、何らかの自動運動の連鎖の中の徴用物資として「かり立て」られる。「かり立てる」のは人間ではない。人間もまた「かり立てられる」。「徴用」され、「動員」されるのである。

こうして、現代の技術は、人間を徴用しつつ現実の世界へと顕現させる。人間をかり立てて、徴用物資として挑発するこの作用の全体的な集まりをハイデガーは「総かり立て体制」と呼んだのであった。

少しわかりやすく単純化していえば、仮にエネルギーを生み出すにしても、かつての水車や風車のように、水や風の自然作用のさなかに、その作用に従ってエネルギーを獲得するのではなく、水力発電は、川の自然な流れを立ち塞いで、自然の流れに逆らって人為的に、そのうちにあるエネルギーを外へ取り出す。

畑における農業も同じで、かつて農夫が畑を耕していた時には、「耕す（ベシュテレン）」は「世話をする」という意味を含んでいた。しかし、現代の農業は、作物を自然の発育に任せるのではなく、大規模に機械化された食料生産産業になってしまった。これは自然を「挑発」し、食料産業へと「かり立て」ているのであり、かつての農夫も、現代では食料生産に従事する農業労働者となる。そして、この産業への「かり立て」は、最小の費用で最大の利益を生むという効率性の論理への「かり立て」だということもできよう。こうした「かり立て」が社会の全面を覆い、全面的に現前化した状態が「総かり立て体制」なのである。

◆真理を取り出す「ポイエシス（制作）」

ところが、そこでハイデガーは面白いことを述べる。「総かり立て体制（ゲシュテル）」の「立てる（シュテレン）」は、挑発するという意味の他に「制作して立てる」という意味を示唆する。ギリシャ語でいえば「ポイエシス（poiesis）」であるが、ポイエシスは、「制作によって、隠れなき真相をこちらへと現前化する」ことを意味していた。アリストテレスに従えば、現前的でないものを現前的に有り続けるものへと移しゆく、その始動になるものがポイエシスだという。つまりは、ポイエシスとは、何よりも、「何かをこちら側へと現前化するように生み出すこと」といってよい。

とするなら、「制作すること＝ポイエシス」とは、必ずしも、職人が手仕事によって机や靴を作り出すこととは限らず、また、芸術家が彫像を制作することにも限定されるものではないだろう。制作とは、そこに人間の明確な意図を前提としているわけではない。「何かがおのずと現れ出ること」でもよい。そしてこの「おのずと現れ出ること」こそ、ギリシャ人が「ピュシス（physis）」と呼んだものであった。だから、「ピュシス」こそが、典型的な「ポイエシス（poiesis）＝制作」なのである。

「ピュシス（physis）」は、後のラテン語で「ナトゥーラ（natura）」をへて今日の「ネイチャー（nature）」になる。つまり「自然」である。とすれば、われわれが「自然」と呼ぶものは、ギリシャ人にとっては、「おのずと現れ出ること」としての「ピュシス（自然）」であり、それこそが「ポイエシス」なのである。そのものの本性がおのずと現れることである。天体の目に見える動き、海の波のうねり、植物の生育、動物や人間の出産などは、この「現れ出ること」の実にわかりやすい典型であり、しかもここに、ギリシャ人は、ある隠された存在が、その隠されたものから自己を発現して現前化する作用を見たのである。

そして、この隠されたものがその覆いを取り外され、顕現する働きを「アレテイア（aletheia）＝非－隠蔽性」と呼んだ。それをわれわれは「真理」という。したがって、「真理」のギリシャ的な本質は、常に「ピュシス」概念と切り離せない。何かが存在するとは、ただそこにある物がころがっているのではない。それは第4章でも述べたように、ある物が、それを押し隠そうという隠蔽性をはねのけて、自らをこの世界へと現前化しそこに存在する。その時に、非－隠蔽性としての真理が現れる。

ハイデガーは、「物」についての考察の中で次のようなことを述べている。ここに瓶がある。われわれは、ただある形をした瓶が置かれているのを眺めている。瓶の内側は空洞になっている。だが、空洞はただカラッポを意味するのではない。そこにワインや水が注ぎ込まれ、注ぎ込まれたワインや水は何かに捧げられる。捧げられる水は、水源からもたらされ、水源は、天空から降ってくる雨水が岩盤を通して大地に流れてやってくる。ワインもまた、天空の太陽と大地の恵みの産物である。とすれば、ここには、「天空」と「大地」とがひそやかに宿っていることになろう。

また、瓶の水やワインは、一方で死すべき者としての人がそれを飲むと同時に、時には、祭りや祝い事において神に捧げられる。神を前にして人々がワインを共飲することもあるだろう。その場合には、ワインはどこかの居酒屋で酔っ払って飲まれている酒ではない。その全体が、神々に奉納された儀式と結びついており、この場合の「注がれる」は供物や犠牲という意味を帯びているのだ。とすれば、ここには、「不死の神」と「死すべき者としての人間」という対立と結合が秘められていることになろう。

こうして、瓶というひとつの「物」には、一方で、天空と大地、他方では、神的なものと死すべきものという二項が交差しあい、ともに宿っていることになる。ハイデガーは、それを「四方界」と呼んで、それが織りなす制作物や出来事の全体を「世界」というが、こうして四方界から経験され思索されたモノの本質こそが真に「物」なのである。そして、四方界を宿らせつつ「物」として現れ出す働きを「物化」という。

「非―隠蔽性」として考えられた現前化とは、ただ瓶が目の前にある、ということではなく、その存在の隠された本質や意味を明るみに出す、という形で存在するのだ。瓶は、その空洞のうちに隠されていた四方界を、おのずと顕現させる形で存在するはずのものなのである。

こうしたことを踏まえていえば、「おのずと現れ出る」という「ピュシス」は、ただただある物がほっておけば自然とそこに生育する、というようなことではまったくない。われわれが通常いうような「おのずとあるがままにある」というようなことではない。それは、たとえば、瓶が四方界を顕現させるというような形で、世界を指し示しつつ世界に現成することであり、いってみれば、そういうものとしてこの世界へと現成し、現前化しようとするものなのだ。われわれは「物」を、そのようなものとして了解する。いいかえれば、物がそのように世界へ現成することを助けるのだ。かくて存在が存在として現れる。だからこそ「真理は存在の本質に属する」のである。

これが、本来のギリシャ的な意味での「ピュシス（自然）」であり、「アレテイア（真理）」であり、さらにいえば、「ポイエシス（制作）」であった。「ポイエシス」は、制作（製作）を意味するために、しばしば、職人が家具を作り出し、芸術家が作品を生み出す働きとして理解されがちだが、ハイデガーに従えば、その本質は、「こちらへと前へ生み出すこと」であり、「隠された様の方から隠れなき真相へと前にもたらす」ことを意味し、その点からすれば、自然に生育するものも、手仕事によって製造されたものも、芸術によって創造されたものも、すべてポイエシスなのである。

◆大理石の中に宿る女神の像

そこでこういうことにもなる。しばしば、「ピュシス」は「テシス（thesis）」と対比される。「テシス」とは定立することであり、今日の言葉でいえば、「総かり立て体制（ゲシュテル）」の「立てる（シュテレン)」である。ある目的を持って定立することである。そこでたとえば、自然のものとしていまわれわれの現前にある岩を持ち出し、それを人間による「立てる働き」=「テシス」によって石段を作ってそこへ置くとしよう。この石段は、人間の制作による立てる働き(テシス)であって、ピュシスとはまた別の制作(ポイエシス)であるかに思える。

しかしそうであっても、この石段はまた、ピュシスによる「前へ－産み－出す」働きをその根本に持っている。見方を少し変えれば、職人の手は、いわば介添えとして、岩石の中にある石段を「前へ－産み－出す」働きを支えるものとして、それを現前へと立てるのである。

とすれば、「ピュシス」の中に、現前化する、つまり「立てる」という作用はすでに含まれているともいえるのであって、それゆえ、ピュシスの中に、すでに何らかのテシス的性格が本質的に含まれていることになろう。だから、われわれが通常「制作(製作)」と呼ぶ人間の手による定立、つまり「テシス」も、実は「ピュシス」によってこそ可能となるのである。

しかも、技術の語源である「テクネー」も基本的には同じなのだ。「テクネー」もまた「こちらへと前にもたらして産み出すこと」であり、それゆえポイエシスに属することになる。したがってまた、職人の手仕事のみならず、存在の本質(四方界からなる世界のあり方)を顕現させる芸術の作用もまたテクネーだし、真理を顕現させる知的な作用もまたテクネーなのである。かくして、一見したところ人間の手による定立(テシス)こそが技術だといいたくなるが、もとをただせば、それも、隠されているものを、こちらへと現成させるやり方であり、それゆえ「技術とは顕現させる働きのひとつである」ということにもなるのだ。

このように、「ピュシス」にこそ技術の本質を見出し、それは「おのずと現れ出ること」であり、「おのずから立ち現れつつ、前へ産み出す働き」が、ある種の「立てる」作用の性格を備えたのが、ギリシャの技術（テクネー）であった。

職人が木から机を制作する時、職人は気ままに、あるいは個性に任せて机を創りあげようとするのではない。木目や木の状態、堅さや軟らかさ、それにその伐採地などに寄り添い、あたかも木がおのずから机に仕上がるかのように机を制作する。あるいは、彫刻家が大理石の中に、あたかも女神の像が宿っているかのように、それがおのずと自らを現すかのように掘り出す。こうしたものが本来のテクネーであった。今日、われわれが考えるように、「技術（テクネー）」と「自然（ピュシス）」は決して対立するものではなかった。テクネーはむしろピュシスに寄り添い、自然の内に埋もれたものを巧みに表に現す作用であった。

３ 「真理」から遠ざかる「活動（プラクシス）」

◆非ギリシャ的な異端の哲学

ところが、被隠蔽性を取りのぞかれ、四方界や世界のあり様を示すように現前化したその「形」を、ギリシャ人、特にプラトンやアリストテレスは「イデア」もしくは「エイドス」と呼んだ。それは、覆われていたものの現れとしての形相であり、その形相にこそ「真理（アレテイア）＝現れ出たもの」があるという。

とすれば、ここから次のような考えが生まれてきても不思議ではない。「イデア」という目に見えない「真理」がまず存在する。それは、われわれの感覚で捉えうる対象ではなく、いわば超越的で絶対的な存在であり、机や女神像という具体的現前は、このイデアの表現である。とすると、木や岩はもはや、そのうちに何かを秘めていて、それがおのずと世界へと現成するようなものではなく、イデアを刻印し、具現化するための素材に過ぎなくなるであろう。

これはたいへんに大きな思考の転換といってよい。アリストテレスはそこで「エイドス（形相）」と「ヒュレー（材質）」を区別した。すべてを生み出すその根源にあった「ピュシス（自然）」は、ただただ人が、それに対してイデアをもって働きかける材質、素材、そして対象となってゆく。これは第4章で述べた通りである。自然は、いってみれば何の潤いもない、ただただ制作の素材へと変貌してゆく。かくて、制作（ポイエシス）は、人が、イデアを持って物質的な自然に働きかけるプロセスとなり、技術とは、人が自然に作用する手段だということになろう。

かくて、自然は、自然科学がいうような物質的な対象へと単純化され、近代技術が考えるような、人が働きかける材質とみなされるようになる。実際、アリストテレスは、技術を、質量とは無関係にある作品のことわり、と定義しているが、いってみれば、大工の心中に、作り出される机の姿（設計図）が潜んである、ということであろう。もともと「自然」であったはずの存在は、形を与えるだけの材質に降格してゆく。

ハイデガーによると、絶対的で普遍的な真理としてのイデア説を唱えたプラトンは、ギリシャの思想的系譜の中ではきわめて異端であり、非ギリシャ的であった、という。プラトンは、ギリシャ的な

「ピュシス」や「ポイエシス」をむしろ否定したのである。イデアに従いながら、現前するものを人は制作し生み出す。制作されるものが机や女神像ならまだよい。しかしプラトンは、国家もまたイデアに従って制作されるべきだ、と主張し、現に実験まで行ったのだった。そして、以前にも述べたように、まさしく、ここから「西洋の形而上学」が開始されたのであった。

◆イデアも神も追放した近代

だが、プラトンがいくら異端であろうと、その後の西洋思想の主流がプラトンによって敷かれたことは否定しがたい。西洋哲学＝形而上学が産み落とされたのだ。たとえアリストテレスが、プラトンの絶対的、普遍的、抽象的な真理としてのイデア説への批判を目論んでいたとしても、「形相」と「材質」の対比は維持され、また、イデアへ向けた「観照（テオリア）」と現実における「活動（プラクシス）」を区別し、しかも「観照」に最高の地位を保証したのである。

これは重要なことであった。前者の「形相」と「材質」の区別は、いわば、人間が制作において描き出す設計図とその対象物の区別を意味している。そこから、「理性的な主体としての人間」と、「純粋に物的な対象としての自然」というおなじみの対立が生じる。人間は自然に対峙して立つ。自然に対して人間は「主体」となる。そして、自然を自らに対峙させて立てる。また「観照」と「活動」の区別は、「理論」と「実践」の区別となり、さらにそれは、「理論的な真理」と「現実の価値判断」の区別という現代のわれわれにはよく知られた二分法を生み出した。

それでも古代社会にはまだイデアがあった。だがやがて、この絶対の真理が見失われ、ついでに中世の神というもうひとつの普遍的絶対者もこの世から追放されるとすればどうだろうか。制作の意味は大きく変わってゆくであろう。制作物の「形相」とされたものは、使用上の機能性や、生産過程の効率性や、制作物の社会的な有用性において理解されるほかない。もしくは制作者のアイデアであり個性の発揮とみなされる。「材質」は、制作過程で対象化される便利な物質へと格下げされる。また、イデアがなければ「観照」も意味を失い、それに対して「活動」が浮上してくる。

こうして、制作は、「観照（テオリア）」ではなく、「活動（プラクシス）」と結びつき、それは、現実上の成果へと自らを差し出すであろう。かくて技術は、川の流れをせき止めて発電所を作り、さらには火力を生み出してそのエネルギーを電気に変換し、最終的には原子のエネルギーへと行き着くことになろう。すべては、イデアや「真理」などとはまったく無関係に、経済発展や富の拡張という論理に服することになる。これが、「総かり立て体制」と呼ばれるものであった。

2. 現代科学とニヒリズム

1 「有用性」を価値とする科学

◆「ピュシス（自然）」は「ヒュレー（材質）」へ

ところで、20世紀以降の現代技術を見る時、「総かり立て体制」を可能とするもうひとつの決定的要因がある。ハイデガーは、それを決して見落としていなかった。それは、現代技術は近代の理論物理学と深い親近性を持っている、という点である。

ある意味では当然のことで、18世紀末以来の産業革命とその後の機械文明や産業社会の成立が、古典物理学の支えによっていたとはしばしばいわれることで、特に目新しい主張というわけではない。ニュートン以来の古典力学やマクスウェルの電磁気学が現代の産業技術に不可欠であることに疑いの余地はなく、物理学がなければ今日の高度な技術文明は存在しない。20世紀初頭のハイゼンベルクらの量子力学は核技術を生み出したし、量子力学や高度な数学がなければ、今日のコンピュータによる情報産業もありえない。確かに、現代技術の展開は、物理学のような近代の精緻な自然科学に依拠しているのである。しかし、それは何を意味しているのだろうか。

ハイデガーは、現代技術が近代の精密な自然科学によって可能となったといいつつ、そこには、より本質的な構造がある、という。それは、近代物理学が現代技術を可能としたのは、すでに、近代物理学の中に、現代技術と同じ構造が内蔵されていたからだ、というのである。

物理学がたまたま応用されて現代技術が登場したというわけではないのだ。物理学のような近代の精密な自然科学が応用されて、それが現代技術を可能としたのではない。そうではなく、現代技術の持つ本質が、すでに近代物理学にも流れていたのである。だからこそ、近代の物理学と技術の強い結びつきが生まれた、というのだ。

どういうことであろうか。たとえば物理学が、自然を対象とする科学の中でも圧倒的成功を収めた理由は何か。それは、物理学が、自然を、いわば死んだ物質的な対象へと格下げし、また単純化したからである。「イデア」や「エイドス」からは切り離された「ヒュレー」として自然を捉えたからであった。

「自然」をいわば死んだ物質として捉えたのである。

近代の自然科学は、イデアを排して、自然を、人間が観察し分析し研究できる対象として「かり立て」、そのようなものとして、こちら側に「立てた」。自然はもはや、われわれが、五感で感じ、詩的想像力の源泉となり、その多様な意味を経験によって捉え、肉眼の観察で知りうるような散文的対象ではなくなる。またあらゆる生命活動がそこで乱舞する舞台でもなく、生物的生命が育まれる生きた世界でもなく、時間の動きの中で万物が生々流転する舞台でもなくなる。それはいわば死んだ、それゆえに、固定化され、対象化されて客観的に扱いうる物質相の世界へと捉え直されたのである。

このような自然の捉え直しは、当の物理学者の意図は別としても、自然の中にある、隠されたもの（たとえばエネルギー）を引き出し、それを顕在化して眼前に「立てる」という意味を持っていた。それこそがハイデガーのいう「技術」であり、「総かり立て体制」を生み出す前哨戦であった。

自然（ネイチャー）の中に隠された本性（ネイチャー）を求め、自然を徴用してかり立て、この本性を現前化する。近代自然科学そのものが、このような形で自然を挑発するのである。こうして、自然の中に伏在していたエネルギーを取り出す。それは自然をそこにある真理として眺めるのではなく、人間が扱いやすい物質系として捉え直すことで可能となる、自然を計量可能で予測可能なものにする。このような構造こそが、近代の物理学を可能とし、また同時に近代の技術をも可能としている。その意味でいえば、近代の自然科学は、現代技術のもとになるとともに、その科学自体が時間的に先駆けた現代技術そのものだったということにもなろう。

これは独特の理解である。近代の自然科学こそが現代技術の先駆けであり、それは連続的につながっているというのだ。いやそもそも出自が同じだというのである。しかもそれはさかのぼれば、「エイドス」と「ヒュレー」の区別によって、「ピュシス（自然）」を「ヒュレー（材質）」へと縮減したギリシャ哲学に祖型を持つものでもあった。少し極端な言い方をすれば、現代技術の本質は、すでにギリシャに始まった、ということになる。さらにいえば、近代の自然科学（とりわけ物理学）も近代技術も「西洋の形而上学」の産物だというのである。

◆自らが生み出したものを相手にする時代

とはいえ、ギリシャに誕生したこの祖型が見事なまでに展開されるのはあくまで近代社会に入ってからであり、物理学のような近代の精密科学こそが、その先駆けとなったことは疑いえない。だから、「徴用して立てる人間の態度ふるまいは、近代精密自然科学の勃興に真っ先に示されている」というハイデガーの言葉はまことに的確というほかない。

それだけではなく、近代自然科学の精密さが「実験科学」である点にこそ求められるという自然科学者の誇りに対して投げかけられるハイデガーの次の言い方もまた説得力がある。近代物理学が実験物理学である理由は次の点にある、と彼はいう。それは、純粋理論としての物理学がすでに自然をかり立て、自然を予測可能で算定可能な力の連関として見るようになったからこそ、自然科学は実験科学になったのだという。

純粋な理論物理学者は誰も物理学が技術だなどとはいわないだろう。物理学をエネルギーの蓄積のために利用されるべき研究だ、などとはまったく思ってもいないであろう。自然のうちに横たわる「真理」を探究し、ただその方法として理論を実験によって検証する実証主義こそが、客観的な科学の身元証明だというだろう。自然に埋め込まれた真理を客観的に研究するものだという。この身元証明書を提示することで、科学は技術と区別される、と考えるだろう。自然科学は、あくまで自然の内に隠された真理（法則）を明るみに出すものだ、と信じているだろう。

しかし、そうではない。自然を物質現象とみなし、その内に隠されたものを取り出して実験にかけるということ自体が、すでに自然を予測可能で計測可能なものへと押し込めていることになる。それは、自然を、何かしら計算上確定可能なものとして自らを顕わし、いわば情報システムの一総体として徴用できるものとして扱っているからである。それがすでに「技術的」な思考なのである。だがこの思考そのもの、方法そのものは決して実証もされなければ客観性を主張することもできないのだ。なぜならこの背後には、まさに近代の「理性の形而上学」や「主体の形而上学」が横たわっているからである。

とすれば、ここでわれわれは、先ほどの「近代」の本質に再び出会うのではなかろうか。「近代とは人間が自らが生み出したものを相手にする時代である」というあの規定である。もはや、われわれは、自然そのものを、そのものとして認識することはできない。「物自体」を扱うことはできない。われわれが認識でき対象化できるものは、あくまで一定のやり方で観測や実験によって取り出された一群のデータであり情報であった。自然の意味をデータ化可能なものへと変形しているのであり、このデータを「事実」と称して、自然のいわば代理とみなしているだけのことである。

そして、この観測や実験を組み立てているものは決して自然ではなく、人間の生み出した理論であり、技術であった。だから、これは一種の循環構造となる。自然科学の理論がまずあり、その理論に見合った形でわれわれは観測や実験を行っていることになる。検証されようがされまいが、自然（現実）の中にあるはずの「事実」を、「自然」の自己申告として直接に取り出すのではなく、われわれの側の理論と実験の申告に従って取り出し、「事実」として解釈していることになる。その上で、観測結果であるデータ（情報）を「事実」と称するのだ。実際にはもはや客観的な事実というものは存在しない。科学哲学者のハンソンが述べるように、「事実」は常に「理論負荷的」（N．R．ハンソン『知覚と発見』）なのである。

近代社会の構造とはそういうものだといってよい。近代の社会を支えているものは、自然そのものでもなく、真理そのものでもなく、あるいは、自然や真理への信頼でもなく、自然や真理とされるものを理解するための方法と理論である。ところが方法も理論もわれわれが作り出したものであり、それがわれわれの社会を支えている。もはや「真理」そのものは存在しない。いや、「真理」云々について論じることは不可能となっている。人間は自然に続いて真理からも疎外される。人間の理性は、理性的に知りうる対象しか認識できず、永遠の「真理」など認識できないからだ。

したがって、近代社会は、必然的に科学（理論と方法）によって支えられるほかないのだが、その科学の正当性を保証するものは、もはや自然の内にある真理性（事実＝実在）ではない以上、それは、科学（理論）の実際上の有用性（プラクシス）でしかなくなるであろう。科学は、永遠の真理を追求するものではなく、変化する社会の中でのその都度の有用性に関わるものとなってゆく。

こうして、たとえ科学であろうと、その根拠は「有用性」に帰着するほかない。「有用性」こそが現代社会の決定的な価値となる。だが「有用性」の判定者は人間自身であるがゆえに、まさにここで、科学の価値を決めるものは、真理への接近ではなく「人間」にほかならないのである。これが第4章でも述べた近代の「人間中心主義」の内実であることはいうまでもなかろう。

2 量子論、有用性の極限の果て

◆観測装置の中の「自然」

このような現代科学の性格が少し極端な形で明瞭に浮かび上がってくるのが、量子論の場合であろう。ここで少しだけ量子論の持つ意味について論じておこう。

すでに述べたように、もともと実証科学においては、われわれは自然を直接に相手にするわけではなく、現実の自然(実在)が観測装置の示すデータによって表示され、それを受け取る人間が理論構築によって、自然の法則を見出すものとされた。自然そのものでなくとも、あくまで観察データが始点なのである。これが、経験論と帰納論から出発するいわば由緒正しい実証主義である。だから、自然現象が目で捉えられ、肌で感じられ、われわれの五感に捕捉されるような状態にあり、観察装置といってもわれわれの五感の延長ぐらいのものであるなら、それでよかった。

ところが、20世紀ともなると、対象とする自然や見出すべき自然法則が、もはや五感の延長上にあるものではなくなる。通常の観察ではとても捉えきれない、自然のうちに隠された構造や法則を暴き出そうとするのである。物理学は、自然の本質を、要素還元論によって目には見えない要素にまで分解し、その最小単位こそが実在だと見ようとした。だがそれはとても通常の観察で捉えられるものではなくなってしまった。

とすればどうするか。「理論」を頼るほかないのである。そこで、最初に理論仮説があり、それを実証するための観察装置や実験装置が作られる。まず理論が先行し、それに合わせて観察装置が準備される。自然は、あくまで観察や実験を通したものとなる。そこで得られたデータをわれわれは解釈して理論仮説の妥当性を論じることになる。

ここでは、実在としての自然についてはもはや何も確たることはいえない。観察や実験装置が自然に対して働きかけており、その作用によって得られたデータ解釈によって自然法則が理解されることになる。すると、極論すれば、人間の側の装置の作り方や、それを通した解釈や理解の仕方が、現実へと作用し、自然の法則を生み出している、といえなくもない。客観的な自然の法則などというものはなくなってしまう。

このことが、少し極端で例外的ケースどころではなく、現実に生じたのが量子論の場合であった。量子論が扱う超ミクロの素粒子世界では、人間の側の観察そのものが、対象である素粒子の世界に影響を及ぼす。よく知られているように、量子論では、素粒子は、観測者（観測装置）の観測によって位置または運動量が確定されてしまう。

しかもこの観測装置そのものがきわめて高度な技術の産物なのだ。つまり、観察そのものがこの高度な技術に依存している。こうなると、自然の内に普遍的な法則が確固として存在するとはいえず、またいかなる意味でも、自然という確かな実在があるともいえない。人間の向こうに対象としての自然、もしくは自然法則という「実在」（真理）があるなどというわけにはいかない。自然法則という実在（真理）は、人間と人間の技術によって与えられる（解釈される）こととなり、人間とは別に、その外側に確固として存在するというわけにはいかないのだ。

しかも話はそれだけでは済まない。量子論では、観測以前に存在するものは波動で表わされる確率的な状態だけだという。そもそも通常ならば観察される状態は粒子であるのに、どうして観察以前が問題となるのか。もしも観察のみから出発する実証主義であれば、観察以前など問題にならないはずであろう。では、量子論では、なぜ観察以前には、素粒子は波動であるとか、確率的であるというのか。

それは、量子力学が波動方程式をもとにしたシュレディンガー方程式に基づいているからであり、シュレディンガー方程式には複素数が含まれていたからである。虚数は観察できない。観察されるのは実数だけである。ということは、観察装置によって粒子が観察されたとすれば、その背後に観察されえない虚数の状態がもうひとつ潜んでいることを意味している。そこに、量子論の位置と運動量についての不確定性原理が出てくる。あるいはまた波動でありかつ粒子であるという奇妙な実在を想定するコペンハーゲン解釈が出てくる。問題は、虚数という観察しえないものが、超ミクロ世界に出現するという点にあり、それはシュレディンガー方程式から導かれたものなのだ。この場合には観察されるべき量子がミクロ過ぎて観察できない。そこで方程式がその状態を記述するのである。

◆帰るべき故郷を放棄した自然科学

ここまでくれば、われわれは、明らかに、通常の、人が認識する対象としての自然理解をもって自然法則に立ち向かうなどということはもはやできなくなっている。物質世界の究極が波でも粒子でもある、などといっても、われわれの通常の自然理解からかけ離れてしまうだろう。ホーキングは宇宙は虚数から始まったというが、これもわれわれの想像を完全に超えてしまうだろう。

すると、自然科学は二つの要因によって支えられていることになる。ひとつは理論(数学理論)であり、もうひとつは、観察装置としての技術である。ニュートン力学以来、物質の運動を数学的に表現するのが近代物理学の習わしであったが、実際には、物理法則は数学化できるという、習わし以上の信念がこの自然科学を特徴づけてきた。

とすれば、ここで数学的表現とは何を意味するのだろうか。確かにガリレオは「自然は数学の言葉で書かれている」といった。これを少しいい直せば、数学は自然の奥に隠された真理を表現している、ということもできる。しかし、それでもやはり数学は、あくまで自然を表現する方法であって、自然界が数学的な絶対的真理を隠し持っているとまで強弁できないとすれば、数学は、この場合、どこまでいっても人間の側が持ち込んだ思考道具というほかないであろう。

もちろん、ここで、どうして数学はそれほどまでに自然科学(特に物理科学)において有効性を発揮できるのか、という、かなりやっかいな、しかしきわめて重要な問題はある。何か神秘的な感覚を覚えさせる問題である。数学は、自然の、あるいは宇宙の、つまりあらゆる存在の究極の普遍的真理を表現している、という可能性は残るであろう。しかし、仮にそうだとしても(そしてそのことは究極的にわからない)、さしあたりは、数学は人間の精神の産物であり、その応用ともなれば、それをうまく使えばよいという了解がある。物理学はそれを道具として使う。それは一種の思考技術とでもいうべきものとなる。

ここで、自然を物質化して対象化することから始まった自然科学は、客観的な自然という概念からはもはやすっかり逸脱してしまい、絶対的な真理や実在という、それが帰るべき故郷をすっかり放棄してしまった。そして、それを放棄した途端に、われわれの自然や物質の理解は、われわれの外に横たわる確たる対象ではなく、われわれ自身の認識方法の問題となるのだ。これもまた、純粋理性批判におけるカント主義の延長にあるといってもよかろう。本当の意味での「自然」＝「実在」＝「もの自体」などもはや決してわからないのだ。いわゆる実在は、数学理論という知的な道具と、実験・観察装置という物的な道具という二つの広義の技術に依存しているのである。

この技術を生み出したものは、五感のような経験的知覚でもなく、観照のような直観でもなく、まさしく活動（プラクシス）であった。理論仮説を表現できる数学理論の導入は、何かを表現する（前に立てる）といういわば思考の活動であり、実験装置は、ある成果を現前にもたらす（前に立てる）ための技術の活用であり、それを可能とするのは、実験装置を作り出す製作の活動なのである。こうして出来上がった体系がもはや、自然の実在の真理証明ではないとすれば、それはどういう意味を持つのだろうか。

科学の体系が真理や実在から切断された時、この体系のもっともわかりやすい存在証明は、それが、現実に何らかの作用をもたらすこと、わかりやすくいえば、何らかの意味で役立っている、ということであろう。有用性である。それしかないであろう。もちろん他方では、人間の根源的な知的好奇心を満足させる、ということもできる。しかし、それも広い意味では人間にとって何らかの点で有用なのである。いずれにせよ、それは自然の内にある真理ではなく、「人間」にとっての有用性という価値基準なのである。

今日、量子論のような素粒子物理学の極限に、たとえば宇宙の始まりの解明という壮大なテーマが開かれ、素粒子を高速で飛ばす高度で高価な実験装置が作られ、また巨大なデジタル望遠鏡が建造されるのも、確かに人間と宇宙のよってきたる起源を知るという知的好奇心の満足に発しているのであろう。だがそれでも、その好奇心が依拠するのは、真理に対する観照（テオリア）というよりも、ひとつの認識のプロセスが次々と生み出した活動（プラクシス）の結果といわねばならないだろう。知的好奇心は、少なくとも現代では、実験装置の開発やデータの収集や、時には研究者仲間との交流や論文発表などという「活動」とは決して切り離せないのである。

3 「観照」の喪失と「宇宙論的ニヒリズム」

◆「観照の生」ではなく「活動の生」へ

こうして、近代社会は、基本的に「神」も「イデア」も認めない。この世俗世界を超越した絶対的な価値基準は認めない。絶対的で普遍的な、われわれを離れた「真理」は認めない。近代社会は、まさしく、われわれが生み出し、われわれが生息するこの世界にわれわれを閉じ込めている。

とすれば超越的普遍に向けられた「観照（テオリア）」はさしたる意味を持たない。テオリア、すなわち「理論（セオリー）」（真理としての純粋理論）はそれだけではさしたる意味を持たなくなるのである。「理論（セオリー）」は常に変更可能な、人間が生み出した仮説に過ぎなくなる。それはありうる可能性のひとつなのである。もはや自然そのものの内に「真理」が宿っているということさえも認められない。自然は、何かそれ自体がある正しさを持った秩序であり、その正しさがおのずと顕現してくるもの、というようなギリシャ的観念を近代社会はもはや信じることはできない。

そこで、ハンナ・アレントが述べたように、近代社会では「観照の生（ヴィタ・コンテンプラティヴァ）」ではなく「活動の生（ヴィタ・アクティヴァ）」こそが決定的な意味を持つようになった。

「観照」の先にはイデアがあった。イデアとはイデアルというように理想であり理念であり抽象的な設計図でもある。そこに真理があるとされた時、人間は、このイデアという真理に照らして、自然の中に真なる秩序を見出し、また自然に手を加えようとした。芸術家はイデアに導かれて自然の中から彫像を掘り出そうとした。

しかし、そのイデアが失墜した時、自然は、「活動（プラクシス）」の対象となるほかなくなる。人間は、「活動」によって自然の中に分け入ってゆく。「実験」こそは、その最適な手段となったのであった。「実験」は、自然をただ観察し記録するのではなく、人間の側から自然に対して条件を設定し、自然を挑発するのである。

元素や分子からさらに原子へ、その先に素粒子を見ようとする物理科学によって、自然は人間の手によって介入され挑発される。原子にせよ、素粒子にせよ、人間が「実験」によって自然に介入しなければ決して発見されなかったものであり、その意味では自然は、そのあり方を人間によって変更されているということもできる。原子核が隠し持っていた核エネルギーなど、まさしく人間が作り出した物理学によって「挑発」されなければ、自然の内からは取り出しえないものであった。物理学がなければ核エネルギーなどというものはないのだ。そして、近代社会は、その介入の成果を、たちどころに実践的なものへと変形して、社会的な有用性へと落とし込んでくるのである。

これらの一連のプロセスは、「観照」ではなく「活動」である。理論（セオリー）をテオリア（真理への直観）に差し向けるのではなく、数学理論に置き換え、それをできるだけうまく使おうというのも思考の活動であった。だから、アレントに従えば、近代社会では、人間の根源的な能力は、理論や推理そのものにあるのではなく、それらを使う活動にこそあるという。

アレントは、観照が意味を失った近代社会において、まず「製作」が大きな役割を占め、さらにそれが「労働」へと転換していった、と述べる（『人間の条件』志水速雄訳、あるいは独語版からの『活動的生』森一郎訳を参照）。

観照に代わって出現した「活動的生」は、「製作」「労働」それに狭義の活動である「活動＝行為（アクション）」からなる、と彼女は考えているが、ここではそれらの細部にこだわる必要はない。ただ、われわれが生きて活動しているこの世界しかなければ、いずれ、製作にせよ、労働にせよ、言論にせよ、あらゆる行動が、何らかの意味で実践的で実際的な「活動（アクション）」であるほかないのである。

かくてイデアとも真理とも無縁な「活動」が、近代社会にきわめて重要な特質を付与した。それは、この「活動」は、特に着地すべき目的地もなく、それを評価する確固とした価値基準も持たず、しかも結果が不確かで、先例もないまったく新しいプロセス（過程）を次々と始めることになってしまったからである。「活動」自体は無目的なのである。

だから「活動」そのものに意義を認めてしまえば、ただただ行先もわからない活動のプロセスだけが延々と続くこととなろう。だが、このいささか無責任で無謀な「活動」によって、近代社会は、人間の持ちうる能力を最大限に発揮し、世界をただただ拡張しようという無限の過程へと入り込んでいったのである。今日の無限の経済成長を求める資本主義や、終着点を持たない果しない技術革新主義など、まさしく近代の「活動」の産物というほかない。

◆「地球」を見る「アルキメデスの点」

さて、そのアレントは、本論との関係において、もうひとつ重要なことを述べていた。それは、少し象徴的な言い方をすれば、近代社会は、ガリレオによる望遠鏡の発明に始まったという点である。

望遠鏡で星を観測することはもはや観照ではない。望遠鏡の製造は技術による製作であり、星の観測は技術を使った活動である。望遠鏡による観測という活動が壮大な宇宙の中に神秘的な真理を直観するという観照にとって代わった時、二つのきわめて重要な事態が生じた。

ひとつは次のようなことである。真理は、イデアのような絶対的な地位から引きずり降ろされた。それはせいぜい、仮説を観測したデータに突き合わせることで得られる理論の正当性に過ぎないこととなる。つまり、実証主義の誕生であった。

こうして、実証主義の基礎を開くことで、ガリレオの望遠鏡は、現代の科学と技術を考える上で、実に大きな問題を提起することになったのである。実証主義への道は、真理を固く信じていたガリレオの意図とはまったく別に、しかも皮肉なことに、20世紀ともなると、真理という概念を宙づりにし、ほとんど永遠に続く執行猶予状態に置くことになってしまったからである。真理は永遠に仮設住宅（仮説住宅?）に住むはめとなり、もはや帰還する場所を持たなくなる。

それでもガリレオはまだ「神」が生きている時代に生を得ていた。実証は最終的には神の実証でもあった。「自然は数学の言葉で書かれている」というのも、その背後に神を想起できたからである。しかし神を追放した現代では、実証主義とは単なる方法であり、時には科学的であろうとするための方便にさえなってしまったといえばいい過ぎであろうか。

しかし、もうひとつさらに重要なことがある。それをアレントは、ガリレオの望遠鏡によって、自然科学が宇宙科学に変化した、といい表している。それは決定的な「視点」の転換であった。われわれは、「宇宙」を見ることで、今度は、「地球」の外部に、「地球」を見る「アルキメデスの点」を手にしたからである。

かくて「われわれ」はもはや自明の経験の主体ではなく、自分自身を外から捉えかえす存在となる。われわれの前に横たわっている自然に関して、もはや「自然はおのずとわれわれの前に現成するもの」などとてもではないがいうわけにはいかない。地球の大地や岩石や草花という自然も、すべて宇宙と一続きの存在として理解されなければならなくなるだろう。そしてその中に人間自身も含まれるのである。人間さえも「宇宙的存在」として見なければならなくなるだろう。

とすれば、人間は、自然の懐に抱かれて、自然から生の養分を受け取って生命を養っている生きた存在ではなく、宇宙の中で偶然に生み出された物的要素の合成体に過ぎない。宇宙という新たな超越的な視点から人間を捉えかえすと、人間は、宇宙のガスやゴミと同じ粒子の合成に過ぎなくなってしまうだろう。これは恐るべきニヒリズムといわねばならない。こうしてわれわれは現代の究極的なニヒリズムというべき、いわば「宇宙論的ニヒリズム」へと踏み出すことになったのだ。

もちろん、ガリレオが一挙にそのような無謀な地点まで飛躍したわけではない。宇宙科学はその後三百年以上かかって、とてつもない宇宙物理学へと展開してゆく。しかし、その大きな視点の転換を生み出した仕掛け人はといえば、ガリレオになるのである。

ただ注意しなければならないが、「アルキメデスの点」は、それ自体が「真理」では決してない。それは、あくまで「視座」の設定、つまり「方法」を意味している。そして、この視座の大転換は、「自然」というものを「宇宙」の中に解消するという点で、画期的なものだったのである。

かくて、われわれの前にある自然も、地球も、そして究極的には人間そのものも、宇宙の構成原理と同じ仕方で説明されなければならなくなった。われわれは自然を見る「方法」をすっかり変更しなければならなくなったのだ。地球上の自然的現象は、もはや地上の現象どころではなく、文字通り「宇宙的(ユニヴァーサル)」な法則において理解されなければならなくなったのである。

こうして、20世紀の物理学は、宇宙科学でもあり、「宇宙的な=普遍的な」法則の解明に向かうことになる。宇宙という最大スケールの空間を構成する原理と、物質界の最小スケールの素粒子を説明する原理が結合してくる。これは、一方では、きわめて精緻な理論を、他方では、高度な実験装置や観測装置を必要とした。かくて、アインシュタインの特殊相対性理論や重力場についての一般相対性理論にせよ、あるいは素粒子研究へと向かう量子力学にせよ、自然や物質の探究から始まったはずの自然科学は、今日、理論的には精緻な数学を駆使し、実証的には高度で高価な実験装置を必要とするものとなった。

ここまでくれば、自然科学のいう自然は、われわれが普通にいう「自然」とはほど遠いものとなってくるだろう。むろん、ギリシャ的自然や「ピュシス」とはもはや何の関係もない。確かにこの高度な数理的理論と実験装置のおかげで、人間は、自然的世界の実感的な経験から解放され、感覚の頼りなさを知った。ありのままの自然を観察し、そこに実在を見るという素朴な自然実在主義も、あるいは逆に、観照によって精神のうちに真理（イデア）を直観する、というもうひとつの真理実在主義も、現代人はもはや取るわけにはいかない。真理だけではなく、われわれは実在への信も失ったのである。

④「われわれ」に固有の危機

◆帝国的欲望の「空想的な現実」

現代とは、科学的知識それ自体が技術として社会へ還元され、社会の中で応用され、成果を競う時代である。科学そのものが、たとえば有用性と称してその社会的存在のアリバイを主張する一種の技術のようなものになっている。科学的知識は、社会やこの世界から独立した場所に真理性の基準を持つものではない。科学の理論は、もはや自然の内にある真理や神の意図を探究するものではなくなった。

いずれの方向であれ、真理概念の崩壊とともに、それに代わって科学を支えるものは、科学をもってするわれわれの活動になった。ほとんど無目的な活動の連鎖、延々と続くプロセス、そして、その社会的な影響力だけが、科学的知識の存在意味になりつつある。

これは、今日の生命科学にあっても、ＡＩや脳科学においても同様である。自然の内にある、ひとつの、しかもきわめて豊かでかつ複雑な存在である人間自身を対象とするこれらの新しい科学は、人間を、脳神経のネットワークや細胞組織や遺伝子、ＤＮＡへと還元しようとしている。それが、自然を物質系もしくは情報系として理解する近代的な自然科学の実証主義の延長上にあることはいうまでもなかろう。だが、その向かう方向はどこなのであろうか。またそれらが何を意味しており、そもそも何をしようとしているのか、と問うても答えはない。ただ、いまここで「役に立つ」という釈明のみがこのプロセスを取りつくろっているのだ。

すでに述べてきたように、ニーチェに従えば、このような現状はニヒリズム以外の何ものでもない。実証主義(ポジティビズム)と技術主義(テクノロジズム)こそが現代のニヒリズムの典型なのである。そしてまた、このニヒリズムの中から出現するのは、むき出しの「力への意志」であった。現代の「力への意志」とは、ニーチェがニヒリズムの克服として期待した、優れた価値を創造しようという「超人」(特に優れた芸術家にそれを期待したようである)のそれでは決してなく、自然に対する無限の支配力になってしまった。

それは、徹底的に自然を搾取し、自然のすべての作用と運動を知り尽くし、自然の持つ可能的な力(たとえばエネルギー)をすべて引き出したいという恐るべき欲望である。自然としての人間のうちに刻印されたゲノムをすべて解明して、人間を完全な存在へと近づけるという「ホモ・デウス」の欲望も「力への意志」のひとつの発現であろう。より広大な世界を活動の舞台にしたいという帝国的欲望は、地球を超えて宇宙技術の開発を頼りに、月や火星への移住などという「空想的な現実」を生み出そうとしている。だがいったい、何のために?

◆より大きく、より多く、より高く

かくてニヒリズムを克服しようとする「力への意志」の発動が、さらなるニヒリズムを生み出している。「より大きく、より多く、より高く」といった「力への意志」が無限拡張の論理を生み出している。そこでは、新奇さそのもの、革新それ自体、将来へ向けた期待そのものが擬装価値として追求される。価値基準の喪失というニヒリズムは、かくて、目的なき拡充の過程、無限に続く活動の過程、そして果てしなく続く欲望を生み出したのである。

ところで、前述のように、ハイデガーは、ニーチェのいうニヒリズムの起源をたどれば、それはギリシャにさかのぼると述べた。プラトンが、ギリシャの本来的な自然（ピュシス）概念を捨てて、イデアによる存在の意味づけを行った時に、ニヒリズムは潜在的に開始された、という。「形而上学」の形成こそがニヒリズムを帰結した、という。

プラトンに始まるヨーロッパ思想は、この世界の存在を常に「作られるもの」と理解してきた。プラトンにおいてはイデアが、キリスト教の伝統のもとでは神が、近代では理性が、この世界の存在を作り出し、それに意味を与えてきた。「世界」をそのようなものとして把握してきた。いいかえれば、この世界の外部に、超越的で絶対的なイデアや神や理性があって、それがこの世界という存在を作り出してきたのであり、西洋の存在了解の根底には、「制作モデル」が一貫して存在する、とハイデガーはいう。存在者の意味づけは、プラトン以降、何らかの絶対的なものによる「制作（製作）」によってなされる、というのである。

ところが、「真理」にせよ、「神」にせよ、「理性」にせよ、その絶対的なものが崩壊すると、存在者

に確かな意味を与えることはできなくなる。それに代わって、人間自身が主体として、あらゆる技術(テクネー)を駆使してすべてを自己に都合よく制作できる。こういうことになろう。人間は、永遠のものである神や世界に奉仕するのではなく、自分自身を主人公として自然を作り直すことができる。いや自分自身さえ作り直すことができる。かくて、技術とは、人間の自由を制約する自然や必然から人間自らを解放するものだ、というわれわれにおなじみの単純な技術思想が出てくる。

　これはもはやギリシャ的な意味での「制作(ポイエシス)」などではない。「自然のうちから何かを顕現させる」というようなものではないし、物事の真理や世界の実相(たとえばハイデガーの四方界としての世界)を指し示すような「制作」でもない。ただただ、社会によって消費されるものを生み出す生産であり、生産のための技術となる。かくて、価値喪失の時代の制作活動のほとんど唯一の疑似的な価値基準は、市場で売れるか売れないか、という一事へと縮減されてしまった。「制作」は「生産」に置き換えられ、市場が真理や神の地位を簒奪し、自らを王に擬装する。

　だが繰り返せば、何よりも恐ろしいのは、ニーチェやハイデガーに従うなら、このことはヨーロッパの歴史や文化の当然の帰結だ、ということであった。なぜなら、このニヒリズムを用意したのはプラトンであり、キリスト教がそれを受け継いだからだ。イデアや神といった、ありもしない虚構を実在だと勘違いしたところからニヒリズムは始まったからであった。

　今日、グローバリズムのもとで、「ヨーロッパのニヒリズム」は「世界のニヒリズム」へと拡散している。そして、ハイデガーによると、真に恐るべきことは、われわれがニヒリズムという現代文明の「危機」に気づいていないことだという。その場合、ニーチェやハイデガーが述べたように、ニヒリズムがほぼ「ヨーロッパ文化」の必然の帰結だとすれば、それは、われわれ非西洋文化圏の者にとってはどのような意味を持つのだろうか。そのことが問われなければならないであろう。しかし、われわれはそれを問おうともしない。とすれば、この不問それ自体がまた、「われわれ」に固有の危機といわねばなるまい。

第7章 暴走する「グローバル資本主義」——経済学の責任

この章では、今日の資本主義、すなわちグローバル資本主義の暴走と、それを支えている現代の経済学について論じようと思う。だが、その前に、個人的な回想を書き記しておきたい。1970年代、私が経済学を研究しようとしていた頃の、経済学をとりまく状況についてである。あまり関心のない読者は、次の第1節は飛ばしていただいても結構である。

1. 回想……1970年代の経済学

◆思想としての経済学

少し個人的な回想から始めたい。私が大学院生として経済学を研究していたのは1970年代だったが、この時代、経済学はたいへんに論争的でかつエキサイティングであった。日本では、まだ「マル経」対「近経」、つまり、マルクス主義とアメリカ経済学（近代経済学）がしのぎを削っており、冷戦という時代状況を反映したものであった。私自身も、資本主義の崩壊というマルクスの予言に導かれて経済学を専攻しようと思った。果たして資本主義は、根本的な矛盾を孕んでいるのか、それともそれはうまく機能するのか、ということである。

世界的な潮流としては、市場中心主義にケインズ主義を補正的に継ぎ足したアメリカの「新古典派経済学」（もしくは「新古典派総合」）が主流ではあったが、それをそのまま信用する者は多くはなかった。時代はベトナム戦争の最終局面である。何であれ、「アメリカ」は疑ってかかれ、というわけである。

そこで、われわれ大学院生仲間は、その勉強不足を、分不相応に旺盛な批判精神で補完（?）しつつ、議論に明け暮れていた。主要な関心はまず「体制論」である。社会主義と資本主義のどちらがよいか、というテーマである。このテーマはまた、資本主義は成功するのか、さらに、市場経済をどう理解するか、という問題であった。そこで一方に、市場への全面的な信頼を隠そうとしないアメリカの新古典派経済学が、当時、猛烈な勢いで高度な数学を導入し、意気揚々であった。アロー、ドブリューといった数理経済学者による市場均衡論の厳密な数学的証明がそのひとつの頂点であった。おかげでわれわれの勉強時間のかなりが数学の習得に充てられるという始末である。

ところが、この過度な数学化も含めて、アメリカ新古典派経済学に対する批判や異議申し立ても次々と提示されていた。ケインズの弟子たちの系譜をひくイギリスのケンブリッジ学派、マルクス主義の影響を受けたアメリカの若者たちによるラディカル・エコノミックス、またヴェブレンやコモンズという ひと世代昔の独特の経済学者の系譜を引き継いで、制度や社会や人間心理を問題とする人たちもいた。

『新産業国家論』を書いたガルブレイスも独自の立場から新古典派を批判していた。

　われわれ院生は、それらの間を右へ左へと往来し、時代の風に振り回されながらも、議論に明け暮れ、自分の足場をどこに設定するか模索する日々だったのである。

　当時、もうひとつ大きな論争があった。経済学は「科学」でありうるか、というのがそれである。そもそもアメリカの新古典派は、マルクス主義をイデオロギーと難じ、それに対して自らを「科学」だと称し、市場経済の「正しさ」は科学的に論証できると宣言していた。これも冷戦の反映である。

　私たちは、アメリカ経済学は「科学」ではなく、それ自体がイデオロギーであり、よくいって、ある時代にある特定の場所が生み出した特定の思想だと考えていた。だから、経済学を思想から切り離して論じるなどということはありえなかった。私にとっては、これは今日に至るまで重要な信念である。シュムペーターは、経済学には「道具（トゥール）」の面と「思想＝ものの見方（ヴィジョン）」の面があると述べたが、確かにそうであろう。だがより大事なのは「ヴィジョン」の方である。経済学も道具として使えばよい、とよくいわれる。だが、使っているうち、知らず知らずのうちにひとつのヴィジョン、思想へと取り込まれてしまう。

　経済学が、科学ではなく思想だとすれば、経済学を大きな思想史として見ることこそが重要となる。だから、当然、経済思想史や経済学説史は必須の知識であった。シュムペーターの大著『経済分析の歴史』はまだ読まれていたし、少し以前（１９５０年）に出版された杉本栄一の『近代経済学の解明』も名著の誉れが高かった（この書物は、後に１９８１年に岩波文庫になる）。この思想の流れの中で、様々な経済学がその時代の課題と要請を受けて作られてきたのである。そして、今日のアメリカ経済学もその流れに即したものであって、それは現代のアメリカ社会を反映しつつ、この時代の課題と共に作られてきた思想の一形態である。これが私の考えであった。

そして、ここから二つ大事なことが出てくる。ひとつは、「経済」のあり方は時代によって社会によって違っている。とすれば、どうもわれわれは、現代の先進国というある特定の時代と場所を前提として、そこから唯一の経済学を作り出し、その結果、この枠組みに縛り付けられているだけではないか。歴史的に眺め、もっと空間を広げてみると、まったく異なった経済の姿が浮かび上がるのではないか。こういうことだ。そこへ、経済史家であり、経済文明論者であるカール・ポランニーが紹介された。また文化人類学者の業績が読まれるようになり、特に経済人類学なる分野が突然に出現した。もう少し後になると、文明論のブローデルなどが紹介され、ウォーラーステインも必読になっていた。こうしてある日、突然、われわれの視野は急に開かれ、顕微鏡の世界から望遠鏡の世界へと踏み出したように思ったものである。

◆70年代の知的環境

さてもうひとつの論点は次のようなものであった。

「経済」が、時代や場所によって違うなら、アメリカにはアメリカの経済があり、日本には日本の経済があるはずだ。この相違を生むものは何か。それは、両国の歴史、文化(価値観)、社会、政治の違いによるだろう。したがってこうなる。経済学は、資源配分に関する閉ざされた学問ではなく、歴史学、社会学、政治学、文化学等とつながり、それらと協同して研究されるべきであろう。社会科学の総合化が目指されるべきである。「市場経済」といっても、それは、特定の国の歴史や社会構造や文化（価値観）と無関係ではない。マックス・ウェーバーは、なぜ英米に近代的資本主義が展開したかを宗教意識から説明したが、同様に、なぜ日本では英米とは異なった資本主義が展開したのか、という問いが立てられるであろう。つまり、経済の発展は、国や地域によって異なっており多相的かつ多系的である、というべきだろう。

そもそも経済学は、重商主義の時代には「政治経済学」であり、「政治」とは不可分ではなかったか。アダム・スミスからケインズに至るイギリス経済学の系譜では、経済学は倫理や道徳や価値判断とは切り離せない「モラル・フィロソフィー」もしくは「モラル・サイエンス」とみなされていたのではないか。また、ウェーバーは経済論を社会学の一部と見ていたし、現代のアメリカの社会学者タルコット・パーソンズは、それを「社会システム」の一部と見ていた。「科学」を標榜《ひょうぼう》するアメリカ経済学はあまりに偏狭に過ぎるのではないか。

私自身は、大学院の後半期には、このような関心に支配されていた。そして、当時の東大の駒場（教養学科の大学院）には、何やら局所的に社会科学の総合化への関心が沸き立っていた。その中心にいた村上泰亮氏は『産業社会の病理』を書いたのち、佐藤誠三郎氏、公文俊平氏とともに『文明としてのイエ社会』という大著を書き、少し後になるが『反古典の政治経済学』や『文明の多系史観』を書く。また、「新進気鋭の経済学者」であった西部邁氏が『ソシオ・エコノミックス』や『経済倫理学序説』、『ケインズ』を書く。これらは、すでに経済学の範疇を完全にはみ出したものであったが、当時、一般の読者層まで含めて大きな話題になり、また影響力を持ったのである。

そして70年代の後半ともなれば、フランスの構造主義やポスト構造主義が紹介される。アルチュセールが紹介され、ドゥルーズ＝ガタリの『アンチ・オイディプス』が紹介される。フーコーの『言葉と物』なども私には経済思想史の見方を一気に広げてくれたものである。これが、院生時代の私を取り囲む知的環境であった。

最後にもうひとつ、70年代の特徴があった。それは、経済学のあり方が、ただ狭い学界や研究者仲間に閉じられていたのではなく、雑誌や新聞のマスメディアといった知識層、さらには財界人や政治家まで広い層を巻き込んでいた、ということである。日本では高度成長が頂点を迎え、戦後を牽引《けんいん》したアメリカ経済が凋落しつつあったこの時期、環境問題、資源問題が世間の関心をつかみ、経済成長の限界が世界中で論じられていた。ローマクラブの『成長の限界』（1972年）、シューマッハーの『スモール・イズ・ビューティフル』（1973年）は世界的なベストセラーになっていた。そして同時期に、戦後の先進国の工業社会は終焉に向かっているという、ダニエル・ベルの『脱工業社会の到来』（1973年）が出される。日本でも宇沢弘文氏の自動車文明批判や「社会的共通資本論」が広く関心を集めていたし、『朝日新聞』の「くたばれGNP」のキャンペーンも一定の社会的インパクトを持っていたのである。

これらは決して経済学の書物ではない。だが誰もが、資本主義の、さらにはもっと大きくいえば産業文明の転機だと感じており、アメリカ経済学の限界を感じていたのだ。要するに、資本主義のあり方が問われ、経済学は倫理や価値を語れるかが問われていたのだ。

70年代とはそういう時代であった。経済学は、今日では考えられないような可能性に開かれていたのである。ところが、ちょうどその時期からまた同時に、アメリカ経済学は市場中心主義のきわめて狭い専門的領域に自らを囲い込んでゆく。フリードマンたちのシカゴ学派が、合理的期待理論やリアル・ビジネス・サイクル論といった新しい理論と合流して市場中心主義の経済学以外はほとんど排除されていった。またこの主流派を批判してきた諸潮流は、マルクス主義も含めて、今日、異端派経済学などと呼ばれて一括されているようだが、これもまた、こぢんまりとした専門に閉ざされた様相がある。これは、「流派」や「派閥」の問題ではない。もっと根本的に思想的問題である。アメリカ経済学とはいったい何なのか、それをわれわれは問い直さなければならない。

ところで少し前に『21世紀の資本』が大ベストセラーになったフランスの経済学者トマ・ピケティは、22歳の時にアメリカのMITに職を得たが、ほどなくしてフランスに戻ってきた。そのことを彼は次のように書いている。「率直にいわせてもらうと、経済学という学問分野は、まだ数学だの、純粋理論的でしばしばきわめてイデオロギー的偏向を伴った憶測だのに対するガキっぽい情熱を克服できておらず、そのために他の歴史研究や他の社会科学との共同作業が犠牲になっている。経済学者たちはあまりにしばしば、自分たちの内輪でしか興味を持たれないような、どうでもよい数学問題ばかりに没頭している」(『21世紀の資本』みすず書房)と。そして「この数学への偏狂ぶりは、科学っぽく見せるためにはお手軽なやり方だ」というのである。

果たしてこの状況は今日、変わったのであろうか。どうもそうはいえないようである。そして、私には、経済学(特にアメリカの市場中心主義経済学)こそが、実は、今日のグローバル経済の不安定化に大きな役割を果たしているように思われるのである。

2. グローバル資本主義の暴走とアメリカ経済学

1 「市場秩序」を破壊する資本主義

◆果てしない競争の巨大なメカニズム

今日、グローバルな資本主義は、迷走という次元をはるかに超えて、暴走とでもいうべき状態になっている。これは少し強い言い方かもしれないが、ここで「暴走」というのは次のような意味である。

資本主義とは、その語義通り、ひたすら「資本(capital)」の増殖を求める運動である。「資本」とは、ラテン語の"capitalis"つまり「頭に関わる」という意味からも明らかなように、何らかの経済活動に投下される頭金であり、しかもこの頭となるものが、経済活動の先頭を切って新たな世界を切り開く。それは、経済における「かしら(captain)」であって、頭金としての貨幣は、世界を動かす「キャプテン」として新たな世界を開く。

通常、この頭金は借入金であるから、経済活動はその返済を上回る利益をあげなければならず、資本は増殖しなければ「資本主義」は成り立たない。だから、「資本主義」とは、様々な経済活動によって利潤を獲得して貨幣を増殖する運動であり、それは経済の無限の拡張を追求する運動なのである。

そして、この高度な利潤追求を可能とするものが、もうひとつの重要な経済学上の概念である「市場競争」であった。「市場競争」とは、モノの需要者と供給者の間の競争によって売買がなされるシステムである。だから、市場競争には、もともと特別に経済の拡大という概念は含まれていない。そのことをたとえばシュムペーターはよく知っており、彼は、市場経済という経済活動の循環的システムと経済発展を区別していた。経済を発展させるものは市場とはまた別の原理であり、それこそが、彼が「創造的破壊」と呼んだイノベーションだと見ていたのであった。

だがこの市場競争が資本主義と結びつけばどうなるのか。市場は、いっそう高い利潤を実現するためにしのぎを削る激しい競争の場となろう。資本主義の方は、投資家や企業がさらに高い利潤を求めて市場を徹底して利用するであろう。彼らは、利潤を生むと期待されるモノを見つければすぐに商品化し、利潤を生み出す場所を見出せば、地球上のどこへでも足を運び資本を投下する。こうして、資本主義は、常に市場を拡大し、また造り変えてゆく。あらゆるものを商品化し市場化すること、そしてその市場を可能な限り拡張すること、このダイナミズムが資本主義の運動に不可欠となる。

私が今日の資本主義の暴走といったのは、このような資本主義の運動に対する予防的で合理的な歯止めがかからないからだ。経済活動は、無限の膨張を目指してますます激しい競争メカニズムに投げ込まれている。この膨張と競争がどこかで安定的均衡に収斂するとは考えられない。その時、われわれはこの無限拡張と競争圧力に閉じ込められてゆき、果てしない競争の巨大なメカニズムに飲み込まれてゆく、といっても過言ではなかろう。

今日、この暴走は、まずはいくつかの顕著な矛盾として表面化している。実際、今日、誰もがグローバル資本主義がうまくいっているとは思っていないであろう。さしあたり、その「矛盾」を見るのは比較的容易である。

◆無限増殖の行き着いた先

第一に、資本主義とは、何よりもまず「資本」を増殖させる運動である。そこで、今日、各国の中央銀行は過剰なまでの資金を市場に供給し、巨大なグローバル金融市場が形成された。かくて、現代の資本主義は、金融中心の「金融資本主義」の様相を呈することとなるが、これは、一部の資産や資本を保有しそれを自由に運用する機会を持つ投資家に大きな利益を与えるとともに、金融市場を投機の吹き荒れるきわめて不安定な市場にしてしまった。投機的な金融市場の不安定性が、今日、経済全体に常に動揺を与えているのである。

第二に、先進国において、今日、新たな利潤を生み出す舞台は情報や知識産業となっている。情報や知識へのいち早いアクセスが大きな利益をもたらす。そして、一般的にいえば、情報、知識に関わるプラットフォームやネットワークの構築は、いわゆる限界費用逓減の法則が作用する（しかも市場規模が拡大するにつれますます限界費用はゼロに近づく）ために、市場が拡大すればするほど莫大な利益を手にすることができる。ここからGAFAのような巨大情報企業も生まれ、それが市場構造を歪めてしまうのである。たとえば2020年1月末のGAFA全体の株式の時価総額は約420兆円であって、これはドイツのGDPに匹敵する規模だ。今日の経済活動はもはや情報やデータを無視しえないという意味で、現代の資本主義は「情報資本主義」である。あるいは「データ資本主義」といってもよい。

第三に、今日のグローバル競争や情報関連のイノベーションは、あらゆる場面で経済格差を生み出した。情報や金融部門での成功者、グローバル経済で活躍する専門家と、製造業で働く普通の労働者・勤労者の間には大きな格差が生まれた。その結果、たとえばアメリカでは今日、上位10％の者の総所得が、全体の約半分を占め、上位0・1％の者の保有資産は、下から90％の者の資産とほぼ同額になる。ほんの一部の富裕層が、国民資産の大部分を占めていることになった。また、CEOなど上位40名ほどの経営者の年収は10億円を超している。恐るべき格差というほかない。この格差は、イノベーションとグローバリズムの結果である。これを「格差資本主義」と呼んでもよいだろう。

第四に、今日のグローバル資本主義においては、国家の役割がきわめて重要になった。市場が国境を越えてグローバルに拡張してしまったために、たとえば、資本を国内に誘導し、自国の産業の競争力を高める必要がある。また、国内の経済状況がグローバル市場によって影響されるため、雇用や物価の安定のために国家は国内経済に介入せざるをえない。とりわけ今日、「国の競争力」という観念がきわめて重要なものとなった。グローバル経済において競争力を確保し、同時に国内経済を安定化するために国家はかつてなく重要でかつ複雑な役割を果たさなければならなくなった。これは「国家資本主義」というべきものであって、グローバリズムの時代にこそ国家の役割は大きくなる。かつてよくいわれたような「国家の退場」どころではない。国家主導の「新重商主義」もしくは、「新帝国主義」の時代といってもよかろう。

こうして、今日のグローバル資本主義は、また、「金融資本主義」であり「情報資本主義」であり「格差資本主義」であり「国家資本主義」と呼ぶこともできよう。しかも決定的に重要なことだが、それにもかかわらず、今日の資本主義は、もはや十分な成長を生み出すことができないのであって、明らかに先進国を中心に、経済成長率は傾向的に低下している。特に、2008年のリーマンショック以降、先進国は、ほとんど考えられる限りの経済政策にもかかわらず、経済成長率を維持することができなくなっている。しかも、日本やEUにいたっては、金利をゼロかもしくはマイナスにまで誘導しているにもかかわらず、である。

これは、資本の無限の増殖という資本主義にとっては異常事態である。利子率は資本の増殖にとっての目安であり、したがってゼロ金利とは、平均すればほとんど収益があがらないことを意味しており、マイナス金利とは常識では考えられない事態なのである。資本主義はそこまで追い詰められている。このような事態を資本主義の「矛盾」ということもできるが、それは何か外部的な要因で作り出されたものではなく、冷戦以降の資本主義の無限増殖という運動が、ほとんど自動的にこの事態を生み出してしまったのである。

◆「市場競争主義」と「経済成長主義」の軛

この資本の増殖を求める運動が、何らかの破壊的な作用をもたらしているとすれば、それはどうしてなのだろうか。マルクスが述べたように、資本主義の内部に根本的な矛盾があるからだろうか。労働者へのあまりに過酷な負担のために労働者自身が耐えられない、という「労働力商品の矛盾」のためなのだろうか。いやそうではない。市場経済の安定した秩序(それを「市場秩序」と呼んでおこう)が破壊されつつあるのだ。

市場は様々な条件に支えられてようやく比較的安定した秩序を持つ。かつてハイエクが強調したことだが、「市場秩序」と「市場競争」は違っている。この違いを明確にするために、ハイエクは「市場競争」とは異なった意味で、自生的に形成される市場に対して"catallaxy"(カタラクシー)という造語を与えた。これはここでいう「市場秩序(market order)」に基づいた市場概念である。市場とは、ただ競争によって効率性を求めるメカニズムではなく、時間をかけて自生的に出来上がってきた慣習や法体系などによって支えられた「秩序」である、とハイエクはいう。

これは、きわめて重要な点であるにもかかわらず、経済学者が無視し続けてきた論点であった。ハイエクのような考えを少し拡張解釈すればこうなるだろう。市場はただ自由競争によって機能しているのではない。それは、法や習慣、人間の社会的関係、人々の間に共有されている価値観や文化、節度を持った政府、このような「市場的ではない制度」によって支えられている。それは人間の意図によってではなく、時間の中で作り上げられ継続してきた「自生的な秩序」なのである。

つまり、「市場」は「非市場的なもの」によって支えられ、「経済」は「非経済的なもの」によって支えられている。ポランニーが見て取ったように、本来、「経済」は「社会」に埋め込まれていた、といってもよい。この支えがあってはじめて市場はうまく機能する。「市場秩序」は、「市場の外にあるもの」「社会的なもの」がそれなりに安定することではじめて成り立つのである。「市場秩序」とは、その背後に「非市場的なもの」を含み持った重層化された概念なのである。

もちろん、ハイエクがそこまで明瞭に述べているわけではない。だがもし、「市場競争」ではなく「市場秩序」こそが重要であったとすれば、市場中心主義は決定的に誤っていたことになろう。今日の資本主義は、資本の無限の増殖を求める際に、徹底して市場競争を利用した。新自由主義の風潮は市場中心主義を取り込んできた結果、逆説的なことに、それによって「市場秩序」が破壊されつつある。図式的にいえば次のようになろう。《資本主義プラス市場競争⇩イノベーション競争とグローバル競争⇩

市場秩序の破壊⇩資本主義の矛盾と市場の不安定化》ということだ。

それにもかかわらず、われわれは、資本主義の発展には、いっそうの市場競争が不可欠だという考えに取りつかれている。まるで強迫観念のように。そして、資本主義が矛盾を引き起こせば起こすほど、この強迫観念はさらなる競争状況を作り出すようささやきかける。市場競争こそが効率性を実現し、新たなイノベーションによって資本の増殖を可能とする、という。もっとも、政治家も経済人も経済学者も、それを決して「資本の増殖運動」とはいわない。それは通常、簡単に「経済成長」と呼ばれるのだ。必要なのは経済成長であり、経済成長が可能となるためには、市場競争こそが不可欠だ、というのである。

とすれば、「資本主義の展開」とはまた「経済成長の追求」といいかえてもよい。どちらも事実上、同じことである。そして、今日のグローバル資本主義の展開が市場秩序を破壊するとすれば、これは「経済成長の度を越した追求」こそが「市場秩序の破壊」をもたらす、ということになろう。これは重要な論点なので改めて掲げておきたい。


「経済成長の過度な追求が市場秩序を破壊する」

「市場競争の過度な強化が市場秩序を破壊する」


経済活動とはひとつの事実であるが、また観念でもある。経済成長という事実はまた、「経済成長をよしとする観念」によって主導されている。今日の経済は、放っておけば自動的に成長するのではなく、意図的に成長を追求しなければならない。そしてそれは経済成長を善とみなす価値(観念)によって主導されている。体が自動的に動くのではなく、頭が体を動かしている。

同様に、市場競争もひとつの事実であるが、今日の市場競争は放っておけば生まれるものではない。市場競争もまた競争を善とみなす価値(観念)によって主導されている。ということは、上に掲げた命題は、事実に関わるというよりもまず、価値に関わっているのである。重要なのはわれわれの頭の中なのである。改めて上記の命題を修正しておこう。

「経済成長主義の価値観が場合によっては市場秩序を破壊する」
「市場競争主義の価値観が場合によっては市場秩序を破壊する」

問題は、われわれの思想であり、観念であり、思い込みにこそある。今日、われわれは「市場競争」や「経済成長」をほぼ無条件で望ましいと考えてきた。「競争」や「効率」や「成長」はほとんど今日の社会のもっとも重要な価値規範となっている。とすればどうなるのか。今日の資本主義の暴走は、「市場競争」や「経済成長」を決定的な価値とみなすわれわれの価値観、あるいは思想的な態度にこそ起因する、ということになるであろう。「市場競争主義」と「経済成長主義」という、現代人の精神に投錨し、しっかりとそこに住み着いた二つの中心的価値が今日の資本主義の暴走をもたらしているということになろう。

◆自由とは、幸福とは、豊かさとは

ところが現実には、なかなかこの「価値観」が問題の前景へと立ち現れてこない。何か、われわれの生活がうまくいっていない、もしくは社会がおかしくなっている、という漠然とした感覚は広がっているし、「資本主義の矛盾」を指摘する識者も多い。にもかかわらず、問題は、価値観ではなく、制度や政策の失敗にある、とされているのだ。

だからおそらく私が掲げた上記の命題に対してはすぐに次のような反論が出てくるだろう。問題は、価値観や思想ではなく、制度や政策にある。今日の資本主義がもたらした問題の多くは、制度や政策の失敗によるものだ。格差にせよ、グローバル経済の行き過ぎにせよ、金融市場の混乱にせよ、ＧＡＦＡ問題にせよ、今日の経済停滞にせよ、制度の不備や政策の失敗にあって、それを修正すればよいではないか。

そのことを否定する理由はないし、制度や政策による改善はありうるだろう。制度や政策が重要でないわけではない。特に短期的にいえばそうであろう。だが、いずれにしてもそれは本質的な問題ではないし、ここで論じようとしていることではない。制度や政策によって、多少の修正はありえるとしても、もっと本質的なことは「市場競争主義」と「経済成長主義」という価値観そのものにある。

第二の反論として人は次のようにいうだろう。確かに、それらはひとつの価値観かもしれない。だがそれで何が困るのか。市場競争は個人の自由の拡大であり、経済成長は人々の豊かさの実現なのだから、その価値観は実に望ましいものではないか。人間は自然本性として自分の欲望を満たし、富を大きくしたいと願うものであろう。いったいなぜそれを問題にする必要があろうか、と。

この主張も一定限度においてはその通りであろう。だがあくまでも一定限度においてであり、今日の資本主義の展開は、実際にはその限度を超えているのではなかろうか。1960年代から70年代にかけてのように、あの悪夢のような世界戦争による資本の大規模な破壊の後に生じた経済発展の時期であれば、市場競争は、人々の自由や能力やその機会の拡大をもたらしたであろうし、経済成長は、普通の勤労者の所得を年々上昇させた。大量生産・大量消費は経済の好循環をもたらすとともに、社会を膨大な中間層で覆っていった。戦後の産業社会の形成は、確かに、国民的な規模で豊かさを実現した。

だが、すでに、60年代の末から70年代にはその条件は急速に失われつつあった。経済成長と環境の両立の困難が問題となり、「豊かさとは何か」の再定義が求められていた。とりわけ冷戦崩壊後の90年代以降ともなれば、もはや市場競争が無条件で個人の自由の拡大をもたらすとも、また経済成長が無条件で人々の幸福をもたらすともいえなくなってしまった。しかも先進国では経済成長率そのものが傾向的に低下している。ピケティは、戦後の先進国の経済発展は、戦争による資本破壊があったがゆえのものだったという。再建のための投資と、生活の向上を目指す人々の旺盛な消費意欲によるものであり、それが一定水準に至ると成長率が低下するのは必然だというわけである。

今日、「市場競争＝個人の自由の拡大」、「経済成長＝幸福の増大」などと無条件に信じ込み、それを平然と口にできるものはまずいないだろう。

いやそれどころではない。その逆でさえある。市場競争が、実は、個人の自由を奪い取り、人々を、競争社会という窮屈な檻の中に閉じ込めているのではないのだろうか。こういう疑いさえ生じる。また、経済成長の追求がかえって経済成長を困難にし、われわれを絶え間ない仕事とあわただしい生活へと駆り立て、われわれから幸福を奪っているのではないか、ともいいたくなるのではなかろうか。競争による効率性の追求が、逆に、人々を疲弊させて、その結果として効率性を奪い取っているようにも見えるのだ。これは仮説とはいえ、今日の経済を論じる上で、きわめて重要な論点だと思う。そこでそれもまた以下に仮説的命題として掲げておこう。

「経済成長の追求が、逆に経済成長を困難にしている」
「自由な市場競争の強化が、逆に人々の自由を奪っている」
「効率性のあまりの追求が、逆に効率性を損ねている」

今日、われわれは、この種の疑問の前に放り出されているのではなかろうか。われわれが幸福を追求しようとするまさにそのことによって、われわれはますます幸福から遠ざかっているのではないか。かくてわれわれは、改めて、「自由とは」「幸福とは」という、哲学的にいえばきわめて根源的な、あるいは、見ようによっては実に初歩的な、しかし解決困難な思想的な問いかけの前に投げ出されている。

繰り返していえば、今日、われわれは、「グローバル資本主義」という巨大な渦に巻き込まれ、その中で市場競争とイノベーション競争に生の命綱を託することとなった。経済活動の外延的で空間軸にそった無限の拡張と、科学・技術による未来創造という時間軸にそった無限の富の拡張へと向かって突き進んでいる。経済的な豊かさを求める世界中の人々が、「グローバル資本主義」という巨大船に搭乗させられているのだが、果たしてこの巨大船がどこへ向かっているのかは誰にもわからない。

だがどうしてこういうことになったのか。それは、人類の歴史の必然なのだろうか。あるいは、人間の欲望追求が行き着く当然の姿なのだろうか。いやそうではない。そうではなく、それは、ある特定の知識、つまり今日の支配的な経済学によるところが多大である、と私には思われる。問題は、今日の「経済学」という特定の知識のあり方にこそある、といいたいのだ。

2 経済学という「形而上学」

◆アダム・スミスの「市場の経済学」とは

一般論として人間はどこまでも飽くことなく富を求め、豊かで便利な生活を求め、世界中の富を手にしたいというとてつもない野望を持つものだ、ということは可能かもしれない。しかし長い時間、人間は、与えられた条件のもとで一定の富や生活に満足し、関心の中心を宗教的生活や日々繰り返される日常生活やその中における文化的愉楽や芸術的創造に向けていたことも事実である。長い間、経済は発展も成長もせず、ただただ循環していた。人々は、来る日も来る日も、何年にもわたって、同じような生活が繰り返されることに十分満足していた。

それを破ったのは人間の知識である。科学・技術の発展によって自らの世界を拡大し、いっそうの富を手にし、しかもそれを年々増加させることができるなどという膨張的関心を持ったのは最近のことであり、しかももっぱらヨーロッパにおいてであった。それは、15～16世紀の地理上の発見から始まり、その後、豊かさが国民的関心になるのは、せいぜいのところ18世紀末に生じた産業革命以降のことである。人類の富は、ずっと長い間、さしたる変化もみせず、18世紀末の産業革命以降に急増する。しかも多くの場合、それは戦争と不可分であった。

確かに自由な経済活動が国民を豊かにするというアダム・スミスの教義は、経済活動が国家財政と不可分であるという重商主義の思想を排して、市場活動こそが人々を豊かにするという思考へと道を開き、結果としてそれは19世紀のイギリスの覇権をもたらした。そして、このスミスによる「市場の発見」が、やがて科学・技術のイノベーションと結びつき、市場競争と経済成長こそが人々を豊かにするという思考が出てくる。それがしごく当然とみなされるのは、せいぜい20世紀、特に戦後になってからなのである。

もちろん、経済そのものは、政治家やそれに関与する知識人にとってずっと重要なテーマであったろう。だが、経済こそが一国の国民の幸福をある組織的なやり方で左右するという思想が明瞭に姿を現すのは戦後である。そして、そのような思考を可能としたものこそが経済学という学問であった。端的にいえば、ある特定の形をした「経済学」こそが、今日のわれわれが生きているその経済の枠組みを決定している、とさえいっても過言ではない。ケインズは「善かれ悪しかれ、われわれの社会に対して、思想が果たす役割は、人々が思っているよりはるかに大きい」という有名な言葉を書き付けているが、その場合、ケインズが想定していたのはもちろん経済学であった。

これはいささか奇妙な主張に聞こえるかもしれない。当然ながら疑問の声があがるだろう。たとえば、実際に経済史が明らかにしているように、17世紀あたりから市場の展開は見られ、私的な所有権の確立や土地の私有化、労働力の商品化、いわゆる囲い込み運動などが生じ、マルクスのいう「本源的蓄積」

が生じ、スミスのいう「分業」が歴史的に進行してきたのではないか。スミスの「市場の発見」はあくまで「発見」であって「発明」ではない、と。スミスは、あくまで勃興してきた市場を「記述」しただけではないか。

その通りである。市場は歴史的に展開してきた。資本主義も歴史的に展開してきた。しかもそれらは、ヨーロッパにおける近代の主権国家の形成とも無縁ではなかった。それはその通りであって、経済史家が述べている通りである。

だが、いま私が述べようとしていることは、そういうことではない。スミスはただ歴史家の目を持って市場を記述したのではない。彼は、市場が持つ「自然的な秩序」を論述したのである。彼は、人間の持つ自然な性向である利己心を、全体としての国民の富へと統合するものとして市場を論述したのであった。そこにこそスミスが「経済学の父」といわれるゆえんがある。彼の「見えざる手」の原理や「私益は公益なり」という市場原理は、現実世界の歴史的記述なのではない。それは確かに「発見」であるが、彼が発見したのは、現実そのものというより、現実を見る見方であり観念であった。だからそれは現実を超えているという意味で、もしそういってよければ、ひとつの「形而上学(メタ・フィジックス)」である。

ただ、スミスの場合には、この「形而上学」が帰着するのは、「物事の自然的秩序」である。それがスミスにとっての「市場秩序」であった。「市場」は「自然的秩序」を持つからすばらしいのである。スミスの経済学は、市場を「自然的秩序」として記述したからこそ、そこに市場をひとつの体系として描き出すことを可能としたのである。そして、そのことによって、18世紀に勃興しつつある現実の市場経済は正当な意味づけを与えられたのだ。物事は「自然の秩序」に従うのが正当なのである。逆にいえば、重商主義の描き出す経済の現実は「誤り」とされたのだが、それはスミスによると、重商主義は「物事の自然の秩序」に反していたからである。そしてこの「自然の秩序」は、利己心と道徳心を併せ持つ人間性（人間の自然の本性）を基盤にするものであった。

かくて「市場の経済学」は、その初発からして「形而上学」を含み持っており、現実を評価するひとつの価値を隠していた。イデオロギーといえばイデオロギーなのである。重商主義が国家と特権的大商人のイデオロギーであるとすれば、スミスの経済学は、新興の中小企業家のイデオロギーであった。

それでも、スミスの経済学は、それ自体が「物事の自然的秩序」によって基礎づけられ、現実の解釈は、常にこの「自然的秩序」に従ってなされた。だがその後になるとどうか。スミスによって切り開かれた「古典派経済学」を継承しつつ刷新したと称する20世紀のアメリカ経済学、つまり現代の「新古典派経済学」までくると、この基礎づけはきわめて変則的なものとなる。

◆「価値」と「理論」を分離したアメリカ経済学

今日の経済学が現実社会の記述ではないことはいうまでもない。需要と供給の一致点で瞬時に価格が決まるなどというもっとも初等的な理論でさえ、現実に対応しているとはとてもいえないだろう。では、現実から浮き上がった経済学を正当化するものは何なのか。それは自らの理論そのものへの信頼性であり、理論に信頼性を与えるものは、その「体系性」と「科学性」なのである。

しばしばこういわれる。今日の「新古典派の経済学」は、「古典派の経済学」を受け継いだが、そこには決定的な違いがある。それはスミスやリカードがまだ含み持っていたイデオロギー的要素や思考の曖昧さを徹底的に排して、古典派を科学的に理論化した。たとえばスミスの「見えざる手」や「自然的秩序」といった形而上学的な曖昧さは、徹底して論理的な概念に置き換えられ、「市場メカニズム」や「価格理論」という理論的装置によって説明される、というのである。

かくて20世紀のアメリカ経済学は、市場の作用を見事なまでに理論的に解明した。その際に、1950年代以降の数学の導入はすさまじいものがあり、経済学は、実に高度な数学を駆使して、市場の作用を「証明」していった。スウェーデンの経済学者レイヨンフーヴッドは、この世には「エコン族」という経済学者の部族集団があって、その部族を支配しているのは「マス・エコン階級」(数理経済学者)である、と冷ややかに評したものであった。

数学の導入は確かに強力であった。何といってもその最大の効果は、経済学に実に豪華な、しかも一見、科学的な装いを与え、経済学を社会科学の女王などと呼ばれるまでにその権威を高めた。自由主義を唱える経済学者は、何とも強固な参入障壁を張りめぐらせて自己を特権化していったのである。こうした見事な理論的装飾によってアメリカ経済学(新古典派経済学)は一世を風靡する、クーンのいう「パラダイム」となったのだ。

しかし、他方では、高度な数学は、経済学から、それが持っていた豊かさや別の可能性をはぎ取っていった。経済学の様々な議論や意味づけが、数学という方法に乗っ取られてしまうのである。数学は一定の条件を置かなければ論証はできない。だから、経済学の理論の範囲が、ともすれば、この数学的条件に適合的なものへとあらかじめ限定されかねないのである。経済学者の関心の多くが、理論の現実的な意味ではなく、数学的な形式化における意味や前提へ向けられてしまうのである。

確かにスミスが「見えざる手」といい、「物事の自然的秩序」といった「形而上学」は否定されただろう。それは、厳密な数学的論証を通した「市場の均衡理論」へと置き換えられた。市場が均衡へといたる条件もきわめて厳密に形式化された。だが、その数学的条件の厳正さにいったいどれほどの経済的な意味があるというのだろうか。にもかかわらず、市場の正当性は、その科学的体系化にある、というのだ。経済学は、客観的科学として体系化され、市場競争理論の正しさは証明されたとしても、そのこと自体が大問題を引き起こすことになる。なぜなら、ここで、理論の正しさはそのまま現実へと移しかえられ、この理論を基準として現実が判断されることになるからである。

ここから驚くべき結論が導かれる。市場競争理論に従えば、自由な市場競争こそが「正しい」とされる。とすれば、もしも現実の経済が十分な市場競争を実現していないとすればどうなるか。この現実は「間違っている」のである。「理論」が正しく「現実」が間違っている、というほかない。したがって、現実を理論に合わせて造り変えろというとてつもない提案が出されることになる。しかもそれが「科学」なのであった。ここでつい私は、アメリカ経済学が目の敵にしていたマルクス主義のことを思い出してしまう。マルクスもまた、資本主義が社会主義にとって代わられるのは「歴史法則」だといったのだ。この歴史法則をもってマルクスは、自らを空想的社会主義者ではなく科学的社会主義者だと強弁した。資本主義が崩壊することは科学的な真理だから、いくら現実の資本主義が繁栄していてもその繁栄は「間違いだ」というのである。

本来、科学とは、理論と現実が食い違えば、現実を説明すべく理論を変更するものであろう。だが、この場合には、理論命題の絶対的な正当性がまず唱えられているために、理論を修正する必要はないのである。理論が現実に優位している。ここに価値判断などない。近代科学である経済学は、科学の要件である「価値」と「理論」を分離した、といかにも誇り高く宣言する。理論は理論として「正しく」、それが現実に適用されるか否かの価値判断は別だという。

だが、本当の理論は、あくまで事実を説明するはずのものである。経済学の理論は事実に関する理論どころではない。それはりっぱな規範的命題であって、決して客観的科学の命題ではない。しかし、現実にはそれこそわれわれが「現実」を見る場合の基準となり、規範となってゆく。とすれば、これはまた、スミスとは別種の「形而上学」といわねばならないであろう。それは科学主義という「形而上学」にほかならない。

3 「正当性」を求める近代社会

◆「なまの自然」を対象としない科学

このことの意味をもう少し追跡してみよう。そこでアメリカ経済学の「市場の均衡理論」の命題をざっと述べれば次のようになる。

各経済主体が合理的に行動すれば、自由な市場競争は、各人の満足や利益を最大限に実現し、かつ市場は均衡する。しかもその均衡状態は、資源配分上、もっとも効率的である。

これは、アメリカ経済学が決して手放すことのできない根本命題である。しかもこの命題はきわめて厳密な数学によって論証される。だから、経済学者は、これこそが経済学が科学として成立しうることの証しだといい、また、この命題の普遍妥当性を誇りを持って主張してきた。実際、この命題は、現実を見る場合の重要な準拠を与えてきた。だから、経済学者は、現実を、自由な市場競争という基準からの変異として客観的に評価できる、というのである。

だがそうであろうか。ここに、現代社会における「現実」と「知識」の独特の関係がある。われわれはここで少し立ち止まって考えてみなければならない。それはすでに経済学を超えた問題であって、それは、われわれが生きているこの現代社会を特徴づけるものともなっている。経済学が重要な意味を持ってくるのは、それが、まさしく、現代社会における「現実」と「知識」の結びつきを典型的に示しているからにほかならない。

まず確認すべきことがある。それは、今日、われわれはもはや決して「なまの現実」を眺めることなどできない、ということだ。それはもっとも典型的な科学だとされる物理学においてさえもそうである。それは物理学が自然科学として成立した事情を考えてみればよい。どうして物理学は近代的科学たりえただろうか。それは、物理学が「自然」から様々な豊かな側面をそぎ落として、それを単なる「物質的自然」へと置き換えたからである。

ためしに近代社会より以前に戻ってみよう。そこではわれわれは「自然」に対して多様な意味を与えていた。自然は、様々な生命活動を可能とする有機的な生命の連鎖であり、神話の誕生する場所であり、人間に対して詩的想像力を喚起するものであった。古代までさかのぼれば、自然のあちこちに神の声を、精霊の声を、神秘の響きを聞くことができたはずである。

ところが物理学は、自然からそれらをすべて排除することで、それを無機的な物質による構成体とみなした。いわゆる要素還元によって、自然を可能な限りの物質の最小単位まで分割し、その集合体として自然を見ることとした。しかもその場合、自然を見る、つまり観察するという作業は、通常、実験装置によるデータをもとにしている。つまり、多かれ少なかれ、理論的あるいは実験的な人為的操作を通して対象を捕まえていることになる。「なまの自然」などを対象としているわけではない。こうした操作によってはじめて「自然」を客観的対象とみなしえるのであり、人(観察者=研究者)はこの「自然」の外部に立って、この対象を分析できる、というのである。この操作による「主体」と「客体」の二分構造が「客観的科学」を可能としている。だが、そこには、「なまのままの自然(対象)」はすでにない。「客体」も、すでに人為的な操作が加わっているのである。だから、物理学のような自然科学でさえも、厳密にいえば、「主体」と「客体」の二分法は成立しえないであろう。これは第6章ですでに述べた通りである。

◆「経済」の対象は経済学が決める

ましてや社会科学ともなれば、もとよりこの二分法的客観科学の方法はまったく不可能であった。なぜなら、われわれ自身が社会の内部にしっかりと生息しており、経済学のタームは、本質的に、ある特定の社会や文化や歴史の中で決定されており、社会を離れて客観的に決まるものではないからである。

文字通り「なまの」経済現象などというものがあるわけではない。

だから経済学における抽象概念がまずあって、それによって経済現象が定義されるのである。かつてよく「経済学の対象は、経済学者が経済と呼ぶものである」と皮肉交じりにいわれたものであった。「経済」などというものがあらかじめこの世の中にあるのではなく、経済学者が経済問題を定義することによってはじめて「経済」が成立するというのだ。

たとえば、分析者は、「経済」を定義する場合に、すでにある種の理論を前提にしてそれを定義する。つまり、分析しやすいように対象を定義する。「経済とは、希少な資源を配分するメカニズムだ」と定義し、「経済人は合理的に行動する」とみなし、「消費者は効用を最大化する」とみなし、「市場とはモノとモノの交換体系である」と定義し、「価格は需要と供給によって決まる」ことを前提にする。こうして「現実」を見る。いうまでもなく、これは抽象化された、見ようによってはかなり偏った見方である。

試しに、もう少し現実に即して考えてみよう。果たして、消費者はモノを買う時に、効用・満足を高める合理的計算などしているのだろうか。実際には他人の目を気にしたり、広告に影響されたり、人間関係を顧慮したり、あるいは慣習的で惰性的ではないのだろうか。また、モノの価格は市場の需給で決まるのではなく、大企業が決めたり、慣習的に決まったりするであろうし、自給的な地方農村ではまた別の価格決定がなされるだろう。開発途上国では、競争的な市場での価格決定理論など妥当しないだろう。企業はただ利潤を最大化する経済主体ではなく、人々の信頼関係と職務の結合、あるいは権力関係などを含み持った複合的な組織であろう。

また、「経済」を希少資源の配分と見ることで他の多くの捉え方が無視されることになる。たとえばマルクス主義者やかつてのアメリカのラディカル派なら、経済を生産をめぐる階級的対立や権力作用と見るだろうし、マックス・ウェーバーなら倫理的要素を含んだ労働の世界と見るだろう。シュムペーターなら、経済の本質をイノベーションに基づく企業活動に見るだろう。ヴェブレンなら、金銭的な競争の中に文明の仮面をつけた「野蛮の本能」を見ただろう。ゾンバルトなら、利潤をめぐる貪欲な冒険的活動に経済の基本を見るだろうし、イヴァン・イリイチなら市場を通さない「土着的（ヴァナキュラー）」な経済を想定するだろう。カール・ポランニーなら、経済には、互酬、再分配、交換の三つの類型があるというだろう。

今日のオーソドックスな経済学は、すでにざっと見ただけでも、これらの思考をすべて排除しているのだ。いかに、アメリカ経済学の経済の見方が、ある先験的な理論的なフレームワークを前提にしているかがわかるであろう。

簡単にいえば、市場経済の理論体系を構築するのに不都合な要素はすべて排除した上で、自らの理論体系を作っているのである。かくて、組織における権力作用、社会的な人間関係、仕事に対する人間心理、社会的習慣、企業の社会的評判、貨幣に対するフェティシズム、仕事や社会に対する使命感、利潤追求とそれに対する倫理的心理、ボランティアや地域の自給的生産といった、非市場的な経済活動はすべてあらかじめ排除される。その上で、「経済」が定義されている。

とりわけ市場経済論が問題とするのは、基本的に市場でフローとして取引されるものに限定される。経済学が市場経済学であるといった時に、すでに、「市場」が前提になるのだ。ということは市場を通さないものは自動的に排除される。だから、資源はほぼ無限に存在するかのように想定され、自然環境が正面から論じられることもなく、労働者のストレスや心理状態は問題とされず、過去から積み上げられてきたストックもほぼ無視される。「市場」を問題とする以上は、われわれは、市場を通過するフローだけを「経済現象」と考えるほかないだろう。他の形の「経済」は、事実上、分析対象にはならないし、せいぜい、例外的現象としてささやかな注釈の対象にしかならないであろう。

かくて、われわれは、経済学、この場合には「市場競争理論」という眼鏡をかけて現実の経済を定義し、現実を眺めるのである。いや、「現実」を見るという言い方さえも正確ではない。この「理論」が、事実上、われわれの想定する「現実」を作り上げてしまうのである。目の前に眼鏡をかけているという意識がなければ、眼鏡がずれていようが、曇っていようが、度が狂っていようがそれを現実だと思い込む。社会においては、もとより「社会現象」という確固とした現実があるわけではないので、この理論の作用に従って、「現実」が造形されてゆくのだ。社会にとっては、自然科学のような「科学」は成立しえないのである。厳密にいえば「社会科学」というようなものはありえない。理論と対象は分離不可能であって、それは相互に浸透しあい、相互に依存しあう。だから、われわれにできるのは、社会についてのあれこれの解釈であり、その解釈の妥当性について論じることだけなのである。それは「社会科学」ではなく「社会解釈学」というべきものなのだ。

◆完全なる理性への信仰

これは、原則的でいささか面倒な話ではあるが、大事なことである。なぜ大事かというと、それはひとり経済学に限らず、近代社会における「社会」と「知識」の関係の本質に関わるからである。経済と経済学の関係はひとつの範例であって、われわれはあまり経済学にこだわる必要はない。ここでいま、近代社会における「社会」と「知識」の関係といった。「社会」と「知識」が深く関わっているのだ。近代化とはまた「脳化」といってもよいが、人間の脳の作用、つまり観念や知識が社会を動かすようになる歴史過程なのである。従って「知識」と「社会」の関係は、とりもなおさず「近代社会」の本質に関わることなのである。

やむをえず通例に従って「社会科学」といっておくが、社会科学にあっては、「社会」と「知識」は循環構造をなしている。この循環構造をなすという社会科学の特質こそが近代社会の本質をなしている。それは次のようなことだ。

社会現象からの様々な経験や直観をもとにして、われわれは社会科学を構想する。社会学、経済学、政治学などの「知識」を生み出す。このような専門的学問が可能となるのは、決してわれわれが社会をその外からあたかも神の目によって観察しているからではない。われわれ自身が、この社会の中にあって生活し、活動し、様々な経験をしているからである。誰も社会の外から社会を見ることはできない。と同時に、われわれは社会の内部に生息しつつ、その経験の意味を問い、また思索することができる。だから、社会の中における具体的な経験から得た直観をもとに、それを一般化してわれわれは社会についての「知識」を構築し、それを理論と称している。そしてその理論をもとにして社会の現実を観察する。だが、この時にすでに理論は人々の具体的な行動に影響を与え、社会に影響を及ぼすのである。なぜなら、この理論や観察をもとにしてわれわれは行動したり活動したりするからである。

この構造を近代社会の本質だと見たのはニクラス・ルーマンであった。近代社会にあっては、社会は、その社会についての観察であり、記述であり、理論化であるような知識に従って成立するのだ。近代社会とは、常に、自らの社会そのものを知識として理解し記述しようとする社会なのである。したがって、近代においては、社会はその社会についての「観察」を必要とし、この観察を自己に再帰させることで、自己をシステムとして自立的に生成してゆくのである。

もっと具体的にいえば、「観察」には、この社会についての様々な情報や知識が含まれるだろうが、今日、その中心になるのは、その社会についての科学的な知識である。社会科学が、われわれの社会を記述することで、われわれは、この社会を理解し、それに働きかけ、現実を創り出す。いいかえれば、近代の社会科学にあっては、社会についての理論と社会という現実は常に循環構造をなしている。ルーマンは、それを近代社会の「自己準拠性」といった。あるいは「自己再帰性」といってもよい。近代にあっては、社会システムは、その社会システムについての理論を再び自らに回帰させることで、その理論に合わせてシステムを編成し、自立的なものとして生成する。

こうして、たとえば、経済と呼ばれるシステムが自立的に編成され、政治という領域が編成され、法や行政が編成されてゆく。あるいは社会関係であれ、国際関係であれ、いずれもそれについての理論像が描き出され、それがまた現実のシステムを編成してゆく。いや、それどころか、この理論的な社会像こそが、あるシステムを正当化するのである。

この社会像(理論像)による正当化を前提にして、政治や経済や法といった部分的システムはそれぞれが自立して一定の機能を果たすように分化する。またシステムは機能的に分化することで、いっそう自立的となってゆく。システムの合理性がこうして高められてゆくのであり、その根底には、諸システムの科学的な理論像が作動しているのだ。

確かに近代化とは、まさしくヘーゲルが述べたように、自己意識の深化であった。自己自身を理解しようとする理性的意識の自立こそが西洋の生み出した近代であった。この理性的意識の自立こそが科学と呼ばれたのであり、科学的（な装いを持った）理論の形成こそが近代という時代を可能としているのである。

◆「データ主義」という新たな「神」

先ほどから私が述べている経済学の持つ構造はまさにこの典型例となっている。われわれは、今日、現実の経済のあり方が正当なものかどうかを論じなければ気が済まない。近代のシステムは、ただそこにあるだけではなく、その正当性を必要とするのである。ただそこにあるというだけでは正当性をえることはできない。経済についていえば、何が正当な経済システムかをわれわれは問題にしなければ気がすまない。

そこで、現実の経済システムの妥当性や正当性は何によって担保されるのか。それは、現実が経済学の理論によって描き出された理論像と一致すると思われる場合においてであろう。ところが、「なまの現実」などというものはどこにもない。したがって問題は「理論」の正しさだけに絞られる。ところでこの場合、経済学が描き出すのはあくまで抽象的な理論でしかない。であれば、その理論の正当性はどこからくるのか。それは、決して現実から得られるのではなく、理論の「体系性」と「科学性」からくるというほかない。もっと正確にいえば、それが厳密な「科学」とみなされる、ということが決定的なのである。「科学とは何か」などということとは関わりなく「科学的に見える」ことこそが大事なのだ。この「らしく見える」ことが共有されれば、正当性は確保される。

この一点において、先ほどから述べている、近代社会の自立が可能となる。近代社会を記述し、描き出す自己像が「科学」であるとみなされるがゆえに、その自己像は自立できる。近代社会が（たとえばその経済システムが）、科学的に理論化でき、記述できる（たとえば数学的な体系化）がゆえに、それは一定の機能を果たし（たとえば資源配分の有効性）、自立的にうまく作動する（たとえば市場メカニズム）。かくて、現実の経済システムの意義づけは、常に、経済学の理論によって判定されることになる。それが判定者の資格を得るのは、ただただ、それが「科学」とみなされるからにほかならない。繰り返すが、ここで経済学が厳密に「科学」であるかどうかなどどうでもよい。実際、それは厳密な科学にはなりえない。だから、問題は「科学らしくみえる」ことなのである。

こうして、もはや、社会を支えるのに「神」も必要としないし、ただなすがままの進化を信じるわけでもない。経済を正当化するのに「見えざる手」も「自然的秩序」も必要とはしないのだ。「歴史法則」も必要ないし、「伝統と習慣」も意味をなさない。近代の自己意識とは、いいかえれば、自らの存在の正当化を理性的に行うことである。この現実の社会の正当性を、あるいは未来に来るべきはずの社会の正当性を、われわれ自らが意識的に行わなければならないのが、近代社会というものであった。

こうして、現実は科学的でなければならない。そうでなければ、現実は正当性を失う。かくてわれわれは再び、ヘーゲルのあの有名な命題、すなわち「現実的なものは理性的であり、理性的なものは現実的である」を思い起こすことができるだろう。さらには、デカルトの「合理的なものだけが現実を構成する」という思想をも思い浮かべることもできよう。そして、デカルトの「合理主義の形而上学」、ヘーゲルの「精神の形而上学」に続いて、今日、われわれは「科学の形而上学」の世界に入り込んでいる。

まさに今日の「データ主義」などほとんどその極北に現れた新たな「神」ともいってよいだろう。あらゆる現実は「データ」に還元できるとされ、そのデータをコンピュータが分析することでその結果が再び現実へと送り返される。現実のある状態の適宜性を判断し、それに助言を与えるものは、もはや生きた生身の人間ではなく、もしかしたらもはや抽象的理論でさえなく、ただコンピュータやAIというもはやいっさいの肉体性から解放された抽象的頭脳になりかねない。それに正当な理由を与えるものは、AIこそが文字通り超越的な理性、つまり人間理性を超えた理性を持っているからだ、という、われわれのあずかり知らない完全性への信仰にほかならないのだ。それは新たな宗教である。

◆「形而上学」から逃れられない「科学」

少し長々と今日の経済学の性格について論じてきた。それは、いかに高度な数学で粉飾された厳正な科学であると主張したとしても、その科学性そのものがひとつの価値であり、イデオロギーとなっていることを論じたかったからである。それは「科学という形而上学」になっている。

もちろん、これは、通常のセンスからすれば矛盾した言い方であろう。なぜなら「科学」こそは論証のしようのない観念、つまり「形而上学」を否定したのではなかったか。こう思われているからである。

「科学」にその面があることは事実であろう。別に科学を貶めようというわけではない。しかし、科学自体を祭壇へ祭り上げようという態度、つまり「科学主義」とはひとつの「形而上学」にほかならない。なぜなら、「科学」そのものの正当性は決して論証のしようがないからである。ゲーデルを持ち出すまでもなく、ひとつの科学理論体系の正当性を論証することはできない。

したがって、今日の科学とは実は「科学らしくみえる体系」なのである。それをクーンは「パラダイム」と呼んだのであった。科学を無条件で正当なる認識とみなすこと自体は、ひとつの信仰、つまり「形而上学」というほかなく、繰り返し述べれば、近代社会こそこの「形而上学」によって成り立っているということになるのだ。

現代社会の自己意識は、自らの社会の正当化をこの科学という形而上学に基づいて行う。現実は、この現実社会から抽出されたとされる学問的知識の「科学性」によってまさにリアルなものとみなされる。それは、その社会から抽出された（とされる）理論体系の科学性、より正確には「科学性の装い」によって評価されるのである。

ここに、形式的で表層的に現代社会に幅広く拡散してしまい、今日のあらゆる分野を席捲しつつあるエビデンス主義、データ主義、計量可能性の重視、統計的事実主義といったものの制覇が誕生する。こうなれば、理論的体系さえ不必要になろう。アンケート調査であれ、世論調査であれ、統計的調査であれ、現実は「データ」へと還元され、さらには計量的な数値として処理され、この数値の持つ客観的装いが現実の客観的分析とみなされる。これは科学的正当化の変形といってよい。私はそれを間違っているとして批判しているのではない。なぜデータ主義が現代においてこれほど重視されるのかを知りたいのである。それは、まさしく現代という、多忙をきわめ、物事が複雑に錯綜し、雑音に満ち満ちた時代にこそ必要とされる便法であり、即席の科学的正当化であり、現代はまさにそれを求めているのだ。

そして、この場合、何よりも忘れてはならないのは、先にも述べたように、近代社会とは、自らを何らかの形で人為的な正当化を必要とする、ということである。このことを私は繰り返して述べておきたい。カントやヘーゲルの薫陶を受けた現代人は、もはや、ありのままのこの社会の秩序をそのまま是認することなどできない。現実は常に法廷に召喚され、批判的に俎上に上げられ、理論的に検討され、知識による正当化を必要とする。この意味で、現実なるものには、本来的に人間の手が加わるのである。

科学やデータ処理は基本的に人間が作り出してきたものである。経済学の場合には、データや統計の背後にある数理的な経済理論も人為の産物である。神や自然、伝統や習慣をそのまま信じることのできた時代には、ありのままの現実をありのままに受けとめ、それを解釈する手段さえ安定しておればよかった。おおよそ伝統や経験にのっとればこの解釈は安定していた。だが近代社会とは、あらゆる物事の根拠、つまり「正当性」を求める時代なのである。

かくて、現実を理解するために、われわれは「観念」を、「価値」を、「理念」を、必要としている。あたかも、古代のギリシャにあって、プラトンが、あらゆる「現実」を理解するために「イデア」を要求したようにである。そして、プラトン主義者は、この際に、「イデア」を「本質」と見て、「現実」を単なるその写しであり「現象」とみなした。近代を開いたとされるデカルトも、基本的にこの構図を受け継いだ。彼は、「イデア」を「理性(精神)」とし、「現実」を合理的で数学的なものとみなした。もし現実がそうなっていなければどうするのか。合理的なものによって現実を造り変える必要がある。そこに理性的なものの進歩がある。これが近代社会の基本的な信念であった。合理的な科学によって形而上学や価値観や先入見などを排除したはずの近代社会は、その実、現実には、科学的であることを価値にし、形而上学にしたわけである。かくて、われわれは、今日の「科学の時代」にあっても、プラトン以来の「形而上学の歴史」の中にいるといわねばならない。

4　近代という「世界像の時代」

◆分割された「専門の科学性」の寄せ集め

ところでハイデガーは、近代という時代を特徴づけて「世界像の時代」と呼んでいる。これは、今日、われわれは、世界についての一定の像を持つ、という意味ではなく、世界をひとつの像として把握する時代だという意味である。「世界」というものがすでにあって、それについて一定の像を描くのではない。「世界」という客観的なものなどどこにもない。仮に、「世界」をあらゆる物事や出来事のつまった巨大な器のようなものだとすれば、そんなものをすべて描き出すことなど不可能である。にもかかわらず、われわれは、われわれの生きているこの現実を、そして世界を知っておきたい。とすれば、それは漠然としたイメージとしてしかありえないだろう。

だから、近代の世界像が古代や中世と異なるという言い方はあまり適切ではない。近代の特質は、世界が像となり、像として把握されるようになった点にある。世界観が変形されたのではない。世界をひとつの全体的な像としてわれわれが理解しようとしたのである。

いいかえれば、近代社会では、己の社会をひとつの像として、人間が自らの前に表象する(立てる)のである。これは、あるもの(存在)をそのまま受けとめようとした古代的世界観とも、また第一原因としての神の創造によって世界を理解した中世の世界観とも異なっている。そこでは「世界」は人間にとって与えられていた。人間はそれを受けとめればよかった。だが、近代においては、世界などという明確なものはどこにもない。だからこそわれわれはそれを「像」として描こうとする。すなわち「世界像」を必要とする。またもともと明確な世界などどこにもないからこそ、われわれは主体として世界を表象することが可能となるのだ。

このハイデガーの所論を私なりにもう少し進めてみれば、次のようになろう。われわれは世界をすべて包括してそのものとして知ることはできない。だから、われわれは、世界を恣意的に分割する。政治、経済、法、社会、心理、国際関係、歴史等々、といった具合に。そしてその分割の結果、そのそれぞれが「専門化」した。その結果、この「専門」によって、そして「専門」の恣意に従って世界は分割され、それぞれが対象化される。ここに、いわば諸専門に従った「専門的世界像」のようなものができる。この「専門的世界像」の正当性は、それぞれの「専門分野」における方法に従って、もっといえば、それらが方法に従って科学的に体系化されることによって与えられる。こうして「専門」はただ分割された小領域というだけではなく、それは「専門的科学」とならねばならない。少なくとも、そのように見えることによって、専門分野は、それぞれの対象をひとつの像として描き出す。そしてその像を設定することで、対象を成立させるのである。

ここで「学」は、学識を深めることではなく、一定の手順に従って、あるものの状態を調査し、探究し、計算可能なもの、算定可能なものとして対象化するその方法となる。「学者」は消え「研究者」が現れる。研究者が行うことは、調査であり、実験である。あるいは資料の精査や批判である。とりわけここでハイデガーは、物理学のような自然科学を中心に論じているのだが、それは、物理学を先導的な典型として模範にしたあらゆる現代の科学についても当てはまるだろう。この研究的厳密性を方法的に確保しようとするところに「専門」が成立した。

そこであらゆる「専門」はいわば「専門的な世界像」を表象的に「前に立てる」のだが、その諸専門を合成してまとめたものが、今日のわれわれの「世界像」ということになろう。この「世界像」があってはじめて、われわれは「世界」を論じることが可能となる。こうして、人間は、自らが主体として世界を対象とし、自らの前に立てることが可能となった。その可能性を支えているものはといえば、分割された諸専門分野の「科学性」(もしくは「科学的装い」)にほかならない。

だから、今日、われわれがそうしているように、高度な抽象理論とともにデータや統計や計量的処理が人気を博すのも実に当然のことであろう。自分たちの社会の「社会像」を必要とする現代人の自己意識にとっては、一見したところ客観的な装いを持った専門分野が描き出す「現実」が必要なのであり、それを寄せ集めたものが現実の「世界像」ということになる。こうして対象としての世界は、諸専門分野のおかげで未知の不確定な曖昧なものではなく、客観的なものとみなされる。科学的な装いを持った世界像によって、われわれは、世界を対象として立て、それを前にして人間は世界の中心に居座る。これが近代社会を可能としている構造であって、情報化と大衆化が大規模に進行した現代社会ともなれば、この「世界像」はできるだけわかりやすくて単純化されたものがよいであろう。

◆ソフィスト的知識の再来

また、そのことが、人間の「世界征服」という野望を生み出すのである。対象として世界を立てることによって、人間は主体として世界に対峙するからである。「世界像」を立てることによって、人間は「世界」を対象として扱うことが可能となり、しかも、それを算定可能で合理化可能なものとして対象化できるのである。これが人間による「世界征服」の夢を現実化する。ハイデガーの言い方を借りれば「人間の主体中心主義は、技術的に組織された人間の惑星的帝国主義においてその頂点に達する」(「世界像の時代」全集5巻所収)。この「技術的に組織された」を「科学として専門化され、それを技術的に応用された」と読めば、まさにこれは、今日のグローバリズムにまで行き着いた資本主義の暴走を先駆的に見通していた、といってもよいのではなかろうか。

いずれにせよ、その根本にあるものは、「世界像」を説得力を持って見せる装いであり、装いとしての知識である。それをルーマンはシステムの自己準拠性と呼んだのであった。ひとつのシステムは、そのシステムについての知識(像)によって支えられる。その際に、この知識が客観的で正確なものであるかのように見えれば、それだけ、そのシステムの自立性と信頼性は高まる。近代では「科学」がその役割を果たすのだ。本当は、「現実」そのものなど定義されていないのだから、実は「科学」など成り立ちようもないにもかかわらず、である。「科学」は、システムが自己の像を描き出す際の信頼を担保する役割を果たせばそれでよいのである。

ここには本当は「科学」もなければ「真理」もない。そもそも客観的な「事実」というものがないのだから、「事実」に照合させてその適合性を判定される「科学」も「真理」もないのである。「科学」も「真理」もひとつの機能を果たせばそれでよいのだ。その機能とは、それが描き出す「像」が社会の自己理解になっていると人々に思われ、その意味で社会の信頼を得る、ということである。そのためには「像」が科学的であると思われればよい。十分な装いがあればそれでよい。この時、システムは、自己についての「像」を「自己準拠」として自らを正当化できればよいのだ。すべてが古代のソフィスト的な知識の再来であるのか、まさに現代社会がソフィストを求めているかのようである。だが果たして、この陽炎のような信頼、根拠なき信認はどこまで続くのであろうか。そして、この信頼性が崩壊した時には何が起きるのであろうか。われわれは砂上の楼閣に生きているだけではなかろうか。

3. 現代資本主義と「力への意志」

1 アメリカ的価値を表現する経済学

◆「効率性」の価値に縛られた90年代

さてここでもう一度、議論を経済学に戻したい。そしてまずはあの「科学的」命題に戻ろう。それを、先ほどよりも少し簡略化すればこうなるだろう。

「合理的個人が自由に競争すれば、市場はうまく機能し最大限の効率性を実現する」

確かにこれは数学的に論証される命題である。今日のいわゆるミクロ経済学のテキストブックは、そこに含まれるあれやこれやの枝葉を落とせば、ほとんどこの一事を論じるために書かれているといっても過言ではない。とはいってもいかにもこれだけでは単なる机上の空論に過ぎない。ではもしこの条件が満たされていなければどうなるのか。たとえば、人々が合理的に行動していなければどうなるのか。完全な自由や完全な情報が行き渡っていなければどうなるのか。独占企業が生み出されればどうなるのか。市場での情報が偏っておればどうなるのか。労働市場や金融市場で、人やものの移動が制限されておればどうなるのか、等々。現実は複雑である。理論通りではない。

もちろん、経済学もそうした現実を分析してきた。制度や組織の経済学、不完全情報の経済学、ゲーム理論、そして最近の、人間の非合理的行動を問題にする行動経済学などである。行動の合理性や市場競争が十分に機能しないケースを確かに経済学はいくらでも扱い、理論モデルを提供してきた。そして、それらはそれなりに興味深い事例や結論をもたらしてきた。合理的経済モデルがいかに現実(われわれの経験)から隔たっているかを提示してきた。だが、それらは、確かに現実には接近はするものの、この「市場競争の基本命題」を突き崩すことは決してできない。この命題は、あくまで規範的なものとして成立し続けているからである。プラトンのイデアのようなもので、現実はイデアではない、といったところで、イデア論を否定したことにもならないのである。

ということは、上記の基本命題は、「効率性」が決定的な価値である限り、現実性を持った規範的位置を保ち続けることになる。試しにこの命題を逆の方からいいかえてみよう。するとこうなる。

「効率性を達成するためには、人々は合理的に行動し、市場はできるだけ情報を完備して人々の自由な競争条件を十分に確保しなければならない」

こうなれば、この命題の性格はより明白になる。「効率性の達成」が重要な価値であることを否定するものはいないだろう。そして経済学の課題が「希少な資源をいかに配分するか」と定義された時点で、効率性という価値基準がすでに暗黙裡に導入されたことになろう。なぜなら、効率性という価値基準を前提にしなければ、「希少資源の配分」を論じることの意味が失われてしまうからである。

したがって、経済学の課題が効率性の実現にあることは最初から予定されたことであった。そしてそれに対する回答は、「合理的であれ、自由であれ、競争的であれ」となる。とすれば、ここには「個人主義」「合理主義」「自由主義」「競争主義」という価値観が伏在しているということになろう。さらにいえば、「能力主義」「利益主義」「成果主義」などの価値観がその系列に導出されるだろう。「市場競争の根本命題」とは、実はこれらの価値観によって組み立てられたものであった。科学的な正当性とは、本当のところ、これらの価値観の正当性を主張するものであったといってよい。

となると、この命題を中心に据えた経済学の知識を持って「現実」を見ればどうなるかは明らかであろう。もちろん現実はたいてい経済学の理論通りにはなっていない。で、どうするか。経済学者の回答は驚くべきものであった。経済学という「科学」からすれば「現実」は間違っているのである。現実は正しいものへと変更されなければならない。それは、とりもなおさず、「個人主義」「合理主義」「自由主義」「競争主義」さらには、「能力主義」「利益主義」「成果主義」等の価値観の正当性を認め、それを受容することである。いや、現実の経済が非効率だとすれば、それは、とりもなおさずこれらの価値観を受け入れていないからだ、ということになるだろう。

こうして、この価値の障害になるものは除去すべし、ということになる。企業組織における集団主義、行政規制による自由競争の制限、年功序列のような賃金体系、短期的利益を疎かにする終身雇用型組織、これらはすべて間違っている。こういうことになろう。それらの制度は「間違っている」のだ。こうして、能力主義賃金、労働力の企業間移動、行政規制の撤廃、日本型経営の見直し、労働市場や金融市場の自由化等が唱えられる。かくて壮大な経済改革が提案され、実行に移された。それが1990年代半ばから始まった日本の構造改革であった。

やっかいなことは、ここでの議論が「制度の正しさ」へと収斂してしまった点にある。ここでは「正しさ」の基準は制度の効率性であった。90年代初頭のバブル崩壊後の日本経済の長期停滞の理由は、日本型経済システムという「間違った」制度に基づいているために非効率であるということになった。だから、「正しい」制度に改めれば、効率性は上昇し、経済成長は可能だというのである。まさしく「構造改革なくして経済成長なし」であった。

にもかかわらず、日本経済はまったく成長軌道には乗らず、それどころか、デフレ経済に陥っていったのである。構造改革はまったくの失敗であった。

いったい何が起きたのであろうか。ここには、決して看過しえない重要な問題があった。しかもそれについては、ほとんど主要メディアもエコノミストも正面から論じることはなかった。90年代にあれほど構造改革をあおったメディアも評論家も政治家も事態の批判的検証などまったくしようともしなかった。実は、ここで展開されていたことは、制度の効率性をめぐる政策課題ではなく、本質的に価値観の対立だったのである。

◆アメリカの「特殊性」が導いた構造改革論

少し考えてみれば次のことがわかるだろう。実は、「個人主義」「合理主義」「自由主義」「競争主義」「能力主義」「利益主義」「成果主義」などは、基本的にアメリカ社会を構成する価値観である。もちろん、アメリカ社会を組み立てている価値をそれだけに限定することはできない。他方で、アメリカには、宗教的価値の重視、家族や地域社会の重視、少数者の権利の保護、非知性主義などもある。それは事実である。だがそれでも、上記の価値観がアメリカ社会を組み立てる無視しえない価値観であることは否めない。

ということは、高度な科学を標榜《ひょうぼう》するアメリカ経済学は、実際には、アメリカ社会の(ある種の)典型的な価値観に基づいて成立していることになる。それはあくまでアメリカ社会という土壌に生育した特有の知的産物であって、普遍的でも何でもない。普遍的な装いをまとっただけであった。だが、装いであろうと何であろうと、この普遍性こそは現代文明の一大典型であるアメリカにとってはきわめて大切なことである。

アメリカとは、西欧の啓蒙主義が生み出した普遍主義的国家であり、アメリカ的価値観は普遍的でなければならなかったからである。ヘーゲルを参照しながらコジェーヴは、西欧啓蒙主義が生み出した近代の果てに世界は「普遍同質国家」に覆われると唱えた。世界中が、フランス革命による自由や平等を中心的な政治制度とする同質的な国家へと収斂するだろうというのである。今日、とてもわれわれはこの主張に同調するわけにはいかない。しかし、アメリカがその先頭を走り、世界をアメリカ型の「普遍同質国家」で覆いつくすという夢想ともいえる実験精神は決して完全に消え去ったわけではない。

ここに、われわれは、「新たなイエルサレム」の建設を夢見た初期入植者たちのまぼろしを見る思いもする。選良たるプロテスタントの自負を見たくもなる。そしてまた、啓蒙的な理性や自由の観念の普遍主義を想起したくもなる。アメリカ的価値観の普遍性とは選良的な宗教意識と啓蒙的理性によって支えられたものであった。そしてそれこそがアメリカの「特殊性」であり「例外性」なのである。アメリカの価値観の普遍性を唱える点にこそ、アメリカという国の特殊性がある。われわれはそのことを決して忘れてはならない。だから、1990年代の構造改革論とは、確かに、個別には制度の改変が必要だったとしても、本質的にいえば、制度の問題より前に、価値観の対立だったのである。

2 経済学の誤った命題

◆破綻している「市場競争理論」の世界観

さてここで再び、最初の問題に戻りたい。どうして今日のグローバル経済はかくも不安定になり、様々な矛盾を生み出しているのか、という問いにである。それに対して、私は次のように答えたい。

今日のグローバル経済を動かしているものは、飽くことのない「資本の増殖」であり、無限の成長を求める「資本主義の運動」である。にもかかわらず、経済学は、「資本主義の運動」を正面から論じようとせず、またそれを批判的に見ることもできず、現実を解釈する図式をもっぱら「市場競争理論」に求めている。ところが、その「市場競争理論」は、自由な市場競争を確保さえすれば人々の幸福を実現できるという調和的な世界観を持っている。そのために、「市場競争理論」は、「資本主義の運動」という現実から乖離しながらも、グローバル経済を正当化し、結果として「無限の資本の増殖運動」をも正当化してしまう。その結果、「市場競争理論」が資本主義の暴走への道を開いている。

実際には、経済学の中心的な命題は、現代のグローバル資本主義の中では成り立たない。端的にいえば、今日のグローバル経済とイノベーションによって成長を目指す資本主義においては、経済学の中心的な教義は破綻していると見ておかなければならない。アメリカの市場経済学が想定しているような市場の予定調和などというものは成立しない。にもかかわらず、経済学の市場競争理論が描き出す「世界像」が流通しているために、ますますグローバル経済も成長経済も不安定になってゆくのだ。

以下にいくつかの経済学の基本的な命題を簡単に論じておこう。取り上げるいくつかの命題は、現代の市場経済学にとっては、きわめて重要なものであると同時に、今日、ほとんど経済学のイロハとして当然視されているものである。それは経済を論じる上で、われわれの通念になっている命題である。にもかかわらず、それは現実には成立しない。少なく見積もっても自明のものではない。そこでいくつかの命題を検討しておこう。

(A)アダム・スミスが述べた「私益は公益なり」は今日に至るまで市場経済学の中心教義である。だがこれは今日のグローバリズムにおいては当てはまらない。

このことについてはほとんど説明はいらないであろう。たとえば、ある企業が業績を上げようとする。そのためにこの企業は工場を海外に移転する。すると、この企業の私益にはなるものの、それが、一国の富や雇用を減らす可能性がある。いわゆる産業空洞化である。今日のグローバリズムのもとでは、私益は公益になるとは限らないのである。

(B)「自由貿易こそは両国の富を増大させる望ましい貿易システムである」という教義は、今日のグローバリズムのもとでは成り立たない。

自由貿易の教義は、もともとリカードの比較生産費説を原点にしており、その後、様々に改良され発展させられたりしたが、二つの国で生産要素が大きくは動かないことを前提としている。生産要素が完全に移動可能となり、生産条件が似通ってくれば、もはや比較優位を論じる意味はなくなるからである。ところが、今日のグローバリズムのもとでは、この条件は成り立たない。技術はすぐに移転し、工場も移転できる。資本も移転し、労働者さえもかなり移動可能となっている。こうなると、政府が、優れた技術者や資本を導入したり、また教育に介入したり、戦略的にある産業を支援したりして比較優位を作り出すことができるようになる。その結果、比較優位説はほとんど意味をなさず、自由貿易論はその根拠を失う。ボーダーレス化が進展すれば、自由貿易どころか、むしろ政府による重商主義的な産業戦略や通商戦略が出現するだろう。今日のトランプ大統領による「アメリカ・ファースト」など、その典型的な現れなのである。

(C)「企業の生産性があがれば、一国の経済もよくなる」という命題は正しくない。

たとえば、ある企業が生産性を高めようとすれば、手っ取り早いやり方は、怠惰な(生産性の低い)労働者を解雇することであり、常用雇用を派遣に変えることであり、また、非効率な工場を閉鎖することである。これによって、特定の企業の生産性は上昇し業績は回復するだろう。そこで、多くの企業がこのやり方を取ればどうなるか。失業が発生し、労働者の平均賃金が低下するだろう。それは勤労階層の所得水準を下げる可能性が高い。そうなれば総需要は増加せず、結果として一国の経済は決してよくはならない。これは、先の「私益は公益ならず」のもう一例であるが、一企業にとっての善が、逆に全体にとってはマイナスになるという、いわゆる「合成の誤謬」が生じるのである。

(D)「構造改革は経済を立て直す」という主張は正しくない。

1990年代に日本で行われた経済構造改革は、長期停滞に陥った日本経済を再生させるはずであった。だが、それは失敗した。どうしてか。構造改革は次のような認識に基づいていたからである。それは、日本経済の不都合はあくまで供給側にあると見る。無駄な行政規制や旧態依然たる習慣、いわゆる日本型経済システム等により自由競争が阻害されており、供給に制限が課されているからだ、という。したがって、規制を撤廃し、日本型システムを改め、自由な市場競争経済へと構造を変えれば、効率性が高まり供給能力が上がる。その結果、経済は活性化する、という。

しかし、話はそれほど簡単ではない。90年代の日本経済の低迷の基本的な理由は、需要の低迷にあった。デフレ経済とは、総需要が総供給を下回っている状態である。ところが、構造改革の競争圧力によって、企業は賃金コストを抑え、余剰人員を削減する。低生産性部門は撤退させられる。すると、総所得は増加せず、総需要は増加しないので、供給能力を高めればかえってデフレ圧力となるだけである。市場競争の強化が必ずしも一国経済をよくするとは限らないのだ。

(E)「イノベーションを起こせば経済成長は可能である」という命題は必ずしも正しくない。

今日、日本経済の復活はイノベーションにかかっているといわれる。人口減少社会は一般的に成長率が鈍化するのだが、それを反転させて成長を可能とするのは、イノベーションによる労働生産性の上昇だと主張される。だがそれは正しいとは限らない。

経済成長率は、労働人口・労働時間（総労働投入量）の増加率と労働生産性の増加率によって決まる。したがって、人口減少社会で労働投入量が減っても、一人当たりの労働生産性が増加すれば経済成長は可能であり、イノベーションこそが労働生産性を上昇させるといわれる。

だが、労働生産性とは何か。それは、実際には、GDPを労働投入量で割ったものである。ということは、イノベーションがなくとも、たとえば労働時間を短縮し、無駄な人員を削減すれば労働生産性は当面は上昇するであろう。しかし、それは特にGDPの増加をもたらすものではないから、経済成長率はあがらない。

では、イノベーションが生じれば成長につながるのか。そう簡単にはいえない。なぜなら、イノベーションは多くの場合、労働節約的に作用するので、勤労者層の総所得は増加しない。総所得が変化しなければ総消費もさして伸びない。その結果、イノベーションは決して経済成長にはつながらないだろう。これは、今日のAI、ロボット、様々な領域での自動化などのイノベーションについて特に当てはまるであろう。

しかもイノベーションが経済成長につながらないというケースは、わざわざこのような理論的予測を持ち出すまでもなく実際にわれわれが経験したことではなかったろうか。90年代後半から日本でも明らかにIT革命は生じた。IT関連の技術があらゆる分野に導入され、それは物資の流通や資金の動きを効率化し、われわれの生活を合理化し、経済成長をもたらすと宣伝されたものであった。しかし現実には、この間、経済成長どころか成長率はほとんどゼロになり、デフレ経済に陥ったのであった。

(F)グローバリズムやイノベーションが支配的となった経済では、「市場競争が均衡をもたらす」という経済学の基本命題は成立しない。

通常の経済学では、市場競争の中では、企業は生産を増加すれば、いずれ、限界費用(製品の生産を一単位増加するために必要なコストの増分)が増加し、新たな生産の増加がもたらす限界収益を上回るので、その点で生産の拡大は止まる、とされていた。この限界費用逓増は市場競争が均衡に達するための必要条件であった。

だが、今日の経済はたえざるイノベーションによって生産体制が刷新され、常に新たな製品が生み出される。すると、研究開発や技術開発を成功させた企業は、次々と新たな製品を生み出すことができ、しかもそれをグローバル市場で販売できる。こうなると限界費用は逓減し、この企業はどこまでも市場を拡張することができる。この場合には、競争市場は均衡に達しないし、まして資源配分上の効率性も成り立たない。

これは、今日の市場経済を牽引《けんいん》する中核にある産業や企業の姿である。資本主義はたえざるイノベーションとグローバリズムによって、その中枢部分に限界費用逓減という悪魔を埋め込んでしまった。限界費用逓減に直面する企業は、ほとんど世界の市場を独占的に手にするか、あるいは、たいへんに熾烈な技術開発競争にさらされることになる。

しかも、今日のような高度な産業社会では、ＡＩ、ロボット、ＩｏＴ、自動運転自動車、あるいは生命工学や遺伝子研究にせよ、新たなイノベーションは、もはや一企業だけでできるものではない。資金的にも人材育成にしても、もはや政府の支援や政策の後押しなしではやってゆけない。そして、そのことがグローバリズムの中における一国の「国力」とも切り離せない。とすれば、国家は、限界費用逓減的な産業や企業を戦略的に後押しすることになろう。これはもはや経済学が想定している市場経済ではない。新重商主義もしくは新産業主義というべきものである。

(G) 経済学では、「貨幣は、市場取引をスムーズにして均衡をもたらす交換手段に過ぎない」とみなされているが、これは間違いである。

市場競争理論は、貨幣に対してほとんど重要性を付与していない。交換の本質は物々交換である。だがそれではあまりに不便なので貨幣が導入されたが、それはあくまで交換を滑らかにする交換手段である。貨幣ヴェール説である。この考えは、ワルラスの「一般均衡理論」において究極の形を取った。ワルラスの「一般均衡理論」こそが、市場競争理論の最初の見事な数学的体系化とされるが、そこでは、貨幣は何の役割も果たしていない。それはただ「ニュメレール」と呼ばれて、モノの価値を表示し、交換における便利な媒介として使われるだけの目立たない影武者のようなものであった。

だが、現実の経済では、貨幣は決定的な役割を果たしている。人は、将来の経済状況が不明なので将来の安心を得るために貨幣を手元に置く。ケインズが「流動性選好」と呼んだものである。この場合には、貨幣は交換手段ではなく、将来の不確実性に対処するための価値保蔵手段となっている。また、企業は将来に向けて投資をするために貨幣を必要とする。この場合、貨幣は信用である。ここに、貨幣(信用)の貸し借りの市場、つまり金融市場ができる。この金融市場において、貨幣は他の金融商品と交換され、ここに投機現象も生まれる。そのことが経済全体を混乱に陥れるのである。これがケインズの「有効需要の理論」の発想の核心であり、貨幣を保有しようという人間の性向こそが、経済の停滞を導くと彼は主張したのであった。

何が問題かは明らかであろう。資本主義の拡張つまり経済成長においては、貨幣は現在時点と将来時点を結びつける決定的な作用を果たすのだ。それは、家計にとっては不確実な将来に備える価値保蔵手段である。企業にとっては将来の価値を実現する資本である。したがって、将来の経済状態の持つ不確実性こそが、現在の市場状態に決定的な影響を与えることになる。この将来の不確実性こそ金融市場を成立させ、それがまた時として経済への動揺をもたらすのである。そのことを市場理論は無視した。決定的なことは、経済活動が時間の中で営まれているということであり、そこに不確実性が生み出されるということなのである。そして将来の不確実性こそが貨幣を流通させているのだ。そのことを、市場競争理論は無視してきた。

(H)「経済とは希少資源を有効に配分するシステムである。したがって、人々の満足度に限界がない限り、経済成長は無条件に望ましい」とされる。だが、これは必ずしも正しくない。

経済学とは希少性の科学だといわれる。人間の欲望はとどまるところを知らないのに対して、資源は有限だから、経済学の課題は、この有限な資源の有効な使用に関するメカニズムの研究だ、とされる。希少性がキーワードなのである。そこから経済成長も無条件に肯定される。

これがひとつの見方であることは事実であり、そのことをまったく否定するわけではないものの、まったく別の見方も可能であることに注意を向けたい。それはこういうことである。経済成長が可能となるためには、ある年の生産物をすべて消費しつくしてはならないのであって、何割かは将来の生産のために(つまり、資本として)取っておかなければならない。人々が生存水準ぎりぎりに置かれていればこれは不可能である。だから、成長が可能だということはすでに「余剰」の存在を意味している。生存とはいわないまでも、その時代、時代の適切な生活水準という観念からすれば、総生産物はすべて消費されるわけではない。その意味で生産は基本的に「過剰」なのである。

したがって、過剰生産力をいかに処理するかが「もうひとつの経済問題」であった。この過剰生産力は、古代社会では、壮麗な神殿やピラミッドのような墳墓建築に向けられ、中世ヨーロッパでは、ゴシック風の巨大尖塔を持った教会建築や巨大王宮の建設に費やされ、近代では、それが経済成長によって処理された。かつてこの「過剰性の処理」にこそ経済の本質を見たのはバタイユであり、ケインズも本質的にそのように考えていた。もしも、この方向に即して考えれば、経済学とは「希少性の科学」ではなく、「過剰性の科学」というべきなのである。過剰なるものの処理として投資が求められる。いいかえれば、過剰な生産力を処理するために、経済成長するほかないのである。資本主義は過剰生産の処理のメカニズムとなる。

その場合、かつてのような巨大な宗教的権威や王侯的権力が失われてしまえば、この投資は、将来の人々の消費をあてにするほかない。だがもしも現在の時点で、人々が十分に生存水準を超えた富を持っており、生活水準においても相当な豊かさに達しておれば、余剰を十分に吸収するだけの消費を将来生み出すことは難しくなる。かくて、豊かな社会は、常に生産過剰、供給過剰への傾きにさらされているというのがケインズの認識であった。過剰な生産を処理するだけの投資も消費も生み出せないとすれば、この過剰性を処理できるのは政府だけである。だから、ピラミッドを建ててもよいし、あるいは、巨大な穴を掘っては埋めてもよいではないか。ともかく、公共事業によってこの過剰を処理するほかない、ということにもなるのである。

確かに人間の欲望は飽和することはないだろう。とりわけひとつの集合体として見た場合、一国の国民の欲望が飽和することはない。しかし、豊かさが実現するにつれて、「より豊かになりたい」とする願望、その欲求の強度は逓減するだろう。「必要(necessity)」、「欲求(need)」そして「欲望(desire)」は異なっている。それぞれで欲望の強度は違うであろう。したがって、資本主義は、人々の欲望を絶え間なく喚起しなければならないのである。だから、常に新規のイノベーションを起こして、人々の欲望を刺激しなければならない。かくてシュムペーターが述べたように、イノベーションこそが資本主義の命運を握ることになる。人々の欲望の創出に失敗すれば、資本主義は一気に危機に陥る。この「過剰性の経済学」からすれば、「経済とは希少資源の有効な配分をめぐる問題である」という経済学の定義は、常にそこにある危機を隠蔽するイデオロギーとさえいえるであろう。

ついでにいえば、先にも述べたが、90年代の日本の構造改革がどうして失敗したかという根本的な理由もここにある。経済学は、「希少性の科学」の立場に立っている。だから、人間の欲望は無限であるとし、資源が希少なために常に供給が不足しているとみなしてきた。それゆえ規制を排して競争を促進して生産効率を高めれば経済はいくらでも成長できる、という。問題は供給側にあって、規制緩和等で供給を増やせばよい。需要はついてくる(セイの法則)、というのだ。

だが、「過剰性の科学」の立場に立てばどうだろうか。人々の欲望は、常に十分な消費を生み出すとは限らない。社会が豊かになれば、人々のモノへの渇望も逓減するのは不可避であろう。さらに将来の成長が見込まれず、将来経済への不確実性が高まれば、将来に備えるために、ますます消費は減退する。するといくら生産力を高めたところで需要はついてこないであろう。供給過剰となるだけである。問題は供給側ではなく需要側にあったのだ。

そのことを構造改革論がまったく見誤ったのは、市場競争理論に立つアメリカ経済学が「希少性の経済」を当然のことと考えていたからであった。ひとつの理論的先入見に囚われていたのである。だが、現実は「過剰性の経済」だったということである。

もしも、日本経済が新興国のように、人々の消費意欲や企業の投資意欲が旺盛な活況期にあって総需要が総供給を上回っておれば、構造改革政策はうまくいったかもしれない。その場合には、経済はすでにインフレになっていたはずである。ところが90年代の日本は、バブルの崩壊後のデフレにさしかかっていたのだ。デフレとは、総供給が総需要を上回っていることを意味する。その中で構造改革政策を断行すれば、ますます供給過剰となり、本格的なデフレに突入するのは当然であろう。市場競争こそが効率性と成長を実現できる、という思い込みに幻惑されていたのである。

◆進歩主義の極限にある現代

以上の論点をもう一度、要約しておこう。

「資本の増殖」つまり利潤の増加をめざす今日の資本主義は、冷戦以降、グローバリズムとイノベーショニズム（技術革新主義）を双輪として無限の経済成長を目指している。そして、それを後押ししたのは、自由な市場競争こそが効率性と利益の調和を実現すると主張した「市場経済学」であった。つまり、アメリカの主流派経済学と呼ばれる新古典派経済学である。この市場経済学は、現代のグローバリズムやイノベーションの常態となった世界では現実的妥当性を失っているにもかかわらず、ひとつのイデオロギーとして機能している。アメリカ経済学という近代科学の装いを持った疑似知的体系が、現実を解釈する一種の「世界像」を与えており、われわれは、今日、すべて、この科学的装いを持った「世界像」に準拠することによって、世界を見るほかなくなってしまった。そしてこの誤った経済学の描く世界像こそが、グローバル資本主義の暴走を生み出している。

しかし、この経済学の科学的な装いを取り払えば、そこに見えてくるのは、客観的科学であるどころか、価値観そのものではないだろうか。さしあたって、それを「アメリカ的価値」といったが、さらにいえば、それは、西洋の啓蒙主義の延長上に花開いたある種の近代的価値観である。個人主義、合理主義、能力主義、自由主義、効率主義、そして成長主義といった価値である。

いや、もっと一般化していってしまった方がわかりやすいであろう。世界の空間的拡張や情報による人々の結合、人間の自由な活動領域の増大、無限の未来という時間を通じる富の拡張、科学技術による楽観的な未来像、人間の理性によって今日よりも明日のほうがよくなるという進歩主義の信念。これらはすべて「近代」という時代の約束であった。ハーバーマスの言葉を借りれば「未完の近代のプロジェクト」であった。理性を伴った自由や平等や富の拡張にこそ幸福が宿るという、かなり単純な、しかし強固な信念。こうした進歩主義の極限にわれわれはいる。確かにそれは極限《リミット》であり限界《リミット》である。

3 「力への意志」につき動かされる資本主義

◆「ニヒリズム資本主義」の誕生

今日、この「近代のプロジェクト」はますます富の生産と金銭の追求へと偏りを見せている。しかも生産力も金銭も過剰になっている。その中で、今日、われわれの信じる進歩と幸福の追求は、あまりに経済的な富に依存し過ぎている。幸福も進歩もほとんど経済の次元で定義され、経済成長に偏り過ぎていると苦情を申し立てることさえもできるだろう。

だが、それさえも実は一面に過ぎないのではなかろうか。なぜなら、今日の経済の本質は、ただ、人々がよりいっそうの富を求め、さらなる豊かさを求めている、というだけのことではないのではなかろうか。おそらく今日生じていることは、人間は自然的本性として利益を求め、富を求める、といったような素朴なことではない。科学を発展させ、技術を開発し、経済成長を達成し、富を生み出せば、人々は幸福になる、といったようなありきたりの期待が現代経済を動かしているわけではない。このような素朴な迷信もどきが現代の資本主義を駆動しているのではない。科学技術の展開と経済成長の追求が、ほとんど無条件に社会をよくし、われわれを幸福にすると信じられた時代はすでに終わっている。では何が現代の資本主義を駆動させているのか。私は、それをニーチェの言葉を借りて「力への意志」とでも呼びたくなるのだ。

ニーチェの「力への意志」については、第5章を中心に本書でもずいぶんと論じてきた。改めて書いておくと、ニーチェは、西洋の歴史を「力への意志」の歴史と解釈する。とりわけ西洋の近代とは、理性という主体が徹底して「力」を持った時代であった。デカルトやカントにとっては、それでもまだそれ自体の限界を有し、おまけにその背後に神的なものを隠し持っていた理性は(カント哲学のひとつの意図は理性の限界を画することであった)、その次の時代ともなると、まず技術と結合して産業革命を引き起こし、次に20世紀の経済成長と産業社会を生み出した。

そしてその後に出現したものは、啓蒙主義的な理性や自由などというまだしも節度を保った理性的主体ではない。それは、近代の入り口にあったどこかに神的なものへの怖れを抱いた理性でも、理性自身の限界を知ろうとする理性でもなく、まさしく「力としての理性」となってゆく。いや、「理性」という超越的でイデア的なものの面影を含み持った概念さえ現代社会にはふさわしくない。人間という主体に必要なのは、「力としての理性」というよりも「力」そのものといった方がよい。つまり「力への意志」である。それこそが、今日、人間を、そして社会を、動かす起源の力となっている。

ニーチェは、「力への意志」を、より大きなもの、より多くのもの、より偉大なものを求め、それを所有しようとする根源的な欲望・衝動として定義しているが、それこそが彼のいうニヒリズムの時代にふさわしいものであった。「より大きいもの」を求め、「より多いもの」を手にしたいという根源的な欲望を、ニーチェは、ほとんど動物的といってよい人間の生命活動そのものと等値しようとしている。それは、善かれあしかれ、人間の根源的な「生の欲動」のようなものである。

この「生の欲動」は、常に、現状を否定し、自らの力をいっそう大きくしようとする。そこに理由も目的もない、着地点もない。そこには、確かな価値も意味もない。もしも、価値が定立されれば、われわれは、富の増進を、豊かさを、その活動の意味を、その価値に照らして論じることができるだろう。批判的に捉えることもできるだろう。だが、今日、それを論じる準拠たる確かな価値も基準もない。だから、ただただ無条件に「力」を求めるほかない。これは徹底したニヒリズムである。

「人間のもっとも恐るべき根源的な欲望」を「力への意志」とニーチェは見るのだが、それは、通常は抑圧されている。フロイト流にいえば、人間の根源的な欲動は、通常の生活にあっては抑圧されている。現実には様々な道徳や価値を定立することで、人間は自らの持つ動物性、もしくは根源的な生命活動に対して様々な規範を施す。個人的には自我の形成によって、社会的には法や道徳によって、それを抑圧しようとする。価値の設定は基本的には人間の衝動や情念の抑制として作用するのである。

だから近代化とは、一方では、確かに、人間の自由の拡張であり、欲望の膨張であり、衝動の解放であり、いっさいのタブーの解体であるが、他方では、近代特有の新たな価値や法や道徳による社会の規律化でもあった。そして理性はそのどちらにも作用する。それは、一方では、既存の習慣やタブーの不合理を難じて自由や富の拡大に道筋をつけるが、他方では、そこに規範を課し、新たな秩序を生み出そうとする。脱規範化と再規範化の両方向のベクトルが拮抗しつつかろうじて均衡を保つところに近代社会の秩序と展開の双方が生み出された。

だが、この現代にあっては、この均衡は決定的に崩れつつある。理性はその均衡を維持できるものではなくなりつつある。そこに、近代の延長上にありながらも、近代とは一線を画する現代という時代の相貌が示されている。

近代社会においては、啓蒙主義が道を開いた二方向のバランサーとしてかろうじて理性は機能した。しかし、その理性自身が、自らの作用を否定してゆく。理性自身が自己不信に陥り、自らへの信頼を失ってゆく。現代とは、あたかも万能の理性が勝利したように見えながらも、実は理性への信頼が決定的に失墜した時代なのである。そこで今日、われわれの活動を制限する法や道徳という規範が取り外されてゆく。自由が絶対的な価値を持ち、技術の発展がとどまるところを知らず、富を獲得する機会をほとんど無限に獲得したと考えた人間は、その抑圧されてきた「力への意志」を一気に解放しようとする。まさしくニーチェが述べたように、理性への信頼を破壊してしまった後に出てくるのは、「力への意志」にほかならないのであろう。

◆価値喪失の後に広がる世界

そして、「力への意志」は現実には様々なレベルで無限の衝突を生み出すほかない。だがそれを調停し、そこに共通の規範を生み出すような確かな価値はどこにもない。だから、この「力への意志」あるいは「生への欲動」は、むき出しの形を取らざるをえないだろう。今日、この衝突は、経済の次元では競争によってかろうじてやり過ごそうとしているが、その表層の裏側には「力への意志」が透けて見えている。それが表面へ顔を覗かせた時、それはほとんど、調停不可能な対立を生み出しかねない。これこそが「最高の諸価値の崩落」と定義されるニヒリズムそのものであり、それこそがまさしく現代文明の自画像となろう。だから、今日のグローバル資本主義こそが現代文明の典型的な形象なのである。

ほとんど共通の規範を持てない世界状況、仁義なきまでの競争、実体なき富を産出し続ける金融市場、意味あるものも意味ないものもすべてを一緒にふりまく情報産業、度を過ごすほどに開いてゆく格差、人間そのものの概念さえ変更しかねないイノベーション、ほとんど失効してしまった経済政策、新手の帝国主義と化した国家による対外投資、宇宙空間まで領土を拡張しようとする欲望、そして、それにもかかわらず追求される経済成長。

いったい、それらを人間の合理的な欲望の充足だとでもいうのだろうか。生存の確保から始まった人間の生の充実とでもいえるのだろうか。人間理性の産物だとでもいうのであろうか。もはや、はるかにそうした次元は超え出てしまっている。それは端的にいえば、「ニヒリズム資本主義」と呼ぶべきものであろう。

もしも、経済活動がただ生活に必要な「欲求」や「必要」や、さらには社会生活をよくしたい、他人よりよい生活をしたい、といったそれなりの実体を持った「欲望」によって動いているのであれば、それらは、まだ価値に照らして論じることができるし、まだしも理性の枠において論じることは可能であろう。だが、今日の資本主義の先端は、あるいはその中心は、富の追求や成長が自己目的となってしまい、個人の生活上の意味や幸福などとはほとんど無関係になってしまった点にある。

かつて初期の資本主義を代表する人物はベンジャミン・フランクリンであった。20世紀の初頭だと、ロックフェラーやヘンリー・フォードをあげたくなるであろう。では今日は誰か。もちろん、スティーブ・ジョブズやビル・ゲイツでもよい。だが、その悪名も含めて、カルロス・ゴーンの名をその象徴としてあげたくもなるのだ。現代の「資本主義」の牽引者《けんいん》は、もはやわれわれの生活に還元される意味での富を獲得しようとしているわけではない。幸福を手にしようとしているわけでもない。人生の不幸や災難や貧困の経験から脱したいというわけでもない。ほとんど無目的な「生の欲動」、「力への意志」としかいいようがないのではないだろうか。

だが、現代では、「力への意志」は、経済に限らず、ほとんどわれわれの活動の全般を覆いつつあるようにさえ見える。今日の民主主義は、大衆的な情緒や情念の発露となり、他方で、民族主義や宗教的原理主義が人々の心を捉える。排外主義が現れると同時に同化主義が出てくる。政治的正義が公然と主張されると同時に、SNSを舞台に隠微な中傷やフェイク・ニュースが流される。科学や学問世界でさえ、時には、資金獲得のためのほとんどフェイクまがいの宣伝がなされる。こうして、われわれの生活は、公然たるものかあるいは隠然たるものか、大なるものか小なるものかは別として、実に多様な「力への意志」にさらされている。

ニヒリズムにあっては、人々がそれに寄りかかれる確かな価値が見失われている。そのために価値や共通のルールによってはこれらの問題を解決することができない。とすれば、現前するのは、利益を実現する力の対立でしかなくなってしまうであろう。こうした現代文明のニヒリズムの中に今日の経済も見事に巻き込まれてしまった。

にもかかわらず、表面上、われわれは、経済学が唱える自由競争の予定調和という気楽な旗を掲げ、効率性と成長という二つの価値をこの旗に大書して掲げている。「資本主義のニヒリズム」と「幸福の経済学」が、触媒もなく不思議な化学反応を起こしている。「科学としての経済学」という表看板の背後で「ニヒリズムとしての資本主義」が暴走している。「科学としての知識」という上半身と「生への欲動」という下半身からなる奇妙なキメラこそがわれわれの姿かもしれないのである。

哲学者のレオ・シュトラウスは、近代とは、哲学と科学の分離した時代であり、この分離の上に、科学が哲学を圧倒した時代だという。たとえば、古代ギリシャのプラトンやアリストテレスにとっては、この世界や物事には永遠の本質というものが伏在し、それを探究するという意味での真理への愛が、同時にわれわれが現実を生きる「善き生」となる、そうした知識の追求こそが哲学であった。これが古典的な哲学（フィロ・ソフィア＝愛知）であった。「真理」と「善」は深く結びついており、両者を切り離したり、別個に扱ったりするわけにはいかなかった。ポリス（都市国家）を論じることは、国家や社会秩序の真のあり方を知ることであり、それは人々の「善き生」を実現することでもあった。「善き生」とは、現代的にいえば「価値」を問うことである。

ところが、実証主義を唱える現代社会はこの両者を分離し、さらに「真理」を「理論と事実」に置き換え、「善」つまり「価値」から切り離した。哲学がそれでも「価値」に関わる態度を手放さないとなると、現代は哲学を無用の長物と見るようになるだろう。現代の実証的態度は、「理論と事実」に関わる「科学」と、「価値」に関わる「哲学」を分離した上で、さらに「科学」の「哲学」に対する優位を唱えたのである。

かくて、今日、われわれは、共通の「価値」について論じることはたいへんに難しくなった。ましてや何が「善き生」であり、「善き社会」であるか、などという問いさえ発することが困難になった。価値相対主義、主観主義、価値多様性が当然視され、それをわれわれはリベラリズムと呼んでいる。今日の自由主義は、価値はあくまで個人の選択であって、自由とはこの選択の権利の保障である、と説く。だから、仮に共通の価値というものについて論じようとすれば、せいぜいのところ、人々にアンケート調査でも行ってその集計を出す以外にないのである。

私は、別にそれを批判しようとしているわけではない。これは、われわれに与えられた社会的環境であり、われわれの精神生活の条件となっている。ただそれはニヒリズムだ、と知っておくことは大事だろうと思う。だからどうしたのだ、といわれても明確な答えはない。ニーチェやハイデガーに従えば、それはイデアであれ、神であれ、理性であれ、ともかく何らかの「形而上学」に基づいた西洋思想の、もっと広くいえば西洋文化の歴史的帰結だということになろう。レオ・シュトラウスならば、プラトンやアリストテレスの「哲学」が意味を持った古代ギリシャの「自然的な正(natural right)」の観念を想起すべきだというだろう。

西欧思想は、一方で、イデアだとか、永遠の真理だとか、不滅の神だとか、超越的な理性だとか、あれやこれやと「形而上学」を持ち出すことで、その時々の価値基準を生み出してきたとともに、他方でその「形而上学」を破壊しようとする歴史でもあった。特に、近代社会は、人間を価値の基準に据えたために、人間の理解を超えたもの、つまり「形而上学」を破壊する方向に向かった。そして、ニーチェ風にいえば「神は死んだ」のである。その後に広がった現代文明は、いっさいの価値を見失った価値喪失に陥るのも当然であろう。なぜなら、「形而上学」こそが、その都度その都度の価値の基準を提供していたからである。そして、その喪失の後に出現する世界が「力への意志」の発現の場になることもまた当然といえるであろう。

◆「科学」と「哲学」の再会を求めて

だがまた、次のようにもいえるのではなかろうか。

ニーチェはまずは「積極的ニヒリスト」として、あらゆる既存の価値の転覆を目論む。ギリシャ的な真理やキリスト教の神といった「形而上学」はでっちあげられた価値の偽造であるから、その欺瞞を暴き出し、その権威をズタズタに引きずり降ろさなければならない、といった。いや、現代社会とは、すでにこれらの形而上学的な権威は崩落した社会なのである。「神はすでに死んでいる」。このことをわれわれは確認しなければならない、というわけである。そして、その後に出てくるものはといえば、いっさいの価値の崩壊した荒野にあって「力への意志」が姿を現す。そして「力への意志」とは、根源的な生の欲動であり、生の増大へ向けた活動力である、という。それこそが、人間の根源的な生だという。

だが、第5章でも述べたが、それもまたひとつの形而上学というべきであった。「生の根源」という観念もまたひとつの、変形された形而上学であろう。人間という主体の「力」をもっとも根源的で超越的なものとして理解するその思考自体が、「人間の主体性」の徹底であり、それもまた形而上学ではないのか。ハイデガーが述べたように、それこそが、西洋文化が生み出した形而上学の最高の、そして最終の形態なのではなかろうか。だから、ハイデガーは、ニーチェにおいて西洋の形而上学は完成するといったのではなかったか。

もしそうだとすれば、あらゆる価値が真に崩壊するという意味での完全なニヒリズムなどというものはありえないことになろう。完全なニヒリストであろうとしたニーチェでさえも、また別種の価値定立に、別種の形而上学に取りつかれていただけだ、ということになる。彼が唱えた「力への意志」さえも、それがそうと唱えられる限り、新たな価値定立であり、変形された形而上学になっている。それは、従来の形而上学を否定した形而上学になっているのだ。

どこまでいっても、われわれは価値から逃れることはできない。ただ現代文明のばかばかしいほどに奇妙な特質は、それが、人々の共通の価値なるもの、永遠の価値なるものを否定し、その否定にこそ価値を与えている、という倒錯にある。その否定の後に、その都度、その都度の欲望や欲動や野望や衝動が価値を主張して現れ出てしまうのである。だから、われわれは決して価値から逃れることはできない。常に何らかの価値定立を求めているし、また、ほとんど無意識のうちにやっているのである。ただ、われわれは決して価値から逃れられないにもかかわらず、そして、次々と様々な価値を持ち出してくるにもかかわらず、それらの価値が確かな根拠を持たないことを知ってしまった点に現代社会の困難がある。様々な価値をもっともらしく唱えながら、その価値の無根拠性を知ってしまったということである。根底でそれを動かしているものは「力への意志」であると心の奥底でわかってしまっているのだ。

そうだとすれば、われわれは、富を増やすのは人間の本能的な欲望の現れであるとか、経済成長は人間の生の当然の欲求であるとか、あるいは、科学技術の進歩は人間の自然な要請であるなどと楽観的に唱えるわけにはいかない。そういった途端に、それは「力への意志」といういわば転倒した価値へと取り込まれてしまう。そしてその帰結はといえば、とどまるところを知らない競争、自然や環境や資源やさらには人間の精神や伝統の恐るべき破壊、富や欲望の無限の拡大という無目的な連鎖、こういう世界へわれわれは放り込まれ、閉じ込められてゆくだろう。

そのことを指して、フランスの哲学者デュピュイは、グローバル資本主義の先にはただ破局しかない、という（『経済の未来』）。破局がどのような形でやってくるのかはわからない。だが、このままのグローバル資本主義を続ければ、いずれ破局に至ることは間違いない。そして、それを根底的に回避する方法は現状においては見当たらないが、われわれにできることは、もしこの破局を予見できるとすれば、それをできるだけ遅らせることであろう。こうした冷静な判断こそが必要であろう。それは、とりもなおさず、われわれの未来に待っている破局を知ること、予見することであろう。この黙示的な、あるいは終末論的な思想を、デュピュイは「破局主義（カタストロフィズム）」という。未来の進歩についての楽観主義に立てば、現実に破局がやってくる公算は高い。だが、未来についての破局主義に立てば、それを回避しようという智慧も出てくるかもしれない。楽観主義が未来を破壊し、破局主義が未来を救う、という逆説がここにある。

デュピュイの「破局主義」は、ニーチェ、ハイデガーのいう「西洋文化の終焉」を引き継いだものである。そこには、西洋形而上学がもたらした実に長い歴史の終末論が不気味な鐘の音を響かせている。

私は、おおよそこのデュピュイの破局主義に賛同したい。それを私は「方法的悲観主義」と呼びたいのだが、あえて未来についての「悲観主義」に立つことによって、多少はましな未来像を想像することができるかもしれないからである。

だが、破局主義であれ、悲観主義であれ、はたまた楽観的進歩主義であれ、ここでは未来についての一定の価値観を想定していることになる。ある角度から、ある視点から、ある観点から将来の社会を評価しようとしている。ある社会の状態が、人間の生の置かれた状態がよいのか悪いのか、評価しようとしている。とするならば、われわれはいかにニヒリズムの時代を生きているとしても、依然として価値から逃れることもできず、また、それを放棄することもできない証拠がここにあるというべきであろう。したがって、われわれは、もう一度、地道に、人間の生とは何なのか、利益や欲望を超える生の価値はありうるのか、経済活動の倫理はどこにあるのか、経済成長という価値には意味はあるのか、現代社会における幸福はどこにあるのか、といった伝統的な「哲学的」議論へと向き合うことこそが重要なのではないのだろうか。

そしてそれは、今日の「学」というものに課された決定的な課題なのではなかろうか。諸専門へと分化され、科学的装いを施された今日の社会科学をもう一度、哲学的な問いへと結びあわせること。このことこそが求められているのである。「価値」への問いから分断された「科学」を再び、「価値」へと帰還させなければならない。「科学」と「哲学」の再会を試みなければならない。

私は、この章の第1節のおしまいにフランスの経済学者トマ・ピケティの『21世紀の資本』から引用した。若くしてアメリカのMITに招かれた彼は、アメリカの経済学（しかも誇り高き数理経済学）について、何とも手厳しい、しかし実に率直な感想を述べていた。そこで、この章を閉じるにあたって、その続きをひいておきたい。

フランスで経済学者をやると大きな長所がひとつある。ここでは、経済学者は学術界でも知的な世界でも、政治や金融エリートたちによっても、さほど尊重されていない。だから経済学者も、他の学問分野への侮辱や、自分たちのほうが科学的正当性が高いなどという馬鹿げた主張を抑えなければならない。……フランスでは、経済学者は自分たちがやっていることがおもしろいのだということについて、歴史学者や社会学者を説得しようと努力はするし、また学問業界以外の人も納得させようという努力は少しはある。私がボストンで教えていた時の夢は、パリの社会科学高等研究院で教えることであった。その教授陣には、リュシアン・フューブル、フェルナン・ブローデル、クロード・レヴィ＝ストロース、ピエール・ブルデュー、フランソワ・エルティエ、モーリス・ゴドリエをはじめとする導きの光が多数存在していた。

彼は、別にフランスの誇る綺羅星のごとき錚々たる顔ぶれの中に自分の名前を置きたいわけではない。この導きの光の人々は、歴史学や社会学、文化人類学などを専攻しながらも、常に哲学的な関心があり、人間や社会の本質についての知的な姿勢がある、といいたいのであろう。そこでは、科学や哲学は厳密には分離せず、両者は交差しつつ、価値への問いかけを決して忘れてはいないということであろう。

社会科学は、確かに現代社会の課題がどこにあるのか、人々の不満はどこにあるのか、制度の不備がどこにあるのか、どのように制度の変革をすればよいのか、といった具体的な課題の解決に関心を注いできた。それは本質的に社会の側から与えられた問題の解決を目指す実践的な知識であった。だが本当は、そのような問題を適切に設定できるためには、われわれはいかなる社会に住みたいのか、人間の生とはどうあるものなのか、われわれの生や社会への認識や関わりはどのようにして可能なのか、といった哲学的な問いが先行していなければならない。「善」についての問いである。この問いに開かれ、またそれによって支えられていなければならないのである。そして、それは、われわれの生へ向けた根本的な関心と、社会へ向けた実践的な関心を統合する可能性を持つものであろう。私には、それこそが「現代文明論」に与えられた課題だと思われるのである。

第8章「無の思想」と西田哲学

1. 問題としての「ニヒリズム」

1 「ヨーロッパのニヒリズム」という病

◆歴史の必然として現れたニヒリズム

この章もまた「ニヒリズム問題」から始めたい。繰り返し述べてきたように、今日、われわれはニヒリズムのど真ん中にいる。ニーチェに従えばわれわれは、己の生を意味づける確かな価値観を見失ってしまったという。その結果どうなるか。われわれがその中で活動しているこの現実の歴史的な世界を、ある目的を持ったものとして解釈することもできず、また、この社会や世界をひとつのまとまりを持った体系として理解することもできず、さらには、自然にせよ、宇宙にせよ、世界にせよ、それを絶対的な真理という概念に基づいて把握することもできなくなった。歴史における目的、世界におけるまとまり、知識における真理が見失われた。自らの生に対して人々はもはや確固とした意味を与えることができず、自分の行動に対して確信ある手ごたえを持てなくなった理由がここにある。

その結果、われわれを襲うものは恐るべき退屈であろう。そこでわれわれは退屈しのぎの方策を次々と発明する。情報やクレジットカードや通販という「便利さ」を発明し、それに踊らされてモノを買いあさり、耳目をひく新奇な情報に飛びつき、些末なことで好奇心を満たし、政治家や芸能人のスキャンダルに一時の憂さをはらし、他人と自己を比較して嫉妬したり鬱に落ち込んだり、逆にささやかな優越感に浸ったりする。ハイデガーはそれを「頽落《たいらく》」と呼んだ。

ニーチェによれば、現代文明がニヒリズムに陥る理由は簡単である。もともと西洋文明は、ギリシャのイデアに発する超越的真理や、キリスト教的絶対神の観念をもとに組み立てられてきたのであるが、近代社会がこうした絶対的なものを否定したとなれば、世界に対して意味を与える究極の主体が存在しなくなってしまうであろう。近代社会がすべての確かな価値を見失ってニヒリズムに陥るのも理の当然であった。ニヒリズムは歴史の必然なのである。

これに対して、われわれは次のように反論したくもなるだろう。いや、今日ほど、科学技術の革新が生み出され、人類社会の進歩が信じられている時代はめったにないではないか。経済成長はわれわれの生活にかつてない利便性を届け、幸福を増進したではないか。また、グローバリズムによって、世界中の情報が手に入り、人々は世界中を旅行し、自由に動ける範囲は驚くほど拡大した。また、社会的な少数者の権利がこれほど保護されるようになった時代もないではないか、と。歴史がちゃんと目的を持ち、世界がこれほどまとまりを持った時代はない。今日の科学と技術は相互に手を携えて、これまで人類が達成した最高度の知識を手にしている。文明の進歩、幸福追求、科学技術、自由、平等、権利など、それらはまぎれもなく今日の価値ではないのか、現代文明は最高度な段階に達しつつある、と。

だが、ニーチェは（そしてハイデガーも）、まさにそのような主張を退け、いや、その種の楽観的文明観こそ批判の対象にしようとしたのではなかっただろうか。西洋の近代社会がもたらした恩恵をかつてない高度な価値の産物とみなすこのような主張自体を、まさしくニヒリズムというのである。

近代社会は、確かに、絶対的真理や神の観念などという幻想を否定した。それに代わって、人間の理性や自由、それがもたらす科学や技術や経済成長を新たな価値に祭り上げた。だがこれらは新たな幻想であり、「新たな神」である。ただ近代の「新たな神」は、恐るべき富を生み出し、科学という名の福音をもたらし、人工知能という妙な予言者を遣わしている。それは人類の未来に新手の千年王国を約束している。そして、今日、われわれは、この「新たな神」の前にぬかずき、自発的に服従しようとしている。理性、自由、科学、経済的富、幸福追求、人間の権利といった新たな「形而上学」を高々と掲げ、それに自らを縛り付けているのではないか。

そこで、何とも奇妙なことが生じている。一方では、われわれは、確かな価値を見失い、生を意味づける手ごたえある信条を持てない。すべてが、その時その時の勢いまかせで、その場しのぎに時は過ぎてゆく。未来など本当はわからないのだ。共有できる価値などどこにもない、と人はいう。

だが他方では、理性や個人の自由や科学、それに経済成長や民主主義があたかも人間の未来を約束する絶対的な価値であるかのように装う。時にはそれらは有無をいわせぬ正義となってしまう。このまったく異なった二つの態度が交錯し、その錯綜の中で確かな信念体系は見失われてゆく。こんなところにも、オルテガのいう「歴史の危機」が現れている。

そしてそれこそがニーチェのいうニヒリズムであった。もっともニーチェの言い方を借りれば、もともと絶対的な価値などというものは存在しない。だから、すべては本質的に「無・意味」であり、「無(Nichts)」である。「無・意味」が本来の姿なのである。だが、同時にわれわれは、すべてが意味を持たない「無」の世界には堪えられない。だから、何かに絶対的な価値を与えようとする。たえず価値定立を試みる。

しかし、あらゆる価値定立はまた価値捏造でもある。したがって、捏造された価値は、そこにわれわれを縛り付け、本当の意味での自由や主体性を奪ってゆく。真理であれ、神であれ、歴史の目的であれ、理性であれ、自由や民主主義であれ、科学であれ、同じことなのだ。それらはせいぜい「神」の代用品に過ぎない。にもかかわらず、それらを絶対的な価値とし、価値の根源であるとみなした途端に、われわれは、この「新たな神」にすっかり魅入られ、それに服従することになるであろう。この最高度に豊かな社会は同時に、相当に窮屈な社会でもある。自由にとらわれてかえって自由を失い、平等にとらわれてかえって敵対し合い、豊かさにとらわれてかえって神経をすりへらす。こういう社会になった。

こうしてわれわれは、また病人になってゆく。ほんのささいな差異や差別がわれわれの神経を刺激して屈折したルサンチマンを呼びさます。しかも、中世の神や近世の理性に比すれば、今日のヒューマニズムや自由と民主や人権主義など、はるかに低級で底の浅い価値の代用物ではないか、とニーチェは難じる。

ではどうすればよいのか。ニーチェは「力への意志」を説いた。生そのものの充実と生を高めることを説いた。生のエネルギーとでもいうべき「生成の世界」こそが本来の世界であり、この生の純粋な衝動に従ってひたすら生き抜くことこそが、底の知れた暫定的な価値定立よりははるかに健康だという。それも確かにニヒリズムである。しかし、ニヒリズムを積極的に引き受け、ニヒリズムを生き抜くことこそが本当の生だ。こういうのである。

◆自らが生み出した病原体

とはいうものの、それが実際に何を意味するのかは結局のところはよくわからない。だからハイデガーは、ニーチェの「力への意志」もまた、しっかりと西洋形而上学の系譜を継いでおり、それどころか、近代的な「主体性の形而上学」の完成だと見抜いていた。ハイデガーからすれば、ニーチェの思想は、彼自身が提示した問題に答えることはできなかった。それは、西洋にとっても、また現代世界にとっても決定的な問題であるニヒリズムに対して結局は対峙できなかった、というのである。

となれば、何か問題の立て方が悪かったのかという気にもなってくる。もとより、ニヒリズムはひとつの歴史的必然であるならば、ニヒリズムを克服するなどということはありえない。ニヒリズムからの脱却やその超克などありえない。ニヒリズムによいも悪いもないのである。だから、ニヒリズムに陥った現代人をニーチェは「病人」というほかなかったのではないか。ニヒリズムとは、一方では確かに現代人の病状を示しているが、より本質的にはこの病を人々に植え付けた病原体でもあるのだ。しかも、その病原体は、どうやら、ウイルスのように外部から侵入したというよりも、人間が人間として生きているためには、ほとんど必然的に自らが生み出すものらしい、のである。

西洋文化にニヒリズムという病をもたらしたものは、本当は信じてもいない「神」などというものをわざわざ創作した人間の自己欺瞞にあり、この世界を超えたありもしない超越的な場所に神を据えた形而上学的思考にある、とニーチェはいった。確かにそれは外部からもたらされたというよりも、ある歴史的な形態において持続してきた西洋文化の産物なのである。その意味では、この病は西洋文化に内在するものであり、西洋文化の帰結である。「ヨーロッパのニヒリズム」といわれるゆえんである。

2 「ホモ・シンボリカス」としての意味への問い

◆「無」から創造される虚構

だがしかし視野をもう少し広げてみれば、それはただ西洋文化に限定されたことではない。より、人間の存在性そのものに関わっているのではなかろうか。ヨーロッパの文化というよりもはるか深い次元を持っているのではなかろうか。

なぜなら、いかなる文化であれ文明であれ、それが人間の想像力や意思を伴った表象的行為である限り、そこには、必ず、その行為の意味への問いかけがついてまわるからである。われわれは、ただ山林や海川という自然に包まれて、ドングリを拾い、サカナを捕えて生存を維持しているわけではない。生存はただ本能に委ねられているのではない。動物のように自然を環境としてただ生きながらえるのではない。あらゆる文化は、人を即自的な自然から切り離し、生の奉仕する人為的装置を作り出す。その何かを作り出すという点で、そこに「意味」が発生する。人間が意味を求めるというより、人間の活動が意味を発生させてしまう。

たとえば言葉を紡ぎ出した時点で、言葉は何かを意味してしまうのである。その限りでいえば、人間とは、いま現にあるそのままの自己を絶えず否定し、別の何ものかになろうとする存在であって、この自己否定と超越への欲求こそが文化を生み出した。人間の表象作用は、いまここにはないものを構想し、想像し、さらに創造する力となる。いいかえれば、「無」から何かを生む力なのである。それはまた、この生み出したものに意味を求めることである。これが、人間とは表象を操る存在であるということだ。カッシーラーのいう「ホモ・シンボリカス」である。

ところがまた、まさにその点でこそニヒリズムの根源が露わになってくる。なぜなら、あらゆる人間の創造作用は、その本質に「無」を持っていることになり、しかも「無」が前提になるからこそ創造作用があるということになろう。

何かを新たに作り出し、それに形を与える時、あらかじめその何かがあるわけではない。そこには何も「ない」のだ。だから文化の根底には「無」しかないということになろう。人間の表象作用は、その作用自身が世界を作り出すのであって、表象作用を離れてあらかじめ世界があるわけではない。その意味で、表象作用は「無」から「世界」や「文化」を生み出すのだ。

だとすればあらゆる文化は、多かれ少なかれ表象作用による「でっちあげ」ともいえるのではなかろうか。人間がこの世界に「意味」を求める時、それは虚構を求めているのではないのか。そしてこの文化的虚構を説明する理屈などもとより存在しないのではないか。

確かにギリシャの文化がどのようにして生み出されたかについて、われわれはいくらでも歴史的説明を受けることはできるだろう。実証的な古代史研究の助けを得ることもできよう。しかし、だからといってそれが「そうでなければならなかった」などと断定することはできない。ギリシャ文化の特質について述べることはできるが、その必然性について述べることはできない。歴史的説明は決して歴史的必然を証明するものではない。

それどころか、歴史的説明を受け入れようとすればするほど、われわれは、そこに様々な運命や偶然のただならぬ交錯を見るのが通例であろう。だからこそ、その説明のために、ギリシャ人は神々を必要とし、神を前にした人間の驕りや罪責を必要としたのであり、またそれを説得すべく悲劇を必要としたのである。だから、神々を除いてしまえば、もはやいっさいの出来事を説明する必然の論理はどこにもない。とすれば、ギリシャ文化は、様々な偶然が折り重なったその産物というほかあるまい。

同様に、西洋文明も無数の予期しえぬ出来事や一回限りの偶然の積み重なりの中でただただ石を積むように作り出されてきたというべきものであろう。石の積み重ねにはあらかじめ決まった規則も順序もなかったのであり、しかしだからこそ、この積み重なりをひとつの流れとして記述しようという歴史意識も生まれたのであろう。もちろんそれは西洋に限ったことではない。あらゆる文化や文明は、根源的には決して必然的な意味を背負ってそこにあるわけではない。とすれば、その根底にあるものは「無」といわざるをえまい。

少し一般的にいえば、人間の創造作用は、自らを否定し、自らを超越し、そこに新たな表象を生み出すものだとしても、そのこと自体が、特別に必然性の法則に服しているわけではない。反省的に捉えてみれば、そこには特別な意味など何もないであろう。虚構といえばすべて虚構である。捏造といえば捏造である。最初の原始人がたまたま石ころを放り投げたところから狩猟の技術が始まったのかもしれず、最初に誰かが何かを叫んだところから言葉が生み出されたのかもしれない。その叫びが、たまたま「ア」だったか「ウ」だったかで言語は変わったかもしれない。とすれば、根源にあるものには何の特別の意味もない、つまり「無意味」なのである。

原始人はともかく、現代人に即していえば、われわれは、われわれの生み出したもの、そしてそれを生み出すわれわれ自身に対してどうしても意味を求める存在である。ただ「ア」や「ウ」から始まった言語も、いつまでも「ア」や「ウ」に留めておくわけにはいかない。言葉は、それが生み出されてしまえば、いやおうなく自然や世界を意味づけるのである。たとえ、その中に意味のないアイテムが含まれるとしても、それは「意味がない」ものとして意味づけられる。そもそも「意味」の体系ができているから、意味のない言葉が「無意味な言葉」として存在しうるのだ。そしてこの張りめぐらされた意味の体系が文化である。だから、意味の張りめぐらせ方にほころびができたり、意味が不明になってくるにつれて文化はまとまりを欠き、求心力を失い、創造性を失ってゆく。つまり衰弱してゆく。

◆「運命」としての価値破壊

ところがまた、われわれが、自らの行為やその成果の意味を問い、さらには、われわれ自身の存在の意味を問えば問うほど、その答えは見えなくなる。物事はだいたいそういうものであろう。われわれは何事かに集中し真剣になればなるほど、その対象はわれわれから逃れ遠ざかってゆくものである。意味への問いは、それが真剣であればあるほど、われわれを霧の彼方へと連れ去り、「無・意味」の世界へと押し出してゆく。文化が創造的活動であるということは、先にも述べたように、いまここに現にあるこの世界と自己を否定することであった。そしてそれが可能なのは、この世界がそのような形でいまここにあることには何の必然性もない、とわれわれは考えるからである。

だからこそ、いまここにいる己を否定し、この世界を否定し、それを新たなものに造り変えようとする。この自己否定も新たなものへの創造的努力も実に真剣なものだとしよう。だがしかし、それでは、新たに構想された世界、新たな自己に何らかの必然性はあるかと問われれば、実はそこにも何の必然性もない。ただ漠然とした意志があるだけである。もしもいまここにある世界に必然的な意味がないとするならば、それを否定することにも特別な意味はなく、新たに作り出される世界もまた無意味ということになろう。ヘラクレイトスはそのことの真実をよく知っていた。万物はただただ流転し、万物は争いによって生み出されるのである。ただそれにもかかわらず世界や宇宙が崩壊しないのは、この対立がハーモニーを生むからにすぎなかった。

だがそこに特別な意味はない。調和はいつ崩れるかわからない。そこでその無意味性を脱却するために、ギリシャ人は永遠の理想形であるイデアを構想し、西洋人は中東の砂漠から神を盗み出し、近代人は人間の普遍的な理性をその身体から外へ持ち出した。古代人が肉体の中から「魂」というものを掬い取ったように、近代人は「精神」を掬い出した。ただ生々流転に服する肉体を越えるためである。精神によって永遠の理想や理念の世界を歴史の彼方に据えおくことができれば、現実を変革することに意味も出てくる。そこから逆照射して、この現実の意味も、それを否定することの意味も確定できる。それらはすべて、現にわれわれが生きているこの世界を超脱した特別の場所を可能にする方便であった。この世界を超越した永遠の世界、不死の彼岸に絶対的存在を想定することで、無意味性を回避しようとしたのである。

西洋文化の中にしっかりと植え付けられたこの涙ぐましい努力は、確かに、一方では世界に意味を与えることになったが、また同時に、世界から意味を奪い取るその原因ともなったのである。

なぜなら、この超越的な存在という「本質」からすれば、現実の世界や自己はいわば「仮象」ということになるであろうからだ。われわれはいわば仮の姿をまとって、仮の住まいに一時滞在しているだけである。世界は意味を与えられたが、同時にそれは「仮の姿」としての意味である。役者が演技をする限りで与えられた役柄のごときものである。ここにこうしてあることに実は確たる必然性はない。それは都合が悪ければ、常に否定され、否定によって別のものへと置き換えられてしかるべきものであった。ある出し物が都合が悪ければ、別の出し物に変えればよい。出し物を正当化するものが、イデアや神や理性といった彼岸的なものなのであった。意味はすべて彼岸からやってきたが、それを受け止める現実は彼岸が発する意味によって常に変更可能になった。役者を動かす演出家は此岸の人間であるが、その背後にはそれを差配する絶対者がいた。

こうして、この現実は、否定される可能性も含めて、そこには意味がでてくる。その点では確かに彼岸を「捏造」することによって現実の世界は救われたのである。この現実の否定と新たな世界の構想という力学が、西洋文明の無限の創造力を生み出し、歴史の進歩の観念を生み出したのであった。

そして何度も繰り返していえば、まさにそのことが西洋文明の深層にひとつの病の種を、つまりニヒリズムを植え付けたのであった。いや正確にいえば、人間の存在が本質的に持っているニヒリズムを、西洋文明ほど見事に体現し、歴史の舞台に現象させた文明はなかった。それだけでも、西洋文明は、若干の逆説も含めていえば、実に偉大であった、というほかない。それは、根源的には、人間の創造的活動は意味と無意味の確執である、というあらゆる文化の根底を見事に暗示したからである。

別の言い方をすれば、文化の根底にあるものは、「有」へ向かうエネルギーと「無」へ向かう対抗エネルギーの力学といってもよい。あるいは、フロイトのように「エロス」と「タナトス」の抗争と見てもよい。虚構の「有」をどこまでも拡張しようという意思と、それを破壊して「無」という本質へ回帰しようとする意思の衝突である。近代社会は、人間の自意識を最大限に刺激することで、自らの内にある「有」と「無」の亀裂と葛藤を、容赦なくわれわれに突き付けてきたのである。キリスト教文化とギリシャ的知性という絶妙な混融が生み出した、ニーチェのような恐ろしく自我意識の強い近代人が、まさにこの葛藤に身を亡ぼすのは当然というべきであろう。

ここまでくれば、われわれは、先ほどからの言明を少し修正しなければならない。それは、あらゆる歴史には何の必然性もない、という言明である。西洋文明はニヒリズムへと落ち込むという必然を持っていたというニーチェの断定にはそれなりの根拠があるからである。西洋文化が今日のような現代文明を生み出し、しかもそれがニヒリズムへと帰着するという事態には、それなりの理由があるともいえよう。ニーチェのようにいえば、それは「運命」である。ニーチェの価値破壊は、無という本質への回帰であった。ニーチェはそれを「運命」として捉えた。それは、文化や歴史の根底はもともと「無根拠」だからこそ生じた逆説なのである。

◆自己の死という「存在の無」

ところで、この問題を独特のやり方で改めて主題化したのがハイデガーであった。それが彼の「存在者」ではなく「存在」を問う、ということの意味である。

ハイデガーが「存在者」と「存在」の区別というなにやら奇妙な問題をしつこく説いた時、彼は、現実に目に見えてそこにある何ものかではなく、それがそこにあるという「ある(存在)」にわれわれの目を向けようとした。ところがそれはたいへんに難しい。なぜなら、「存在者」は、人であれ、陶器であれ、建物であれ、木や森であれ、姿形をもって捉えることができるが、「存在」は捉えることができないからである。その意味で「存在」は「無」なのである。なぜなら、もしそれが何ものかとして「存在」するなら、それは「存在者」になってしまうからだ。「存在は存在しない」のである。そこに「存在忘却」が生まれる。

にもかかわらず、「存在者」が現に「存在者」であるためには、それは「存在」しなければならない。だから、「存在」とは、それ自身は存在せず、しかも「存在者」を支え、あるものをあらしめる何ものかである。「人がある」「陶器がある」「木がある」の「ある」がなければ、人も陶器も木もない。この「ある(存在)」が「存在者」を支え、現実にあらしめている。だから、「存在者」を知るには、何よりもまず「存在」とはどういうことかを知らねばならない。

西洋の形而上学の歴史においては、この場合、「存在者」を可能とする「存在」は、事実上、ギリシャのイデア(絶対的真理)であったり、中世の神であったり、デカルトの「理性」であったり、カントの「超越論的主観性」であったり、ヘーゲルの「絶対精神」であったりした。しかしこの形而上学（超越性）を拒否すればどうなるのか。「存在」は「無」であるほかない。あらゆる「存在者」の存在の根拠は「無」というほかない。すべての存在者の集合を世界と呼んでおけば、世界は根拠を持たない。そして、人間もまた存在者に含まれるとすれば、われわれの存在には特別の根拠はない。われわれがいまここにこうしてあることは「無根拠」であり「無意味」である、こういうことになろう。

ハイデガーは、われわれはすでにあらかじめこの世界に「投げ出されている」といった。世界内存在としての「被投性」である。だが、それはまさに「投げ出されている」のであって、そこに特別な理由も根拠も意味もない。自分で自分を投げ出したわけでも、何ものかによって放り出されたわけでもない。創造主としての「神」を持ち出さないとすれば、この世界にこうしてあることに特別な根拠はない。そしてだからこそ、『存在と時間』において、彼は、本来的な自己へ向けて「企投」できるとみなしたのである。それは、もともとの「被投性」が無根拠だったからだ。したがって、この「企投」には常に「無」の影がついてまわる。

しかも、本来的な自己とは、やがて来る自己の死という「無」へ向けられたものであった。「死」のみが間違いなく確実だとすれば、本当に確実なものは「無」ということになろう。だから、「死」つまり「無」が、「生」つまり「有」へ向けて働きかけるのである。「企投」を促すものは、「被投性」という「無」と、まさに将来せんとするもうひとつの「無」であった。「無」が「存在」そのものであり、また「存在」の根拠となっている。

ハイデガーがこの「存在の無」という問題をどこまで展開しようとしたのかは私にはよくわからない

が、彼の存在論が「無」の観念と深く結びついたものであったことは疑いないように思われる。いや、西洋の形而上学を拒否するとすれば、あるものが「ある」という事実が無根拠となるのは当然であろう。「ある」ことの背後にはぴったりと「無」が張り付いていることを問題とせずにはおられなくなるだろう。

2. 「歴史的世界」と「日本文化」

[1] 形なきものの形を見、声なきものの声を聞く

◆花の散りゆく美、見えないものを見る

ところで「無の思想」や「無の哲学」といえば西田哲学を思い起こす人も多いであろう。西田幾多郎がその最初の著書である『善の研究』を出版したのは、彼が40歳で京都帝国大学に招かれた翌年、1911年であった。この書物で説かれた「純粋経験」は、その後、『自覚における直観と反省』(1917年)における「自覚」の概念をへて1926年に「場所」と題する論文に至る。この論文を含む論文集『働くものから見るものへ』(1927年)や『一般者の自覚的体系』(1930年)等において彼の思索はひとつの頂点を迎えるが、そこで中心的な役割を与えられたのが「場所」の観念や「絶対無の場所」といった概念であった。

西田哲学は、しばしば、日本で最初の(しかもほとんど唯一の)哲学とされるが、その達成のひとつの成果はまぎれもなく「無」の概念にあろう。仮にそれを「無の思想」と呼んでおけば、彼が「無の思想」

を最初に唱えたのが、まさにハイデガーの『存在と時間』と同時期であったことを思えば、西田哲学の西洋思想との同期性には驚くべきものがあろう。ちなみに、西田哲学という呼称は、「場所」の論文で示された立場に対して哲学者の左右田喜一郎が与えた名称である。「無の場所」を問う西田哲学と「存在の意味」を問うハイデガー哲学は同時に誕生したわけである。

『働くものから見るものへ』の序において西田は次のようなことを書いている。

形相を有となし、形成を善となす西洋文化の絢爛たる発展には尊ぶべきもの、学ぶべきものはたくさんあるが、幾千年もわれらの祖先を育くんできた東洋文化の根底には、形なきものの形を見、声なきものの声を聞くというようなものが潜んでいる。われわれの心はそうしたものを求めており、私は、それに哲学的根拠を与えたい、と。

しばしば、西洋思想は「有の思想」であり、日本思想は「無の思想」である、といわれる。西洋思想の中枢は、確かに「あるもの」があることを前提にし、その「あるもの(存在者)」の分析や解明に向かった。パルメニデスが述べたように、「あるものはあり、あらぬものはあらぬ」のである。もちろん、「無」へ向けた関心は西洋思想にも流れてはいるが、それは決して主流にはなりえなかった。圧倒的に「ある」という現前の事実を前提にしていた。「無」は問題にしようがないのである。

神は、存在者にひとつひとつ名前を与えた。基本的に名づけられたもののみが存在し、存在するものは名づけられるはずであった。こうして存在者と言語が結合している限り、言語的に記述できるものだけが存在することになる。だが「無」は本質的に言語にはなりえないのである。もちろん「無」もまた言語に違いはないが、それは言語を否定する言語表現であり、自己自身を否定する言語である。「無」

にあっては、本来、言語も存在しない。だから、存在するものから出発する西洋思想においては、「無」は、基本的に、何かを否定するためのいわば接頭辞なのである。それはある状態に対してつけられた独立した名詞というよりも、名詞を否定する役割を持つ。「無」は独立した概念ではなく、「無意味」、「無根拠」「無人」等々のように否定を示す。

それに対して、西田が「形なきものの形を見、声なきものの声を聞く」といった時には、形なきもの、声なきもの、という「なきもの」、つまり「無」こそが本質だとされている。この言い方は次のようにいいかえることもできよう。われわれの東洋文化(日本文化)には、「見える形のなかに見えないものを見て取り、聞こえる声の背後に聞こえないものを聞き取る」というように。

たとえば現前する花そのものをわれわれは見ているのではない。その背後に、目には見えない何かをわれわれは見ている。それは、汚れなき美そのもの、人生のはかなさ、移りゆく世界、人事万象の空しさ、永遠の至福、散りゆく美、といった「ここにはないもの＝無」といってよい。だから、「有(存在するもの)」は常に「無(存在しないもの)」と一体になっている。そして「有」はあくまで「無」において成り立っている。

◆「有」の哲学、「無」の思想

いうまでもなく西田は、当時としてはもっとも西洋哲学のエッセンスを理解していた人物であった。ギリシャ哲学やアウグスティヌス、さらにデカルト、カント、ヘーゲル、ライプニッツなどの近代哲学は当然として、同時代のベルグソンやウィリアム・ジェームズ、新カント学派、フッサールさらにはマルクスからも影響を受けていたし、後には彼の弟子たち（三木清や九鬼周造、西谷啓治ら）はハイデガーのもとへ出向いている。同時にまた、哲学のみならず、聖書や主要な文学書も読み込んでいた。ということは、彼が「日本の哲学」を打ち立てようとしたことは間違いないのだが、それはもちろん、西洋哲学の否定や拒否に立つものでないのは当然のことである。

西田は、明らかに、ハイデガーのいう「西洋の形而上学」や、西洋近代の「主体と客体」「主観と客観」の二分構造、デカルトの合理主義やカントの超越論的主観主義などに対して批判的であり、まさにそこに西洋哲学の限界を見ていた。西洋哲学は、実在の真の根底にまで迫れない、というのである。そして、実在の根底にまで肉薄しようとすれば日本思想を基盤にするほかない、と考えていた。いや、真の実在は普遍的な真理である。最初、それは『善の研究』における「純粋経験」の概念として提起され、それこそがもっとも普遍的な実在だと彼には思われた。

だが考えてみれば、どうして西洋思想は「純粋経験」のような根本的実在には迫れないのか。もしそうだとすれば、日本思想の中に、あるいは日本的な精神の中に、「純粋経験」のような根本的な実在へ触れる契機が何かあるのではないか。こういうことにもなろう。かくて、西田の思索は、存在と認識の根源的実在を求めるという哲学的課題と、自らの内に巣くう日本的精神（特に禅や浄土真宗）の根源へ向かう欲求が重なり合っていったのである。

確かに、あくまで「有」の哲学であり「対象の論理」に立つ西洋思想では、真の実在の根底にまでは迫れない。認識主体と認識対象を分離して、対象を記述するという「対象の論理」では、「純粋経験」など出てこない。しかし、仏教思想を根底に持つ日本の「無」の思想や「場所の論理」によれば、実在のもっと根底に迫ることができる。それは西洋思想の否定ではない。「学問的方法」と題した講演で、彼は次のようなことを述べている。

われわれは深く西洋文化の根底に入ると同時に、東洋文化の根底に入って、その奥底に西洋文化とは違った方向を把握することで、人類文化の深い本質を明らかにできるのではないかと思う、と。

その結果、一見したところ、あるいは場合によれば、西田哲学は、西洋思想に対抗する日本思想の優位を説いたように見えるふしもある。特に、西洋列強との衝突の足音が少しずつ音量を高めつつある中で、西田は、ある程度、意図的に、日本思想の果たすべき世界史的役割を訴えるようになる。思索家としての西田は、この戦争を西洋と日本の間の思想戦、もしくは文化の対立ともみなし、その思想戦の戦場に自らの哲学を送り込もうとした。最後まで戦争に反対であった西田は、しかし、あくまで日本の文化に基づく自らの思想を訴えることによって、この忌まわしい、だが避けがたい戦争の背後にある真の問題を提示しようとした、といってよい。

2 「矛盾的自己同一」と「日本文化の世界化」

◆環境と主体、対立的な相互作用の中で

この思想戦を論じた代表的な論述が、1938年に京都大学で行われた「日本文化の問題」と題する講演であり、それをもとにして自説を展開した書物『日本文化の問題』である。これは1940年に岩波新書として出版されているが、おそらく西田がもっとも強く「日本」や「日本文化」を打ち出したの

が、この新書であった。といっても決して具体的な事象について解説した「日本文化論」でもなく、日本文化の優秀さを高唱しようとしたものでもない。例によって高度な抽象性を誇るかなり難解なものである。少し大胆に西田の主張を要約してみれば次のようになるだろう。

われわれは、常にある「歴史的世界」の中を生きている。その外へ出ることなどできないし、「歴史的世界」をその外部に立って眺めたり分析することなどできない。「われわれはここに生まれ、ここに働き、ここに死ぬのである」。では、その歴史的世界の構造はどのようなものなのだろうか。彼は次のように述べている。

> 歴史的現実の世界とは、全体的一と個別的多との矛盾的自己同一として、主体が環境を、環境が主体を形成し、作られたものから作るものへと、どこまでも自己矛盾的に動きゆく世界、即ち自己自身を形成してゆく世界である。

これだけですでに十分に難解な表現であろう。彼がいっているのは、歴史的世界とは、そこに様々な個物(個人や集団などの行為者)が登場し、この多様な行為者が相互に対立しあい、影響しあい、それが世界の全体性を形成している。それは、決して予定調和的な世界形成ではなく、個物が相互に相手を否定しあい、また、個物は世界(全体的一)と対立しつつ、しかし、そうすることで世界を形成している、というのである。

個々人を足し合わせれば世界になるなどというものではない。個々の行為者は、自己を貫こうとすれば世界を否定せざるをえない。だが、世界がなければ、行為する舞台もない。だからその意味では、自己を否定することによって個々人（個別的多）が世界を可能としているのである。

また、世界という「全体的一」からすれば、全体だけが維持されて個人が圧殺されてしまえばそもそも全体的一である世界も崩壊するだろう。だから、世界は、その全体的一を否定することで、個々人を、個性ある個物として処遇する。個であることと全体であることとが、それぞれ自らを否定することでひとつの世界になっているのである。ここでは、世界は一としてのまとまりを持ちつつ、個人は「個別的多」として、それぞれなりに自立する。これが、「矛盾的自己同一の世界」の基本構造であった。

この時、われわれ意志を持った個人（あるいは集団）は、主体として世界へ働きかけることで、社会制度や世界の枠組みや法制度や生産技術といった環境を変えることができる。だが、主体はまた環境から独立しているわけではなく、常に環境によって動かされ、また行動も変化する。こうして、主体が環境を作り、また同時に環境が主体を作るという対立的な相互作用の中で、歴史的世界は、決して立ち止まることなく、時々刻々と変化し続けている。その意味で、それは矛盾的自己同一においてたえず自己自身を形成してゆく世界なのである。

◆命がけの実存としての「行為」

ではここにこの歴史的世界を動かす意図やプログラムのようなものはあるのか。それは何もない。もちろん「歴史法則」などというものはない。「歴史の目的」もない。個々人にさえも確かな展望や理性的導きがあるわけではない。環境からの働きかけを受けて、主体的に環境に働きかけようという「行為」が続いてゆくだけである。そのさい行為を動かすものは「直観」である。「行為的直観」である。行為はあらかじめ目的があってなされるのではなく、行為の意味は、まさに行為によって環境（物）に働きかけるその都度の行為の中で見えてくるものなのだ。

ここで環境に働きかける行為はまた「制作（ポイエシス）」とも呼ばれるが、この「制作」はあらかじめある観念や了解や意図があってなされる行為なのではない。イデアを前提とするギリシャ流のポイエシスとも、合理的な世界観念を背負った近代的な制作（意思的な社会建設など）ともまったく違ったものである。

しかしここで「行為」をまた「制作（ポイエシス）」といった意味は決して無視できるものではなく、行為は、常に、環境（世界）に働きかける創造的活動だと西田はいいたいのである。人は、世界の中にあって「作られたものから作るものへ」と自己を形成してゆくのだ。同時に歴史的世界は創造的な世界となる。後のたとえばハンナ・アレントなどの議論を知っているわれわれからすると、西田が、たとえばマルクスに従って「労働」とはいわずに、あえて「制作（ポイエシス）」といった時には、生活必需物資を生み出す奴隷的な労働と、世界にとって意味のあるものを作り出す「制作（ポイエシス）」というギリシャ的な区別があったと推察できるかもしれない。

ここで重要なことは次のことだ。環境（物）と主体の相互作用などといっているが、それは、自然や社会や生産技術にわれわれがあい対し、それを変革して新たなものを生み出すといった、今日われわれが慣れ親しんでいる「変革」や「改革」や「イノベーション」などというものではない。環境（物の世界）は、われわれの外にあって、われわれの主体を拒絶するものなのである。たとえばハイデガーが述べたように、現代技術の体系（環境世界＝物の世界）が、まさに「総かり立て体制（ゲシュテル）」として、われわれをすべてそこに閉じ込め、われわれを自動的システムの部品にしてしまう。

そのことが主体に対して脅威となり、また、主体が主体としてその脅威に立ち向かうためには、そこには、主体と環境（物）の間の切迫した相互対立の意識がなければならない。あるいはまた、巨大災害などのように、時として自然環境はまさに巨大な「物」としてわれわれに立ち迫る大いなる脅威となる。それに立ち向かい何事かを作り出す（制作する）その時、環境に立ち向かうわれわれの主体的行動は命がけのものとなっている。

それは、ただわれわれの外部に環境（物）を置いて、それを分析し、そこに合理的に作用するなどというものではない。われわれ自身が自己を無にして、その環境（物）の中に飛び込み（ハイデガー的にいえば「企投」し）、それに働きかけることでその意味を直観的に了解する。それが「行為的直観」であり「制作」であった。「行為」とは常に命がけの実存なのである。

あらかじめ目的が設定されており、手段の選択を行うなどということが「行為」なのではない。合理的な意識などどこにもない。目的も着地点もわからないのである。にもかかわらず、環境からの働きかけを受け、環境に働きかけなければならない。ただ行為だけがある。計算する主体などどこにもない。その効果を算定し、合理的に計量するなどといったものの対極にある。そのつどそのつどの課題を自ら設定し、あたかもその課題に挑戦するかのように生を前に進めるほかない。だから、行為は命がけの実存となる。そしてその時、「物」はただ対象的に外部にあるのではなく、まさに行為的な働きかけの中で、その姿を現してくるのである。

◆「歴史的生命」として働くということ

西田は、しばしば、「物となって考え、物となって行う」といい、それを日本的な思索の核心的な特質としているが、主体と環境（物）との関係はまさにそうでなければならない。それは、こちら側に純粋で抽象的な「我」という「主体」を立て、他方に対象化した「客体」としての世界（環境＝物）を立てる西洋的な合理主義とはまったく違っている。「純粋経験」でも唱えられたように、真実なあり方は、主体が環境（物）の中に入り込み、行為的直観的に「物となって考え、物となって行う」ことであった。それは、動物のごとく本能的に環境の内にまた環境に随順して行動することではなく、また環境に埋没するのでもないことはいうまでもない。それどころか、主体たろうとする自我をあえて消し去るという「無」において、はじめて真に主体として環境に対して働きかけることが出来よう。いってみれば私利私欲も自我も捨て去る誠の行為といってもよかろう。ここには陽明学からの影響を見ることもできるかもしれないが、いずれにせよ、己を空しうする行為は「生きるか死ぬか」という働きかけなのである。

歴史的世界を動かしているものはこのような働きかけであった。それを西田は「歴史的生命」という。

だが、世界の本質は、思惟の媒介ではなく、具体的な生命の媒介である。世界は抽象的な思惟の媒介であった。西洋思想は、概して、対象的な論理において世界を思惟してきた。世界や歴史を動かすものは、「理性（思惟）」ではなく「生命」なのである。今日、われわれは、世界を眺めて分析するのではなく、行為的直観によってそこに身を投じることによって「歴史的生命」として働かねばならない、というのである。

だから、歴史とは「生命」が環境を作り出しつつ、生命が環境と接触して自己を否定して環境と結び合い、さらに次の段階へと進んでゆくものだ、と彼はいう。歴史的世界は、ただ全体的なまとまり（全体的一）の世界でもなく、目的を持った世界でもなく、歴史的生命の自己形成の世界であり、その意味で創造的な世界なのである。個々人は、この創造的世界のそれぞれの創造的な要素となっている。ではこの「歴史的世界の自己形成作用」を日本文化はどう捉えればよいのだろうか。

3 「西洋の論理」と「日本の論理」

◆主体即世界、主体の中に世界がある

西田は西洋文化と東洋文化を次のように対比させている。ただこの場合の「東洋」はここでは「日本」と理解しておいた方がよいだろう。「西洋の論理は物を対象とした論理であり、東洋の論理は心を対象としたものである」。また、「西洋文化が有を実在の根拠と考えるのに対し、東洋文化は無を実在の根拠と考える」ともいう（「形而上学的立場からみた東西古代の文化形態」）。また「西洋文化は空間的で理知的で形あるものの文化であり、東洋文化は時間的で情意的で無形の文化である」という。

さらに彼は、日本文化について次のようにも述べているが、これは西田哲学の精神の核心にあたる言葉といってよい。

私は、日本文化の特色というのは……何処までも自分自身を否定しながら物となる、物となって見、物となって行うと云うにあるのではないか、と思う。己を空しうして物を見る、自分が物の中に没

する、無心とか自然法爾《じねんほうに》とか云うことが、我々日本人の強い憧憬の境地であると思う。……日本的精神の真髄は、物に於いて、事に於いて一になるということでなければならない。

己を空しくして物の中に没する。これが日本文化であった。これに対して、西洋文化は、理知的で論理的、空間的である、という。それは、西洋思想の中心が、自然にせよ世界にせよ、あるいは歴史にせよ、すべてを、あたかも物的な世界とみなしてしまうからであろう。そこに近代の合理的な科学も成立した。「西洋の論理はどこまでも物の論理を脱しえないと思われる」と西田は述べるのだが、この論理では、歴史的世界の「矛盾的自己同一性」は捉えられないというのである。

歴史的世界とは、環境と個物の相互的な否定の統一であった。環境は環境としてあり、個物は個物としてあるのではない。環境という「一」があり、また他方に多数の個物という「多」があるのではない。現実の歴史的世界とは、その両者が自己否定的に他方へと関わり、他方を支え、そのことによって同一の世界を構成するのである。そうでなければ、ただ個は全体(環境)と対立するだけであり、バラバラな個が集まって全体になっているだけである。そこには、個と全体が対立しつつも「一」となる世界は出現しない。真の世界にあっては、環境と個物は矛盾的に自己同一なのであり、「一」はまた「多」であり、「多」はまた「一」なのである。

「一即多」「多即一」は明らかに仏教思想を想起させるし、現に西田自身もそう述べている。『華厳経』は「一即一切」「一切即一」と教える。また道元は「即心是仏」という。そこで、歴史的世界に登場するわれわれ一人一人の人間にはすでに世界(全体的一)がそのうちに働いており、そこに世界が映し出されている。ライプニッツの「モナド」のように、個は全体を宿しているのだ。個人は、心の底に世界を見、常に全体を考慮できる。いいかえれば、個の心の中には全体が映し出されている。個人はバラバラに、しかも世界から切断された個人なのではなく、個人の「心」には世界がある。

この「世界」を「物」といいかえても同じことであろう。だから、人は自分自身を否定し、己を空しうして「物となって見、物となって行う」ことができるのだ。それをまた彼は、本居宣長の言葉を借りて「物の真実に行く」ともいうのである。だから、西洋文化は「物の文化」であり、日本文化は「心の文化」だというのが西田の見立てであった。もちろん、西洋文化は「物の文化」だという時の「物」は主体によって対象化され、客体化された「物」である。

しかし、あらゆるものを「物」つまり客観的な事物とみなす西洋文化は、環境と主体を切りはなす。「多」と「一」を別だと考えた。あるいは、せいぜい、世界（一）は、多数の個（多）の集合だと見る。そして、環境を、つまりは世界を、あたかも「物」を対象的に眺めるかのように、記述し分析しようとする。「存在するもの」だけが問題なのであった。だから、西洋の思考はどうしても空間的になる。世界や環境を空間的に扱う。それがまた、ハイデガーが「惑星的帝国主義」と呼んだように、西洋文化が地球全体へと巨大な空間的膨張を見せた根本的な理由でもあった。

だがその時に、世界を扱う主体は、常に世界の外、環境の外に置かれている。主体が世界の外に置かれることで、世界は客体となるのだ。だから、西洋思想は決して主体を否定することはできない。なぜなら主体は考察の対象とはならないからである。だからこそ、主体は世界を見ることができ、世界は記述され分析され変革されるのである。

これに対して、日本文化は、現実世界を、環境と個物の矛盾的自己同一の運動であり、生命的なもののたえざる生成と見るので、それは時間的といってよい。「形あるもの」よりも、その背後にある「形なきもの」を真の実在だと見ようとする日本的思惟が、うつりゆくもの、生々流転するもの、常ならざるものといった時の流れに心を向けるのは当然のことであろう。ここでは、主体は世界の外へ出ることはできない。いや、いいようによっては、世界は主体と一体であり、主体の中に世界があるともいえる。主体即世界といってよい。

◆物となって考え、物となって行う

ここには優れて仏教的な世界観があった。そして仏教は常に、自我とその心のあり方に関心をそそぐ。だから、仏教的な日本文化は「我」をすべての煩悩の中心においた。「我」の内なる「心」を問題にしたのである。西洋の「物の論理」に対して日本は「心の論理」なのである。そして仏教は、その自己を徹底して否定し、脱主体化し、そのことによって、いわば主体に歪められないありのままの「有」を了解しようとした。それが「物に行く」の意味である。こうして、「主体の底に主体を否定して、そこに客観的世界を見出した」のが日本文化の向かった方向であった。

西洋文化では決して主体を否定することはできない。主体がなければ世界も認識されない。主体は形而上学的な前提なのである。その位置から世界を見るのである。「私(われ)」は厳然として「ある」のだ。だから、この世界は、対象的に捉えられた世界であって、まさにカントが述べたように、超越論的な主観によって把握された世界であった。主体(主観)が対象的に世界を把握する。それは、近代科学の

ように、一見、客観的認識であるかのように見えるが、この対象化された世界は決して客観的な実在ではない。それはあくまで「主体」(主観)にとって把握された客観性であり、「対象的な論理」や「物の論理」においては客体ではあっても、真の意味で客観的な世界でもなければ、世界そのものでもない。カントは、「世界そのもの」や「ものそのもの」は認識しえないといったのである。

これに対して、矛盾的自己同一と表現される「場所の論理」を持ち「心の論理」でもある日本的思惟からすれば、この主体は世界の中にあって世界に働きかける。この主体が自己を自己として保持し、同時に、世界が世界として生成する。ただそのためには、まずは自己否定がなければならない。主体というものを消し去ってしまわなければ、真に世界を世界として、物を物として知ることはできない。自我にこだわっていては、世界などというものは見えてこない。自己を否定してはじめて、世界は、われわれと対立する対象世界ではなく、われわれを包むものとして現れてくるのだ。そのことを西田は次のように述べている。

真に客観的なる世界は、どこまでもわれわれの自己を否定すると共に、われわれの自己をなり立たしめる世界、すなわちわれわれの自己を包む世界でなければならない。

こうして主体は世界の中にあって、本当の世界に触れ、世界に包まれつつ、世界に働きかける。その時、主体も真に主体となる。ただそれは、主体を否定することによってであった。自己を否定することで真に自己になるのである。「自己は自己を否定することで自己である」といってもよいだろう。まさしく矛盾的自己同一性であった。われわれは、自我を主張し、主体を押し出すことによって創造するのではなく、あくまで自我を無にし、物となって考え、物となって行うところに創造性が生まれるのである。だから、「東洋文化の特質は、ただ単に主体の底から主体を超えるというにあった」と西田はいう。

◆作られたものから作るものへ

戦争が迫りくる中、西田は、海軍に呼ばれたり、文部省（現文部科学省）の「教学刷新評議会」の委員になったり（実際にはさして参加はしていないが）、昭和研究会で講演をしたり、国体に関する執筆を依頼されたりしていた。戦争には基本的に反対であった西田は、それでも思想や文明論の立場から、この戦争の背景にある文明的な意味を明らかにしようとしたが、彼の「日本文化論」がとうてい軍部や官僚に理解されたとは思えない。もちろん、彼は偏狭なナショナリストどころではなかった。

しかし、この生きた世界を動かすものが「歴史的生命」とでもいうべきものだとすれば、日本には日本の歴史的生命があるはずであろう。その歴史的生命が働くところに「文化」が生まれる。西洋の論理は、一見普遍的に見えるが、実際には、西洋の論理の背後にはそれを生み出した西洋の精神がある、と彼はいう。西洋が生み出した科学はあくまで西洋の精神の産物だという。西洋文化や西洋思想を理解しようとすれば、ただ西洋の学問を受け入れるのではなく、西洋の精神まで知らなければならない。

たとえば、西洋の法の考え方と日本の法の考え方は違っている。したがって、それぞれの歴史の背景に帰って、西洋の法を、また日本の法を理解しなければならない。だから、日本独特の法概念を持つには、西洋の法思想を移植するのではなく、日本の歴史に即して法思想を新たに作らなければならない、という。同じことは経済学についてもいえるだろう。「日本の経済学はやはり日本的哲学を背景にせねばならないと思う」と彼はいう。

また「学問的方法」(1937年の講演)においては次のように述べている。今日、西洋文化や西洋的知識を吸収し、それを日本的精神によって独特の文化に仕立てなければならない、とは誰もが口にすることだ。いわゆる「和魂洋才」(西田は「和魂漢才」という)である。だがそれは違っている。知識というものは道具のように便利に使えるものではない。知識にせよ、学問にせよ、それ自体が精神を持ったものであり、学問とは、われわれの精神がその中に生きるものなのである。この精神が働いてはじめて真の日本の学問ができるのである。この精神を先ほどの「歴史的生命」といいかえてもよかろう。日本には日本の歴史的生命が働いてはじめて創造的な文化が可能となる、というのだ。

しごく当然のことであろう。ここで、彼はことさら日本的な特殊性を唱えようというわけでもないし、もちろん日本主義を高唱しようなどという意図はまったくない。このグローバルな世界化の時代にあって、日本的特殊性や独自性の尊重だけをいうのは間違いだ。「作られたものから作るものへ」である。世界の中で、日本は文化的な創造の役割を果たさなければならない。それは「日本文化の世界化」なのである。それを可能とするのは、あくまで日本の「歴史的生命」にほかならないのであった。

3.「絶対無の場所」の論理

1 「私」を映し出す「私という無の場所」

◆「私」は存在しない、「無我」という純粋体験

西田哲学といえば、すぐに「場所の論理」や「絶対無の場所」あるいは「無の思想」といった観念が想起される。後期になるに従って、西田はあまり「無の場所」を強調しなくなり、むしろ、先に述べた歴史的世界という現実の中に働きかける「行為的直観」や「生命」を強調し、さらには、歴史的世界の構造を示すものとしての「絶対矛盾的自己同一」などという概念を多用するようになる。とはいっても、その背後に、あくまで「無の思想」が横たわっていたことは疑いえない。

１９１１年に発表された『善の研究』におけるキーワードは「純粋経験」であるが、西田は、その後、この概念を批判的に発展させ、「自覚」や「意識」、さらには「場所」の概念へと変遷を重ね、ついに「絶対無」の概念に至る。左右田的にいえば、日本初の哲学である「西田哲学」の登場である。主客の分離や、ものの存在や意味を判断命題の形で理解する西洋思想の背後に真の実在を求めようという「純粋経験」の考えは、「絶対無の場所」という究極の実在へと行き着くと同時に、存在するものを主語・述語の判断命題の形で捉える西洋思想とはまったく異なったロジックを見出したことになる。

これもまた相当に難解な概念であるが、ここでもまた、私なりに「その概略」をできるだけ平易に論じておこう。

西洋近代の合理主義は、しばしばデカルトが『方法序説』(1637年)に書き付けた次の一言によって始まるとされる。「われ思う、ゆえにわれあり(コギト・エルゴ・スム)」である。すべてを懐疑の眼差しのもとに置き、この世に何ひとつ確実なものはないというニヒリスティックな絶望に陥っていたデカルトに、1619年のある日、突然ある考えがひらめいた。ウルム近郊の村の家屋の一室で暖炉の火を眺めていた彼に、突然、「あらゆるものは疑わしいとしても、そのように考えている自分があることだけは疑いえない」という確信が舞い降りてきた。ここに、合理的な思考が描き出すものだけを信じるという近代哲学が始まったわけである。

西田の「純粋経験」の概念は、このデカルトの確信に異を唱えるものであった。デカルトは大事なことを見落としている。いや彼は正確に述べていない。なぜなら、「われ思う」という判断はすでに後づけのものであって、真に確かなことは、暖炉の火を見つつある直観に襲われたその経験だけだ、というのである。この瞬間にすべてがあるのだ。これはまさにただ経験するほかないもので、そこには、まだ「われ」も「思う」もない。まして「われあり」などという「判断」はない。これらの判断命題は、すべて経験の後に、その経験を回顧する形で行われている。この経験をもとにして、主体(われ)と行為(思う)が分離し、「われはある」という主語と述語が成立している。だから「われ思う、ゆえにわれあり」は、もっとも基底にある認識では決してなく、それ以前にもっと根源的な経験がある。「われあり」の「われ」は、その根本的経験の後に、その経験から分化して出てきたものにほかならない。

ところがデカルトは、火を見てある直観に襲われる「われ」と「われ思う」の「われ」と「われあり」の「われ」をすべて同一の「われ」とみなしている。そうすることで、いっさいの経験に先立って主体としての「われ（私）」を成立させてしまうのだ。そしてこの「私」のまぎれもない自己同一性こそが西洋近代思想の基本前提となったのである。ここに「主体」と「客体」という近代思想が成立し、合理主義や科学が成立した。

しかし、真に確実なものは、この「私」が確立する以前の経験そのものだ、と西田はいう。「純粋経験」である。大事なことはこのレベルにおいては、「私」などというものはどこにもない、ということである。「私が火を見ている」という意識もない。無我夢中なのである。この夢中の中にある「無我」こそが純粋経験の本質なのであって、純粋経験にあっては、「私」は存在しない。私は「無」である。後に振り返って「私」という主体が生み出されるのである。この「純粋経験」からはじめて、主体・客体や思惟や意思や善の観念など、さらには宗教意識まで含めてすべてを説明しようとしたのである。これが『善の研究』における西田の立場であった。

◆「無」である「私」として存在

ところで、デカルトの命題について次のようにいうこともできよう。「われ思う、ゆえにわれあり」とデカルトはいった。「私はある」とデカルトはいう。私という主体を立てている。だがそのように述べた時、この判断を下しているもう一段高次元の「私」がいるのではないか。「われ思う、ゆえにわれあり」というのはひとつの判断であって、この判断を下している何かがその奥にあるはずだ。だから、この命題は、正確には、『『私は思う、ゆえに私はある』と私は考えている」といわねばならない。ところがこの最後の「考えている私」はこの判断には出てこない。この後の方の「私」が実はその背後にあるのだが、それは隠されていて見えない。しかしこの見えない「私」の存在によってはじめてこの判断は成り立っている。

そこで、この言及されずに隠されている「私」を「意識」と呼んでもよいだろう。それは明確な意識ではない。それは、ただ「われ思う、ゆえにわれあり」という判断をくだす意識なのである。この高次の「私」＝意識とは、実は、「私」と名づけられるような実体ではなく、「私は思う、だから私はある」という時の「私」を映し出している意識野とでもいうべきものであろう。ある判断をそこに映し出しているのであり、「われ」である「私」をそこに映し出しているのである。

したがって、ここで「私」は、「私は思う、ゆえに私がある」の「私」と、この意識としての「私」に分かれている。われわれが通常、認識や行動の主体として理解する「私」、あるいは命題に書かれた主語としての「私」は、実は言及されず、隠された「私＝意識野」に映されているのだ。主語としての「私」は、意識野の「私」に映されているに過ぎない。見えない「私」が、主語となる「私」を映し出すことで「私」が成立している。だからこの意識野は「私」を映す場所といってもよかろう。意識野とは、主体としての「私」を対象として映し出す場所なのである。

ところが、このようにいった途端に話は少しややこしくなる。なぜなら、最初の（通常の主体としての）「私」が、後者の「意識野」としての「私」に映し出されるといっても、その「意識野」という「私」があたかも何らかの存在であるかのようにみなすことはできないからである。もしそうみなすなら、「『私は思う、ゆえに私はある』と判断している私」を映し出すもう一次元高度な「意識野」としての「私」が出てきてしまうからだ。

ということは、この「意識野」としての「私」はあくまで「無」でなければならない。それ自体が実体を持ったものではない。もはや「意識するもの」でさえない。それは、自身は姿を持たず（「無」でありつつ）、「私」を映し出すだけのものである。それは、自身は何ものでもなく、ただ「私」を映し出す「鏡」のようなものといった方がよいだろう。主語としての（主体としての）「私」は、決して究極の実体ではなく、この「鏡」に映し出されてはじめて存立することになる。そこで、それ自身は姿形を持たない鏡を「無の場所」ということができよう。

とすれば、「私は思う」や「私はある」の「私」という主語（主体）は、あくまで「無の場所」に映し出されてある。「私」とは、ただ「無の場所」に映し出された存在である。それを西田は、「無の場所に於いてある」と表現する。「私」は自明な存在としてあるのではなく、「無の場所に於いてある」ことになる。

先ほどの「私は思う、ゆえに私はある」という判断のもう一段階背後に、そのように判断をしている「私」があるのだが、その「私」は実体ではなく「無」といわざるをえないのだ。「私は思う、ゆえに私はある」という判断は、「無の場所」である私（意識野）に於いて判断されている。主体としての「私」は「無」である「私」に於いて存在する。「私」を映す根底的な「私」とは「無の場所」にほかならないのだ。それが、「私は無の場所に於いてある」ということの意味であった。

2 「有」の背後には「無」がある

◆「絶対無の場所」で存在する

少し話が込み入ってきた。そこで別のことを考えてみよう。

通常、ある事柄は主語と述語の形で書き表すことができる。たとえば「私は哲学者である」という文章があるとしよう。「私」という主語の特性が「哲学者」という述語で示されており、「私」という存在の意味が説明されている。この単純な言明において、アリストテレスは、主語(私)が実体としての個物であり、述語はその属性と見た。それが通常の判断であり命題の理解であろう。

だがここで少し見方を変えてみる。たとえば「私」はただ哲学者であるだけではない。「私は日本人である」「私は勤勉である」「私は食通である」「私は犬が苦手である」から「私はにんじんが嫌いである」等々。私の属性は無限に続く。とすれば、「私」として名指しされたそのもとになっているある実体(それを〈私〉と記しておこう)は、ただそれぞれの文章の主語となっているだけのものではない。これらの「私は……である」をすべて包括し、それをすべて成り立たせている、ある具体的で現実に存在する「実体」が〈私〉なのである。それこそが本当の「個物」であって、アリストテレスが述べた「主語」＝「実体」は、本当の「個物」ではない。言葉で表現された「主語」のその先に、言語化されない本当の「実体」(個物)としての〈私〉が存在するのである。

とすると、この主語─述語関係を次のようにいい直すことができるだろう。「私は哲学者である」とは、「私に於いて哲学者がある」と。同様に、「私に於いて勤勉な者がある」「私に於いて食通がある」「私に於いて日本人がある」等々。こうして、実体としての〈私〉は、何ものかが成立する「於いてある場所」ということになる。しかも、そこに「於いてあるもの」は無限なので、「於いてある場所」はその無限のものをすべて包括し、それをすべて受けとめる場所でなければならない。つまりそれ自体は実体を持たない「無の場所」となるのである。すべてを受けとめる場所は、それ自体が実体であってはならず、「無」でなければならないからだ。〈私〉という実体は、実は実体どころか「無の場所」にほかならないのだ。それは、すべての属性を受け止める場所、あるいは、あらゆる「私は……である」を映し出す場所なのである。

さらに、「私は哲学者である」という言明はまた次のように理解することもできよう。「私」という個別具体的な概念に対して「哲学者」はもっと抽象化された一般的な概念である。だから哲学者というかなり一般的な集合の中に「私」が含まれている。従ってこれは次のようにいうこともできる。「哲学者に於いて私がある」と。哲学者というより一般的な概念に於いて、それを限定して「私」が出てきている。ここでは、主語－述語関係は、実体とその属性ではなく、述語は主語を包摂するものとなっている。主語－述語関係とは包摂関係なのである。すると、さらに「哲学者」はより一般的な「学者」に包摂され、「学者」は「知識人」に包摂され「知識人」は「人間」に包摂される。こうしたことがあらゆる属性について成立する。とすれば、最終的に残る述語は何であろうか。すべてのものを包摂する「存在一般」ということになろう。すべては、「存在一般に於いてある」ということになろう。「存在一般」を、何かより具体的なものへと限定していって最後に主語へ行き着くのである。

ところが、この場合、「存在一般」はそれ自体、何らかの実体ではありえない。それが実体であれば、それが「於いてある」もうひとつ根源的で一般的なものがなければならないからである。したがって、「存在一般」とは、実は、すべてを受けとめる「無の場所」ということになろう。かくて主語－述語関係において、包摂関係によって述語の方向に一般化してゆけば最後は述語を突き抜けてしまってその背後に「無の場所」を想定することになる。ここでもまた「無の場所」が出現する。

そこで、最初に述べた主体の属性として主語―述語関係を考える通常のアリストテレス的論理に戻ってみよう。この主語―述語関係を徹底すれば、主語を超え出たところ（それを西田は「超越的主語面」という）に〈私〉が出てくる。この〈私〉は、すべての存在を包括し、それを受け止める「無の場所」であった。一方、主語―述語関係を一般的なものによる特殊なものの包摂関係と見れば、通常の述語を超え出たところ（それを西田は「超越的述語面」という）に「存在一般」が出てくる。しかし、それは実際には「無の場所」である。そして、超越的主語面にある〈私〉が超越的述語面である「存在一般」を写し出すとすれば、それは「無」そのものというほかない。それは、あらゆる判断が成立する「無の場所」というほかない。あらゆる「私は……である」、いいかえれば、あらゆる主語―述語関係は、すべてこの「無の場所に於いて」ある。それが「絶対無の場所」なのである。したがって、すべての存在者は（通常、それは主語―述語関係の判断命題として書ける）「絶対無の場所に於いてある」ということになろう。

◆現実は偶発性が見せる仮象

西田はこの「絶対無の場所」のありかを可能な限り論理的に示そうとした。それは通常の主語―述語関係という「対象的論理」に対して「場所的論理」であった。「……に於いてある」という論理なのである。様々な言い方によって彼はそのことをいい表そうとしており、かなり難解ではあるものの、西田の発想は決して理解不能ではない。

ところで「対象的論理」を少し書き換えれば、それは、「何ものかは何ものかとしてある」ということになる。「AはBとしてある」、「私は哲学者としてある」。これはわかりやすい存在の論理であろう。ここでは、「私」は「私」としてあり、「哲学者」は「哲学者」としてある。それぞれ実体である。それが、等号で結びつけられている。だから「私は哲学者」なのである。

ところが、われわれは次のようにも考えたくなるのではなかろうか。「私は哲学者としてある」という言明は、もう少し複雑なものを孕んでいる。ただ全面的に「私」=「哲学者」なのではない。たとえばこういった方がよいであろう。「私は、いま大学に於いては哲学者としてある」と。この言い方には、私が哲学者であるのは、ある場面においてそのようにふるまっているだけであって、私のすべてが哲学者でもなければ、真実の私が哲学者というわけでもない、という意識が付随している。

したがってこうなる。「私は哲学者である」のは、「私が大学人に於いてである」と。これは「AはCに於いてBとしてある」ということになり、それを分割していえば、「AはBである」のは「Cに於いてである」。「A=B」という判断は、実は「Cに於いて」成立している。そして、さらに「Cに於いてある」という命題は「CはDに於いてある」を前提にする。とすればどうなるか。最終的には、「A=B」の命題が成り立つのは、もはや実体を持たない場所に於いて、つまり「絶対無の場所に於いてある」ということになろう。「私は哲学者である」という命題は、その背後に「絶対無の場所」を前提としているのである。

そしてこのことは次のことをも意味しているだろう。「私は哲学者である」のは、たまたま大学という場所における仮の姿であり、そこに私の自己同一性があるわけではない。私はまた、趣味人でもあり、家庭人でもあり、一市民でもあり、しかもそのいずれでもなく、また他のありうる可能性をも包括した「無の場所」にほかならない。だから、哲学者としての私は、あくまでひとつの仮象であり現象に過ぎない。家庭人としての私も趣味人としての私もすべて仮象であって真の私ではない。真の私はあくまで「無の場所」であって、現実の私はその時々に「無の場所」に映し出された現象に過ぎない。

では「無の場所」としての「私」とは何か。もちろんそれは何もない「無」である。だが同時に、それは、ただ「無」というよりも、すべての可能性を内蔵した白紙のキャンバスのようなものであり、何でも写し出せる透明な鏡のようなものでもある。それは他の何者にでもなりえた可能性を持っているであろう。われわれが実在だと思っているものはすべて絶対無の場所に映し出された現象であって、実体などというものはどこにもないのだ。それでも、「私」とは何かをあえていえば、あらゆるものになりうる可能性そのものということになろう。現実の姿は、たまたま何らかの姿を取った現象に過ぎない。哲学者とはたまたま現れた私の姿に過ぎない。現実とは偶発性が見せる仮象に過ぎない。だがそういえるのは、あくまで「私」が「無」だからなのである。

繰り返せば、「私は哲学者である」というのは、きわめて限定された言い方であって、真実は、「私は、無の場所に於いて、たまたま哲学者としてある」ということになる。いいかえれば、「私は、あらゆる可能性の中で、たまたま哲学者としてある」ということにもなろう。あることが「有る」という事実には、常にその背後に、それは「無い」という本質をも張り合わせている。ある時には、私はたまたま哲学者であるが、次の瞬間にはそうではないのである。「存在」は常に「非・存在」と重なりあっており、「有」と「無」は一体なのである。「有」の具体的な姿形は常に、それが置かれたある場所に於いて見られるだけで、そこに何か確かな実体性も必然性もない。この「有」を支えているものは「無」である。いいかえれば「無底の底」である。

◆穢土こそ浄土、ともにある「無」と「有」

たとえば次のようなことを考えてみよう。ある紙の上にボールが置かれているとしよう。この紙を（A）としておく。また別の紙（B）があるとしよう。このボールが（A）から（B）へ移動したとしよう。われわれは普通、これを見てボールが（A）から（B）に移動したという。だが実はそのような理解が可能なのは、われわれが、紙（A）からも（B）からも離れて、その外部からそれを見ているからである。そして、ボールはボールであって、移動しようとも同一物である。

だがもしも、われわれが紙（A）か（B）の上にいるとしよう。すると紙（A）の上にいる者にとっては、ボールはただ消滅しただけであり、（B）にとっては新たに出現した（誕生した）ということになろう。しかももしもこの紙が透明であったとすればどうか。紙（A）にいる者にとっては、そこにあったボールは「無」へと消えてゆく。（B）にいる者にとっては、「無」からボールが出現する。いずれにせよ、ここにはボールの自己同一性はない。ボールは（A）という場所と（B）という場所に「於いて」それぞれのあり方をしているのである。

しかも重要なことに、そのいずれにせよ、それが「有ること」はいわば偶然であって、常にそこには「無」が張り付いている。「有」の背後には「無」がある。かくて、もしもわれわれがこの紙という世界を超越した視点を持たなければ、「有」は常に「無」を背面に持っているということになろう。「あるもの（あること）」を、「あるもの（あること）」として見ると同時に、そこに「ないもの（ないこと）」をも見るであろう。「有」と「無」は一体である。どちらが出るかは時のなせる偶然、というような理解が出てくるであろう。

こういう感覚はわれわれにはなじみやすい。あるものが「無」から出てたまたまこの世の生を謳歌し、やがてまた「無」へ消え去る。命あるものは陽炎のようにはかなく、世にあるすべては移り行き、一時も常住の姿をとどめない、無常迅速、諸行無常。こういう感覚はわれわれには言語的説明を待たずして了解できるものであろう。「有ること」よりも「無いこと」の方がより本質だというのである。

西田哲学がいかにも日本の精神性に立脚した哲学であるというのは、このようなことを想起すればわかりやすいことだろう。西洋思想は、物事を、それが置かれた場所を無視した超越的な観点から見ようとする。神の視点から見ようとする。そして、ボールはボールであってどこに置かれようとも同一のボールなのであって、そこに「実体」や「個物」という概念も成立する。しかし、西田は、それでは実在の本質に迫れないと考えた。

われわれは、決して「神」の目でもボールを見ることは出来ず、「紙」の上でボールを見ている。いわばボールに働きかける行為者なのである。この行為者からすれば、ボールという物のあり様は、目に見えたそこにあるボールと、その姿が自分の前から消え去る「無の世界」との二重性において見られるであろう。「存在するもの」と「存在しないもの」、「有」と「無」の二重性において実在を見なければならない。「見える場所」と「見えない場所」の二重性といってもよいだろう。ボールは「無」から出てきてまた「無」へ戻ってゆく。

だから、西田は、日本文化は「形なきものの中に形を見る」といったのであった。それはまた「形あるものの中に形なきものを見る」といってもよい。それが「絶対無の場所」に於いてある、ということであった。ただし、この場合の「絶対無の場所」は、どこかに具体的な物を離れてあるのではない。われわれが生きているこの世界を離れてどこかにあるのではない。この世界を離れた超越的世界にあるのではない。まさに両者張り合わされて一体なのである。

ここにもまた日本文化のひとつの性格が現れている。「形なきもの」はあくまで「形あるもの」の中において見るのであり、実は「形あるもの」があるからこそ「形なきもの」が見えるのだ。絶対無の場所は具体的な個物とともにあり、この世界自体とともにある。それを離れて「絶対無の場所」がどこかにあるのではない。仏教でいえば、覚《さと》りはこの現実世界を離れてあるのではない。この穢土《えど》こそが同時に浄土なのである。この現実世界は、一面から見れば「有の世界(穢土)」であり、他面から見れば「無の世界(浄土)」である。世界が無であることを知ることが覚りだとすれば、穢土というこの現実世界が同時に浄土になっているのだ。ここでは「無」が「有」を支えており、また「有」があることで「無」も看取できる。『般若心経』の「色不異空、空不異色、色即是空、空即是色」もまさにそう述べていたのではなかったろうか。

4. 「逆対応」と宗教の構造

1 「永遠の死」と「絶対的無」の救い

◆「神」によって自己の死を超える

西田は若い頃から禅に親しみ、宗教に対しては強い関心を持っていた。『善の研究』においても独特の宗教論を展開していたが、1945年の春に脱稿された最後の論文「場所的論理と宗教的世界観」において正面から宗教が扱われることとなった。戦争が最終的局面を迎えつつある時期であり、西田の死（1945年6月7日）の少し前のことである。この論文は西田哲学の集大成という趣を持ち、彼自身もかなり自信を持っていたようである。ここでもまた、われわれは、西田哲学の「日本的」性格を見出すことができるだろう。

宗教とは何か。それは、人間が自分自身の存在を問う中で立ち現れる問いに関わっている。それは、道徳とは違って、自身の存在意味を問う己の実存に関わる人間の根本問題なのである。それを彼は「我々が、我々の自己の根底に、深き自己矛盾を意識した時に問題となる」という。

では、人間存在の深い自己矛盾とは何か。それは、死である。「死の自覚」なのである。「自己の永遠の死」を知ることである。だが、人は漠然と死の意識を持つわけではない。死を自覚するのは、われわれが永遠の絶対者に触れる時である。死すべき人間は、まずは自己の死を絶対的な否定として自覚するだろう。その時、われわれは死を避けることができない宿命として受け止めるほかないだろう。だが、同時にその時、死を自覚することでわれわれは逆に真実の意味で生をも自覚するのではなかろうか。自己の死の自覚だけが、まさにかけがえのない個としての自己の生の自覚を与えるのではなかろうか。

だから彼はこういう。「自己が自己の永遠の死を知る時、自己の永遠の無を知る時、自己が真に自覚する」そして「自己の永遠の死を知るものは、永遠の死を超えたものでなければならない」。なぜなら、自己の死を知るということは、すでに「死」を超えた見地からいえることだからだ。自己の死をすでに客観的に見ているからである。だから、人間が自らの死を自覚するということは、その限りで人間は死を超えている。しかし同時にまぎれもなく人間は死ぬ。ここに人間の存在の大きな矛盾がある、という。

これを別の表現でいえば、「人間は死すことによって生きる」といい表すこともできよう。死は、まぎれもなく個人に対する絶対的な否定である。だがその否定によって、人間は自分の生を深く自覚する。そこに真の人格が生まれる、そこで人は真に生きようとする、と彼はいっているのだ。

われわれは、ここでどうしてもまたハイデガーを思い起すことになろう。ハイデガーもまた、個人が、真の「個」の自覚、つまりその「本来性」に達するのは、自らの死の自覚においてである、と述べていた。将に来たらんとする自己の死を先駆的に引き受けることで、人はある覚悟を持ってこの現実の生へ実存する。「死すべきもの」という人間の条件は、ハイデガーにとっては、頽落《たいらく》した現実の中にある現存在としての人間が、自己の存在の意味に覚醒し、それをもってこの世界へと自らを企投する契機であった。

だが西田は、ハイデガーとは異なり、人間による「永遠の死」の自覚を、一種の宗教的覚醒の契機と捉える。自己の永遠の死という絶対的な否定に直面する時、われわれは、絶対的に無限なもの、永遠のもの、つまり絶対者に触れるのである。

死に面した時、われわれはこのかけがえのない自分が、何か絶対的な力によって有無をいわさぬように否定されると感じる。ここで個は、自己が徹底して否定されるという絶望において絶対者と対峙する。この絶対者を「神」と呼べば、「神」とは、われわれに死を与えることでわれわれを全面的に否定すべく迫りくる存在なのである。「われわれの自己が神に対する時に、死である」というのだ。

しかし、いいかえれば、その時に、われわれは、いわば死(自己の否定)を賭して神に触れるともいえよう。絶望の中から神を知る。神の救いを求める。このような「個」と「神」との接触を西田は「逆対応」と名づけた。「我々の自己は、ただ、死によってのみ、逆対応的に神と接する」のである。

ここに宗教の本質、信仰の本質がある、と西田は考えていた。信仰は、ただ全面的に神に付き従い、身を捧げるというような信仰生活を意味するのではない。そんな穏やかなものではない。神によって自己を否定され(死を与えられる)、それに抗おうとする自己を徹底して否定することでようやく触れるものなのである。だが、その否定のあげくに、人は「神」を知る。死を超えたもの、永遠の生を自己の内に持つ。死すべき自己を徹底して否定して絶対者である神へと身を投じた時、その時に「神」によって自己の死を超えることになるのだ。これが「逆対応」である。

◆裁く者ではなく救う者として

ではこのことを「神」の側、つまり「絶対」の側から見ればどうなるのか。

普通、「絶対」にあい対立する言葉は「相対」であろう。「絶対」が「神」だとすれば、われわれが生きているこの世界は「相対」の世界である。しかし、ここに奇妙なことが生じる。「絶対」が「相対」と対立するとするなら、それはもはや「絶対」ではなくなり、それ自体が「相対」になってしまうからだ。

では「絶対」が真に対立するものは何か。それは「絶対」そのものであり、「絶対」の否定そのものである。「神」が絶対的存在だとすれば、この否定は「絶対的無」ということになろう。しかもそれは「絶対＝神」に対して、外部にあって対立して存在するわけではない。もしそうだとすれば、それもまた「相対」になってしまうからだ。したがって、「絶対」は自己自身の内に自己を否定するもの、「絶対的無」を持つことになる。それはまた、自己自身が絶対的無になることである。

こうして、「絶対者＝神」とはまた「絶対的無」でなければならない。「絶対者」の絶対的否定として「絶対的無」があり、また「絶対的無」の絶対的否定として「絶対者」がある。その意味で、「絶対者」はまた「絶対的無」であるからこそ、それは、すべてを受け止め、全知全能でありえ、すべての創造者でありうる。つまり、この相対世界をすべて包摂するのである。この世界は、「絶対的無」の中に包摂されることで、現に存在するのだ。だからこそ、神はこの世界のあらゆる場所に存在することになる。いいかえれば、絶対者の自己否定によって、われわれ人間の世界は成立していることになろう。「神」は自己否定において相対の世界を自己の内に包み込むのだ。だから彼は次のようにいう。

神はどこまでも自己否定的にこの世界においてある。この意味において、神はどこまでも内在的である。ゆえに、神は、どこにもないとともに、どこにもあらざるところなしということができる。

かくて「神」もまた自己否定的に、相対のこの現実世界に対するのであって、これは「絶対」の側から見た「逆対応」にほかならない。「神」は自己否定的に人間の肉体に受肉したのだった。イエス・キリストが大工の子供として生まれたことほど絶対者の自己否定を示す格好の作話はなかろう。こうして「神」は逆対応的に世界に接する。この「接する」をいいかえれば、そこに「神」の慈悲や愛を見ることができよう。世界のありとあらゆる存在者に対して「神」は慈悲と愛を差し向ける。

神の愛ほど普遍的なものはない。絶対者としての「神」の否定の別の表現は悪魔(デーモン)であり、極悪人であり、神からすれば、この相対世界はあらゆる場所で極悪人が横行する非道の世界であろう。だが、それでも「神」は逆対応的にこの非道の世界へと接する。いかなる悪に対しても愛をもって包摂するのである。それが神の愛(アガペー)であり、神の救済であった。絶対の神は自分自身の内に絶対の否定を含むがゆえに、極悪人にまで降り、悪逆無道をも救う。「神は逆対応的に極悪人の心にも潜むのである」。神は裁く者ではなく救う者でなければならないのだ。

2 親鸞の救済、東洋的な自由とは

◆「絶対他力本願」と「絶対的無」

さてここまで述べてくれば、きわめて重要なことに気づくのではなかろうか。それは、「神」はまた、「絶対的無」といいかえられている、ということだ。

ユダヤ・キリスト教の「神」は、もともと姿形の見えないものではあるが、しかし、万物の創造主であり、罪人を罰し、また人々を裁く人格神でもある。イスラエルの民と契約を交わした「裁く神」である。それは「絶対的有」なのである。目に見えなかろうと、そこには何らかの実体が想定されている。それは自らの意志や意図を持って働きかける存在である。

とすれば、それは真の意味での究極の絶対とはいいがたいであろう。真の絶対は、それ自体は存在せずに、すべてを受けとめる「絶対的無」でなければならないであろう。もしそこに実体があれば、それはそれ自体が存在者となってしまうからである。だから、真に絶対なるものは、本来は「絶対的な無」でなければならない。神はその「絶対的無」が反転した姿であった。

だが仏教はどうか。仏教は、真なるもの、つまり真如とは「無」であり「空」であると教える。いっさいはすべて「無」であり「空」である。すべては縁起であるがゆえに、自我もなく世界も空である。「縁起、無自性、空」である。仏とは、このいっさいの「無」や「空」を知った覚者であった。

とすれば、西洋の宗教は「絶対的有」へ向かい、日本（東洋）の宗教は「絶対的無」へ向かった、といってよいだろう。超越者を「絶対的有」と見るか「絶対的無」と見るかである。そこで、「神」という「絶対的有」からするこの現実世界への関わりが自己否定的な救済であり、慈愛であるとすれば、「絶対的無」は、そのまま現世にあって、慈悲によって衆生を救済するのである。

キリスト教にあっては、「神」は、いわば自己否定的に悪魔と対峙しつつ、罪を悔い改めた極悪人にも慈愛をもって接する。かれらを救済しようとする。それが、「絶対」が「相対」を包むということであった。その同じことを述べたのは、いうまでもなく親鸞である。悪人正機説において、阿弥陀仏の慈悲は善悪なくあらゆる衆生に向けられるのである。

西田が述べているわけではないが、少し面白いのは、ここでもまた、西洋宗教と日本宗教（仏教）の相同面と相違面があらわになってくる点である。キリスト教にあっては、神の救済は、同時に他方で、罪人である人の側の悔い改めや、あるいはプロテスタントのような強い世俗内的禁欲を要求している。人々に対する「神」の逆対応(救済)は、人々による自己否定(悔い改め)というもうひとつの逆対応と二重になっている。いわば二重の逆対応である。それが契約ということの意味であった。

ところが、親鸞の浄土真宗では、極悪人の自己否定は必ずしも必要ない。確かに、親鸞は、絶対他力本願による救済を唱える。その意味では、すべては弥陀の本願を信じればよい、という。だが「信じればよい」などというのはまだ自力の計らいであって、それも不必要なのだ。信心さえも弥陀の計らいによって与えられる、というのである。信心はこちらから申告するのではなく、弥陀の慈悲によって与えられる。極悪人は悔い改める必要もなければ、阿弥陀仏に帰依する必要もない。だから、いかなる極悪人も(極悪人であればこそ)往生できる、ということになる。

これは、徹底した「絶対」による「相対」の包摂であった。そして「絶対なるもの」は自己の内に、自己否定的に極悪人を持つ。とすれば、いかなる極悪人をも自己の内に持つ「絶対」とは、「絶対なるもの」の自己否定としての「絶対的無」としてはじめて了解できるであろう。これが、浄土教のいう阿弥陀仏の大悲であり、仏への絶対的帰依(絶対他力本願)であった。

◆自己否定による絶対自由へ

さてこれもまた必ずしも西田が明瞭に述べているわけではないが、ここには次のような考え方があると思われる。すでに述べたように、宗教とは、死を前にした個の自覚であり、それは、人間存在の持つ根本的な矛盾（死と生の間の矛盾）から立ちあがるものであって、この相対的世界にある人々は、死への自覚の中で、自己否定的に「絶対＝神」に触れる。逆対応的に神に触れ、そのことで自己を超えたところに真の自己を見出す。「神」に救済されるものとしての自己を見出す。

この構造は西洋も日本も同じであろう。彼にとっては宗教心とは本質的にそういうものであった。宗教心の本質に洋の東西はない。しかし、「絶対的なもの」を、西洋は神という「絶対的有」に見、日本文化はそれを「絶対的無」と見た。「絶対的有」としての「神」は、自己否定的に、つまり逆対応的にこの相対世界へと接する。この相対世界を救済しようとする。われわれの生は救済されるものとして肯定される。だから、われわれ人間は、神の絶対的自己否定の肯定として成立する。「神」は自己否定的にこの相対世界を成立させるものの、「神」そのものはあくまで絶対的存在なのである。

これに対して、日本文化は、「絶対的無」をこの相対世界の成立根拠と見る。そしてその場合、「絶対的無」は、すでに「絶対」の自己否定を自らの内に内在させている。だから「絶対的無」は、相対世界を離れた彼方にあるのではなく、まさしくこの現実世界そのものとなるのだ。浄土（絶対的無）の内に穢土（この世）がある。また穢土は浄土でもある。

ここには超越神というものはない。彼岸もない。天上界もない。現実世界がそのまま「絶対的無」の世界となっている。いってみれば、この現世は、確かな実体をもった確固たる世界ではなく、もともと「無」の上に浮かび上がった夢まぼろしのごとき仮象の世界だということにもなろう。

したがって、いまここに生きてあるこの一人一人のわれわれの心の中に仏＝真理、つまり「絶対的無」があるといってもよい。道元などが強調する「心即是仏、仏即是心」である。仏は人の心を離れてあるのではない。また、人の心は仏と無縁のものではない。人の心は仏（真如＝無）であることによって心なのである。生死即涅槃、現実即絶対もそういうことであった。西田は次のようにも書いている。

日本仏教においては、親鸞聖人の義なきを義とするとか、自然法爾というところに、日本精神的に現実即絶対として、絶対の否定即肯定なるものがあると思う。

いささかわかりにくい表現ではあるものの、日本仏教の根本的テーゼそのものといってもよかろう。仏教においては、覚りの世界はこの現実を離れてあるわけではない。宗教的であるということは、何か特別な修行や特殊な教義を身につけることではなく、日常の現実の中にあって自己を超越することなのである。自己自身の底において、どこまでも無にして逆対応的に絶対に応じることなのである。現実はそのまま絶対なのだ。しかし、その時には、そこに自己否定が挟まっている。現実の中にあって、人は自己を否定することで（真如に目覚めることで）真に自己になる。そこに「平常底《びょうじょうてい》」がある。

平常底とは、仏教では、着衣炊飯といったありふれた日常を指す。それは特別な修行の場面ではなく、この現実世界、生きているこの日常の隅々すべての場面である。その至るところで絶対者がわれわれを通して自らを表現している。仏は、あらゆる場所で真理を示している。「立処皆真」であり、そこではじめて、自己が己を無にして自己の底に自己を超え、そのことで真の自己となる。己は自己を否定することで己を持つ。それは、すべて、超越的世界や彼岸的世界の出来事ではなく、まさにいまここにおける現実である「平常底」において生きた現実なのだ。

こういう思考に仏教思想の影響を見出すことは容易であろう。西田哲学と日本仏教(特に禅と浄土真宗)の並行関係が指摘されたりするゆえんでもある。もちろん、西田のいう「無の場所」や「無」の概念は、仏教でいう「無」や「空」とは少し違っており、それをまったく同一視するわけにはいかない。仏教でいう「無」にせよ「空」にせよ、本来「何もない」という意味ではなく、「確かな実体はない」という意味であった。万物は相依相即しあって縁起によって生起するがゆえに、自我も自然も含めてすべての存在は常に変移し、常なるものは何もない。諸行無常、諸法無我なのである。これに対して、西田がいう「無」はもっと哲学的で抽象的で「非・存在」というニュアンスが強い。

だがこうした相違はあるものの、それでも西田哲学と仏教の間の思想的な類縁性は否定しえないのであり、それは、西洋思想とは相当に異なった発想であった。面白いことに、宗教というものの一般的な成立根拠に降り立って、キリスト教も仏教も含めた宗教的構造を明らかにすることで、むしろ、西洋思想と日本(東洋)思想の違いが見えてくるのである。

西田は、平常底にあって自己を無にすることで絶対者(絶対的無)と接する時、そこに真の「自由」を見ようとした。もちろん、それは、理性や超越的規範に従いつつ己の自己実現を目指す西洋的な自由とはまったく異なったものであった。

西洋においては、いかなる意味でも、自由は自己の持つ可能性の拡充であり、その最大限の実現である。これに対して、日本的(東洋的)な自由は、あくまで自己否定によって、自己を無にするところで成立するのである。それは自己実現というよりも、自己否定であり、自己が絶対者(絶対的無)の表現点になっているということであった。

だから、彼は、西洋的な自由の極限にあるカントの人格的自由に対して、東洋的なものの深奥に臨在的な絶対自由がある、という。東洋的な自由は、個人の人格や個性の表現ではなく、絶対者(仏=絶対的無)の表現だからである。ここでは自由は自然権的に、あるいは理性的に個人に備わっているものではなく、絶対的無が個人に於いて自己を表現することで定義される。つまり、日本的な人格や自由は、自己を放棄し、無私、無我となるところに現れるのだ。だからまた、「私のいう自由は、西洋の近代文化においての自由の概念とは対照的立場にたつものである」と彼がいうのも当然といわねばならない。

終章　日本思想の可能性

1. 即非の論理

[1] 自己の内へと向かう飛躍

◆「歴史的世界」の混沌を前にして

戦争の足音がひたひたと接近する中、西田は、「絶対無の場所」というような抽象的な概念を離れて、「歴史的世界」の構造、その内における「行為」や「制作」や「実践(プラクシス)」、そしてそれを突き動かす「生命」の創造的活動という歴史世界や行為のダイナミズムへと向かっていった。「ここから、ここへ」である。われわれが生きてある現実世界しか存在しないのである。その中で、個人は歴史的創造の一要素となる。歴史的生命の発現となる。ハイデガーが、われわれはあらかじめこの世界へ投げ込まれた世界内存在であるといったように、われわれは歴史的世界内存在でしかない。にもかかわらず、この世界の中でわれわれはただ歴史的存在として時の勢いに流されているだけではないし、行為的直観的にただただ現実に働きかければよいというものではない。歴史的生命といい、創造的活動といってはみても、それが真に重要なものを、意味あるものを、真に創造的なものを生み出すという保証はどこにもないであろう。

あらかじめ歴史にも創造活動にも目的も意味もないのである。「制作(ポイエシス)」といってもイデアも理想もないのである。ましてこの世界は相対性の世界である。ここには、悪魔もおれば罪人もいる。そもそも人間は欲と利の塊である。欲と利が衝突すれば、人はいやおうもなく悪行に手を染めるであろう。とすれば、いったいどうして、われわれはこの歴史的世界を創造的なものとみなし、それを信頼することができるというのだろうか。

繰り返すが、そもそも歴史的世界は相対的世界なのである。絶対的な正義もなければ仁義もない。もしかしたら、歴史的創造などといっても、実際には、世界を舞台にした生存競争や権力闘争でしかないかもしれない。ニーチェのいう「力への意志」のもたらす混沌だけかもしれない。ニーチェは、この文明は、人間をして金髪の野獣にしてしまうといったのではなかったか。

◆見失われた「内在的超越」

もしそうだとすれば、いくらわれわれが、そこで生まれ、そこで死んでゆく歴史的世界の中にあっても、人間の存在の真の意義はただこの歴史的世界の中だけにあるのだろうか。いやそういうわけではなかろう。この歴史的世界の中にあっても、それを超えた真実に触れなければ、この世界そのものがただただ無益な戦場であり、無残な穢土《えど》と化すほかあるまい。

そこに宗教が出てくる。この世界が相対性の世界であり、人が死すべきものであるという自覚の中から、それを超えた絶対的なものに人は触れる。それは命がけの飛躍であろう。ただこの飛躍はこの世界を超えた超越世界や彼岸へ向けたものではなく、いわば徹底的に自己の内へと向かう飛躍であった。人が、自己の奥底に、徹底して己を否定し無になった時に、真の絶対は自ずと自己を表すものなのだ。「宗教は、どこまでも内在的に超越的なのである」と西田はいう。その時に、文化が創造される。だから、真の文化は宗教的でなければならない。「内在的超越こそ新しい文化への道なのである」。

しかし、今日の現実はまったく違っている。それは、このような「内在的超越」を近代西洋は見失ってしまったからにほかならない。西洋が席巻した今日の世界は、恐るべき文化へとわれわれを巻き込んでいる。なぜなら、西洋は真の宗教を忘れ、人間中心主義に立ったためである。それを彼は次のように述べている。

われわれは、真の文化は宗教的でなければならず、真の宗教は文化的でなければならないというのである。我々は、真の文化の背後に隠れた神をみるのである。しかし、人間がどこまでも非宗教的に、人間的立場に徹すること、文化的方向に行くことは、世界が世界自身を否定することであり、人間が人間自身を失うことである。これが、文芸復興以来、ヨーロッパ文化の方向であった。西洋文化の没落など唱えられるに至ったゆえんである。世界が自己自身を喪失し、人間が神を忘れた時、人間はどこまでも個人的に、私欲的になる。その結果、世界は遊戯的か闘争的かとなる。すべてが乱世的である(『場所的論理と宗教的世界観』)。

西田がどれほど「日本的」ということを意識していたのかはわからない。だが、西洋哲学から出発しつつも、その限界の向こうに真なる実在を求めようとした『善の研究』から始まった、血のにじむような(彼の現実生活は本当にそのようなものであった)試行が、その果てに「日本的精神」(彼のいう東洋的文化)へと深く身を置くものとなったことは疑いない。そのことが、私にはたいへんに興味深いし、また、われわれに大きな勇気を与えてくれると思うのである。

なぜなら、日本文化の底を流れる少なくともひとつの重要な精神は、欲を膨張させ自己利益を求めるような自我の否定である。無私にせよ、無我にせよ、この自己否定のうちにこそ、おのずと真実の自己が立ち現われてくる、というところにあるからだ。

個人の個性がもたらす強い意志や知的な意図において自己の欲望を実現するところに自由を見るのではなく、自己を無にして物事のあり様にそのまま従うところに「おのずから」自由が実現されるという考えがあった。本居宣長の「神ながらの道」といってもよいだろう。「物の真実にゆく」といってもよい。この場合の自由とは最大限の自己実現ではなく、物や自己への執着からの解放であった。我執から脱却できた時、「物となって見、物となって行う」のである。

2　日本的精神の根本

◆九鬼周造の自然、意気、諦念

ところで、九鬼周造は日本文化の特質として次の三つをあげている。「自然」「意気」「諦念」である。「自然」とは、文字通り「おのずから然り」という意味である。万事、おのずからの働きをよしとし、己もまたその働きに委ねることである。生き生きとして働くものはおのずからなる自然なのである。したがって、西洋の自由が自然と対立するのに対して、日本の自由は自然と融合相即して考えられる、と九鬼はいう。そして、自然をそのまま明らかにすること、すなわち「明らめる」ことが「諦める」ことであった。

諦めとは、自然なおのずからなるものへの随順なのである。その「おのずから」なものを「みずから」のものとして引き受けるところに覚悟が生まれてくる。それは一種の自己犠牲の精神であり、それを九鬼は「意気」と呼んだ。剛操の志であり、理想のためには死を厭わない不屈の精神である。

もちろん、これらの概念についてはさらなる吟味が必要であろう。日本の「自然(シゼン/ジネン)」が何を意味しているのかはかなり難しい問題であり、それ自体がひとつの研究テーマになりうる。また、日本的精神といっても多様であって、それをたかだか三つばかりの観念で代表させることにも異論は出るだろう。だが、いまここでそこまで立ち入った議論をするわけにはいかないし、その必要もない。ただ九鬼が西田の弟子であったなどということは別にしても、九鬼のいう「自然」「意気」「諦念」が日本的精神のひとつの中軸を占めていることは、おそらく西田にあってもおおよそ了解できることであっただろう。西田がやろうとしていたことは、それらに伏在する内在的な論理の構造を明らかにすることであった。

西田は、務台理作の言葉を借りて「万葉精神と親鸞の絶対他力宗において日本精神を見る」といっているが、人間の心のおおらかさをそのまま、ありのままに歌う万葉集の世界と、絶対他力から自然法爾《じねんほうに》へいたる苦難に満ちた親鸞の思想を結びつけるこの根底にこそ日本的精神を見ているのである。両者はまったく相反するごとく見えながら、実は同じだという。それは、そこには、絶対否定が作用しているからだ。

絶対的な自己否定から個が成立する。その個は、おのずからなるものをそのものと受けとめる。日常のすべてをそのものとして受け入れる。「絶対否定即平常底《びょうじょうてい》」なのである。そこに本当の自由がある。親鸞はそれこそ徹底した自己否定のあげくに、徹底した肯定の世界へ、自然法爾の世界へとたどり着いたのであった。

◆自己を無にして真の自己に立ち戻る

これはまた、西田がしばしば引用する道元のあの名高い「現成公案《げんじょうこうあん》」に示された世界でもあった。そこには次のようにある。「仏道をならふといふは、自己をならふなり。自己をならふといふは、自己をわするるなり。自己をわするるといふは、万法に証せらるるなり。万法に証せらるるといふは、自己の身心および他己の身心をして脱落せしむるなり」。

意味は概略次のようなことである。仏道を習うとは自己を知ることであり、それは自己を忘れることである。自己を忘れるとは、万物によって自己を教えられることである。それは、自己の身も心も脱落し、忘れ去ることである。

自己を無にすることで真の自己に立ち戻る、という。「自己否定において自己を肯定する」ということにもなる。しかも、それは、特別にこの世界を離れた修行や神秘体験などではなく、まさにこの平常底にあって、「万法に証せられる」。すなわち、山川草木から瓦礫にいたるあらゆる自然の存在や日々の行いの中で教えられるものなのだ。この世の森羅万象、すべてのものが覚《さと》りの契機となっているのである。覚りは何か特別のことではなく、日常の「平常底」における行そのものの中にあるというわけだ。道元はそれを「修証一等」といった。

3 日本の大乗仏教の真髄

◆「現実」の背後に広がる虚空

ところで、西田の最後の論文は先にもあげた「場所的論理と宗教的世界観」であったが、その後に、書きかけの草稿が残されていた。といっても原稿用紙でわずかに数枚のものであり、これは死の数週間ほど前に書き始めたものであった。それは「私の論理について」と題されており、彼は、自身の論理が容易には他人に理解されないことを嘆きつつ、改めて自身の論理を提示しようとしていた。

確かに、彼の論理は容易には理解しがたい。それは、通常、われわれが考える西洋的な論理とは違っていたからである。彼はそれを「即非の論理」といった。「即非の論理」とは、もともと鈴木大拙が主張したもので、『金剛般若経』などで典型的に使用されている仏教の論理である。

西洋の論理は、「AはAである」という同一律、「Aは非Aではない」という矛盾律、「AはBか非Bである」という排中律から成り立っている。これはわれわれには常識となっている。だが「即非の論理」はこういう。「AはAでなくしてAである」と。西洋論理の基本である同一律が、そのままでは成立しないのである。この最初のAと最後のAをまったく同一視してよいかどうかは少し問題が残るが、ここで、後の方のAは新たに生まれかわったAであり、しかしまたAであることには変わらない。

この「即非の論理」については、すでに説明は不要であろう。西田の論理が基本的に否定の論理であり、ある存在の同一性は常にそれ自身の否定を含んだものであることを考えればすぐに理解できるであろう。いわゆる「矛盾的自己同一」「絶対矛盾的自己同一」である。「自己は自己を否定することで自己である」つまり「私は私でなくして私である」。私は、己を無にし、無なる存在であることを知ることによって真の私となるのだ。あるいは、あらゆる存在は、それが無である(絶対無の場所に於いてある)ことによって、現実の存在となってそこにある。

こうした論理はわれわれには実はなじみ深いものではなかろうか。「すべての存在者は空である」。また「空こそがすべての存在者である」という。両者を合わせれば「存在するものは存在しないがゆえに存在する」ということになる。「色即是空、空即是色」である。

したがって、日本的精神の核にあるものは一種の現実主義(現世主義)であるのだが、その「現実」は、常に「目に見える世界」とその背後に「目に見えない世界」の二重の張り合わせになっている。「現れ」の世界と「隠れ」の世界、「顕」と「冥」、あるいは「顕」と「幽」の二重性から成り立つ「現実」と見なければならない。ここに二つの世界は対立するものではなく、また分離できるものでもなく、その両者が二項同体というべく一体となって「現実世界」を構成している。「重なり合った現実世界」とでもいうべきものである。

だから、この世に生きつつ、われわれは、その生をはかなくも夢まぼろしと思念することになる。『古今集』の代表歌にあるように「世の中は夢かうつつか　うつつとも夢とも知らずありてなければ」というような感慨はわれわれにはきわめて親しく感じられるであろう。信長は「人間五十年、下天のうちをくらぶれば、夢まぼろしのごとくなり」と謳い、秀吉は「浪速のことは夢のまた夢」といった。上杉謙信も「四十九年、一睡の夢、一期の栄華、一盃の酒」といった。この「現実」の背後には、虚空が広がっている。

◆大拙の「日本的霊性」

大拙の「即非の論理」は、この二項同体のいいかえであった。西田でいえば「矛盾的自己同一」である。「現実は現実でなくして現実である」となる。そして、その「現れ」の向こうにある「隠れ」の世界、「顕」の背後の「冥」、「存在」に張り付いた「非・存在」、「身体的世界」の背後にある「霊的世界」、「有」の裏側の「無」へ向けた直観を大拙は「霊性」と呼んだ。したがって、霊性の働きは、何よりもまずは、現実の否定であり、分別知の否定であった。日本においては、この否定を伴う「霊性」は、より具体的には、ほとんど無意識のうちに「明けき心」や「清き心」の働きによって発現されてきたといってよいだろう。だから、「霊性は、この明けきものをもっとも根源的にはたらかしたところに現れるのである」と大拙は述べる。

ここに、無知のともがらである衆生が、そのまま覚りを開いた無上尊となすという日本仏教の特質も現れてくる。それを彼は次のように書いていた。「何らかの条件の介在なしに、衆生が無上尊となるという、二元的論理の世界では不可能事に属する。それを日本的霊性が、何のこだわりもなくすらすらとやってのけたのである」(『日本的霊性』)。

確かにその通りであろう。煩悩に取りつかれた衆生と覚りをえた覚者(仏)を分別知によって厳然と区別する二元的世界では「日本的霊性」は出てこない。もちろん、人と神を絶対的に分離する西洋の二元的論理からはそれは出てこない。ただ、「即非の論理」という二項同体を内に孕んだ論理世界に立って始めて「日本的霊性」を唱えることができるのだ。

西田ならば、それを、人(衆生)が自己否定的に絶対者に接し、また、絶対者も自己否定的に人(衆生)を包み込むところに「霊性」が表現される、とでも述べたであろう。二つの逆対応によって、衆生と絶対者(無上尊)の二項同体が生じるのである。前者は、「明けく、清き心」を持っていわば「神ながらの道」をゆくことであり、後者は、絶対者(仏)の大悲にほかならない。

こうして、われわれは日本の大乗仏教の真髄に到達する。それは、衆生はこの世にあってすでに覚っている、本質的にはすでに仏である、というのだ。天台本覚思想はその究極の表現であった。「一切衆生悉有仏性」であり「草木国土悉皆成仏」である。一切の衆生もそして山河草木国土まで含めたありとあらゆる存在者がすでに覚っている(仏性を持っている)のだとすれば、われわれはそのことをただ無心に認めればよいのである。この現実世界がそのまま覚りの世界なのである。それはまた親鸞がたどり着いた「自然法爾」の境地といってもよいだろう。大拙からすれば、このきわめて特徴的な「日本的霊性」のあり方は、論理の世界に置き換えれば「即非の論理」に立たなければ理解しえないということであった。

2. 「ニヒリズム」から「無の思想」へ

1 「価値」としての虚無

◆思考停止の海を漂い続けて

西田哲学やその後継者たちについては述べるべきことはまだまだある。田辺元の西田批判や「種の論理」、和辻哲郎の風土論や倫理学、三木清の『構想力の論理』、九鬼周造の「偶然性の哲学」、西谷啓治の宗教哲学など。さらに日本哲学の論理については、西洋の「ロゴス」に対して日本の「レンマ」を対比した山内得立の『ロゴスとレンマ』がある。また、戦後の一時は忌避されていた感のあった西田哲学や京都学派についての関心も、近年は、タブーが解けたように高まり、研究書も次々と発表されている。

しかしここではそれらを取り上げることはできない。ただ、西田哲学なるものがどのような意味で「日本発の哲学」といわれるのか、そのゆえんを見てみたかっただけである。とりわけ「無の思想」をその根底に据える時、西田の思索は、明らかに「日本的な精神」と共鳴を起こしている。そのことこそが私にはとりわけ興味深いのである。

ところで、今日の現代文明とはニヒリズム文明だというのが本書の基本的な立場であった。それは、20世紀初頭、特に二つの大戦に挟まれた戦間期においてすでにヨーロッパでは顕在化していた。ニーチェの復活とともに、西洋の近代主義がもたらしたものは、広範な「価値喪失」だという意識が広がってくる。従来、それなりに信頼されてきたあらゆる価値の根源が揺らいでいくのである。それがキリスト教的、聖書的伝統であろうと、ギリシャ古典であろうと、依然として「神」を背後に隠し持った人間理性であろうと、また、人間的なるもの、つまり人文主義への信頼であろうと、西洋文化を支えてきたこれらの伝統的価値は信頼を失い、時にはただ破壊の対象となり、もはや古臭い時代遅れとみなされるようになる。伝統破壊とあらゆる既成の権威への反逆が常態となり、価値にせよ、存在するものにせよ、その確かな根拠が見失われてゆく。

もちろん、人は、いっさいの価値喪失の中で生きることはできない。だから、この伝統破壊の中で、新たな価値の創造を装った様々な実験や革新が次々となされる。思想や芸術の分野でも同じことであった。思想の分野においても、生の躍動、根本経験、現象学、実存主義、無意識(精神分析)、西洋の没落、神智学、相対性理論や量子力学、それに、大衆の登場、機械的生産技術の進歩、アメリカニズム、社会主義、ファシズムなどが次々と実験的な相貌を持って立ち現れてくる。人々の生を意味づけ、生を安定させる確かな価値が失われ、人々の共通の信念体系は右へ左へと動揺する。これがニヒリズムであり、オルテガはそれを「歴史の危機の時代」と呼んだ。

そして、第二次世界大戦と戦後冷戦という経験の中で、自由や民主主義や技術主義、つまりは「アメリカニズム」が一応の勝利を果たしたかのように見えた時代も終わりつつある。現代文明の中にあって、自由と民主、経済成長、富の蓄積、科学と技術の展開がすべて人間の幸福に寄与するという近代主義の信念をもはやわれわれは素朴に信仰するわけにはいかない。近代という自明視された価値は、ニーチェ的にいえば、その化けの皮が剥がれつつあるのだ。技術革新は未来への進歩を説得しようするが、思想的にいえば、実際にはニヒリズムの時代へと逆戻りしただけである。ニーチェなら、そんなでっちあげの信念体系は徹底して破壊せよ、というだろう。徹底してニヒリストであれ、というだろう。

だが、そうはいっても、人は、ニヒリズムの中に安住する場所は持たない。ニヒリズムの世界は、人が安らいで住む故郷ではありえない。だから、今日、われわれは、近代主義を本気で信奉するでもなく、かといってそれを本気で破壊するでもなく、それゆえ、自らは決して信じてもいない価値に寄りかかりながら生きている。その自己欺瞞をやり過ごす唯一のやり方は、生の意味など考えない、という気楽な冷笑的態度であろう。確信犯的な思考停止である。

◆廃墟としての「無」を生きる

これはもっともといえばもっともな、賢明な態度ともいえよう。生きているとはただただ生きているという事実そのものであって、そんなところに特別な意味も価値もない。その内容が何であれ、それなりに快楽と愉楽と安楽の中で生きていればそれでよい、というのもまたひとつの理屈であろう。いや、今日、誰もがその種の偽りの賢明さの中に逃げ込まなければまともに生きていけないともいえよう。

だがいずれにしてもこれは虚無である。そして、生には価値などないといいながら、実は、虚無を価値としているのである。ニヒリズムとは、本当のところは、いっさいの価値の放棄ではなく、虚無(ニヒツ)を価値とすること(イズム)である。それは価値としての虚無主義にほかならない。ただの「無」ではない。何も存在しないという「無」ではない。

とりわけ西洋思想においては、真に「無」というものは存在しないといってよい。存在と言語から始まる西洋思想においては真の「無」は扱いえないのだ。少なくとも、日本でいう「無」に正確に対応するような観念は存在しない。その証拠に、たとえば「無」を英語に翻訳しようとしても、適切な言葉は見当たらないであろう。強いていえば“nothingness”つまり“no-thing-ness”とでもいうほかなかろう。それはあくまで“thing”がないことなのである。存在の否定なのである。まずあるものは存在であって、「無」は、あくまで存在の否定である。

とすれば、「ニヒリズム」は、少なくとも日本語でいう「無」とはかなりニュアンスを異にするといわねばならない。それは「無」ではなく「虚」としての「無」なのであり、あたかも廃墟であるかのように、あるものが虚となってしまった世界としての「無」なのである。

日本語の「無」は、もともと抽象的で特別な価値を含んではいない。透明で没価値的で特別な情緒を引き起こすものではない。そこから派生して「無常」というような多少は情緒的な観念は出てくるものの、仏教語としてはともかく、日本語のニュアンスでは「無常」と「無」はいささか異なっている。「無」の観念は、仏教においては、むしろ世界の本質を表す肯定的なニュアンスさえを持っていた。解脱とは徹底して「無」を知り、それを体得することだからである。

だが「虚無」は明らかに違っている。「虚無」を世界の本質として肯定的に受けとめることは難しい。西洋思想からすれば、「無」であることは虚しいことなのだ。存在するものが存在しないことは虚なのである。どうしてもここに価値的なニュアンスが付随する。それも相当にマイナスの価値であり、それはシニカルで場当たり的で刹那主義的である。

ニーチェもハイデガーも、ニヒリズムはきわめて西洋的現象だと述べた。ニヒリズムはヨーロッパ文化の帰結だという。確かにその通りであろう。真のニヒリズムは、卑小な存在でしかないわれわれ人間を超えた超越的で永遠で絶対的なものの喪失から生じたからである。残されるものは卑小な人間だけだということになろう。絶対的なものを破壊し去った人間の手に残されたものは、ただいやしい精神の恐るべき増長であり、この驕り高ぶった卑小な者同士の醜い争いでしかない。しかも自らの手によるこの世界の支配、自然の支配をもって自らを神にまで高まったと豪語する。

にもかかわらず、この驕り（ヒュブリス）をいさめる高い価値はどこにも見当たらない。これがヨーロッパのニヒリズムであった。絶対的なものを天上界に据え置いたところにニヒリズムが始まったのだった。確かに、神々の黄昏、天上界の崩落によって残された地上界は一種の巨大な廃墟というほかなかろう。秩序ある創造者としての神や天がなくなれば、そこに漂うのは虚無の風だけであろう。ニーチェはそれでよい、それを新たな価値転換の契機にしよう、といった。歴史はそこからまた始まるはずであった。だが実際には、この廃墟に生きるわれわれは、そこに競い合うかのように巨大高層ビルを建て、とてつもないリゾート地やテーマパークを作り、巨大クルーズ船を海に浮かべ、その中で楽し気ににぎやかに、しかし、どこかシニカルに廃墟を生きている。ニーチェがこの光景を見たとしても、新たな価値転換、価値創造が始まったなどとは決していわないであろう。

2 日本近代の「ニヒリズム」

うか。

では、西田哲学のキーワードであり、日本的精神のひとつの柱でもある「無の思想」はどうなのだろうか。

◆「健全な生」を求めた西田哲学

ニヒリズムと「無」は違っている。ましてや、西洋思想でいうニヒリズムと日本思想の「無」はまったくといってよいほど違っている。だから、西田はニヒリズムをまったく論じていない。ニーチェに関してては論及がないわけではないが、少なくも重要な思想家ではなかったようである。ついでにいえば、ハイデガーについても驚くほど関心を払っていない。どちらかといえば批判的に見ていたようである。いずれにせよニーチェやハイデガーのニヒリズムは西田哲学の問題圏には入っていないのである。

ここにひとつの重要な論点があるように思われる。考えてみれば、西田がニヒリズムを問題視しなかったのは当然といえば当然のことで、そもそも日本には、破壊すべき、あるいはその崩落を恐れるべき絶対的な価値などもともと存在しなかったからである。

より正確にいえば、確固とした価値を生み出すその根拠となる超越者、絶対者は存在しないからである。イデアも天上界も神も超越的理性も絶対精神も存在しなかった。だから、ニヒリズムの問題は発生のしようがなかった。

超越の問題は、西田にあっては、徹底した自己の内への沈潜であった。自己の内へ向けた超出なのである。そしてその超出すべき自己の奥底に見出したものは「絶対無の場所」であった。ここで「無」はすべてを受け止める。あるいは、それ自身は存在ではないものの、すべてを映し出す見えない鏡のようなものである。「無」が「存在」の根拠になっているのだ。だから「物となって見、物となって行う」の日本的精神にはニヒリズムの余地はない。自己を否定し、無にしたところに真の自己がある、というような「即非の論理」からはニヒリズムは出てこない。「行為的直観」によって歴史的世界において活動するという創造的生命からはニヒリズムは発出しない。

彼自身がそういっているわけではないが、帝国主義や表層的な科学主義や欲望を膨張させる西洋文化が陥ったニヒリズムは、日本の「無」によって、少なくとも思想的には乗り越えが可能だと西田は考えていたのではなかろうか。西洋を「有の思想」、日本を「無の思想」として対比させた時、西田はおそらくもう一言つけ加えたかったのではなかろうか。それは、「今日、西洋の有の思想は行きづまってしまった。有が崩壊すれば虚無しかない。だが、日本の思想はそのもっと根底にあらかじめ無を見ていた」と。

『日本文化の問題』においても次のようにいっている。ギリシャ哲学は「形相」を実在として「形相なきもの」は認めなかった。キリスト教は、事実上、人格神である創造主を前提にした。近代科学は、世界を空間的に合理的に理解しようとした。これが西洋文化であり、その上に、西洋の世界への支配、つまり帝国主義が生み出されたのである。

ところが、東洋(日本)思想は、そういう世界創造的な主体を持たなかった。それは「主体の底から主体を超えようとする」ものであった。それは主体を超え出て、それを包む世界の自己限定という視点を持ちながらも、あまりに静態的過ぎた。それに対して、主体を立ち上げ、主体が環境(世界)を支配することを唱える西洋文化の方が実際には創造的であり、世界を動かしてきた。だが、これは真の意味で創造ではない。事実、それは、世界を帝国主義的な闘争の舞台にしてしまった。世界が真に創造的であるためには、主体を超え、(ヘーゲルの)絶対精神を超え出なければならない。そこに日本思想(東洋文化)の役割がある。こういうことを西田は述べている。

これは、直接にニヒリズムに言及したものではないし、ニヒリズムへ対抗しようとしたものではない。帝国主義の時代にあって、日本も、その歴史的生命を持って、この歴史的世界へ積極的に関与し、世界史的使命を果たさなければならない、というのである。ニヒリズムの克服など説いている場合ではなかろう。

しかし、この状況を離れていえば、西田が日本文化の根底に見た「無」の観念は、同時代のニヒリズムへ向けて差し出すことはできたのではなかろうか。西洋文化がニヒリズムの病を作り出すのに対して、「無」を根拠とする、つまり「無根拠」を前提とする日本思想はあらかじめニヒリズムを回避していたはずである。その意味では、それは「病気」ではなくきわめて「健全」だともいえたであろう。主体の否定を含む「即非の論理」は実に健全な論理なのである。「人生における悲哀」から誕生した西田哲学は、底知れぬ絶望を背面に隠しつつ、実に健全な生を求めていたようにも思われる。哲学的な解脱とでもいいたくなる種類のものであった。

◆近代日本の悲劇

だが、それでも現実問題としてのニヒリズムは残る。第8章の冒頭でも述べたように、ニヒリズムは、必ずしも西洋文化の産物というだけではなく、人間存在の根本に触れるテーマだからである。だとすれば、われわれは、ニヒリズムをヨーロッパを超えた、われわれ自身の課題としてわれわれなりの仕方で引き受けざるをえなくなるのではなかろうか。

生の意味を求める人間存在の根底を、西田は歴史的世界と宗教的世界に求めた。「行為的直観」と「逆対応」によって、人間存在の根底的なニヒリズムは問題の俎上に上ることはなかった。「絶対無」を存在の根拠とすることで、ニヒリズムは封印された。後は、歴史の中に身を投じるか、あるいはまた宗教的境地において絶対者の慈悲や愛を待つということであろう。ただ、西田からすれば、それらはどちらもともに命がけの行為なのである。戦争自体は巨大なニヒリズムそのものではあるが、戦争の中へ飛び込んでゆく個人の自己否定な命がけの行動は、ニヒリズムなどという言葉をはるかに超えている。西田は、このような歴史的状況における実存を問題としたのであった。

だが、歴史的世界への実存も、宗教的世界への実存も、その両者とも、今日、決して容易なことではない。歴史は目的もなくさまよい、宗教的な絶対者へ向けた実存は、イスラム原理主義者でもなければ、それほど容易なことではない。近代的理性は、自己以外の絶対者を決して認めようとはしないからである。われわれは、今日、こういう世界にいる。ニヒリズムがわれわれに突き付けてくる課題は、はるかに度を深めたのである。果たして、西田が考えたであろうように、日本の「無の思想」は、現代文明の「ニヒリズム（虚無主義）」に対抗できるのであろうか。それはどういう意味を持つのであろうか。

西田の後継者たちは、それなりにニヒリズムを気にし、またそれと取り組もうとした。三木清もそうであったし、後の唐木順三もそうである。だがもっとニヒリズムそのものを主題としたのは、西谷啓治であった。彼は戦後1949年に書かれた『ニヒリズム』において、日本は二つの意味でニヒリズムに直面している、という。一方で、いまや世界中がグローバル化することで、世界が西洋文化のニヒリズムに陥ってしまった。ニヒリズムはもはや西洋の産物というわけにはいかない。それは世界的問題となっている。

そしてもうひとつは日本の特殊な問題である。それは、日本は、あらゆる場面で西洋的なるものを積極的に導入し、いわば西洋模倣を続けてきたからである。だから、日本の近代とは、一種の自己喪失であり、確かな価値を持てず、それ自体がすでにニヒリズム的なのである。

にもかかわらず、日本のニヒリズムは、それほど明確なものでなかった。近代日本の価値観は、基本的に西洋模倣的であって、それが現実に機能しておれば、そこに真の深刻さはない。状況に合わせておいてうまくいけばそれでよいのである。仮に西洋文化がニヒリズムに陥ったとしても、所詮、日本の西洋主義は模倣であって、自らの内生的な課題ではなかった。絶対的なものを次々と否定して、自分自身を絶対者の代理の位置にまで押し上げようとした西洋文化は、価値の否定に対しても苛烈であり、また同時に価値の喪失に対する恐怖も深刻である。だからこそファシズムなどというものを生み出したのだった。

それに比べると、絶対者との対抗や確執を持たなかった日本では、価値喪失といっても、強い実感がない。何やらムードとしてのニヒリズムになってしまうのである。伝統への攻撃や既存の価値破壊についてもさして深刻さはない。そもそも本当に対決すべき「伝統」が何であるかさえも明確ではないのだ。だからこの反伝統主義や反権威主義もせいぜい知識人の便利な存在証明か、もしくは流行現象の類でしかなかった。これは「近代日本の悲劇」というほかない。

3 「日本的なるもの」への希望

◆日本近代のディレンマを超えて

となれば、われわれはいっそ、ニヒリズムなどということを問題にする必要はないのかもしれない。「無」というものをあらゆるものの根源においた日本思想は、あらかじめニヒリズムなどとは無縁な世界を想定していたのではなかったか。絶対的、超越的な価値に最初から関心を払っていない日本的精神は、ニヒリズムの問題に、また別の形で対応できるのではなかろうか。

ところが、ここにひとつ困ったことがある。われわれ自身が日本の「無の思想」をすっかり忘れてしまっているのである。戦後のとりわけアメリカ流儀の技術主義、単純な実用主義、統計や数値を駆使する実証主義などは、その精神の根底において、日本の「無の思想」とは対極に位置するものであろう。そのことをわれわれは知らなければならない。しかも戦後日本は、アメリカ的近代主義を何の吟味も葛藤もなく追従するがごとく受け入れたため、それがいかに深刻なニヒリズムを内包しているかということは全く思い至らなかったのだ。

確かに西田哲学はともかく読みづらくわかりづらい文体で書かれている。「……即……」という独特の用語法が頻発し、またひとつひとつ「考えては書き、書いては考える」という彼のスタイルは、前後の辻褄を合わせるのに苦労する箇所もある。またその思想内容に関しても多くの批判は可能であろう。

日本思想を「無の思想」に集約することに対する批判もあるだろう。

しかし、それでも、西田の企ては、1世紀をへてもなお現代的意義を持ってわれわれに迫ってくるように思う。難解であることと了解可能であることは別のことである。われわれにとっては、いくら西田哲学が難解な文章の羅列であっても、その根本にある思想をつかむことはそれほど難しいとは思われないのだ。

西田は「有の西洋文化」と「無の東洋文化」を対比させ、また「知の文化」と「情の文化」や「物の文化」と「心の文化」といった対比を行った。人によってはこの対比があまりに簡略過ぎ、時にはイデオロギー的である、といった批判もなされる。もちろん、西洋思想にも「無」への関心はあり、日本にも「有」へ向かう意志はある。日本にも「知」や「物」への関心はあり西洋にも「情」や「心」への傾きはある。それは当然のことだ。したがって、西洋対東洋、もしくは、西洋対日本にこだわる必要はない、ともいわれるだろう。それもその通りである。実際、西田自身もそれは二者択一の問題ではなく、その両方の見方が必要だと考えていた。

「日本文化の問題」の講演でも次のようなことを述べている。東洋文化が発達して西洋文化を含んでしまうのがよいのでもなく、逆に西洋文化が東洋文化を飲み込むのがよいというのでもない。また、東洋と西洋が分離したまま別々であるのもよくない。両者は、いわばひとつの木から出た二つの枝である。それは根底においては結びつき、相補いあう。そういういっそう深い根底を見出さなければ、東洋と西洋が一体となった世界文化は得られない、と。

その場合、西田からすれば、この世界文化の創造において日本人が貢献できるのは、われわれが積極的に日本（東洋）文化の思想的な構造と論理を明らかにすることであった。「有の論理」を主として西洋思想が発展させたとすれば、「無の論理」を主として保持してきたのは日本（東洋）である。そして、根底的な人間の理解や世界文化の創出のためには、その両者が必要なのである。どちらか一方にすっかり覆われることは文化の衰弱であろう。異なるものの葛藤、矛盾したものの統合、それこそがなければならない。いずれ文化や文明は、多層的であり、多相的であり、矛盾、対立を含み持った上での統合でなければならない。それが矛盾的自己同一であった。そのためには、われわれは、日本文化をあえて西洋文化とは対立するものと見て、その構造を明らかにする必要がある。これが西田のおおよその考えであったと思われる。

確かに、明治以降、すさまじい勢いで西洋の思想や文化を受け入れたわれわれ日本人にとっては、西洋の科学や西洋の論理や哲学は、ほとんど洋服を着て街を歩いているように身に着いてしまったように見える。いや、われわれはすっかりそう思い込んでいる。そのことは別に間違っているわけではなく、むしろ、西洋文化の持つ魅力や力強さや深さをいち早く理解し、我がものとしようとした日本人の知的な柔軟性や鋭い感受性を、そこに見るべきかもしれない。

しかしまた、別の少しシニカルな見方をすれば、すべてのものをそれとして受けとめ、あるがままの現実を受容し、物事の意味をあまり突き詰めず、結局は、時の勢いにのり、その時々で権勢を誇るものに身を委ねる、といった実利的現実主義をもまたそこに見たくなってくる。そしてそこには、超越的で普遍的な価値基準を持たず、逆にすべてを流れゆくものとして「無」に於いて見ようとする日本文化が作用していることも事実であろう。日本的精神の中にある脱主体化への傾きが、かえって日本の西洋型の近代化をいちはやく可能としたのかもしれないし、一種の過剰適応を生み出してしまったのかもしれない。

その結果、西洋的なるものの受容といっても、それは、日本人のものの考え方や文化の根底を流れているはずの日本的思惟や日本的精神のほとんど恣意的な忘却、あるいは自発的な抑圧を伴ったものではなかったろうか。特に戦後におけるアメリカへの依存と追従は、あの大戦を自由や民主主義と野蛮な侵略主義の戦いであったとするアメリカの立場、そしてそれを無条件に受容した日本という歴史的構造を見ないと理解できまい。にもかかわらず、われわれの具体的な生も思考習慣も決してすっきりと西洋的にはならない。なるはずもない。日本的なものの意図的な忘却や自己抑制はかえって、「われわれは何か大事なものを置き去りにしたのではないか」という苦い気分を呼びさます。われわれの「底」にある「何か」を探し出そうとする。

西田幾多郎と夏目漱石は歳で三つしか違わない。ほぼ同時代人である。だが、三つ年上の漱石を苦しめた神経症の原因のひとつは明らかにそこにあった。滔々たる勢いで押し寄せてくる西洋化の波に飲み込まれる日本が、そのことを吟味することもなく、ひたすら西洋模倣に浮かれて自分自身を喪失してしまったという彼の時代認識が、終生、彼につきまとっていた。これは漱石に限らない。明治から昭和へかけての近代化の中を生きた日本の知識人のほぼ共通の課題であった。西洋的な文明を受け入れなければ、日本は文明国にはなれず、文明国になれなければ独立も難しい。しかしまた、独立国を保つために西洋化すれば、日本的精神や伝統は失われ、実際上、独立自尊も失われてゆくだろう。このディレンマである。西田もまた同時代人として、この日本近代のディレンマを抱え、彼なりの哲学によってこのディレンマに対抗しようとしたといってよいだろう。

中村元は、日本的精神の特徴として次の三つをあげている。「現実主義」「人間関係重視」「非合理主義」である。それとも重なるが、本書に即していえば次の三つがことのほか重要である。「反超越主義」「現実主義」「直観主義（情緒主義）」である。これに対比していえば西洋文化の主軸になるのは「超越主義」「普遍主義」「合理主義（ロゴス中心主義）」といってよいだろう。

この対比は、西洋対東洋だとか、西洋対日本といわずとも、われわれが世界を知り、世界へと対処する二つの方向である。西田自身が述べているように、この両者が必要なのである。二つの異なった態度をわれわれは知らなければならない。だが、今日の西洋中心の世界は、あまりに「西洋の文化」に傾き過ぎたことも事実である。だからこそ、日本文化には、それとは対照的な別の方向を持った思想が存在したことは、現代文明を論じる上での、われわれにとっての偉大な遺産ではなかろうか。

◆「現代文明」という課題へ向かって

最初にも述べたように、本書で私は特別に何かを主張したわけではない。ただ、現代文明の本質をニヒリズムと見、20世紀の特に前半期の思想が、この問題をめぐって試行錯誤を続け、西洋近代の帰結のまわりをまわっていたことを示したかっただけである。私なりの解釈は施されているが、本書では、20世紀の危機といった問題に真剣に取り組んだ何人かの思想を紹介しようとした。オルテガ、シュペングラー、ヴァレリー、ホイジンガ、そしてハイデガーなどである。西田についても同じことであった。それを、私なりの角度から紹介し、論じてみただけである。

現代文明は、グローバル資本主義、大衆民主主義、科学主義とイノベーション、自由主義、それに実証主義や計量主義といった価値をほとんど暴走させてしまっている。それに対する有効な歯止めはどこにもない。しかもそれらの無限の追求が人間の幸福をいっそう増進するだろうという漠然たる期待が支配している。だがまた、これらの今日支配的な価値がわれわれの生を相当に窮屈なものとし、伝統を破壊し、人々の安定した関係を崩壊させている。

この現代の状況に対して、私は、本書に取りあげた思想家の主張を対峙させてみたかった。彼らは百年前に、いちはやく近代社会の危うさを自覚し、この文明が何か重要なものを失い、その結果としてとてつもない破局に向かっているのではないか、という疑念を抱いていた。

それは、直接に20世紀末から21世紀にかけての現代文明を問題としたわけではないが、直面している課題は基本的に同じだと思う。ただ今日、西洋中心主義が世界化したというような段階を越してしまい、確かに、現代文明としかいいようのないグローバルな世界が広がっている。われわれは、いっそうニヒリズムの様相を高めている。むしろ、それに慣れ切ってしまったために、現代の課題そのものを提示するのに困難を感じている。「世の中に楽しいものがいくらでもあるのに、いったい何が問題なのさ」というわけである。

だが、そのような口吻自身がニヒリズムの表明であると感じる者にとっては、本書で取りあげた思想を無視して現代文明に対峙できるとは思えない。課題はわかるが、解決はない、といわれればまさしくその通りである。だが解決は見えないとしても、どこに課題があるかを知ることは決定的に重要であろう。また日本思想が何らかの突破口をもたらす可能性を秘めているのかどうかも私には即断できない。

私は、それが、何らかの意味で、世界に、あるいは、この文明に対して貢献できればと思う。ただそれは、今日当然のものとして持たれている精神的態度のきわめて大きな転換を必要とするであろうことは間違いない。それはたいそう難しい課題だと思うが、しかし、私はそこに一縷の希望を見たいと考えるのである。

あとがき

今日、人文・社会系の学問分野はかつてなく専門分化し、それぞれの分野では、数理的な解析やビッグデータなどの助けを得て、次々と新たな知見が生まれつつあるように見える。諸分野間の交流や共同研究も盛んであり、諸専門分野の研究者がマスメディアに取り上げられる機会もかつてなく多い。

現代は、確かに時代の変わり目にある。こういう転換期に、次々と新しい専門分野が生まれ、そこで新手の研究が産出されることは当然のことであり、もちろん悪いことではない。専門的研究の多くが、何らかの意味で、この社会への実際的な貢献を求められているからだ。

だが同時に、この時代がどのような時代であり、どこへ向かおうとしているのか、という大きな見取り図もなければならない。それが現代文明論である。これは専門科学ではなく、あくまで「論」として、自らのものの見方を提示するもので、少し大きくいえば、それは、学問であり、思想であり、評論であり、歴史観でもある。

もちろん、そんな壮大なことをできる者が本当にいるのか、といわれれば即座に身を縮めるほかない。しかし、もとより「論」は、自らの責任で述べるほかないのであれば、壮大であるか小型であるかはあまり重要なことではなかろう。現代社会のある本質を、自分なりに取り出せればよいではないか。学問にせよ、知識にせよ、第一義的には自らの生に意味を与えるものだからである。その上で、その「論」を他者に提示して、そこに交流や議論の場ができればそれにこしたことはない。現代文明論とは、こういう交流の場でもあるだろう。

「論」とはいえ、本書で、私は自分の考えを特に強く主張したわけではない。ただ、現代文明を論じるにおいて、どうしても参照したい思想家や哲学者を私なりに紹介したかった。これが本書のひとつの目的である。だから、この書物では、その大半の部分において、過去の思想家たちの紹介や解説を中心にしている。読者にとっては煩わしいかもしれないが、かなりの引用を行っているのもその趣旨からだ。もうひとつ、20世紀前半の思想家たちをここで取り上げたのは、先へ先へと目を向け、常に新奇なもの、独創的なものを求める現代文化のなかにあって、改めて、ある思想伝統を振り返りたかったからでもある。温故知新以外の何ものでもない。その伝統は、主としてヨーロッパの思想の流儀とでもいうべきもので、一種の人文主義や古典主義やその批判に棹さす思想的総合とでもいうべき伝統である。

それはまた私自身が青年期よりずっと関心を抱き、おりにつけて読み、励まされてきたものでもあった。それは、今日の、社会に役立つ緻密な専門科学とは対極に位置するが、別の仕方でわれわれの生を豊かにしてくれるものである。特に、若い人たちに、本書で取り上げた思想家、文明論者を改めて読んでもらいたいと思う。

書物はあらかた編集者との出会いによって偶然に生まれるものであるが、本書もまた例外ではない。この四年ほど、私は、京都大学のこころの未来研究センターにおいて「こころの思想塾」なる、主として学生・研究者向けの塾を定期的に行っている。そこで「現代文明論」と題して、本書で述べたようなことを話した。それを東京から聴講に来ていただいていた東洋経済新報社の編集者、渡辺智顕さんが書物にしたいと言い出された。何となく承諾したのが三年ほど前である。講義内容に手を加えているうちに三年が過ぎ、その間に分量もじわじわと増えていった。本来、もっと早くに、もっとすっきりと贅肉を落とした書物にするはずであった。ボクシングでいえば、減量に失敗どころか、思わぬ増量のおかげで、本来の予定よりも、ふたクラスほど上位の重量級での出場といったところである。読者にとっては、読み通すのに多少手間がかかるかもしれないが、お許し願いたい。もちろん、渡辺さんにも。

本書は基本的に書き下ろしであるが、第6章の現代の科学技術論と第7章の現代の資本主義論は、雑誌『ひらく』に掲載した論文を収録している。この雑誌は、私が監修者を務め、2019年から刊行されたもので、年に2回刊行される(そのために、流通的には書籍になっている)。これは、現代文明と日本文化・日本思想を分野横断的に論じる思想誌であり、少し自慢と宣伝をさせてもらえば、なかなか類のない内容豊富な雑誌である(と思う)。関心のある方は、是非とも一度、手にとっていただければありがたい。また序章の新型コロナウイルスと現代文明に関する論考は、朝日新聞2020年3月31日「異端のススメ　スペシャル」の拙稿に加筆したものであることを付記しておく。

最後に、粘り強く本書の出版にまでこぎつけていただき、しかも丁寧に編集作業をしていただいた渡辺さんと協力いただいた編集者の今井章博さんに改めて感謝申しあげたい。

令和2年8月3日、新型コロナ禍の最中にあって

佐伯啓思

【著者紹介】

佐伯啓思（さえき　けいし）

思想家、京都大学名誉教授、京都大学こころの未来研究センター特任教授。

1949年奈良県生まれ。東京大学経済学部卒業。同大学大学院経済学研究科博士課程単位取得。

広島修道大学専任講師、滋賀大学教授、京都大学大学院教授などを歴任。

著書に『隠された思考』（筑摩書房、サントリー学芸賞受賞）、『「アメリカニズム」の終焉』（TBSブリタニカ、NIRA政策研究・東畑記念賞受賞）、『現代日本のリベラリズム』（講談社、読売論壇賞受賞）、『さらば、民主主義』（朝日新書）、『西田幾多郎』『死と生』（以上、新潮新書）、『経済成長主義への訣別』（新潮選書）など。

現代文明や日本思想についての言論誌『ひらく』（A&F BOOKS）の監修も務めている。

近代の虚妄
現代文明論序説

2020年10月22日発行

著　者──佐伯啓思
発行者──駒橋憲一
発行所──東洋経済新報社
〒103-8345　東京都中央区日本橋本石町 1-2-1
電話＝東洋経済コールセンター　03(6386)1040
https://toyokeizai.net/

装　丁…………………………芦澤泰偉
カバー・帯・表紙写真……Neil Emmerson/Robert Harding/amanaimages
本文レイアウト・DTP………米谷　豪
印刷・製本……………………丸井工文社
編集協力………………………今井章博
編集担当………………………渡辺智顕

ISBN 978-4-492-22396-3